생활속의 **증권투자론**

제2판

생활속의 증권투자론

장영광 · 정기만

SECURITIES INVESTMENTS

신영사

머리말

국내외를 막론하고 주식을 비롯한 다양한 상품 투자에 개인투자자들의 관심이 뜨겁다. 나만 그런 흐름에서 소외되는 것은 아닌지 염려하는 증후군이 나올 정도이다. 이런 상황일수록 기본을 다시 생각하고 체계적으로 접근하는 것이 필요하다.

본 책은 이렇듯 당연하지만 놓치고 지나갔을 만한 것들에 대해, 작지만 울림 있는 지침이 되고자 저술되었다.

증권에 대한 투자 관련 책은 무수히 많다. 내용 측면에서 크게 두 부류로 나눈다면 하나는 이론적 근거가 없이 실무적 입장에서 저술한 책이 있는가 하면, 반대로 실무적인 사례 없이 이론적으로 서술한 서적들도 많다. 전자를 읽다보면 저자의 주장에 대한 근거가 궁금해지고 후자의 책을 읽다보면 그 이론이 실무에서 어떤 의미가 있는지 궁금해진다. 본 책은 이러한 측면을 모두 반영하고자 했다.

본 책이 기존의 증권투자론 책에 비해 차별점이 있다면 이론을 최대한 이해하기 쉽게 서술하려 했고, 현장감 있는 내용도 반영하려고 노력했다는 점이다. 직관적으로 내용을 파악할 수 있도록 그래픽을 많이 넣은 것도 특징이며, 굳이 계산을 위한 계산문제는 과감히 배제했다.

특히 본문 내용을 시작하기 전에 간략한 내용으로 발췌한 현장의 사례를 키워드와 함께 제시하고 그 내용이 이론과 어떻게 연결되는지를 보여주고자 했다. 실무 현장 사례로 본문 이해와 실무 응용을 연계하고자 했다.

본 책에 각별한 애정을 보여주신 신영사 권영섭 대표님, 국내 사회과학 서적의 편집 경향을 주도하시는 박지영 편집국장님을 비롯한 편집부 직원들에게 심심한 사의를 표한다. 혁신적인 변화에 조언을 아끼지 않으신 많은 교수님들, 그리고 금융 현장에서 직접 뛰면서 도움을 준 후배들과 아낌없는 피드백을 해준 학생들에게도 깊은 감사를 드린다.

마지막으로 본 책으로 독자 여러분에게 큰 행운이 함께하길 기원 드린다.

2023년 8월
저자

차례

제 I 편 투자론의 기초와 증권시장

제 1 장 투자론의 개요

제 2 장 금융시장과 투자자산

제 II 편 주식과 채권 투자

제 4 장 경제-산업-기업 분석

제 6 장 기술적 분석

제 8 장 채권의 가치평가와 투자전략

제 III 편 포트폴리오 관리

제 9 장 포트폴리오 구성과 효율적 분산투자

제 10 장 자본자산가격결정모형(CAPM)

제 IV 편 파생상품과 위험관리

제 11 장 선물거래와 위험헤징

제 12 장 옵 션

제 V 편 통합적 투자관리

제 13 장 투자관리와 투자성과평정

PART

I

투자론의 기초와 증권시장

CHAPTER

1

투자론의 개요

제 1 절　투자의 의의

제 2 절　투자관리의 과정과 방법

제 3 절　투자이론은 투자실제에 도움을 주는가?

본 책은 증권투자에 관한 것을 다룬다. 본장에서는 먼저 투자에 관한 가장 기본적이고 개괄적인 것에 대해 배운다. 구체적으로 본장에서는 다음에 대해서 배운다.

- 투자의 속성은 무엇인가?
- 투자대상으로서 실물자산과 금융자산의 차이는 무엇인가?
- 투자수익과 투자위험은 어떤 관계가 있는가?
- 최적투자결정을 위한 투자관리의 과제, 과정, 방법은 어떻게 요약될 수 있는가?
- 투자분석방법으로서 기본적 분석, 기술적 분석, 포트폴리오 분석은 어떤 특징을 지니는가?
- 투자이론은 투자실제에 도움을 주는가?

제 1 절 투자의 의의

생활속에서 ▸▸▸

최근 '서학개미'들이 미국 증시의 불확실성이 확대될 것으로 보고 지수가 하락해야 돈을 버는 인버스 상품과 배당형 인컴(income) 상품에 대거 투자하고 있다. 한국예탁결제원 세이브로에 따르면, 6월 23일 기준 이달 들어 서학개미들의 순매수 1위는 ETF인 SOXS였다. 순매수 규모는 9,797만달러, 한화로 약 1,270억원이다. SOXS는 미국 필라델피아반도체지수를 역으로 3배 추종한다.

서학개미들이 '야수의 심장'으로 인버스 레버리지 상품에 베팅했지만 아직 성적표는 신통찮아서 손실을 보고 있다. 6월 들어 SOXS는 11% 하락했다. SQQQ도 6월에만 13% 내렸다.

과감한 베팅보다 안정적인 배당형 주식과 ETF를 고른 서학개미들도 늘었다. 대표적인 고배당주 코카콜라가 순매수 상위 9위에 이름을 올렸다.

운용업계 관계자는 "인버스 레버리지는 장기투자를 해서는 안 되며 단기에 방향성 헤지 용도로만 소액투자하는 것이 바람직하다"고 조언했다. (매일경제TV, 2023.6.25 편집)

#투자 #불확실성 #손실 #배당 #장기투자

1. 투자의 개념

우리는 살아가면서 투자라는 말을 일상적으로 사용한다. 투자란 무엇일까? 투자대상이 무엇이든 관계없이, 투자가 이루어질 경우 투자행위는 다음과 같은 특성을 지닌다.

첫째, 투자에 대한 반대급부로 얻어지는 투자수익(return)은 일정한 시간적(time) 틀 안에서 얻어진다. 투자는 현재(오늘) 이루어지는 반면 투자수익은 현재가 아닌 미래(내일) 어느 시점에서 얻어진다. 현재가 아닌 미래의 보다 큰 이득을 위해 현재 소비의 일부를 희생(유보 또는 연기)하는 것이 투자이다.

둘째, 투자가 이루어질 때 현재의 희생은 확실(certain)하나, 미래의 투자수익은 불확실(uncertain)하다. 정도의 차이가 있을 뿐 미래투자수익은 기대했던 것만큼 실현되지 않을 가능성이 얼마든지 있다. 미래의 기대수익이 불확

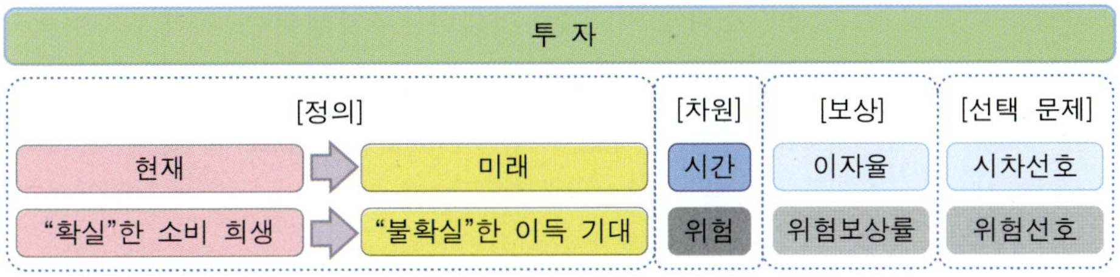

실하다는 것은 그 수익의 실현에 있어 위험(risk)이 동반된다는 뜻이다.

이러한 특성 때문에 "투자(investment)는 확실한 현재의 소비를 희생하여 이에 대한 보상으로 불확실한 미래의 이득을 바라는 행위"라고 정의할 수 있다.[1] 희생은 현재 이루어지고 확실한 것이지만, 이에 대한 보상은 미래에 이루어지며 그 크기가 불확실하다는 특성을 지니는 것이다.

투자자의 투자결정은 결국 '시간'과 '위험'에 대한 선택의 문제로서 이는 다음과 같이 설명할 수 있다.

❑ 시차선호의 문제

투자자들은 같은 조건이라면 미래의 소비보다는 현재의 소비를 선호한다. 예를 들어 100만원을 가진 어떤 사람에게 노트북 컴퓨터를 '지금 구입하여 사용할 것인지', '1년 후에 구입하여 사용할 것인지'를 묻는다면, 일반적으로는 '지금 구입하여 사용'한다고 할 것이다. 물론 같은 조건, 즉 지금이나 1년 후나 노트북 컴퓨터의 성능이 같고 다른 조건들도 동일하다는 전제하에서이다.

구입시기를 고민하는 사람도 있을 것이다. 이런 부류의 사람들은 현재의 소비를 포기하고 1년 미루는 것에 대한 대가를 기대하게 된다. 그 대가의 크기에 따라 의사결정이 달라질 수 있다. 100만원의 소비를 미래로 미루면 그 100만원은 어떤 형태로든 투자가 이루어질 수 있다. 은행에 저축할 수도 있고 주식을 살 수도 있으며 친구에게 빌려줄 수도 있을 것이다.

투자는 지금 당장 사용할 수 있는(소비할 수 있는) 자금을 쓰지 않고 미래

---

1) 투자라는 말은 다른 의미로 정의되기도 한다. **경제학적 의미**에서는 소득에서 소비를 차감한 크기를 투자로 정의한다. 저축과 구분하여 상품에 따라서 투자를 정의할 때, **저축상품**은 정기예금과 같은 안전자산을, **투자상품**은 위험자산 상품을 의미하는 것으로 구분한다. 투기와 투자를 구분할 경우 **투기**는 위험이 높은 자산에 대하여 시세차익을 목표로 하는 단기성 지출로, **투자**는 안정성 자산을 포함하여 정액소득(이자, 배당 등)을 목표로 하는 장기성 지출로 구분한다.

의 소비로 미루는 것이다. 투자행위는 미래투자이득의 크기에 따라서 오늘(현재) 얼마를 소비하고 내일(미래) 얼마를 소비할 것인가를 결정하는 것이므로 결국 투자는 시차선호(time preference)의 선택 문제라고 볼 수 있다. 현재의 소비를 미래로 미루는 것에 대한 대가는 '이자율'로 주어진다.

❑ 위험선호의 문제

투자로 인하여 기대되는 미래의 투자이득은 투자를 하는 당시 시점에서 보면 불확실한(위험한) 것이다. 따라서 확실한 현재의 경제적 가치를 희생하면서 불확실성을 감수하고 투자를 할 것인가는 미래 예상되는 투자이득의 크기에 달려 있다. 위험을 회피하고자 하는 사람의 경우에도 미래의 예상 투자이득이 어느 선 이상 커지면 가능한 한 기꺼이 투자하려 할 것이다. 결국 투자는 어느 정도의 위험부담을 떠안느냐 하는 위험선호(risk preference)의 선택 문제로 볼 수 있다. 위험을 안게 되는 것에 대한 대가는 '위험보상률'로 주어진다.

시차선호와 위험선호에 있어서 의사결정시 공통적으로 고려되는 것은 투자수익이다. 사람들은 각기 시차선호와 위험선호가 다를 수 있는데, 이는 결국 투자로 인한 대가인 투자수익에 영향을 받는다. 예컨대, 5% 기대수익률에서는 현재 소비를 선호하는 사람이 10% 기대수익률에서는 소비보다는 투자를 선택할 수 있다. 결국 투자라는 행위에는 '투자수익-시간-투자위험'의 속성을 담고 있다고 할 수 있다.

2. 투자안의 선택

❑ 투자에 대한 대가

위에서 본 바와 같이 투자에 대한 대가는 시간 희생에 대한 대가(=시차보상)인 이자율(interest rate)과, 위험을 안게 되는 것에 대한 대가(=위험보상)인 위험보상률(risk premium)로 이루어진다. 이를 수식으로 표현하면 다음과 같다.

투자에 대한 보상률 = 투자자의 기대수익률
= 시차보상 + 위험보상
= 이자율(무위험이자율) + 위험보상률 (1.1)

이자율의 전형적인 예는 시중은행의 1년 만기 정기예금 이자율이다. 정부가 보증하는 국공채나 시중은행의 예금은 사실상 안전하기 때문에 위험이 없는 무위험자산으로 본다. 따라서 시차보상 성격의 이자율은 무위험이자율을 의미한다.

투자자의 기대수익률은 투자자가 어느 특정 투자대상에 투자할 때 기대하는, 최소한의 만족할 수 있는 수익률을 말한다. 최소한 만족할 수 있는 수익률은 성격이 유사한 다른 투자대상으로부터 얻을 수 있는 수익률은 되어야 할 것이므로 기회투자수익률을 의미한다.

❑ 투자안의 선택

투자자들은 복수의 투자안에서 특정 투자안을 선택할 때 어떤 과정을 거칠까? 다음의 두 가지 상황을 보자.

◉ 상황 1 : 저축과 투자 결정

이제 현금 1,000만원을 가지고 투자를 고려 중인 홍길동 씨의 상황을 살펴보자. 그에게 주어진 투자안은 다음 두 가지이다.

- 1안 : KB국민은행 정기예금, 이자율 3%
- 2안 : LG전자 주식 매입

만일 홍길동 씨가 1안을 선택하여 KB국민은행 정기예금에 가입하면 그는 1년 후에 30만원의 이자를 확실하게 받을 것이다. 즉 30만원의 수익은 위험이 없이 사실상 확정적이다. 홍길동 씨의 기대수익률은 위험에 대한 보상 없이 시간에 대한 보상만으로 주어지는 이자율 3%만이다. 이처럼 위험이 없는 경우에 우리는 '투자'라고 하기보다는 통상 '저축'이라고 한다. 은행의 예금에 '저축'한다고 하지 '투자'한다고 하지는 않는다.

반면 홍길동 씨가 2안을 선택하여 LG전자 주식을 매입한다면 무엇을 기대하고 있을까? 그는 최소한 KB국민은행 정기예금의 '확실한' 이자율 3%보다 더 높은 수익을 기대할 것이다. 만일 주식투자로 인한 투자수익이 3%보다 낮을 것으로 예상된다면 결코 LG전자 주식을 사지 않을 것이기 때문이다. 이 경우 투자로부터 기대하는 보상은 [시차보상+위험보상]이 될 것이며 이를 구체적인 숫자로 표시한 기대수익률은 [은행이자율 3%+위험보상률]이 될 것이다. 이처럼 위험이 수반되는 경우를 우리는 '투자'라고 한다.

◉ 상황 2 : 복수의 투자대상 중에서의 결정

이제 홍길동 씨에게 다음과 같은 새로운 투자안이 추가로 주어졌다고 하자.

- 2안 : LG전자 주식 매입
- 3안 : 신풍제약 주식 매입

홍길동 씨는 2안과 3안 중에 하나를 선택하려고 한다. 그는 2안, 3안 모두에서 최소한 KB국민은행 정기예금 이자율 3%를 초과하는 수익률을 기대하고 있다. 그는 어떤 투자안을 선택할까? 이 결정에서는 LG전자 주식과 신풍제약 주식 각각의 위험이 얼마나 큰지, 그리고 그 위험에 대한 대가로 얼마가 기대되는지를 동시에 고려하게 된다. 참고로 두 회사 중에서 주식투자 위험은 LG전자가 더 작다.[2] 만일 두 회사의 기대수익이 같다면 사람들은 당연히 위험이 작은 LG전자 주식을 선호할 것이다. 한편 어떤 두 주식의 위험이 같다면 당연히 기대수익이 큰 주식을 선호할 것이다. 즉 위험자산에의 투자시에는 '위험'과 '기대수익(률)'이라는 두 개의 변수가 동시에 고려되는 것이다.

물론 앞의 KB국민은행 정기예금을 포함한 세 개의 안 중에서 하나를 선택하는 상황도 마찬가지이다. 세 투자 대안 각각의 '위험'과 '기대수익률' 두 변수를 고려하여 투자결정을 하게 된다.

---

2) 위험을 측정하는 방법은 뒤에서 자세히 배우겠지만, 투자시에 고려하는 대표적인 위험측정치로 베타(β)값이 있다. 2023년 7월 말 현재 LG전자의 베타값은 1.04이고 신풍제약은 1.23이다. 이 값이 클수록 위험이 크다는 것을 의미한다.

3. 투자판단의 기준 : 투자수익과 투자위험

모든 투자대상들의 투자가치는 각 투자대상들이 지니는 투자수익(return)과 위험(risk)의 두 가지 요인으로 압축하여 평가할 수 있다. 투자자들은 가능하다면 투자수익은 높고 투자위험은 낮아 투자가치가 높은 투자대상을 찾는다.

투자가치의 기준이 되는 투자수익과 위험이 계량적으로 측정될 수만 있다면 쉽게 투자결정을 내릴 수 있다. 투자수익과 위험에 대한 측정이 가능하다면 예상투자수익률(기대수익률)이 동일한 투자대상들 중에서는 위험이 작은 것을 택하고, 예상위험이 동일한 투자대상들 중에서는 투자수익률이 보다 큰 것을 택하면 된다.

❑ 투자수익

◉ 투자수익의 정의와 측정

투자수익은 최초 투자할 당시보다도 증식된 부(富)의 정도를 말한다. 투자수익은 금액(₩)으로 측정할 수 있지만, 백분율(%)로 표시되는 투자수익률(rate of return)로 측정한다. 이를 정확하게 이해하기 위하여 〈표 1-1〉과 같은 홍길동 씨와 홍길서 씨 두 사람의 사례를 보자. 두 사람은 각각 100만원과 5,000만원으로 주식을 구입하여 각각 200만원과 6,000만원에 매도하였다.

〈표 1-1〉 투자자 2인의 투자내역

성 명	주식 매수가격	주식 매도가격	투자수익	투자수익률
홍길동	100만원	200만원	100만원	100%
홍길서	5,000만원	6,000만원	1,000만원	20%

두 사람의 투자수익은 표에서 보는 것처럼 절대금액(₩)과 상대적 수익률(%) 두 가지 방식으로 표현할 수 있다. 금액(₩)으로 비교하면 홍길동 씨는 100만원을, 홍길서 씨는 1,000만원의 투자수익을 올렸다. 이를 백분율(%)로 비교하면 두 사람은 각각 100%, 20%의 수익을 올렸다. 누가 더 투자를 잘했을까?

이러한 물음에 대한 답을 찾기 위해 여러분이 위 두 사람의 입장이 되어

보자. 홍길동 씨의 상황과 홍길서 씨의 상황 중 어떤 것을 선택할 것인가? 당연히 100만원의 수익보다 1,000만원의 수익을 원할 것이다. 하지만 수익률은 홍길동 씨가 홍길서 씨보다 다섯 배나 더 큰 것은 어떻게 설명할 수 있을까?

이는 투자규모의 차이에서 기인한다. 홍길동 씨가 5,000만원을 투자할 수 있었다면 투자수익은 100%인 5,000만원이 되었을 것이다. 이러한 투자규모를 반영하기 위하여 투자수익은 통상적으로 투자수익률(rate of return)로 측정한다. 처음에 투자한 투자규모는 사람마다 다르기 때문에 투자한 양과 투자로부터 회수된 양의 상대적 비율인 투자수익률이 더 적절하기 때문이다. 투자수익률은 다음의 식으로 계산된다.

$$\text{투자수익률} = \frac{\text{투자수익(기말의 부} - \text{기초의 부)}}{\text{투자액(기초의 부)}} \tag{1.2}$$

산술평균수익률과 기하평균수익률

투자수익률을 측정하여 과거 일정기간 동안의 투자성과를 평가할 때, 가장 쉬운 방법으로 사용하는 것은 산술평균수익률이다. 예를 들어 지난 3년간 매년 20%, 30%, −5%의 수익률을 보였다면 산술평균수익률은 15%이다.

$$\begin{aligned}\text{산술평균수익률} &= (0.2 + 0.3 + (-0.05)) \div 3\text{년} \\ &= 0.15(15\%)\end{aligned}$$

산술평균수익률(ARR : arithmetic average rate of return)은 이처럼 기간별 단일기간수익률을 모두 합한 다음 이를 관찰수(기간수)로 나누어 측정한다.

$$ARR = ({}_0r_1 + {}_1r_2 + {}_2r_3 \cdots\cdots + {}_{n-1}r_n) \div n \tag{1.3}$$

단, ${}_{n-1}r_n$: $n-1$시점과 n시점 사이의 단일기간수익률
n : 기간의 수

이 수익률은 진정한 투자수익률을 보여주지는 않는다. 왜냐하면 투자기간 내에서 발생한 수익의 재투자수익을 반영하지 않기 때문이다. 위의 예에서 투자 첫해에 발생한 20%의 투자수익(예금인 경우에는 중간에 발생한 이자수

익)이 두 번째 해에 투자되어서 수익을 낼 수도 있는데, 이런 부분을 반영하지 않는 것이다.

투자에 있어서 보다 정확한 수익률을 측정해 주는 것은 기하평균수익률이다. 기하평균수익률(GRR : geometric average rate of return)은 다음과 같이 (1+기간별 수익률)을 모두 곱하여 이의 n제곱근을 구하는 기하평균 계산방법으로 구한다.

$$GRR = \sqrt[n]{(1+{}_0r_1)(1+{}_1r_2)\cdots\cdots(1+{}_{n-1}r_n)} - 1 \tag{1.4}$$

앞서의 예에서 본 지난 3년간 매년 20%, 30%, −5%의 수익률을 보였다면 기하평균수익률은 14%이다.

$$\begin{aligned} GRR &= \sqrt[3]{(1+0.2)(1+0.3)(1+(-0.05))} - 1 \\ &= 0.14(14\%) \end{aligned}$$

기하평균의 결과는 결국 누적된 부의 크기를 보여주므로 부의 증식률을 적절히 측정하고 있다고 할 수 있다.

❑ 투자위험

투자위험은 일반적으로 투자수익의 변동성을 말하는데, 미래 상황에서 기대한 투자수익이 실현되지 않을 가능성, 실제결과가 기대수익과 다를 가능성을 의미한다. 투자위험의 정도는 그 투자로부터 예상되는 수익률의 분산도를 나타내는 범위(range), 분산(variance), 표준편차(standard deviation), 분산계수(coefficient of variation) 등의 통계량으로 측정한다. 그중에서 투자위험을 측정하는 보편적인 방법으로 분산 혹은 표준편차라는 통계량을 이용하고 있다.[3)]

❑ 투자수익과 위험의 관계

투자자산들의 투자가치를 결정짓는 이들 투자수익과 위험 사이에는 상반관

3) 여기에서 설명하는 평균수익률과 위험측정치인 분산 또는 표준편차는 사실 투자론 과목에서 사용하는 새로운 개념은 아니다. 통계학에서 사용하는 개념을 투자론에서 사용하고 있을 뿐이다.

계(trade off)가 존재한다. 투자자들은 위험이 큰 투자자산에 대해서는 위험의 크기에 상응하는 적절한 보상을 원한다. 만약 위험이 작은데도 기대수익이 큰 주식이 있다면 사람들은 그 주식을 사려고 할 것이고 그러면 주식가격은 바로 올라 기대수익은 낮아진다. 반대로 위험이 큰데도 기대수익이 작다면 투자자들은 위험이 큰 투자대상을 회피할 것이다. 결과적으로 시장가격은 하락하여 위험이 크면 기대수익이 높게 형성된다. 즉 시장이 균형을 찾아가는 것이다.

투자수익과 위험의 상반관계는 현실의 통계자료에서도 확인된다. 〈표 1-2〉, [그림 1-1]은 미국에서 1928년부터 2022년까지 90년이 넘는 기간 동안의 주요 투자자산 및 정기예금의 평균투자수익률과 위험을 나타낸 것이다.

〈표 1-2〉 미국 주요 투자자산들의 수익률과 위험

주요 투자자산	1928년~2022년 기간	
	연평균수익률(%)	위험*(%)
주식(S&P 500)	11.50	19.49
3개월물 국채(3-month T-Bill)	3.30	3.00
10년물 국채(T-Bond)	4.87	7.95

* 위험은 표준편차로 측정
(자료 : Aswath Damodaran)

[그림 1-1] 미국 주요 투자자산들의 수익률과 위험

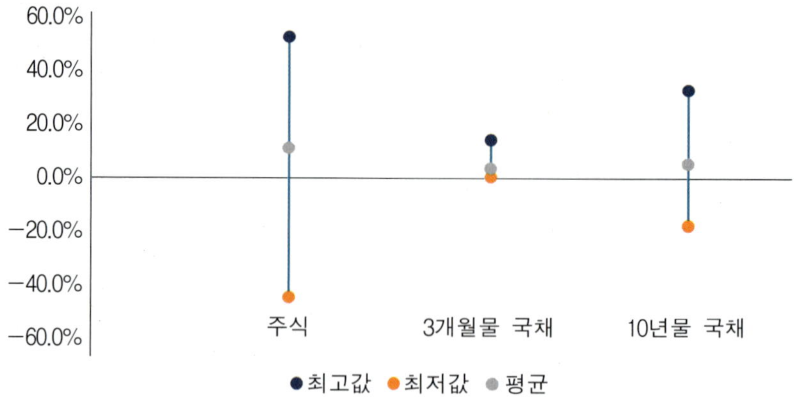

주식인 S&P 500의 경우가 투자수익은 제일 크지만 위험 또한 제일 크다. 반면에 비교상품군 중 위험도가 가장 낮은 3개월물 국채(3-month T-Bill)의 수익이 가장 낮음을 알 수 있다. 10년물 국채(T-Bond)는 위험도 중간, 투자수익도 중간임을 알 수 있다. 이처럼 투자수익과 위험의 상반관계가 존재함을 볼 수 있다.[4)]

투자위험이 존재하면 투자자들은 투자의 대가로 위험을 부담하는 데 대한 보상, 즉 위험보상을 원한다. 미래에 얻어지는 투자수익은 불확실한 것이므로 적절한 위험보상이 있지 않으면 투자하지 않을 것이기 때문이다. 즉, 투자위험이 높을수록 더 높은 수익률을 기대하게 되므로 기대수익률은 투자위험 증가에 선형적으로 증가(비례)하는 모양을 보인다. [그림 1-2]가 이러한 관계를 잘 보여주고 있다.

[그림 1-2] 기대수익률과 위험의 상반관계

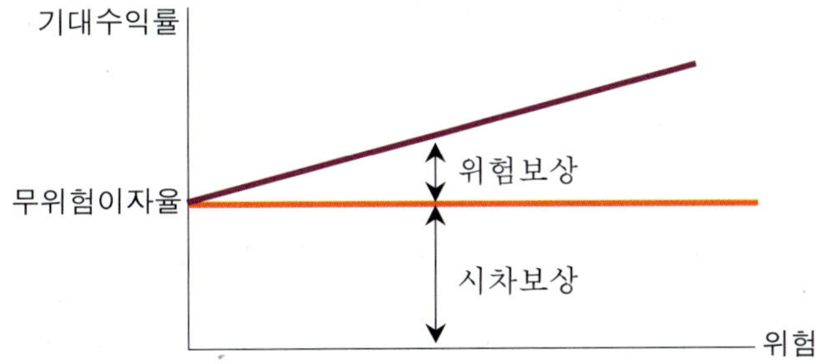

4. 투자자산

투자자의 부의 증식을 가능하게 하는 투자대상에는 수많은 종류가 있다. 이들 투자대상은 크게 실물자산(비금융자산)과 금융자산으로 구분해 볼 수 있다.

4) 상반관계가 성립하지 않으려면 투자수익이 가장 큰 주식의 위험이 가장 작아야 한다.

❑ 실물자산과 금융자산

투자자들은 재산증식을 위해 토지나 아파트와 같은 부동산에 투자할 수 있다. 토지 · 건물 · 재고자산 등과 같이 그 자체가 재화나 서비스를 생산하거나, 이익발생능력이 있는 자산을 실물자산(real assets)이라고 한다. 금융자산(financial assets)은 그 자체는 이익발생능력이 없고, 실물자산이 벌어들이는 이익이나 자산에 대하여 청구권(claims)을 행사할 수 있는 자산이다. 주식 · 채권 등과 같은 유가증권이 대표적인 금융자산의 예이다. 주식에 투자하고 있는 사람은 배당을 받을 권리를 갖게 되고, 채권에 투자하고 있는 사람은 이자를 받을 권리가 있다. 이러한 배당이나 이자는 실물자산이 벌어들이는 이익이 그 원천이 된다.

숫자로 본 세계 ▸▸▸ 전 세계 부동산의 가격변동

대표적 실물자산인 주거용 부동산의 전 세계 57개국의 2010~2022년 12년간 가격변동 평균은 +27%였고 한국은 +24%였다.

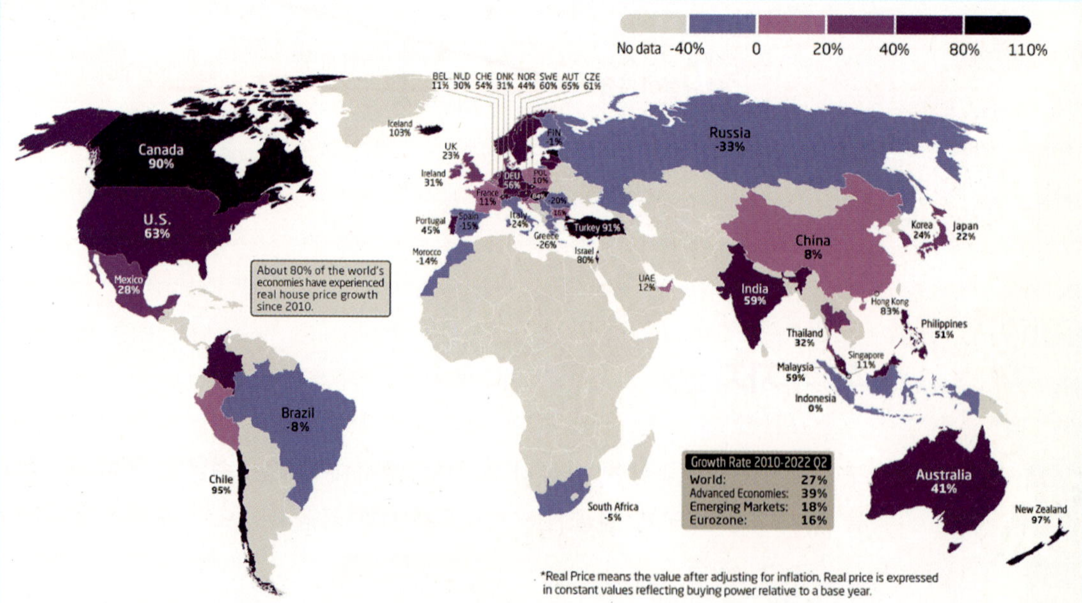

(자료 : visualcapitalist.com)

❑ 실물자산과 금융자산의 관계

금융자산의 한 예인 유가증권은 자금부족 경제주체인 기업이 자금잉여주체인 가계로부터 자금을 조달하기 위한 수단이 되어 준다. 유가증권이라는 금융자산이 없다면 기업은 자금조달에 커다란 어려움이 있을 것이다. 이처럼 금융자산은 경제의 생산능력 증가에 직접적으로 기여하지는 않지만, 자금이전의 수단이 됨으로써 간접적으로 기여하게 된다는 특징이 있다. 이러한 면에서 금융자산에 대한 투자는 실물자산에 대한 간접적인 투자가 된다.

❑ 가계의 투자자산별 투자비중

일반가계의 경우 금융자산과 실물자산의 투자비중은 어떻게 될까? 〈표 1-3〉을 보자. 주요 국가의 실물자산(비금융자산)과 금융자산에 대한 투자비중을 비교해 보면, 한국은 여타 국가보다 비금융자산의 비중이 가장 높다. 미국과 비교하면 실물자산에 대한 투자비중이 두 배 이상이나 된다. 한국의 실물자산은 대부분 부동산에 대한 투자일 것으로 추정되고 있다.

〈표 1-3〉 주요국 가계 자산 구성의 비교 (단위 : %)

구 분	한 국	미 국	일 본	영 국	호 주
비금융자산	64.4	28.5	37.0	46.2	61.2
금융자산	35.6	71.5	63.0	53.8	38.8

(자료 : OECD, 한국은행, 2021년 기준(일본은 2020년 기준))

❑ 가계 금융자산 구성의 비교

또한 금융자산을 구성하는 투자자산 내역에서도 우리나라는 안전자산(은행예금)에 대한 투자비중이 높은 반면 위험자산(주식, 채권, 투자신탁의 금융투자상품)에 대한 투자비중은 낮다. 〈표 1-4〉를 보면, 가정에 현금 두는 것을 매우 선호하는 것으로 알려진 일본을 제외하고 우리나라가 안전자산의 비중이 43.4%로 가장 높다. 비금융자산의 비중이 우리나라보다 약간 낮은 수준이었던 호주의 경우를 보면, 가계 금융자산 중 현금과 예금의 비중이 우리나라의 반도 되지 않음을 볼 수 있다.

〈표 1-4〉 주요국 가계 금융자산 구성의 비교 (단위 : %)

구 분	한 국	미 국	일 본	영 국	호 주
현금・예금	43.4	13.2	54.2	27.1	21.6
금융투자상품	25.4	58.0	16.3	15.6	18.2
(주식)	20.8	40.2	10.4	11.1	17.3
(채권)	2.3	2.3	1.3	0.2	0.1
(펀드)	2.3	15.5	4.5	4.3	0.8
보험・연금	30.4	28.6	26.7	53.1	58.2
기타	0.8	0.2	2.8	4.2	2.0

(자료 : OECD, 한국은행, 2021년 기준(일본은 2020년 기준))

요약하면 우리나라는 금융자산의 비중이 상대적으로 매우 낮은 반면, 금융자산에서는 현금과 예금의 비중이 상대적으로 높은 상황이다.

❏ 본 책이 대상으로 하는 투자자산의 범위

본 책에서는 금융자산을 투자의 대상으로 한다. 금융자산 중 특히 주식과 채권, 그리고 이들 자산에서 파생되는 금융상품에 대해 상대적으로 많이 다룬다. 그러나 실물자산에 대한 투자도 결국은 투자수익과 위험이라는 두 가지 기준에 의해서 결정되는 점을 감안한다면 근본적인 투자의사결정 체계 및 투자관리과정은 금융자산이나 투자자산에 관계없이 유사하다고 할 것이다.

제2절 투자관리의 과정과 방법

생활속에서 ▸▸▸

워런 버핏(Warren Buffett)이 최고의 투자서로 뽑은 책이 있다. 그의 스승인 벤저민 그레이엄(Benjamin Graham)의 '현명한 투자자(The Intelligent Investor)'라는 책이다. 1949년에 출간된 책인데, 지금도 투자의 바이블과 같은 책으로 인정되고 활용되고 있다. 내용 중에서 한 부분을 인용한다.

방어적인 투자자의 주식 포트폴리오에서의 자산배분

강세장에서 주식을 과도하게 구매하고 약세장에서 채권에 집중투자하는 것을 방지하기 위해 방어적인 투자자들은 주식과 채권을 기계적으로 50:50으로 투자자산을 배분할 것을 제안합니다. 그들이 취해야 할 유일한 조치는 시장이 변하여 이 포트폴리오에서 두 자산가치가 5% 이상 변경될 경우 6개월마다 포트폴리오를 수정(재조정)하는 것입니다.

반면에 진취적인 투자자는 시장이 약세장일 때 주식을 최대 75%까지 늘리고 시장이 최고조에 달할 때 최대 25%까지 낮출 수 있습니다. 그러나 최악의 약세장에서 주식을 보유하는 상황에서 마음의 평화를 얻고 싶으면 최소 25%를 채권에 배분하여 투자하는 것이 필요합니다.

#배분 #포트폴리오수정 #50:50

투자성과를 높이기 위해서는 체계적인 투자관리방법이 필요하다. 본절에서는 투자관리의 과제와 과정, 그리고 투자관리방법에 대하여 개관한다.

1. 투자관리의 과제

투자를 실제로 행하고 관리하는 투자관리활동에서, 결정해야 할 과제는 어떤 것이 있을까? 그리고 그 과제들 중에서 가장 중요한 것은 무엇일까?

❑ 네 가지의 투자관리 핵심 과제

개인투자자든 기관투자가든 투자관리에서 다루어야 할 핵심 과제는 다음의 네 가지로 압축할 수 있다.

① 자산배분(asset allocation) : 주식, 채권, 예금 등 투자수익과 위험이 질적으로 다른 각급 자산에 자금을 어떻게 배분할 것인가?

② 종목선정(security selection) : 각급 투자자산(주식, 채권 등) 내에서 구체적이고 개별적으로 시장동향, 산업별 특성, 개별기업의 경쟁력 지위 등을 감안하여 어떤 특정종목에 투자할 것인가?

③ 투자시점의 포착(timing) : 투자성과를 높일 수 있는 매수-매도의 투자시점은 언제인가?

④ 투자위험의 관리(risk management) : 투자수익의 변동성을 어떻게 관리할 것인가? 포트폴리오 분산투자, 포트폴리오 헤징방법 등 효과적으로 투자위험을 관리하는 방법은 무엇인가?

만약에 1,000만원을 투자하려고 하는 투자자가 있다면 그는 먼저 1,000만원을 어떻게 배분할 것인지를 정하게 된다. 예컨대 주식 500만원, 펀드 300만원, 채권 200만원 식으로 배분할 수 있을 것이다. 다음으로 결정해야 할 일은 주식 중에서 어떤 회사의 주식을 살 것인지, 펀드 중에서는 어떤 펀드를, 그리고 채권 역시 어떤 채권에 투자할 것인지 선택해야 한다. 투자대상이 결정되었다면 실제로 매매할 시기를 정해야 하며, 이러한 과정에서의 투자위험을 어떻게 관리할 것인지를 결정해야 하는 것이다.

❑ 어느 것이 가장 중요할까?

위의 네 가지 투자관리 과제 중에서 자산배분 결정은 투자전략(investment strategy)을 결정하는 것으로, 투자성과에 가장 큰 영향을 미친다. 예를 들어, 경제나 시장 상황이 주식투자에 불리한 상황 전개가 예상되는데도 주식투자 비중이 높다면 결코 좋은 성과를 낼 수 없다. 자산배분 결정의 중요성은 실증 연구들에서도 제시되고 있다. Brinson et al.(1991)의 연구에서는 특정 단일 펀드의 투자성과에 영향을 미치는 요인들의 중요도를 자산배분 91.5%, 개별 종목 선정 2.7%, 시장타이밍 1.8%, 기타 4.0%인 것으로 분석하고 있다.[5] 또

Ibbotson & Kaplan(2000)의 연구에 의하면 서로 다른 펀드들간 수익률 차이의 40% 정도가 자산배분 결정의 차이에서 설명되는 것으로 분석하고 있다.[6] 반면에 투자전술(investment tactics)적 성격의 특정종목 선정의 문제는 투자성과에 미치는 영향이 상대적으로 낮은 것으로 평가되고 있다.

❑ 상향식 투자관리와 하향식 투자관리

자산배분과 종목선정 중에 어느 것을 먼저 하는지에 따라 투자관리방식을 상향식 투자관리방법과 하향식 투자관리방법으로 구분할 수 있다.

상향식(bottom-up) 투자관리방법은 먼저 재무적 건전도나 호재성 재료 등을 감안하여 특정 개별종목을 선택하고, 자산배분은 수동적으로 나중에 결정되도록 하는 방법이다. 그러나 이와 같은 투자관리방법은 과소평가된 종목을 발견하여 더 나은 성과를 창출할 수 있다는 장점은 있지만, 투자자의 전체 포트폴리오 구성에 대한 고려 없이 투자자의 위험성향을 고려하지 않는, 편중된 포트폴리오를 구성함으로써 최종적인 투자성과를 악화시키는 단점이 있다. 또 보다 공격적 투자관리를 할 수밖에 없어 거래비용이 많이 발생하고, 개별종목에 대한 증권분석이 틀리면 단순보유전략을 능가하는 성과를 창출하려는 노력(시간과 경제적 비용)이 무위로 돌아가는 경우가 많다.

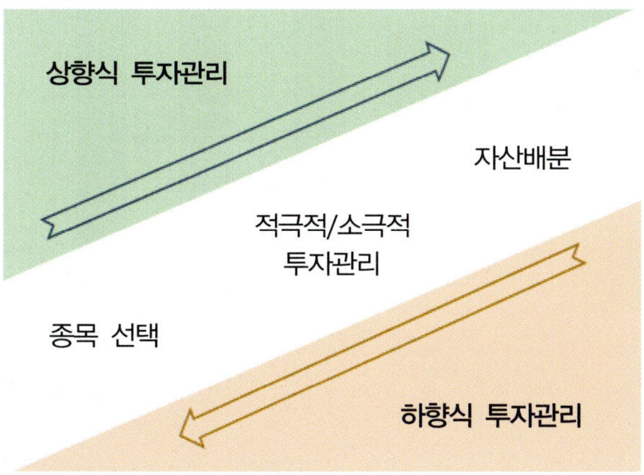

하향식(top-down) 투자관리방법은 자산배분을 먼저 하고, 그 다음에 종목선정을 하는 방법이다. 투자자의 전체 포트폴리오 구성의 관점에서 자산배분을 중시하는 체계적 접근방법이 되어 투자성과를 높인다. 이 밖에도 투자자의 위험성향에 맞는 포트폴리오를 구축할 수 있게 해주는 장점이 있다. 반면에 오로지 이 방법에만 의존하면 과소평가된 종목을 발견하여 더 나은 성과를 창출할 수 있는 기회를 잃을 수도 있다는 단점이 있다.

---

5) Gary P. Brinson, Brian D. Singer, and Gilbert L. Beebower, "Determinants of Portfolio Performance Ⅱ : An Update," *Financial Analysts Journal* 47, no.3 (May～June 1991), pp.40～48.

6) Roger G. Ibbostson and Paul D. Kaplan, "Does Asset Allocation Policy Explain 40, 90, or 100 Percent of Performance?" *Financial Analysts Journal* 56, no.1 (Jan.～Feb. 2000), pp.26～33.

2. 투자관리의 과정

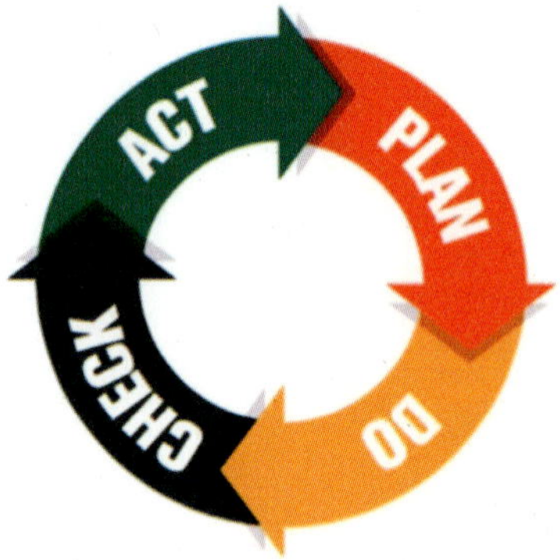

투자관리도 하나의 '관리'활동이다. 따라서 경영관리론에서 설명하는 것처럼 투자관리도 전형적인 관리의 순환과정인 P-D-S 사이클, 즉 계획수립(Planning)-실행(Do)-사후통제(See 또는 Check and Act)의 과정을 거친다. 설정된 투자목표를 달성하기 위한 일련의 투자계획(plan)의 수립, 매수·매도의 투자실행(do), 사후통제(see)의 활동이 그것이다. 사후통제활동은 다음 계획을 세울 때 개선(act, implementation)이 되어 반영이 된다. [그림 1-3]은 이에 근거하여 전반적인 투자관리과정의 체계를 나타낸 것이다.

[그림 1-3] 투자관리과정

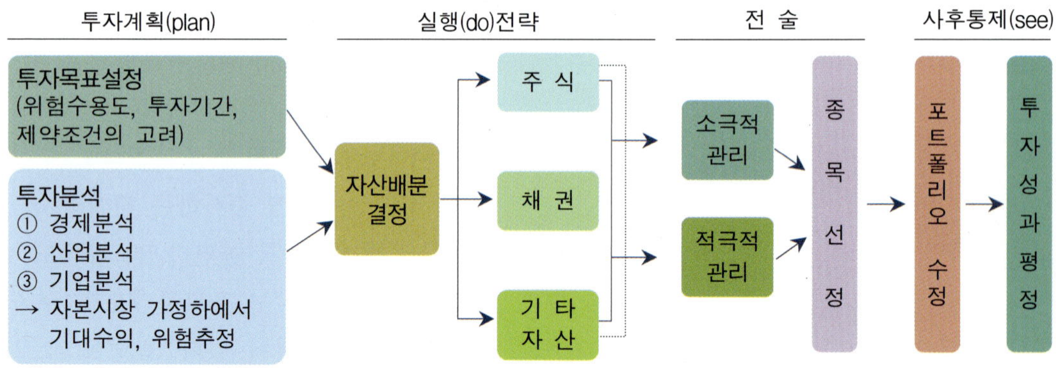

(1) 투자계획의 수립

일련의 투자관리과정에서 제일 중요한 것은 첫 단계인 투자계획(investment plan)의 수립이라고 할 수 있다. 이 국면에서 본 단계의 자산배분과 종목선정을 위하여 투자목표와 투자분석이 적절히 이루어져야 하기 때문이다.

❑ 투자목표의 설정

투자목표(investment objectives)는 투자자의 위험수용도, 투자기간, 기타 제약조건을 고려하여 기대수익과 투자위험이 모두 고려된 목표치로 표현될 필요가 있다. 이를 위해서는 다음 사항이 반영되어야 한다.

① 위험수용도(risk tolerance) : 투자위험에 대한 태도는 투자자마다 다르다. 투자자가 투자원본을 잃게 되는 위험상황을 얼마나 감내할 수 있는지 등 투자위험에 대한 태도 평가가 이루어져야 한다. 예컨대, 투자원본을 최대한 지키고자 하는 투자자가 주식을 위주로 자산배분을 하는 것은 옳지 않다.

② 투자기간(time horizon) : 투자성과를 1년 후, 5년 후처럼 언제 얻고자 하는지, 그 기간을 분명히 한다. 투자기간의 장·단기, 중도 유동성 필요, 위험수용도는 상호간에 밀접한 관계를 갖는 경향이 있다. 예컨대, 불과 몇 개월 후에 결혼을 계획하고 있는 사람이 3년 만기 채권에 투자하는 것은 바람직하지 않다.

③ 기타 제약조건 : ㉠ 투자자의 순재산 상태와 특별한 요구사항, ㉡ 세금관계, ㉢ 법적 규제(제약), ㉣ 투자자금의 성격 또는 유동성 필요(liquidity needs) 등을 고려하여 투자목표 설정에 반영해야 한다.

❑ 투자분석과 자본시장가정

제시된 투자목표를 달성하기 위한 구체적인 투자전략이 수립되어야 한다. 이를 위해서는 이에 필요한 정보수집과 투자분석이 이루어져야 한다. 투자분석은 경제, 산업, 기업 분석으로 나누어 실시한다.

① 경제분석 : 미래의 경기순환, 경제성장률, 이자율, 환율동향 등과 같은 장·단기경제예측, 기술적·사회적 환경 등의 면에서의 변화 예측

② 산업분석 : 산업별 수익성, 안정성, 성장성 평가와 동향분석

③ 기업분석 : 주요 종목별로 업계 내에서의 경쟁력, 성장잠재력, 재무건전도를 평가하여 최종적으로 기대수익과 위험 추정

이러한 투자분석을 근간으로 전반적인 자본시장가정(capital market assumption)

을 내린다. 즉 주식, 채권, 현금, 부동산 등으로 구분하여 과거의 수익률은 어느 정도였으며, 앞으로 각종 투자대상으로부터 일정기간에 걸쳐 기대되는 평균기대수익률, 위험(표준편차), 공분산은 어느 정도인가, 또 인플레이션을 감안할 경우는 어떠한가를 추정한다. 최종적으로 제시된 포트폴리오안으로부터 예상되는 평균기대수익률과 위험도(표준편차)를 추정하여 제시한다.

(2) 투자의 실행

제시된 투자계획에 따라 자산배분과 종목선정 등 실행(do)을 하기 위해서는 투자관리의 접근방법 중 어떤 것을 택할 것인지, 투자대상의 가치를 어떤 식으로 평가할 것인지를 결정해야 한다. 이를 그림으로 나타내면 [그림 1-4]와 같다.

[그림 1-4] 투자 실행시의 투자관리 접근법과 투자분석방법

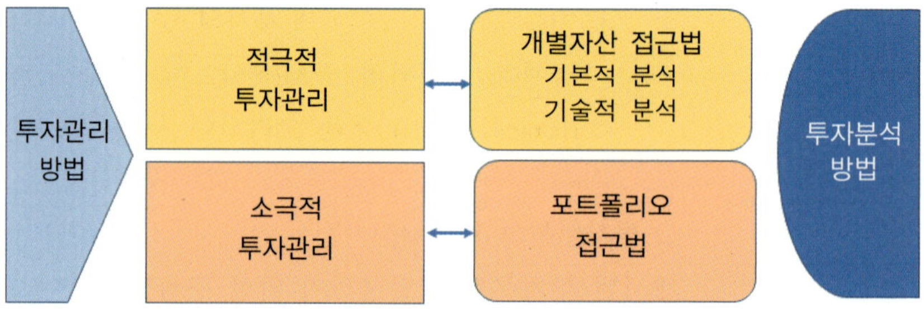

❑ 투자관리방법

투자관리의 기본방향은 적극적 투자관리와 소극적 투자관리로 나누어 볼 수 있다. 이들 두 방법의 적용은 증권시장을 효율적 시장으로 보는지 아닌지의 여부에 따라 달라진다.

효율적 시장(efficient market)에서는 모든 정보가 증권의 현재 시장가격에 반영되어 있으므로(즉, 가격=가치) 잘못 평가된 증권을 식별하는 것이 쉽지 않다. 결과적으로 초과수익을 얻을 수 있는 여지가 없다는 입장이다. 소극적 투자관리(passive investment styles)는 이와 같이 시장이 효율적인 것을 가정하여

초과수익 획득보다는 투자위험의 최소화 또는 투자위험관리에 초점을 두는 투자관리 접근법이다. 구체적 적용의 예로는 단순 매입보유, 인덱스펀드 투자, 평균투자법 등을 들 수 있다.

반면에 시장이 비효율적이라면 모든 이용가능한 정보가 현재의 시장가격에 충분히 반영되어 있지 않을 것이기 때문에 잘못 평가된 증권(mis-priced securities)이 있을 수 있다. 즉 한 증권의 시장가격과 내재가치가 일치하지 않는다면 내재가치보다 시장가격이 낮은 증권을 적극적으로 찾아 투자하면 초과수익의 여지가 얼마든지 있다는 입장이다. 적극적 투자관리(active investment styles)는 시장이 비효율적인 것을 전제하여 잘못 평가된 증권을 찾아, 위험부담을 감수하더라도 상당한 초과수익을 추구하려는 투자관리를 말한다. 이러한 적극적 투자관리방법의 예로는 시장에서 과소 혹은 과대 평가된 특정종목이나 특정 산업종목에 집중투자하는 방법, 증시동향을 감안하여 적절한 투자시점을 포착하는 방법을 들 수 있다.

❑ 투자분석방법

최적투자안을 선정하는 데에는 투자대상들의 투자가치를 분석·평가하는 것이 가장 중요한 작업이 된다. 투자분석방법은 투자대상을 개별적으로 분석하는 개별자산접근법(asset by asset approach)과 둘 이상의 복수증권들의 결합관계에서 분석하는 포트폴리오 접근법(portfolio approach)으로 분류할 수 있다.

◉ 개별자산접근법

개별자산접근법은 투자대상들을 독립적·개별적으로 분석하여 선택하는 방법으로서 증권분석(securities analysis)이라고도 한다. 기본적 분석과 기술적 분석이 이에 속하는데 이 두 분석법은 증권시장의 비효율성을 전제로 초과수익을 얻고자 하는 분석방법이라는 점에서 적극적 투자관리에 활용된다는 공통점을 지닌다. 전통적 투자분석방법(traditional approach)으로 불리기도 한다.

먼저 기본적 분석(fundamental analysis)은 시장에서 증권에 대한 수요와 공급에 의해서 객관적으로 결정되는 시장가격(market price)이 그 증권이 본래 지니고 있는 내재가치(intrinsic value)에 장기적으로는 접근해 가지만 단기적으로는 동일하지 않을 수 있다는 전제하에서 증권의 내재가치를 중점적으로 분석하는 방법이다. 내재가치가 추정되면 이를 시장가격과 비교함으로써 내재가치가 시장가격보다도 큰 과소평가된 증권 또는 내재가치가 시장가격보다도 작은 과대평가된 증권을 발견하고, 이에 따라 매수 또는 매도의 투자결정을 하여 초과수익을 얻고자 하는 적극적 투자관리의 분석기법이다. 그러므로 기본적 분석에서는 내재가치를 평가하는 작업이 주가 된다. 개별적으로 초과수익의 여지가 큰 투자대상을 발견하여 종목선택의 투자결정에 활용한다는 점에서 특징이 있다.

종목선정의 한 방법으로 가치투자방법이 있다. 가치투자(value investing)방법은 장기적이고 안정적으로 이익을 낼 수 있는 우량종목인 가치주를 발견, 이를 충분히 낮은 가격으로 매수하여 장기투자성과를 높이는 방법이다. 가치주를 발견하고 적정가격을 평가하는 방법은 기본적 분석의 체계를 따른다.

다음으로 기술적 분석(technical analysis)은 과거의 증권가격 및 거래량의 추세와 변동패턴에 관한 역사적 정보를 이용하여 미래 증권가격의 움직임을 예측하는 분석기법이다. 이 분석기법은 과거 증권가격 움직임의 양상이 미래에도 반복된다는 가정을 하고 있다. 또 증권가격의 패턴을 결정짓는 증권의 수요와 공급 그 자체가 이성적 요인뿐만 아니라 비이성적 요인, 심리적 요인에 의해서도 결정됨을 전제하고 있다. 기술적 분석의 기초자료로는 과거 일정기간의 증권가격이나 거래량의 추세를 도표로 나타내는 차트(chart) 및 이동평균 · 투자심리선과 같은 기술적 투자지표가 활용된다. 증권시장의 시황이 약세시장이나 강세시장으로 전환하는 시점과 시장동향을 미리 포착하는 등 투자시점의 결정에 활용되고 있다.

IBM사 주가를 분석하고 있는 기술적 분석의 한 예 : 상단부터 가로선은 각각 저항선, 지지선, 추세선이며, 매수(entry)와 매도(exit) 시점을 분석하고 있다.

포트폴리오 분석

기본적 분석과 기술적 분석이 초과수익을 가능하게 하는 과대, 과소 평가된 증권을 개별적으로 선별하는 방법인 반면에, 포트폴리오 분석(portfolio analysis)은 증권을 두 개 이상의 복수증권과의 결합관계에서 투자가치를 평가하여 선택하는 방법이다.

투자대상을 개별적으로 평가하는 것과 포트폴리오의 관점에서 평가하는 것은 큰 차이가 있다. 개별적으로 평가할 때에는 아무리 최우량증권이라 할지라도 포트폴리오, 즉 타 증권들과의 상관(결합)관계에서 평가하면 열등한 증권일 수 있다. 반대로 개별적으로는 열등한 증권이라 할지라도 포트폴리오 구성의 관점에서 보면 그 상관성 여하에 따라 투자가치가 높아질 수 있는 것이다.

포트폴리오 분석의 초점은 가장 바람직한 증권들의 결합이 무엇인가를 찾는 것이다. 여러 자산에 분산투자하면 투자위험이 감소하게 되는데, 포트폴리오 분석의 또 다른 초점은 투자위험 관리(risk control)에 있다. 일정한 기대수익에서 투자위험을 최소화할 수 있는 효율적 분산투자의 방법을 강구한다.

이러한 특성 때문에 포트폴리오 분석은 시장이 효율적이라는 전제하에서 출발하는 소극적 투자관리에 많이 활용된다. 증권가격에 시장이나 기업에 관한 모든 정보가 충분히 반영되어 있어 초과수익의 여지가 없는 효율적 시장이라면 분산투자나 위험통제의 방법을 이용하여 투자성과의 개선을 기대할 수 있기 때문이다.

본 책에서는 이상에서 간략하게 설명한 투자관리 접근방법, 투자분석방법에 대해서 자세히 다룬다.

(3) 투자관리에서의 통제활동

제시된 투자계획에 따라 자산배분과 종목선정의 실행(do)이 이루어지면, 사후적으로는 투자목표의 달성 여부를 평가하는 통제과정(see)이 필요하다. 통제활동으로는 기업 내외적 여건변화를 감안하여 처음의 투자안(포트폴리오)을 수정(portfolio revision)하는 것과 실제의 투자성과를 계획했던 목표 또는 벤치마크 평가기준과 비교하고 그 차이와 원인을 평가하는 투자성과평정(performance evaluation)이 이루어져야 한다.

제3절 투자이론은 투자실제에 도움을 주는가?

사회과학의 많은 이론들이 실제의 사회현상을 충분히 설명하지 못한다는 근거에서 이론과 현실의 차이를 이야기하는 사람이 많다. 투자이론과 투자실제 사이의 차이에 대해서도 마찬가지로 생각하는 사람이 적지 않다. 그러나 투자론에서 제시되고 있는 이론체계처럼 투자의 실제에 영향을 미치고 있는 분야도 드물다. 비록 투자론에서 제시되고 있는 모형이나 분석기법에는 특정 일면을 설명하려는 한계가 있지만, 투자론의 이론체계는 실제의 투자관리에 널리 활용되고 있다.

투자론에서 제시되는 이론체계가 현실의 투자관리 문제에 활용되고 있는 구체적인 예를 몇 가지 들면 다음과 같다.

◉ 포트폴리오 관리에서의 투자목표 달성에 활용된다

투자론에서는 현실 투자에 도움을 주고자 하는 여러 가지 투자모형이 제시되고 있다. 즉, 가격이 잘못 매겨진 증권을 식별하여 초과수익의 여지를 발견하려는 여러 가지 증권가격 평가모형, 가치투자모형, 일정한 투자수익하에서 투자위험을 줄이는 방법을 제시하는 포트폴리오 분석모형들이 그것이다.

어느 경우에나 설명력이 높은 완벽한 특정모형이 존재하지 않는다고 해서 이들의 무용성을 주장할 수는 없다. 각 모형의 장·단점을 파악하여 어떻게 사용하는지를 이해할 필요가 있다.

◉ 기관투자가들의 합리적인 자산·부채 관리에 적극적으로 활용된다

금융투자회사, 연기금 등의 기관투자가들은 기관성격상 자금운용의 성과가 자금 위탁자에게 미치는 영향이 매우 크다. 만약 국민연금이 계속하여 저조한 운용수익률을 보인다면, 노후생활을 연금에 의존하는 사람들에게 큰 타격을 줄 것이다. 연기금 관리자들이 약정된 퇴직금지급을 차질 없이 수행하면서 투자수익을 높이고, 때로는 여러 형태의 투자위험을 적절히 관리하는 것은 투자이론이 없이는 어렵다. 상당한 자금을 각급 투자자산에 운용하는 금융투자회사의 증권전문가(펀드매니저, 애널리스트)들은 운용수익률을 높이기 위해서 투자이론에서 다루어지는 투자기법을 체계적으로 적용하고 있다.

◉ 새로운 금융상품의 개발에 활용된다

투자론에 대한 지식은 미래 증권가격 변동에 대한 통찰력을 높여주고, 투자수익과 투자위험을 고려한 적정가격 평가 문제를 다루므로 새로운 특성을 지니는 금융상품의 개발을 가능하게 한다. 투자위험을 헤징(hedging)하는 옵션이나 선물거래와 관련된 신금융상품과 투자보험(portfolio insurance) 등을 개발할 때 투자이론이 다양한 방법으로 활용되고 있다.

◉ 가치창조경영에 활용된다

투자론에서는 여러 가지 가치평가모형이 다루어지고 있다. 이들 가치평가모형으로부터 기업가치의 창출요인이 무엇인지 확인할 수 있다. 따라서 투자론의 주요 내용들로부터 경영관리자의 입장에서 기업가치를 제고시킬 수 있는 방안을 강구할 수 있다.

성공적인 투자관리는 다른 사람보다도 탁월한 분석능력을 지녔거나 정보를 지니고 있을 때 가능한 것이므로, 상술한 바와 같은 투자론에서 제시되는 여러 가지 이론체계에 대한 폭넓고도 깊은 이해가 필요하다. 특히 근래에 들어서는 정보기술의 빠른 발전으로 인하여 정보처리능력이 급격히 증대되고 있어 사건(정보)발생과 증권가격에의 반영 사이의 시간차이가 갈수록 줄고 있을 뿐 아니라, 다양한 소프트웨어의 개발로 매우 정교한 증권분석모형도 쉽게 사용할 수 있게 됨에 따라 투자론에 대한 체계적인 이해의 중요성이 더욱 높아지고 있다.

현장에선 ▸▸▸ "불장 맞나요"… 단타 노린 개미들 수익률 울었다

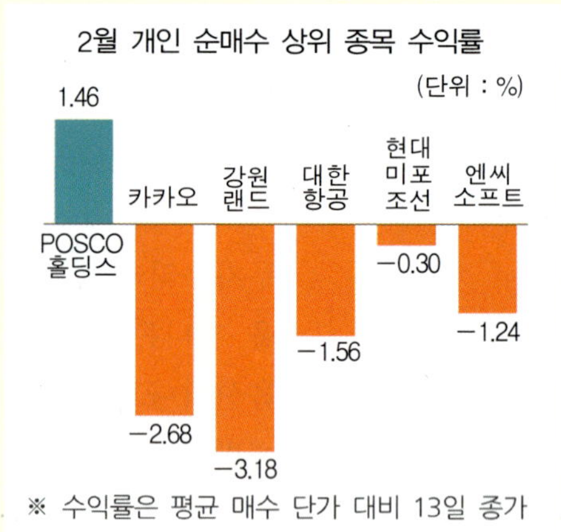

(자료 : 한국거래소)

이달 개인투자자들이 순매수한 상위 10개 종목 가운데 코스피 상승률을 뛰어넘는 투자처는 2개에 그쳤다. 개미들은 기업의 펀더멘털(기초 체력)을 치밀하게 분석하기보다는 단기 상승 재료를 좇다가 저조한 수익률을 거뒀다는 분석이 나온다.

13일 한국거래소에 따르면 이달 들어 개인투자자들의 순매수 상위 10개 종목 중 수익을 올린 것은 4개에 불과했다. 특히 개미들은 지난해 4분기 '어닝쇼크(기대 이하의 실적)' 수준의 실적을 기록한 종목에 베팅했지만 수익률은 저조했다. 컨센서스(시장 전망치 평균)를 하회하는 영업익을 기록한 강원랜드와 대한항공·현대미포조선·엔씨소프트 등에 몰두한 결과로 이들 기업의 수익률은 -3.18~1.46% 수준이다. 최악의 실적을 끝으로 주가가 저점을 통과했다는 인식에 매수에 나섰지만 저조한 수익률을 기록한 것으로 분석된다.

정용택 IBK투자증권 수석연구위원은 "개미들의 투자성향은 대체로 단기투자가 많다, 치밀한 분석보다는 단기 상승 재료나 단기 낙폭 과대 종목 등을 좇다 보니 수익률이 좋지 않다"고 지적했다. 리오프닝 수혜주로 꼽히던 강원랜드와 대한항공도 '아픈 손가락'이다. 기업의 펀더멘털보다는 '리오프닝' 키워드에 집중했다는 관측인데, 코로나19 팬데믹으로 휴장까지 했던 강원랜드는 감염병 사태 전 방문객 규모를 회복하지 못했다. 개인투자자들의 수익률은 -3.18%로 나타났다. 박은경 삼성증권 연구원은 "올해 1분기에는 방문객 수가 완전 정상화할 것을 가정해 지난해 4분기 실적을 추정했지만 실제 4분기 방문객 수는 2019년 4분기의 85% 선에도 미치지 못했다"고 말했다. 하늘길이 열려 카지노 대신 해외여행을 선택했다는 분석도 나온다.

해외여행 본격화의 혜택을 볼 것으로 주목받았던 대한항공에 투자한 개미들의 수익률은 -1.56%다. 이달 들어 여객 수요는 본격적으로 회복하고 있지만 짭짤한 수익을 내던 화물 운임 하락으로 실적이 둔화할 것이라는 평가를 받는다. 이병근 흥국증권 연구원은 "중국 리오프닝이 지속됨에 따라 공급 증가도 계속될 것이기에 운임 하락은 가팔라질 것으로 전망된다"며 "중국 리오프닝에 따른 화물 운임 하락, 여객 정상화에 따른 인건비와 공항 관련비 증가로 지난해 3분기 대비 마진이 악화했다"고 설명했다.

전문가들은 개인투자자들이 단기 호재에 움직이기보다는 기본 원칙을 지키며 투자해야 한다고 강조한다. 정 위원은 "기업의 기초 체력 등을 중시하는 투자가 필요하다. 안정적 수익성을 목표로 하면 배당에 강점이 있는 회사를 분석해 투자하거나, 성장성에 중점을 두면 그 부분을 정밀하게 분석해야 한다"고 말했다.

(서울경제, 2023.2.13 편집)

주요 용어

투자	시차선호	위험선호
투자수익과 위험의 상반관계	실물자산	금융자산
투자관리의 과제	자산배분	종목선정
투자관리의 과정	투자계획과 투자목표	소극적 투자관리
적극적 투자관리	개별자산접근법	포트폴리오 접근법
기본적 분석	기술적 분석	

연습문제

1. 투자의 속성에 대해서 설명하시오.

2. 시차선호의 문제란 무엇인가?

3. 투자의 기대수익률을 구성하는 것 중 위험보상률이란 무엇인가?

4. 투자의 판단기준으로 사용되는 것은?

5. 기하평균수익률이란 무엇인가?

6. 투자수익과 위험의 관계에 대해서 설명하시오.

7. 네 가지의 투자관리 핵심 과제는 무엇인가?

8. 투자관리방법에는 어떤 것이 있는지를 설명하고, 투자분석방법으로서 기본적 분석, 기술적 분석, 포트폴리오 분석의 특징과 그 장 · 단점을 비교하시오.

CHAPTER

2

금융시장과 투자자산

제 1 절 금융시장의 기능과 종류
제 2 절 단기금융시장-화폐시장의 금융상품
제 3 절 증권시장의 금융상품
제 4 절 집합투자시장(펀드시장)의 금융상품

금융자산에의 투자는 금융시장에서 이루어진다. 본장에서는 다음 내용을 주로 살펴본다.

- 금융시장은 어떤 기능을 수행하는가?
- 금융시장은 어떻게 분류되고, 각 시장의 특징은 무엇인가?
- 단기금융시장에서는 어떤 금융상품이 거래되는가?
- 증권시장의 금융상품에는 어떤 것이 있는가?
- 펀드시장인 집합투자시장에서는 어떤 금융상품이 어떤 투자기회를 제공하는가?

제 1 절 금융시장의 기능과 종류

생활속에서 ▸▸▸

금융위는 정부서울청사에서 '회사채 · 단기금융시장 및 부동산 PF 리스크 점검회의'를 개최했다. 기획재정부, 한국은행, 금감원, 정책금융기관, 금융회사 등 관계기관들이 이날 회의에 참석해 머리를 맞댔다. 회사채 · 단기금융시장 및 부동산 PF 대응 방향 등 민간사업 재구조화 지원방안에 대해 논의했다.

같은 날 KB금융은 5,000억원 규모의 부채담보부증권(CDO)을 발행해 건설사의 부동산 PF 사업 유동성을 지원한다고 밝혔다. 당초 7,000억원 규모로 준비했으나 대우건설 몫 2,000억원이 빠져나가며 규모가 줄었다. 대우건설은 직접 자금을 조달하겠다는 의향을 밝힌 것으로 전해진다. 이날 금융위 회의에 참석한 강순배 KB국민은행 부행장은 "금융지주 최초로 부동산 PF 유동성 지원에 나섰기 때문에 다른 금융기관도 KB 사례를 바탕으로 학습해서 같은 구조로 지원책을 내놓을 것으로 보인다"고 말했다.

강 부행장은 또 "이번 부동산 PF는 금융시장 안정화 차원으로 정부에서 각 금융기관이 할 수 있는 역할을 신속하게 해주길 주문해 준비했다"며 "우량한 시공사가 가지고 있는 브릿지론을 풀링(pooling)해서 건설사들이 보증하는 조건으로 조달금리를 낮춰 유동성을 공급하는 게 목적"이라고 설명했다. (thebell, 2023.3.7 편집)

#단기금융시장 #회사채 #금융회사 #부채담보부증권(CDO) #금융기관의역할

1. 금융시장의 개관

우리가 일상생활에서 행하는 투자나 저축, 대출 등은 개인간에 사적으로 이루어지기도 하지만 보통은 금융기관을 활용한다.

금융(finance)을 광의의 개념으로 정의하면 자금의 융통이라고 말할 수 있다. 그런데 자금융통이 이루어지기 위해서는 자금을 필요로 하는 '자금부족주체(deficit unit)'와 자금에 여유가 있는 '자금잉여주체(surplus unit)'가 있어야 한다. 자금잉여주체에서 자금부족주체로 자금이 이전되게 하는 것, 그리고 그 행위에 대한 대가가 주어지는 것을 모두 금융이라고 한다. 자금잉여주체는 통상 가계부문을 말하고 자금부족주체는 기업부문이나 정부부문을 의미한다.[1)]

1) 전통적으로 가계부문은 자금잉여주체, 기업부문은 자금부족주체로 규정해왔다. 그러나 근래에는 가계부문에서의 대출 급증, 일부 기업의 대규모 잉여현금 보유 등의 현실을 감안하여 이러한 구분을 하지 않는 경우도 있다.

[그림 2-1] **금융시장의 구조**

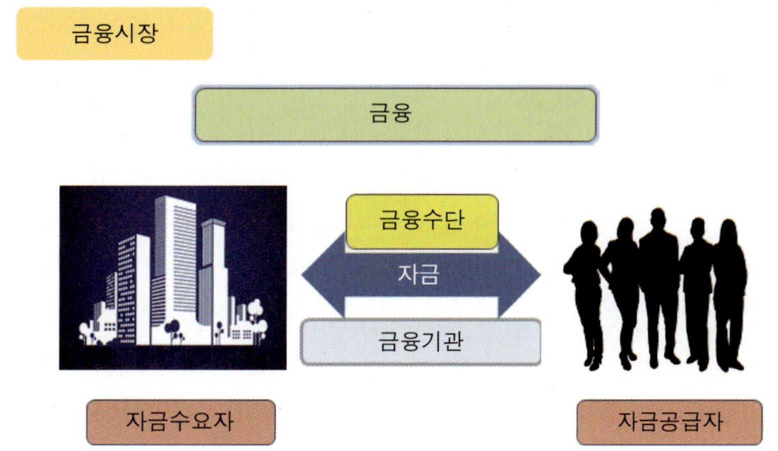

금융기관은 이러한 금융이 이루어지도록 매개 기능을 수행한다. 금융기관은 자금의 공급자와 수요자 간에 거래를 성립시켜 주는 역할을 담당한다. 자금이 금융기관을 통해 이전될 때에는 그 증빙으로 예금증서, 보험증권, 수익증권(펀드), 어음, 주식, 채권 등의 매개체가 이용되는데, 이를 금융수단 또는 금융상품이라고 한다. 금융이 이루어지기 위해서는 이와 같이 자금수요자, 자금공급자, 금융기관, 금융수단이 있어야 하는데, 이 네 가지가 금융시장을 구성하는 요소가 된다. 금융시장(financial market)의 가장 기본적인 기능은 자금매개 기능을 수행하는 것이다.

2. 금융시장의 기능

금융시장의 기능은 크게 다음과 같이 여섯 가지로 정리할 수 있다.

첫째, 자금이전 또는 자금중개 기능이다. 자금여유주체의 여유자금을 자금을 필요로 하는 자금부족주체에게 이전하는 기능을 수행한다. 이는 앞서

그러나 이러한 전통적인 구분방식에는 그 근거가 있다. 즉 가계는 노동력을 제공하고 그 대가인 임금을 받는 경제주체로서 그 임금 중에 일정액을 소비하고 나면 자금이 남는다고 본다.

다른 모든 경제 재화와 마찬가지로 금융상품 역시 수요와 공급에 따라 가격이 결정된다. (그래픽 : 블로그 '빠송의 세상 답사기')

설명한 바와 같다.

둘째, 금융상품의 가격결정 기능이다. 금융시장의 수많은 정보는 가격탐색과정(price discovery process)을 거쳐 수요와 공급에 반영된다. 수요가 늘어나면 금융상품의 가격이 오르고 공급이 늘면 가격이 하락한다. 주식시장에서 주식 매수주문(수요)이 많으면 주가가 오른다. 금리도 시장에서의 수요와 공급에 따라 결정된다.

셋째, 유동성 제공 기능이다. 금융시장에는 다양한 금융상품이 존재한다. 금융시장에서는 다수의 금융기관과 시장참가자들이 활발하게 금융상품거래를 하며, 이러한 과정을 통하여 사람들은 언제든지 보유한 금융자산을 다시 팔아 현금화할 수 있다.

넷째, 위험관리 기능이다. 금융시장에는 수많은 금융상품이 있어 다양한 금융거래기회를 가질 수 있다. 자금대여자는 자신의 위험선호 정도에 따라 위험프리미엄을 요구할 것이고 그에 부합된 금융상품을 활용할 수 있다. 또한 여러 금융상품에 분산투자하여 위험을 줄일 수도 있다.

다섯째, 금융정보 제공 기능 또는 금융거래비용 절감 기능이다. 시장정보를 누구나 쉽게 접근할 수 있도록 해줌으로써 정보부족으로 인한 손실회피 및 정보획득 비용, 거래 상대방 파악 비용과 시간을 절약해 주는 기능을 제공한다.

마지막으로 시장규율 기능이다. 금융시장은 시장참가자들의 행태를 감시하고 평가하는 규율 기능을 제공함으로써 시장건전성을 도모한다. 기업의 주식 · 채권, 정부의 채권 등은 금융시장에서 가격으로 그 가치를 평가받는다. 예컨대 부실한 기업이 발행하는 증권은 우량한 기업의 증권에 비해 더 높은 자금조달 비용(더 높은 금리)을 부담하게 된다.

3. 금융시장의 분류

금융시장은 분류기준에 따라 여러 가지 방법으로 분류할 수 있다.

(1) 금융상품의 만기에 따라 : 단기금융시장과 장기금융시장

거래되는 금융상품의 만기에 따라 만기가 1년 미만인 단기금융시장과 1년 이상인 장기금융시장으로 구분한다. 두 시장은 각각 거래되는 금융상품의 특성을 반영하여 전자는 화폐시장(money market) 또는 자금시장이라 부르고 후자는 자본시장(capital market)이라고 부른다.

[그림 2-2] 금융시장의 분류 : 상품 만기에 따라

(2) 중개기관의 경유 여부에 따라 : 직접금융시장과 간접금융시장

직접금융시장은 자금의 최종수요자와 최종공급자가 직접 금융자산을 발행·인도함으로써 이루어지는 시장으로서, 주식·회사채 등 직접증권(direct security)이 발행·거래되는 시장을 말한다. 간접금융시장은 은행과 같은 금융중개기관이 중간에 개입하여 예금증서와 같은 간접증권(indirect security)을 발행하여 자금매개 기능을 수행하는 시장이다.

유의할 점은 외형상 중개기관을 거친다고 해서 모두 간접금융은 아니라는 것이다. 예컨대, 주식을 매매할 때에는 통상 증권회사를 거치게 된다. 그러나 증권회사는 거래 편의를 위한 시스템을 제공할 뿐이다. 직접증권(direct security)은 '증권의 발행자'와 '자금의 최종사용자'가 동일하며, 이 증권의 가치는 발행자의 성과와 신용에 따라 달라진다. 반면 은행은 예금과 대출 등

독립된 금융거래를 수행하여 자금을 중개한다. 즉 간접증권은 자금수요자인 기업과는 무관하게 중개기관인 은행의 신용에 따라 그 가치가 달라지며, 자금공급자는 자금의 최종사용자를 알 수 없다.

(3) 거래단계에 따라 : 발행시장과 유통시장

금융시장은 거래단계에 따라 금융상품이 새로이 발행되는 발행시장과 이미 발행된 금융상품이 거래되는 유통시장으로 구분된다. 전자를 제1차 시장(primary market), 후자를 제2차 시장(secondary market)이라고도 한다. 주식과 채권이 처음 발행되는 시장이 발행시장이고 이들이 거래되는 시장이 유통시장이다. 기능적 측면에서 보면 발행시장은 투자자의 신규자금을 발행자에게 공급하는 기능을 하는 반면, 유통시장은 기존에 발행된 주식이나 채권을 쉽게 매매하고 현금화할 수 있는 유동성을 제공해 준다.

(4) 금융시장의 분류 : 종합

이상의 분류방법에 따른 금융시장의 각 세부 시장을 전체적으로 보면 [그림 2-3]과 같다. 이하에서는 이들 각 시장에 대해서 간단히 살펴보고 이 중 중요한 몇 시장－화폐시장, 자본시장, 집합투자시장－에 대한 자세한 내용은 바로 이어서 보기로 한다. 파생금융상품시장은 본 책의 제11장, 제12장에서 별도로 다룬다.

❑ 단기자금시장(화폐시장)

1년 내외의 단기자금이 직접금융의 방법으로 거래되는 시장을 말한다. 금융기관, 기업, 정부 등이 일시적으로 자금이 부족할 때 부채증권을 발행하여 조달하고, 투자자는 여유자금을 단기적으로 운용할 수 있는 시장이다. 기업어음(CP), 환매조건부채권(RP), 양도성예금증서(CD), 정부의 통화안정증권 등의 금융상품이 거래되는 시장이다.

[그림 2-3] 금융시장의 분류

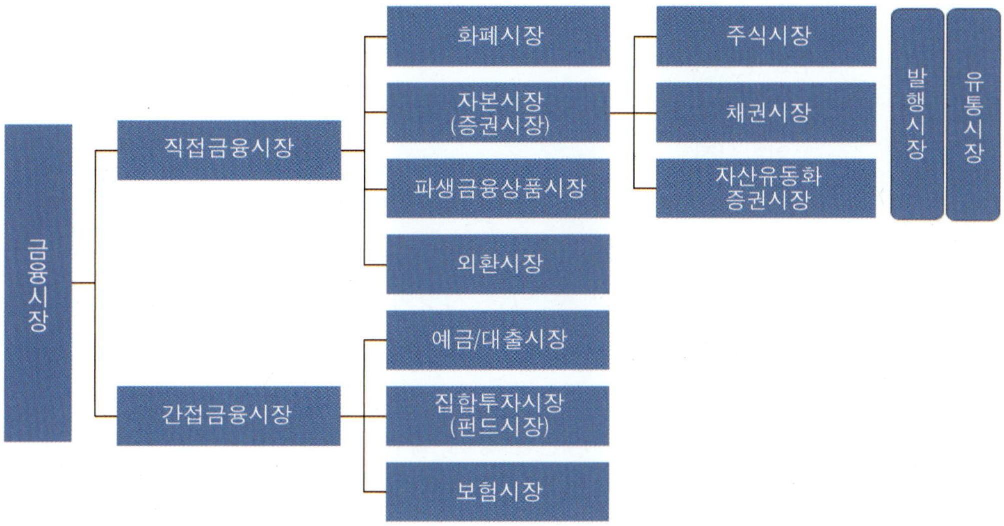

❑ 자본시장

주식 및 채권이 발행·거래되는 **증권시장**(security market)을 말한다.[2] 주식과 채권은 전형적인 증권(security)이므로 자본시장을 증권시장이라고도 한다. 자본시장은 장기 직접금융시장으로서, 자금수요자 입장에서는 장기자금을 조달하는 창구가 되고, 투자자에게는 상대적으로 고수익·고위험 상품이 매매되는 시장이 된다. 증권회사, 금융투자회사 등이 취급하는 자본시장 관련 금융상품은 투자자산의 운용에 따르는 위험을 투자자가 지는 상품이다. 자산유동화증권시장도 자본시장에 속한다.

자본시장은 금융상품의 거래단계에 따라 다시 발행시장과 유통시장으로 구분할 수 있다.

2) 자본시장에서는 '증권시장'을 증권의 매매를 위해 거래소가 개설하는 '유가증권시장', '코스닥시장', '파생상품시장'으로 지칭하고 있다. 금융상품은 일차적으로 원본손실 가능성이 있는 '금융투자상품'과 그 가능성이 없는 '비금융투자상품'으로 분류하고, 금융투자상품은 다시 원본초과손실가능성 여하에 따라 증권과 파생상품으로 구분하고 있다.

❑ 파생금융상품시장

선물 · 옵션 등의 파생상품이 거래되는 시장을 말한다. 파생금융상품은 위험헤징(risk hedging) 수단으로 이용되기도 하고 투자, 나아가 투기의 대상이 되기도 한다.

❑ 외환시장

외국과의 무역 및 자본거래에 따른 국제간 자금결제를 위해 서로 다른 국가의 통화를 교환하는 시장을 말한다. 자산배분에 해외투자자산을 포함할 때에는 환위험을 관리할 수 있는 시장이 된다.

❑ 예금 · 대출시장

은행 등의 금융중개기관을 통해 예금상품 및 대출상품이 거래되는 간접금융시장을 말한다. 예금 · 대출시장은 다양한 지급결제수단을 제공하여 금융기관과 고객 간, 금융기관간, 고객과 고객 간 대차관계를 금융거래에 의해 종결시킴으로써 경제활동을 촉진시키는 기능을 수행하기도 한다. 예금 · 대출시장의 간접금융상품은 예금자산 운용에 따른 위험을 은행 등의 금융중개기관이 지는 상품이다. 정기예금상품에서 보듯이 일정한도까지는 원금보장이 되는 안정성 높은 상품이 많지만, 수익성은 낮은 상품이 주를 이룬다.

❑ 집합투자시장(펀드시장)

직접투자가 자신의 투자자산을 자신의 투자판단에 따라 운용하는 것을 말하는 것이라면, 집합투자란 집합투자기구(펀드)를 통하여 간접적으로 자산을 운용하는 것을 말한다. 한마디로 펀드시장을 집합투자시장이라고 한다. 투자자는 펀드에 가입하여 자산을 투자하고 투자판단도 전문가인 펀드매니저에게 위탁하게 된다. 본장 제4절에서 상세하게 설명된다.

그 외에 금융시장을 구성하는 하위 시장으로 보험시장이 있으나 본 책의 범위에 해당되지 않으므로 생략한다.

제2절 단기금융시장 – 화폐시장의 금융상품

생활속에서 ▸▸▸

5대 금융지주 산하 은행들이 금융시장 안정에 긴급 투입되며 일단 시장의 불안심리는 상당 부분 잦아들 것으로 전망된다. 그간 금융당국의 유동성 대책이 실질적인 효과를 보기 어려울 것이라는 지적이 계속됐다. 은행의 유동성 지원도 마찬가지다.

정책금융을 통한 회사채·기업어음(CP) 매입 등이 각종 조건에 얽매여 시간이 걸리는 반면 은행들의 CP 매입과 환매조건부채권(RP) 매수, 머니마켓펀드(MMF) 운용 등의 유동성 공급은 즉각적인 효과를 낼 수 있다.

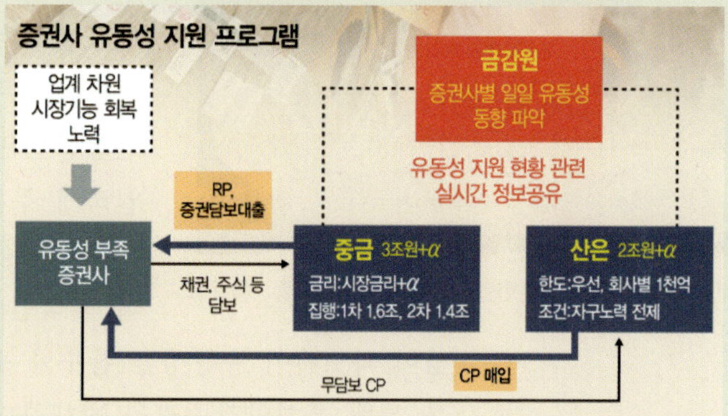

일단 분기 사상 최대 실적으로 이자 장사에 대한 비판의 목소리를 듣는 은행 입장에서도 시장 안정에 대한 제대로 된 역할이 필요하다. 황세운 자본시장연구원 선임연구위원은 "내년 1분기쯤 금리가 정점으로 치솟을 가능성을 고려하면 내년에 대규모 유동성 위기가 두어 차례 올 수 있다는 것은 충분히 가능한 시나리오"라며 "위기 대응 매뉴얼을 미리 만들어야 한다"고 우려했다. (서울경제, 2022.10.26 편집)

#기업어음(CP) #환매조건부채권(RP) #머니마켓펀드(MMF) #유동성

단기금융시장은 만기가 1년 내외의 단기성 부채증권이 거래되는 금융시장이다. 화폐시장 또는 자금시장이라고도 한다. 정부가 통화량 조절 목적으로 발행하는 통화안정증권, 금융기관이나 기업이 단기자금조달 목적으로 발행하는 기업어음(CP), 콜머니·콜론, 양도성예금증서(CD), 환매조건부채권(RP) 등이 거래되는 시장이다.

이들 화폐시장 상품은 높은 투자수익은 기대하기 어렵지만, 쉽게 자금회수를 할 수 있어 유동성 위험이 적고, 원금손실의 위험이 상대적으로 적은 상품이다. 금융기관으로는 증권회사, 일반상업은행, 비은행금융기관, 정부 등이 참여한다. 유동성이 매우 높은 **준현금성자산**(cash equivalent asset)이라는 특징 때문에 자산배분 면에서 보면 본격적인 주식이나 채권 투자를 위한 예비자금 운용의 성격으로 활용된다.

화폐시장 관련 상품을 보면 다음과 같다.

❑ 통화안정증권

중앙은행인 한국은행이 통화량을 조절하기 위하여 금융기관 또는 일반인을 대상으로 발행하는 증권을 말한다. 일정기간 돈을 빌리는 대신 만기 때 이자와 원금을 갚겠다는 일종의 약속증서로 그림처럼 액면금액과 이자율, 만기일이 기재되어 있다. 만기는 할인채의 경우 14~546일, 이표채의 경우 2년이다. 통화안정증권은 한국은행이 발행하기 때문에 국채와 동일하게 무위험자산으로 분류된다.

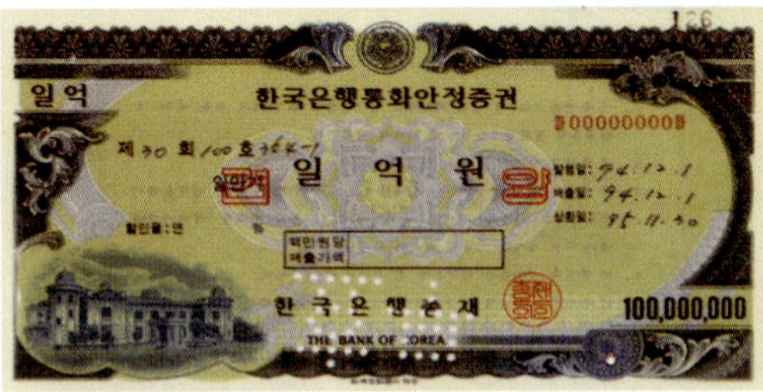

액면가 1억원짜리 통화안정증권 견본 (자료 : 블로그 'politics')

통화량을 조절하는 방식을 보면, 경상수지 흑자나 외국인의 주식투자자금 유입 등으로 시중의 유동성이 과도하여 유동성을 흡수할 필요가 있을 경우 중개기관인 금융투자회사를 통해 통화안정증권을 발행한다. 반대로 통화를 추가로 공급할 경우에는 이를 환매하거나 만기 전에 상환하여 시중의 자금량을 조절한다. 미국의 경우는 정부 발행의 재정증권(TB : treasury bill)이 있다.

❑ 기업어음(CP : commercial paper)

기업의 상거래와 관계없이 단기자금을 조달할 목적으로 자기신용에 근거하여 신용상태가 양호한 기업이 단기자금조달을 위해 발행한 융통어음을 말한다.[3] 발행기업의 신용도에 따라 상이한 수익률로 발행된다. 만기는 최장 1년 이내이다. CP는 발행절차가 간편하고 통상 담보 없이 신용으로 발행되는 데다 금리 면에서도 은행대출보다 일반적으로 유리하다. 이러한 장점들로 인하여 기업들이 자금을 신속하게 조달하고자 할 때 유용한 수단으로 이용되고 있다. 할인방식으로 발행되어 만기에 액면금액이 상환된다.

20억원짜리 기업어음 (자료 : 블로그 '꿈을 꾸는 자유')

3) 일반 상거래로 인하여 발행되는 어음은 진성어음이라고 한다. 즉 물건을 공급하고 그 대금 대신 어음을 받는 경우는 진성어음이며, 본문처럼 신용을 근거로 기업이 발행하는 어음이 기업어음이다.

❑ 양도성예금증서(CD : negotiable certificates of deposit)

정기예금에 양도성을 부여한 예금증서를 말한다. 은행이 타 은행, 법인, 개인을 대상으로 하여 단기자금조달 목적으로 무기명으로 발행하는데, 확정금리로 이자를 선지급한다. 만기는 30일~1년이지만 1개월물(30일)이나 3개월물이 일반적이다. 이자는 할인방식에 의해 선지급되며 만기에는 액면금액을 상환한다. 은행은 대출 등 자금수요에 따라 CD의 발행규모를 조절함으로써 탄력적으로 자금을 운용할 수 있다.

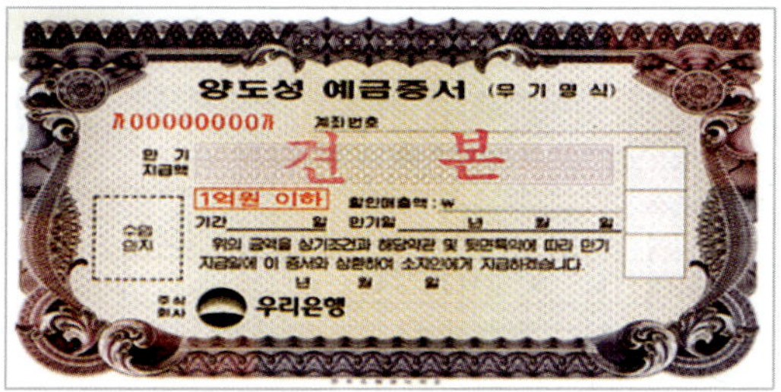

CD 견본 (자료 : 블로그 '모두의 PB')

❑ 환매조건부채권 또는 환매채(RP 또는 Repo : repurchase agreements)

금융기관이 단기자금조달의 목적으로 금융기관 보유의 채권을 일정기간 경과 후에 일정가격으로 다시 매수하거나 매도할 것을 조건으로 발행한 채권을 말한다. 채권보유자는 RP 거래를 통해 보유채권을 매각하지 않고 유동화하여 단기자금을 조달할 수 있다. RP시장에서는 국고채와 우량회사채를 대상으로 하는 RP가 거래되고 있다. 이처럼 RP 자체는 단기금융상품이지만 거래대상은 장기채권이어서 채권 자체가 담보의 성격을 띤 안정된 거래라는 특성이 있다. 중도환매가 가능하며 이자는 만기에 일시지급한다.

❑ 콜(call)

금융기관, 주로 은행간에 일시적 자금부족을 메우기 위해 초단기자금을 거래하는 수단이 콜이다. 콜자금을 빌려주는 은행 입장에서는 콜론(call loan), 빌리는 은행 입장에서는 콜머니(call money)가 된다. 만기는 30일 이내이지만, 하루짜리 초단기 거래인 1일물이 주로 거래된다. 거래의 대부분은 무담보 신용거래이다. 콜 거래에 적용되는 금리가 콜금리이다.

콜의 연원을 잘 보여주는 그림. 콜은 원래 금융기관끼리 급전을 구할 때 전화(call)로 했다고 해서 붙여진 금융상품이다. (그래픽 : 네이버포스트 '스마트북스')

한편 종합금융회사나 증권회사에서는 위의 단기금융상품을 결합하여 펀드방식으로 운용하는 MMF, CMA, MMDA를 취급한다. 은행의 수시입출금식 통장처럼 쉽게 현금화가 가능하고 은행권보다 수익률이 높은 상품이라는 특징이 있다. 일반 개인투자자들은 앞서 설명한 상품보다 지금부터 설명하는 CMA 등의 상품에 더 익숙할 경우가 많다.

❑ MMF(money market fund)

MMF(단기금융상품펀드)는 자산운용회사가 여러 고객이 투자한 자금을 모아 이를 주로 위에서 설명한 양도성예금증서(CD), 기업어음(CP), 잔존만기 1년 이하의 국채 및 통화안정증권 등 금융자산에 투자하고 이를 통해 얻은 수익을 고객에게 배당하는 채권투자신탁상품이다. 시중에서는 단기금융상품펀드라는 용어보다 MMF라는 영어 약어가 일상적으로 사용된다.

MMF는 일종의 펀드이기 때문에 예금자 보호가 되지 않는다. 실적배당을 하기 때문에 원금손실가능성이 있다. 세금혜택도 별도로 주어지지 않는다. 즉 일반세율 15.4%가 적용된다.

하지만 최저 가입금액의 제한이 없고, 환금성이 높은데다 시중 실세금리 수준의 수익을 올릴 수 있어 소액투자는 물론 언제 쓸지 모르는 단기자금을 운용하는 데 유리한 수단이다. 일반 시중은행의 자유입출금예금처럼 수시입출금이 가능한데, 펀드상품이기 때문에 실적배당을 한다는 점이 다르고 기본적으로 익일매수, 익일환매를 원칙으로 한다. 은행이나 증권회사, 보험회사에서 가입할 수 있는데, 상품의 운용은 자산운용회사가 하도록 되어 있다.

❑ CMA(cash management account)

CMA, 즉 '어음관리계좌'는 종합금융회사나 증권회사가 고객의 예탁금을 어음 및 국공채 등 단기금융상품에 직접 투자하여 운용한 후 그 수익을 고객에게 돌려주는 단기금융상품이다. 종합자산관리계좌라고도 한다. 실적배당상품으로서 은행의 수시입출금식 통장과 같이 입출금, 급여이체 등의 기능을 갖는 것이 특징이다. 그런데 은행이 아닌 증권회사나 종합금융회사에서 가입하는 상품이기 때문에 이 계좌에 돈을 입금하는 것은 형식적으로는 '저축'이 아닌 '투자'를 하는 것이 된다. 대부분의 CMA는 원리금 보호가 되지 않지만 현실적으로 위험은 거의 없는 편이다. 매일매일 이자를 계산해 주는데 이자가 적지 않기 때문에 일반인들도 많이 가입하고 있다.

❑ MMDA(money market deposit account)

CMA와 성격이 유사하지만, MMDA는 은행에서 취급하는 '시장금리부 수시입출금식 예금'이고, 일정한도까지 원리금 보호가 된다는 점이 다르다. 이 금융상품은 시장실세 금리가 적용되고 입출금이 자유로운 수시입출금식 예금이기 때문에 단기상품으로 본다. 각종 공과금, 신용카드대금 등의 자동이체용 결제통장으로도 활용할 수 있는 예금이긴 하지만 문제는 예금금액이다. 보통 최소한 500만원 이상을 맡겨야 한다. 이 금융상품은 은행에서 취급하는 '예금'이기 때문에 원리금 5,000만원까지 보호된다.

숫자로 본 세계 ▸▸▸ 단기금융시장 현황

단기금융시장의 몇 가지 상품 현황을 보면 다음과 같다. 참고로 표지어음은 금융기관이 표지어음의 발행인 및 지급인이 되는 어음으로 안정성이 높은 편이다. 발행어음은 종합금융회사 등이 영업자금 조달을 위해 자체신용으로 발행하는 융통어음으로 실세금리연동형 확정금리에 예금자 보호대상이다.

(단위 : 억원)

	23년 1월	2월	3월	4월	5월	6월	23년 6월말 잔액
CD+RP+표지어음	104,786	13,916	−1,085	86,058	51,320	−30,458	701,124
MMF	390,435	−22,028	−109,335	28,693	−75,894	−54,457	1,672,689
발행어음	14,386	2,523	−9,566	11,504	−2,694	−9,740	135,760
CMA	2,284	−3,622	5,863	−2,249	−3,323	9,854	67,976

(자료 : 한국은행)

제3절 증권시장의 금융상품

생활속에서 ▸▸▸

미국 CNBC에 따르면 UBS(스위스 바젤 및 취리히에 본사를 둔 글로벌 금융기업. 시가총액 기준 유럽에서 두 번째로 큰 은행)는 "아직 주식에 올인하지 마라"고 강조했다.

미국 증시의 스탠더드앤드푸어스(S&P) 500지수는 지난주에만 2% 넘게 올랐다. 소비자물가에 이어 생산자물가의 상승률도 크게 둔화하고 있다는 지표가 연이어 발표됐기 때문이다. 연방준비제도(Fed · 연준)가 경기침체 없이 인플레이션 통제에 성공하리라는 기대도 커졌다. UBS는 "(이런 상황 속에서도) 주식에 비교해 전통적인 안전자산인 채권의 비중을 계속해서 확대해야 한다"며 채권을 선호하는 세 가지 이유를 설명했다.

우선, 긍정적인 거시경제 소식들은 이미 주식가격에 반영되어 추가 강세에 대한 기준이 높아졌다.

두 번째로 인플레이션이 하반기에도 계속 떨어질 수 있지만, 미국의 경제성장도 잠재적으로 제로(0)에 가깝다는 게 은행의 설명이다. UBS는 "이는 앞으로 증시를 압박하고 채권가격은 지지해 줄 것"이라고 관측했다.

마지막으로 은행은 "이전의 기준금리 인상에 대한 지연 효과는 불확실한데, 이는 경기침체와 연준의 정책 오류의 위험이 잠재적으로 남아 있다는 의미"라고 진단했다. 지금까지 진행된 공격적인 금리 인상의 지연 효과로 미국 경기가 침체에 빠질 수 있다는 얘기다. (연합인포맥스, 2023.7.17 편집)

#주식 #채권 #경기침체 #경제성장

자산배분과 종목선정에서 가장 많이 고려되어 왔던 투자자산은 전통적인 유가증권(securities)인 주식과 채권으로, 이들이 증권시장의 대표 금융상품이다.

1. 주 식

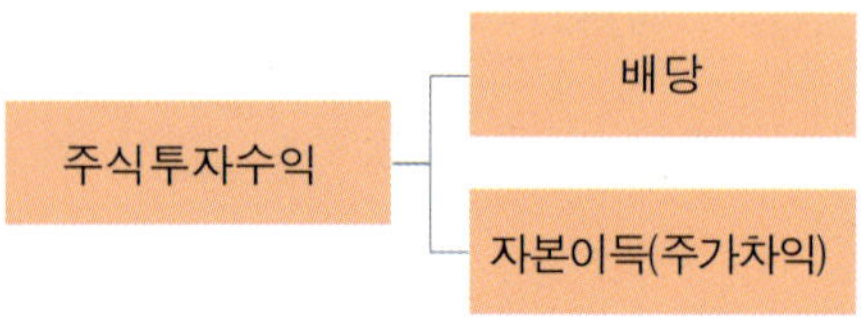

주식(stock)은 주식회사가 발행하는 소유지분증권으로서 그 투자수익은 배당과 시세차익의 두 가지 형태로 얻어진다. 그러나 투자성과의 변동성이 커서 고수익 · 고위험의 투자자산이라는 특성을 지닌다. 고수익을 달성하고자 하는 투자자의 자산배분 구성에서 큰 비중을 차지하게 되는 투자자산이 주식이다. 투자대상으로서 주식의 특성을 보통주와 우선주로 나누어 살펴보자.

(1) 보통주

보통주(common stock)는 발행기업의 입장에서는 안정적인 자기자본조달의 수단이 되지만, 투자자 입장에서는 일정지분의 소유권을 나타내는 지분증권으로서 회사 경영에 참여할 수 있는 권리와 경제적 이익을 얻을 수 있는 권리를 갖게 된다.

보통주 투자가 높은 기대수익과 투자위험의 특성을 지니는 것은 본질적으로 보통주의 기본적 특징, 즉 잔여지분에 대해서 청구권을 행사(residual claim)한다는 점과 인수가액을 한도로 유한책임(limited liability)을 진다는 점 때문이다. 배당은 경영성과에 따라 달라지고, 재산권은 마지막으로 행사되기 때문에 위험부담이 크다. 반면에 미래이익에 대한 무제한적 참여가 가능하기 때문에 상당한 자본이득을 기대할 수 있다. 그러나 이 같은 특성도 보통주의 종류별・발행조건별로 조금씩 다를 수 있다.

보통주는 다음과 같이 분류할 수 있다.

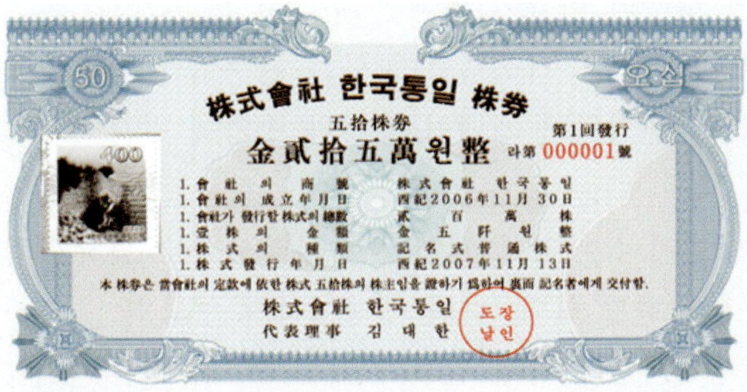

주식(주권)의 보기. 한국통일(주)의 50주권 주식이다. 액면가는 1주당 5천원이고 50주권이기 때문에 '금25만원정'이라고 표기되어 있다. (자료 : 스타인쇄)

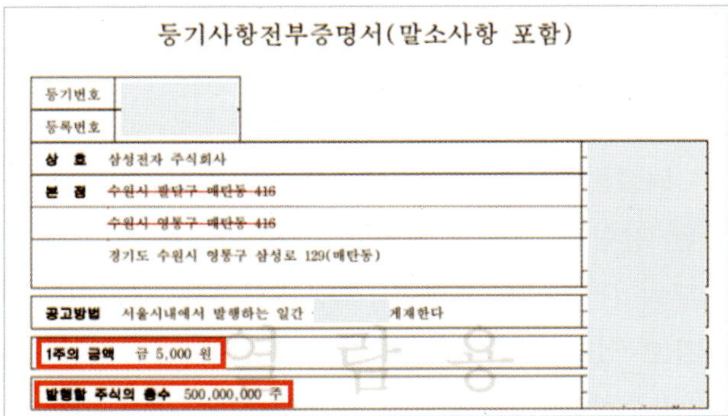

등기사항전부증명서(말소사항 포함)

등기번호	
등록번호	
상　호	삼성전자 주식회사
본　점	~~수원시 팔달구 매탄동 416~~
	~~수원시 영통구 매탄동 416~~
	경기도 수원시 영통구 삼성로 129(매탄동)
공고방법	서울시내에서 발행하는 일간 　 게재한다
1주의 금액	금 5,000 원
발행할 주식의 총수	500,000,000 주

2018년에 50:1로 액면분할하기 전 삼성전자의 1주당 액면가는 5,000원이었다. 이를 보여주는 삼성전자의 등기사항. 분할 후의 액면가는 100원이다. (자료 : 헬프미)

❑ 액면가액이 표시되어 있는지에 따라 : 액면주식과 무액면주식

보통주는 주권에 액면가액이 표시되어 있는지 여부에 따라 액면주식과 무액면주식으로 구분된다. 액면주식은 주권에 액면가액이 표시되어 있는 주식이며, 무액면주식은 액면가액이 표시되어 있지 않고, 주식수만 표시되어 있는 주식이다. 주식 액면가액은 상법에 의해 100원 이상으로 규정되어 있다. 주식시장에서 채택되는 액면가액으로 100원, 200

원, 500원, 1,000원, 2,500원, 5,000원이 있다. 액면가액이 중요한 이유는 우리나라 회계기준상 기본적인 자본금(=액면가액×발행주식 수)이 액면가액 기준으로 표시되기 때문이다. 이처럼 액면가액은 중요한 사안이어서 정관에서 정한다.

한편 상법상 무액면주식 발행도 가능하다. 자금조달을 좀더 쉽게 하는 것이 목적이었으나 무액면주식은 상장요건에 부합되지 않는 등 현실적인 면 때문에 이 제도를 이용하는 경우는 거의 없다. 미국 등에서는 무액면주식의 발행이 주를 이룬다. 무액면주식은 비례주 또는 부분주라고도 한다.

❑ 주권 또는 주주명부에 주주 이름을 기재했는지의 여부에 따라 : 기명주와 무기명주

기명주는 주권과 주주명부에 주주의 이름이 기재된 주식이고, 무기명주는 주주의 이름이 표시되지 않은 주식이다. 기명주는 회사가 현주주의 현황을 명확하게 파악할 수 있기 때문에 편리하나 거래될 때마다 명의를 변경해야 하는 불편함이 있다.

우리나라 상법에서는 양도인의 기명날인 없이 주식양도를 가능하게 함으로써 무기명주의 발행을 인정하고 있다. 다만 배당이나 주주총회 및 유·무상증자 등 주주권의 권리행사자를 확정할 필요가 있을 때, 회사가 「주주명부 폐쇄 및 명의개서 정지일」을 공고하고 이날 기준으로 주권을 소지한 사람의 이름으로 명의개서를 하여 주주의 권리를 행사하도록 규정하고 있다. 이러한 경우, 기명주와 무기명주가 다른 주식이 아니라 평상시에 거래될 때에는 무기명주 상태이다가 그 주식에 대해 주주권 권리행사자로 이름을 등재하면 기명주가 되는 것이다.

❑ 의결권 부여 여부에 따라 : 의결권주식과 무의결권주식

의결권주식은 의결권이 부여된 전형적 형태의 보통주이다. 반면에 우리나라 상법에서는 의결권이 없는 무의결권주식의 발행은 배당우선주에 대하여, 소정의 우선적 배당이 이루어지고 있는 기간에 한하여 의결권이 정지되는 것을 인정하고 있다. 즉 무의결권주식은 다음에 설명하고자 하는 우선주를 말한다.

(2) 우선주

우선주(preferred stock)는 이익의 배당 또는 잔여재산의 분배와 같은 재산적 이익을 받는 데 있어서 사채 소유자보다는 우선순위가 낮으나 보통주 주주보다는 우선하는 주식이다. 우선주는 일반적으로 고정적 배당률을 확정해 놓지만 무배당도 가능하며, 의결권이 제한되어 있다. 따라서 우선주는 사채의 성격과 보통주의 성격이 복합된 증권이라고 할 수 있다.

우선주는 일반적으로 의결권과 추가적인 이익참여가 제한되어 있다는 점에서 사채의 단점을 지니고 있으며, 무배당의 가능성이라는 측면에서는 보통주의 단점을 지니고 있는 것으로 평가되는 경향이 있다. 이러한 측면에서 투자대상으로서 우선주는 장점보다 단점이 많다고 혹평하기도 한다. 그러나 우선주는 이 같은 투자대상으로서 단점을 보완하기 위해서 다양한 발행조건이 제시되고 있으므로 발행조건별로 투자가치를 평가해야 할 것이다. 특히 의결권에는 관심이 없고 단지 투자수익에만 관심이 있는 투자자에게는 또 하나의 투자대안이 되기도 한다.

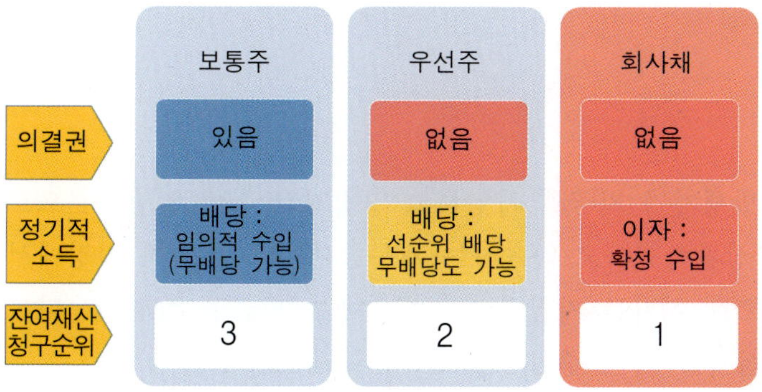

일반적인 우선주의 성격

우선주는 기준에 따라 다음과 같이 다양하게 분류한다.

❑ 배당 누적 여부에 따라 : 누적적 우선주와 비누적적 우선주

과거 지급하지 못한 배당을 차기에 누적하여 지급하도록 되어 있는지의 여부에 따라 누적적 우선주와 비누적적 우선주로 구분된다. 기업의 영업실적이 좋지 못한 이유 등으로 배당을 받지 못하는 경우, 당기에 지급하지 못한 배당을 차기에 누적하여 지급하도록 되어 있는 우선주를 누적적 우선주라 하고, 다음 기로 누적되지 않는 우선주를 비누적적 우선주라 한다. 누적적 우선주의 경우 투자위험이 상대적으로 낮으므로 수익률도 낮게 된다.

❑ 추가적인 배당에 참가가능 여부에 따라 : 참가적 우선주와 비참가적 우선주

비참가적 우선주는 일정한 예정배당액만을 지급받고, 예정배당액 이외에 초과

배당에 참가하지 못하는 일반적 우선주이다. 반면 참가적 우선주는 경영실적이 양호하여 보통주 주주에 대한 배당액 이상의 배당을 지급할 경우 그 초과배당에 같이 참여할 수 있는 우선주이다.

이 밖에도 우선주는 의결권 부여 여부에 따라서 의결권부 우선주와 무의결권 우선주로 구분된다. 또 일정시기에 일정한 가격으로 보통주로 전환할 수 있는 권리가 부여된 옵션(option)부의 우선주인 전환우선주, 미리 정해진 상환일에 일시상환이 이루어지도록 규정된 상환우선주와 기업의 자금사정에 따라 수시로 상환할 수 있는 수의상환우선주가 있다.

우리나라에서는 그간 우선주의 대부분이 참가적·누적적이며 의결권이 있는 우선주로 발행되어 왔으나, 외환위기 이후 금융권의 자본조달수단으로 무의결권 우선주 발행 사례도 늘어나고 있다.

2. 채 권

채권(bond)은 채권의 발행자가 자금을 차입하고 일정기간 후에 일정조건으로 이자와 원금을 지급 상환하겠다고 약속하는 채무증서이다. 투자자 입장에서 보면 채권은 정기적으로 이자를 지급받고 만기일에는 원금을 상환받는다는 점에서 확정소득의 성격을 지닌 증권(fixed-income securities)이다.

그러나 채권투자에는 발행주체가 원리금을 지급하지 못하는 지급불능위험이 있다. 또 이자율 변동에 따라 채권가격이 변동하는 가격위험이 있고, 만기 전에 매도할 경우 일정한 시세차익(차손)이 발생할 수 있다. 채권의 투자가치는 발행주체와 종류, 발행조건에 따라 달리 평가해야 한다.

(1) 발행주체에 의한 채권의 분류

채권은 발행주체를 기준으로 국가가 발행하는 국채, 지방자치단체가 발행하는 지방채, 특별법인이 발행하는 특수채, 금융기관이 발행하는 금융채 그리고 일반회사가 발행하는 회사채로 구분할 수 있다.

국채는 국가가 재정적자를 보전할 목적이나 특정사업의 재원조달을 목적으로 발행하는 증권이다. 국채는 국회의 동의를 얻어 발행되는데, 주요 국채

과거 정부가 발행했던 국채(국민주택채권) 견본 중 하나

로는 국고채권 · 재정증권 · 국민주택채권 1종 및 2종 · 양곡증권 · 외국환 평형기금채권 등이 있다.

투자대상으로서 국채는 정부가 발권력을 가지고 원리금 지급을 보증하기 때문에 채무불이행 위험이 거의 없는 무위험자산(risk-free asset)이라는 특징을 지닌다. 이러한 이유 때문에 거래가 활발한 국공채의 수익률을 무위험자산수익률의 기준으로 사용하기도 한다.

지방채는 시, 도, 군 등 지방자치단체가 특정사업의 재원조달, 재원 부족을 메우기 위해 발행하는 채권이다. 주요 지방채로는 도시철도채권 · 도로공채 · 지역개발공채 등이 있다. 국채와 지방채의 많은 종류는 이자소득에 대하여 면세(tax-exempt)가 되거나 차등세율이 적용되는 특징이 있다. 그러나 수익률이 상대적으로 낮고 시장성이 낮은 국공채도 있다는 점은 유의해야 한다.

특수채는 특별법에 의해 설립된 법인이 발행하는 채권이다. 주요 특수채로는 한국전력채권 · LH공사채권 · 예금보험기금채권 · 부실채권정리기금채권 등이 있다. 원리금 지급을 대부분 정부가 보증하므로 국채와 비슷한 투자성격을 지닌다.

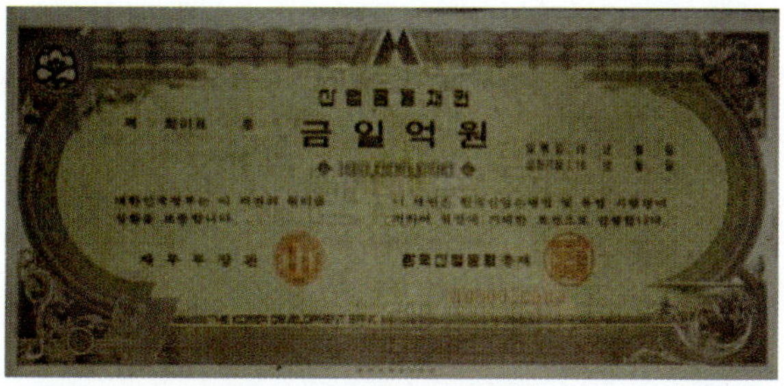

과거 정부에서 발행되었던 산업금융채권 중 하나

금융채는 금융기관이 발행한 채권을 지칭한다. 주요 금융채로는 통화안정증권, 산업금융채권 · 기업은행채권 등이 있다.

우리나라에서 발행되는 국공채, 특수채 가운데서 재정증권, 국민관리기금채권, 국민주택채권, 양곡기금증권 등은 발행이 활발하지만, 나머지는 미미한 수준에 머물고 있다. 국공채, 특수채는 방어적 투자관리에 역점을 두는 기관투자가의 주된 자산운용 대상이 되고 있다.

과거에 발행된 삼성전자 회사채 견본. 액면가가 100만원임을 알 수 있다. (자료 : 블로그 '우송대길')

회사채(corporate bond)는 법률적으로 보면 회사가 일반대중으로부터 비교적 장기의 자금을 집단적 · 대량적으로 조달하기 위해서 채권이라는 유가증권 형태로 발행한 채무 · 차입증서라고 할 수 있다. 담보물이나 보증기관의 보증이 없는 회

사채는 채무불이행위험이 커지므로 발행회사의 현금창출능력, 신용도에 따라서 발행금리와 유통시장에서의 수익률에 차이가 발생한다.

〈표 2-1〉 발행주체에 따른 채권의 분류

발행주체	채권 명칭	위험 수준
국가	국채	사실상 무위험
지방자치단체	지방채	
특별법인	특수채	
금융기관	금융채	
일반 기업	회사채	발행회사에 따라 다름

(2) 이자지급방법 및 현금흐름 패턴에 따라 : 이표채, 할인채, 복리채

채권은 이자지급방법과 주기적 현금흐름 유무에 따라 이표채, 할인채, 복리채로 구분된다.

이표채(coupon bond)는 정기적으로 이자를 지급받고 만기에 원금을 상환받는 채권으로 전형적인 채권의 형태이다. 일반적으로 액면가로 발행된다. 순수할인채(pure discount bond)는 중도이자지급을 생략하는 대신 만기까지의 이자의 현재가치만큼 할인되어 액면가 이하의 가격으로 발행되는 채권이다.

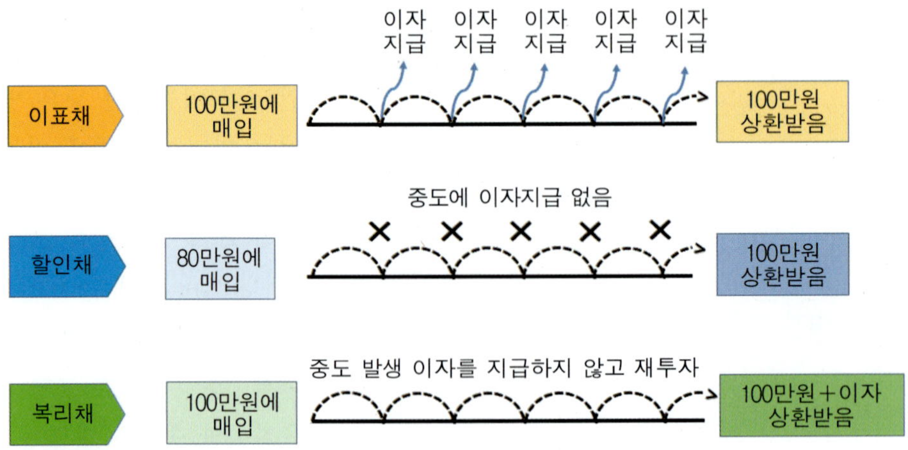

이표채와 할인채, 복리채의 이자지급방식 비교

복리채는 액면가로 발행되지만 중도이자지급이 생략된 이자분은 복리로 재투자되는 것을 가정하여 만기시에 원금과 함께 상환받는 채권이다. 대부분의 회사채는 이표채이지만, 국공채와 특수채 중에는 할인채와 복리채가 많다.

(3) 이자율 변동 여부에 따라 : 고정이자부사채, 금리연동부사채, 이익사채, 이익참가사채

채권은 지급이자의 변동 여부에 따라 고정이자부사채, 금리연동부사채, 이익사채, 이익참가사채로 구분된다.

고정이자부사채(fixed charge bond)는 이자율이 고정되어 확정된 이자를 지급하는 가장 전형적인 형태의 채권이다. 우리나라에서 발행되는 이표채의 대부분은 고정이자부사채이다. 반면에 금리연동부사채(FRN : floating rate note)는 시중 이자율의 변동에 따라 당해사채의 이자율을 연동시켜 이자를 지급하는 사채이다.

이 밖에도 자주 발행되고 있지 않지만 일정한 확정이자를 지급하지 않고 기업의 이익수준에 따라 이자를 지급하는 이익사채(income bond)와 추가이자를 지급할 수 있는 이익참가사채(participating bond)가 있다.

(4) 담보 여부에 따라 : 무담보부사채, 담보부사채

무담보부사채(debenture or unsecured bond)는 담보를 설정하지 않고, 회사의 현금창출능력, 신용도만을 기초로 하여 발행되는 사채를 말한다. 따라서 발행기업의 신용도에 따라서 수익률의 차이가 발생한다. 반대로 기업의 사채발행에 담보를 제공하는 경우 이를 담보부사채(secured bond)라고 한다. 담보부사채는 담보물의 내용에 따라 부동산담보부사채(mortgage bond), 유가증권담보부사채(collateral bond)로 구분된다.

(5) 보증조건에 따라 : 보증사채, 무보증사채

보증사채(guaranteed bond)는 사채의 상환을 확실하게 하도록 제3자가 사채의 원리금 지급에 대하여 보증을 하는 사채를 말한다. 보증사채의 발행회사는 보증기관에 필요한 담보를 제공하고 원리금지급보증에 대한 보증료를 지급해야 한다. 반면에 무보증사채(일반사채)는 제3자의 보증 없이 발행기업의 신용으로 발행되는 사채이다. 일반적으로 무담보부사채나 무보증사채는 채권의 원리금 상환에 대한 위험부담이 있으므로 담보부사채나 보증사채보다 수익률이 높게 형성된다.

(6) 원금상환방법에 따라 : 만기전액상환사채, 정기분할상환사채, 감채기금사채, 수의상환사채

만기전액상환사채는 상환기간이 만료되면 사채의 총액이 일시에 상환되는 사채를 말한다. 우리나라에서 발행되는 회사채의 대부분은 이에 속한다. 정기분할상환사채는 일정한 거치기간이 지난 후부터 만기에 이르기까지 사채의 총액이 정기적으로 분할상환되는 사채를 말한다.

감채기금사채(sinking fund bond)는 사채권자의 보호를 위하여 원금상환에 필요한 기금(감채기금)을 적립해 나가는 사채를 말한다. 감채기금조항에 의해 회사는 발행된 사채의 일정부분을 매년 퇴각시키게 되므로 이 채권은 투자위험과 수익률이 낮은 경향이 있다.

수의상환사채(callable bond)는 발행회사가 이미 발행된 사채를 만기 이전에 임의로 상환할 수 있는 사채를 말한다. 발행회사는 금리가 하락할 때 언제든지 액면으로 상환할 수 있다. 이 채권은 사채차환과 밀접한 관련이 있다. 사채의 차환이란 신사채를 발행하여 조달한 자금으로 구사채를 만기 전에 상환하는 것을 말한다. 이때의 구사채는 수의상환사채이어야 이러한 차환이 가능하다. 사채차환의 목적은 약정이자율이 높은 구사채를 이자율이 낮은 신채권으로 바꿔서 이자비용을 줄이고자 하는 것이다. 수의상환사채는 발행회사의 자금사정이 호전될 때 수시로 상환할 수 있다는 장점을 가지고 있다. 그러나 사채권자들 입장에서는 원하지 않는 시점에서 불리한 수익률로 상환당하기 때문에 발행기업은 기존사채를 액면가 이상으로 상환해 주는 것이 통례이다.

(7) 부여된 옵션에 따라 : 전환사채, 신주인수권부사채, 교환사채

옵션(option)권리가 부여된 사채에는 전환사채, 신주인수권부사채, 교환사채

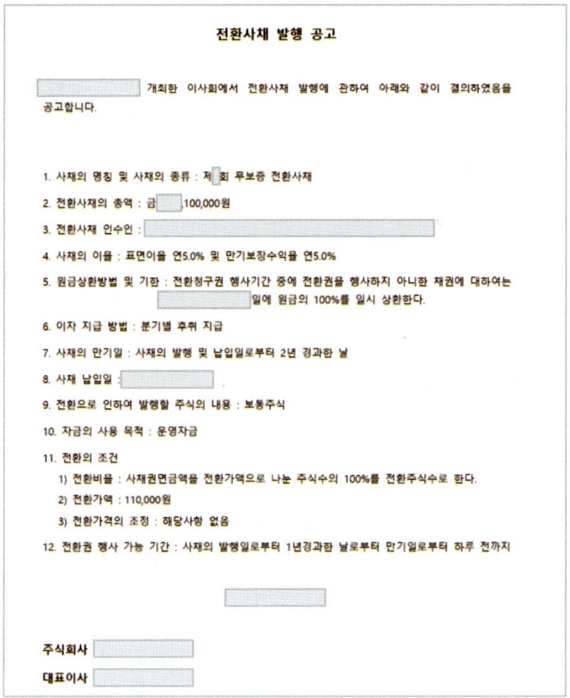
전환사채 발행 공고

개최한 이사회에서 전환사채 발행에 관하여 아래와 같이 결의하였음을 공고합니다.

1. 사채의 명칭 및 사채의 종류 : 제 회 무보증 전환사채
2. 전환사채의 총액 : 금 ,100,000원
3. 전환사채 인수인 :
4. 사채의 이율 : 표면이율 연5.0% 및 만기보장수익률 연5.0%
5. 원금상환방법 및 기한 : 전환청구권 행사기간 중에 전환권을 행사하지 아니한 채권에 대하여는 일에 원금의 100%를 일시 상환한다.
6. 이자 지급 방법 : 분기별 후취 지급
7. 사채의 만기일 : 사채의 발행 및 납입일로부터 2년 경과한 날
8. 사채 납입일 :
9. 전환으로 인하여 발행할 주식의 내용 : 보통주식
10. 자금의 사용 목적 : 운영자금
11. 전환의 조건
   1) 전환비율 : 사채권면금액을 전환가액으로 나눈 주식수의 100%를 전환주식수로 한다.
   2) 전환가액 : 110,000원
   3) 전환가격의 조정 : 해당사항 없음
12. 전환권 행사 가능 기간 : 사채의 발행일로부터 1년경과한 날로부터 만기일로부터 하루 전까지

주식회사

대표이사

전환사채 공고문 예시 (자료 : tpzstudio)

등이 있다. 옵션부사채의 투자가치는 일반사채로서의 가치에 옵션성격의 가치가 더해진다.

전환사채(CB : convertible bond)는 사채발행시에 미리 정해진 조건에 따라서 발행회사의 보통주로 전환할 수 있는 사채를 말한다. 사채권자들은 일정한 전환비율에 따른 보통주의 주당 전환가격보다 보통주의 주가가 높을 경우에는 보통주로 전환함으로써 자본이득을 얻을 수 있다.

신주인수권부사채(BW : bond with warrants)는 회사가 신주를 발행할 때 이를 인수할 수 있는 권한이 부여된 사채를 말한다. 전환사채는 전환에 의하여 사채가 소멸되어 보통주로 전환되나, 신주인수권부사채는 사채의 형태가 그대로 존속되면서 별도의 신주를 유상으로 인수할 수 있다는 점에서 그 성격이 서로 다르다.

교환사채(EB : exchangeable bond)는 채권발행 후 일정기간이 지나면 채권을 발행한 회사가 보유하고 있는 주식이나 다른 유가증권과 일정한 가격(교환가격)으로 교환을 청구할 수 있는 권리가 부여된 사채이다. 전환사채와 다른 점은 전환권이 행사될 때 발행회사 주식으로 전환해 주는 것이 아니라, 발행회사가 보유하고 있는 다른 상장법인의 주식이나 유가증권과 교환된다는 점이다.

위 세 가지 옵션부 사채의 특성을 비교하면 〈표 2-2〉와 같다. 채권의 액면이자율은 일반사채가 가장 높고, 신주인수권부사채, 전환사채, 교환사채

〈표 2-2〉 전환사채, 신주인수권부사채, 교환사채의 주요 특성 비교

구 분	전환사채(CB)	신주인수권부사채(BW)	교환사채(EB)
주식취득 권리	주식전환권	신주인수권	교환권
받게 되는 주식	발행회사의 신주	발행회사의 신주	발행회사가 보유하고 있는 주식
권리행사시 사채권 존속 여부	사채권 소멸	사채권 존속	사채권 소멸
액면이자율	교환사채(EB) < 전환사채(CB) < 신주인수권부사채(BW) < 일반회사채		

순으로 높다. 세 채권의 장점을 발행사와 투자자 입장에서 각각 보면, 발행사는 일반사채보다 상대적으로 낮은 이자율로 발행할 수 있으며, 투자자는 주가 상승시에는 권리를 행사하여 추가적인 자본이득을 누릴 수 있고 주가가 정체하거나 하락시에는 원래 채권이 제공하는 수익률을 확보할 수 있다는 점이다.

3. 자산유동화증권

자산유동화증권(ABS : asset-backed securities)은 부동산, 매출채권, 유가증권, 주택저당채권, 신용카드매출채권 등과 같이 유동성이 낮은 자산을 신용보강 등의 과정을 통하여 유동성이 높은 구조로 바꾸어 발행된 증권이다. 자산유동화증권은 특수목적기구(SPV)를 설립한 다음, 부동산이나 매출채권과 같이 유동성이 낮거나 신용도가 낮은 자산을 기초자산으로 하여 채권을 발행하고, 신용보강 과정을 거쳐 이 기구에 기초자산의 법률적인 소유권을 양도하는 절차를 거쳐 발행된다. 이 증권의 원리금은 기초자산에서 발생하는 현금흐름으로 지급된다.

자산유동화증권은 기초자산이 주택저당채권일 경우 MBS(mortgage backed securities), 채권일 경우 CBO(collateralized bond obligation), 은행대출채권일 경우 CLO(collateralized loan obligation)로 불린다.

CDO(collateralized debt obligation), 즉 부채담보부증권이라는 것도 있다. 이는 금융기관이 보유한 대출채권이나 회사채 등을 한데 묶어 유동화시킨 신용파생상품을 말한다. 다양한 방법으로 만들어지지만 전통적인 방식을 예로 들면, 금융기관은 자신들이 보유한 대출채권이나 회사채 등을 특수목적기구(SPV : special purpose vehicle)에 이전하고 이를 담보로 SPV가 증권(CDO)을 발행하는 것이다. 이때 자산의 소유권은 원래의 자산보유자로부터 SPV에 완전히 이전된다. CDO 발행 이전에는 담보물로부터 발생하는 이자 등

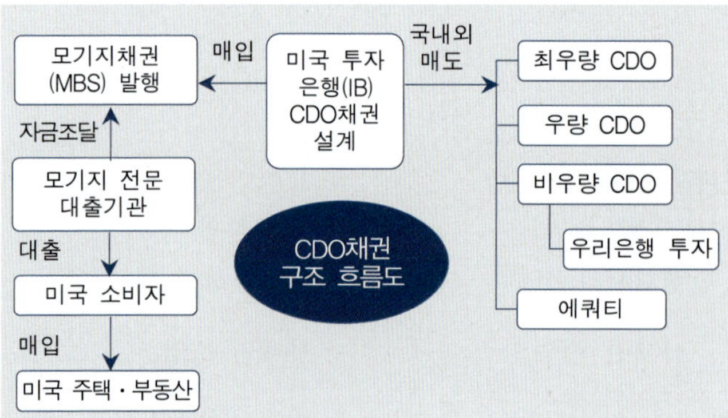

2000년대 후반 금융위기 당시의 CDO 거래 구조도 (자료 : 매경)

의 수입은 원래의 부채 권리권자였던 금융기관에 귀속됐었으나, CDO 발행 이후에는 이 수입들이 SPV에 귀속된다.

ABS는 발행기관의 입장에서는 재무구조를 개선하고 조달비용을 경감시킬 수 있는 새로운 자본조달방법이 되고, 투자자 입장에서는 신용평가기관의 엄격한 평가와 신용보강을 거쳐 발행되기 때문에 투자위험이 낮아진 투자대상이 된다는 장점이 있다.

제 4 절 집합투자시장(펀드시장)의 금융상품

생활속에서

국내에 출시된 101개 공모주 펀드(공모형 · 대표펀드 기준)의 연초 이후 평균 수익률은 5.7%로 집계됐다. 이는 해당펀드들이 추종하는 BM(벤치마크)의 평균인 6.5%에도 못 미치는 수치다.

10% 이상의 수익률을 기록한 펀드는 15개에 그쳤다. 전체 101개 펀드 가운데 69%(70개)가 평균보다 못한 성과를 보였다. 이는 '공모주 투자에 특화된 펀드'라는 이름이 무색하게도 포트폴리오의 70% 정도를 안전자산인 채권이 차지하고 있기 때문이다. 정작 공모주의 비중은 30% 남짓하다. 101개 공모주 펀드 중 절반 이상인 59개가 '채권혼합형'으로 분류되어 있는 배경이다.

그러나 코스닥벤처 펀드는 평균치를 크게 웃도는 성과로 이름값을 해냈다. 가장 우수한 수익률을 거둔 공모주 펀드 1위부터 5위를 코스닥벤처 펀드가 석권했다. 지난 2018년 4월 처음 등장한 코스닥벤처 펀드는 전체 투자금의 50% 이상을 코스닥과 벤처기업에 투자하는 펀드를 말한다. (딜사이트, 2023.7.17 편집)

공모주 펀드 수익률 상위 5

펀드명	운용사	설정액	3개월	6개월	연 초
삼성코스닥벤처플러스1	삼성액티브	25억원	1.87%	32.16%	35.61%
브레인코스닥벤처	브레인	94억원	5.86%	27.03%	35.11%
현대인베스트벤처기업&IPO1	현대인베스트먼트	60억원	−1.80%	24.53%	28.45%
브이아이코스닥벤처	브이아이	20억원	6.03%	23.09%	28.06%
KB코스닥벤처기업공모주3	KB	10억원	−0.61%	19.72%	22.71%

(자료 : 한국펀드평가, 2023.7.12 기준)

#펀드 #공모주펀드 #채권혼합형 #채권에투자

증권투자의 방법으로 투자자산을 직접 선정하는 직접투자방법을 이용할 수 있지만, 특히 개인투자자는 소위 "펀드투자"라고 하는 간접투자방법을 활용할 수 있다. 간접투자상품이 거래되는 시장을 집합투자시장이라고 하며 이를 통상 펀드시장이라고 부른다.

1. 직접투자와 간접투자

증권투자의 방법은 중개기관이나 투자금융회사의 활용 여부에 따라 직접투자방법과 간접투자방법으로 구분된다. 직접투자방법은 투자자가 각급 투자자산과 개별종목을 직접 사거나 파는 방법인 반면에, 간접투자방법은 투자신탁회사와 같은 간접투자기구(투자금융회사)가 발행하는 수익증권이나 뮤추얼펀드에 간접적으로 투자하는 방법을 말한다.

개인(일반)투자자는 투자자금의 영세성으로 인하여 분산투자를 충분히 행할 수 없을 뿐 아니라 투자의 전문성 부족으로 체계적인 투자관리에 어려움을 겪는다. 수익증권, 뮤추얼펀드를 통한 간접투자방법은 이러한 한계점을 극복하는 한 방법이 된다.

2. 수익증권과 뮤추얼펀드

우리나라에서의 일반투자자에게 가능한 간접투자방법은 크게 수익증권과 뮤추얼펀드로 나눌 수 있다.

수익증권은 주식, 채권 등의 증권 또는 선물·옵션 등의 파생상품 및 부동산 등에 직접투자할 전문지식이 부족하거나 시간적 여유가 없는 사람들을 위하여 전문투자기관인 투신운용회사가 투자자의 자금을 받아 대신 투자해 주는 간접투자상품을 의미한다. 투자자의 자금을 위탁받았다는 증서를 의미하기도 한다.

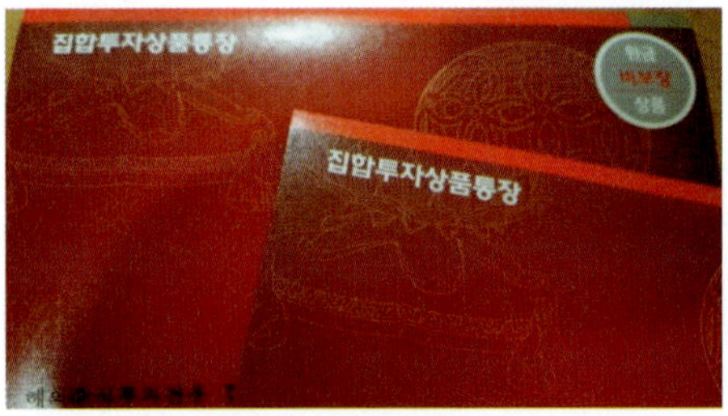

KB국민은행 창구에서 가입하면 받게 되는 펀드 통장

수익증권은 증권이지만 투자자(가입자) 입장에서 보면 주식이나 채권처럼 증권의 형태가 아닌 통장의 형태로 되어 있다. 그 이유는 수익증권 가입자(자금위탁자)가 자신의 투자금이 현재 얼마가 되어 있는지 통장을 찍어보면 알 수 있도록 하기 위함이다.

시장에 먼저 도입된 수익증권은 특정회사가 수많은 펀드를 설정한 후 자금을 투자받아 운용하면서 수수료를 받는 형태이다. 일반적으로 펀드라고 말하면 이는 수익증권을 의미한다. 수익증권은 '계약형 투자신탁'이다.

뮤추얼펀드는 개인, 법인 등 투자자들로부터 주식을 발행하여 모은 자본금을 전문가(자산운용회사)에게 맡겨 유가증권, 파생상품, 부동산, 특별자산 등에 투자하도록 한 뒤 그 운용성과를 배당금 형태로 투자자에게 돌려주는 '회사형 투자신탁'을 말한다.

뮤추얼펀드는 펀드 자체가 하나의 주식회사가 된다. 동일한 금액을 투자했다 하더라도 일반펀드에 투자하면 단순히 투자를 위임한 위탁자 신분이지만 회사형 펀드에 투자하면 주주 신분이 된다.

뮤추얼펀드는 펀드 자체가 주식회사로 설립되지만 이는 서류상의 회사(paper company)로서 실체가 없고, 실제 뮤추얼펀드의 자산운용은 자산운용 전문회사가 담당하며 투자자는 회사의 주주로 참여하게 된다는 점에서 투자신탁회사의 수익증권과 다르다. 투자자는 주주로서 배당을 받게 된다. 물론 운용실적에 따라 원금에 손실이 발생할 수 있으므로 가입 후에도 펀드의 상황을 수시로 확인하는 것이 바람직하다.

우리나라에서는 계약형 투자신탁 형태인 펀드가 먼저 도입되었고 이후 회사형 투자신탁인 뮤추얼펀드가 도입되었다. 두 개의 차이를 정리하면 〈표 2-3〉과 같다.

〈표 2-3〉 계약형 투자신탁과 회사형 투자신탁(뮤추얼펀드)의 차이

구 분	계약형 펀드(수익증권펀드)	회사형 펀드(뮤추얼펀드)
설립형태	신탁약관에 의한 신탁계약	펀드 자체가 법인격을 가진 주식회사
발행유가증권	수익증권	주식
투자자의 법적 지위	계약자	주주
설립규제	설립요건 엄격	설립이 상대적으로 용이
금융상품 성격	저축수단(만기 존재)	투자수단(계속기업)

3. 펀드의 구분

펀드의 종류는 편입되는 투자자산의 종류, 주식투자의 비중, 주식의 성격, 펀드자금의 모집방식, 펀드에의 자금 불입방식에 따라 〈표 2-4〉와 같이 구분할 수 있다.

〈표 2-4〉 펀드의 종류

<table>
<tr><th>분류기준</th><th colspan="2">펀드의 종류</th><th>상품 내용</th></tr>
<tr><td rowspan="9">투자자산의 종류에 따라</td><td colspan="2">증권펀드</td><td>50% 이상을 증권에 투자</td></tr>
<tr><td colspan="2">단기금융상품펀드</td><td>CD, CP 등 단기금융상품에 투자</td></tr>
<tr><td colspan="2">파생상품펀드</td><td>옵션, 선물에 투자</td></tr>
<tr><td colspan="2">부동산펀드</td><td>50% 이상을 부동산 관련 상품에 투자</td></tr>
<tr><td colspan="2">리츠(REITS)*</td><td>부동산 관련 증권에 투자하는 주식회사 성격의 뮤추얼펀드</td></tr>
<tr><td colspan="2">실물펀드</td><td>금, 석유, 선박 등 실물자산에 투자</td></tr>
<tr><td colspan="2">원자재펀드</td><td>에너지, 천연자원, 농산물, 금 등 원자재에 투자</td></tr>
<tr><td colspan="2">혼합자산펀드</td><td>증권, 부동산, 실물 등에 나누어 투자</td></tr>
<tr><td colspan="2">재간접펀드</td><td>이미 설정된 다른 펀드에 투자(Fund of Funds)</td></tr>
<tr><td rowspan="4">주식투자 비중에 따라</td><td colspan="2">주식형 펀드</td><td>60% 이상을 주식(지수선물 옵션 포함)으로 운용</td></tr>
<tr><td colspan="2">채권형 펀드</td><td>60% 이상을 채권(금리선물 포함)으로 운용</td></tr>
<tr><td rowspan="2">혼합형 펀드</td><td>주식혼합형</td><td>50% 이상~60% 미만을 주식에 운용</td></tr>
<tr><td>채권혼합형</td><td>주식이 50% 미만이 되도록 운용</td></tr>
<tr><td rowspan="6">주식의 성격에 따라</td><td colspan="2">대형주펀드</td><td>시가총액 기준 100위 안에 드는 기업 주식으로 구성</td></tr>
<tr><td colspan="2">중소형주펀드</td><td>기업규모가 중하위권에 속하는 기업으로 구성</td></tr>
<tr><td colspan="2">가치주펀드</td><td>기업가치에 비해 저평가된 것으로 판단되는 주식으로 구성</td></tr>
<tr><td colspan="2">성장주펀드</td><td>매출액과 이익의 성장이 클 것으로 예상되는 주식으로 구성</td></tr>
<tr><td colspan="2">배당주펀드(인컴펀드)</td><td>가격상승보다는 배당을 안정적으로 많이 지급하는 주식으로 구성</td></tr>
<tr><td colspan="2">인덱스펀드</td><td>종합주가지수 등 특정지수를 추정하도록 주식을 구성</td></tr>
<tr><td rowspan="2">자금모집 방식에 따라</td><td colspan="2">공모펀드</td><td>불특정 일반인이 가입할 수 있는 펀드</td></tr>
<tr><td colspan="2">사모펀드</td><td>소수의 특정인에게서 사적으로 펀드자금을 모집하는 펀드</td></tr>
<tr><td rowspan="3">자금불입 방식에 따라</td><td colspan="2">거치식펀드</td><td>펀드 가입시에 목돈을 한꺼번에 넣는 펀드</td></tr>
<tr><td colspan="2">적립식펀드</td><td>적금과 같이 매월 정기적으로 자금을 넣는 펀드</td></tr>
<tr><td colspan="2">임의식펀드</td><td>투자기간, 금액을 정하지 않고 자유롭게 입출금이 가능한 펀드</td></tr>
</table>

* REITS : real estate investment trusts

이상의 분류기준에 속하는 펀드 이외에도 펀드를 구성하는 자산에 대한 운용방식의 차이와 새로운 금융욕구를 충족하고자 하는 새로운 형태의 펀드로는 다음과 같은 종류가 있다.

❑ 섹터펀드, 테마펀드, 스폿펀드

섹터펀드(sector fund)는 향후 각광받을 것으로 예상되는 특정업종에 투자하는 펀드를 말한다. 바이오산업의 유망성을 예상하며 만들어지는 바이오펀드가 한 예이다. 이와 유사한 것으로서 테마펀드(theme fund)는 특정 투자대상군에 집중투자하는 펀드로 일반적으로 펀드설정액이 100억~300억원 정도의 중소규모인 경우가 많다. 테마라는 용어 그대로, 시장 변화나 이슈에 대응하여 수익을 내려고 하는 펀드이다. 스폿펀드나 섹터펀드와 유사한 면이 많다. 스폿펀드(spot fund)는 단기간 인기 주식으로 부상할 특정 주식군(태양광, 하이테크 등) 중심의 펀드이다. 통상 스폿펀드는 펀드설정액이 50억원 내외로 상대적으로 작고, 단기간의 투자목표기간을 세운 후 목표수익률이 달성되면 조기청산한다.

❑ 액티브펀드와 패시브펀드

◉ 액티브펀드

액티브펀드(active fund)는 적극적이고 공격적인 종목선정과 운영방식의 펀드를 말한다. 위험부담이 크더라도 시장동향 예측에 따른 탄력적인 자산배분, 단기간의 과소평가 종목의 발굴과 매매타이밍의 포착으로 잦은 교체매매를 통하여 투자수익을 높이고자 하는 방향의 운용이 특징이다.

◉ 패시브펀드

패시브펀드(passive fund)는 액티브펀드와 달리 펀드매니저가 펀드운영에 덜 적극적으로 관여한다. 그 대신 어떤 규칙이나 공식에 의해 거래가 이루어진다. 대표적으로 시스템펀드와 퀀트펀드가 있다.

시스템펀드(system fund)는 액티브펀드처럼 펀드매니저의 자의적 판단에 의존하지 않고 사전에 시장변동에 따라 자동적·기계적으로 매매가 이루어지도록 시스템화시켜 이에 따라 운용하는 펀드이다. 파생상품을 포함한 프로그램 매매방법을 사용하여 변동성이 최소화되도록 설계되기도 한다. 퀀트펀드

(quant fund)는 계량기법을 응용한 수학적 모델을 통하여 투자대상을 발굴하는 펀드이다. 경기선행지표, 시장지표, 기업실적 등의 데이터를 대입하여 고평가 혹은 저평가된 자산을 발굴하는 것이 특징이다.

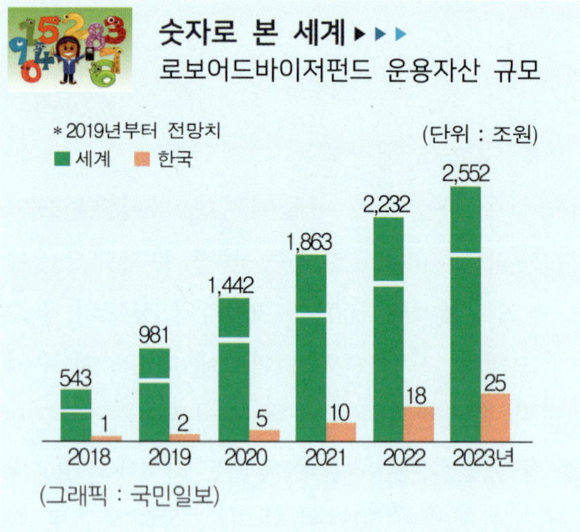

(그래픽 : 국민일보)

❑ 로보어드바이저펀드

로보어드바이저(로봇+어드바이저)펀드는 인공지능 자산관리 프로그램으로 사람이 아닌 인공지능이 투자상담과 자산운용을 한다. 도입 초기에는 정확한 예측과 매매 타이밍에 대한 기대감이 높았다면, 최근에는 업계 최저 수준의 저렴한 수수료가 매력 포인트로 작용하고 있다. 대다수 로보어드바이저 펀드는 0.1% 이하 수준의 수탁·사무 수수료만 받고 운용보수와 판매보수가 무료인 경우가 많다.

❑ 롱숏펀드

롱숏펀드(long short fund)는 상관성이 높은 종목간에 과소평가된 종목은 매수(롱), 과대평가된 종목은 매도(숏)하는 운용전략을 구사하는 펀드이다. 주가변동이 크지 않은 박스권 장세에서 중위험-중수익을 추구하는 펀드라는 특징을 지닌다.

❑ 시장상황이나 생애주기를 반영하는 펀드

◉ 엄브렐러펀드

엄브렐러펀드(umbrella fund)는 하나의 펀드 약관 아래 여러 개의 하위펀드(MMF, 채권형, 주식혼합형, 공모주 등)를 두고 투자자가 시장상황에 따라 탄력적으로 하위펀드 내의 다른 펀드로 자유롭게 전환할 수 있는 펀드이다.

◉ 라이프사이클펀드와 TDF, 자산배분펀드

라이프사이클펀드(life-cycle fund)는 투자자의 생애주기에 따라 펀드에 편입되어 있는 투자자산을 자동으로 재구성해 주는 펀드이다. 젊은 나이에는 주식의 비중을 높이고, 나이가 들수록 채권의 비중을 높이는 방식이 가장 보편적 형태이다. 타깃데이트펀드(target date fund) 또는 TDF도 라이프사이클펀드와 거의 유사하다.

자산배분펀드(asset allocation fund)는 위와 유사한 방법으로 자산의 비중을 변동시켜 나가되 생애주기가 아닌, 시장의 환경변화에 따라 시행하는 것이다.

❑ 특수펀드

◉ 헤지펀드

헤지펀드(hedge fund)는 주식, 채권, 파생상품, 금, 원유 등 거의 모든 분야의 투자자산을 대상으로 투기적인 성격이 강한 다양한 투자전략을 활용하여 고수익을 추구하는 특성의 펀드이다. 펀드자금을 유치하는 방식은 사모펀드(PEF : private equity fund) 형식이다.

◉ 랩어카운트

랩어카운트(wrap account)는 투자자마다의 선호에 맞도록 채권, 주식, 펀드 등의 금융상품을 담아 이를 하나의 계좌를 통하여 관리해 주는 종합자산관리계좌이다. 랩어카운트에는 일임 정도에 따라 일임형, 자문형, 펀드형의 형태가 있는데, 포함되는 자산의 종류로 보아서 펀드의 한 형태로 보기 어려운 경우도 있지만, 펀드형의 경우는 펀드상품의 하나가 된다.

숫자로 본 세계 ▸▸▸ 자산운용시장 추이

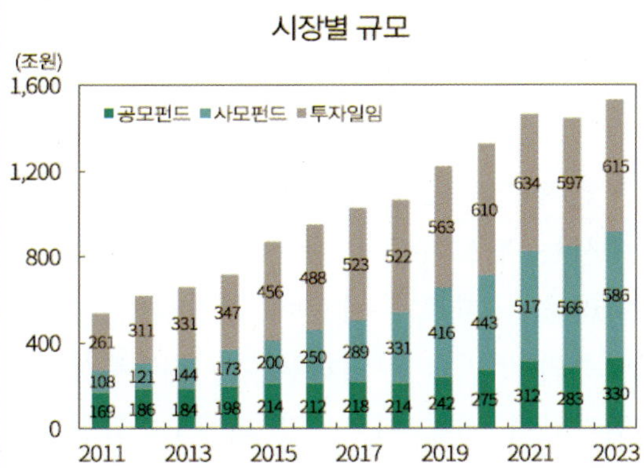

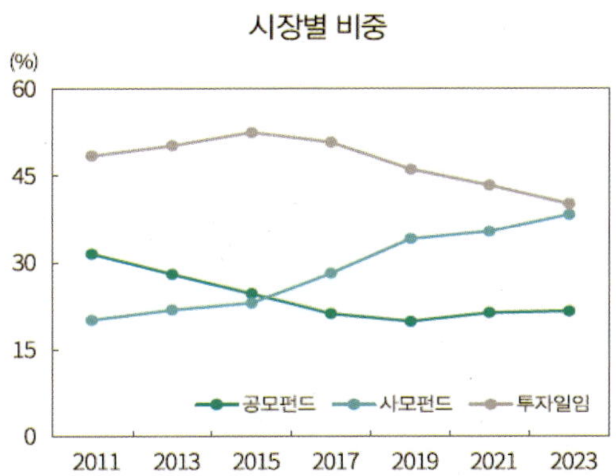

(자료 : 자본시장연구원, 2023년은 5월말 기준)

4. 펀드의 특성과 수수료

펀드투자의 장점은 적은 자금으로 분산투자가 가능한 점과 전문가에 의한 대행투자를 통해 투자수익을 높일 수 있다는 점이다.

반면에 펀드투자의 단점은 대부분 펀드가 원금보전이 불가능한 점과 적지 않은 수수료를 부담해야 한다는 점이다.

(1) 펀드의 수수료

펀드에 가입한 사람이 지불하는 돈은 종류도 많고 복잡해 보이지만 크게 펀드수수료와 펀드보수료로 나눌 수 있다.

펀드수수료는 판매수수료와 환매수수료로 구성된다. 그런데 이들 수수료 중에서 환매수수료는 특정한 상황에서만 물기 때문에 일반적으로 말하는 펀드수수료는 판매수수료를 말한다.

❑ 판매수수료

수수료를 부과하는 시점에 따라서 다시 선취수수료와 후취수수료로 나뉜다. 선취수수료는 펀드 가입시에 수수료를 징수하는 것인데, 불입금액에서 일정 금액을 공제한 후 나머지 금액이 펀드에서 운용하는 금액이 된다. 후취수수료는 불입된 금액 전부를 투자 운용하다가 나중에 수수료를 뗀다.

❑ 환매수수료

가입 후 펀드를 환매하는 시기가 90일 미만인 경우 90일을 기준으로 이익금의 70% 정도를 환매수수료로 내야 한다. 안정적인 펀드운용을 해야 하는 펀드운용회사 입장에서는 펀드환매가 자꾸 일어나면 펀드관리에 어려움이 따르기 때문에 펀드환매에 대해서는 일종의 벌칙을 부여하는 것이다. 통상 펀드 가입기간이 90일 이상이면 환매수수료를 내지 않는다. 일부 펀드는 90일 이전에 환매하더라도 환매수수료를 거의 부과하지 않는다.

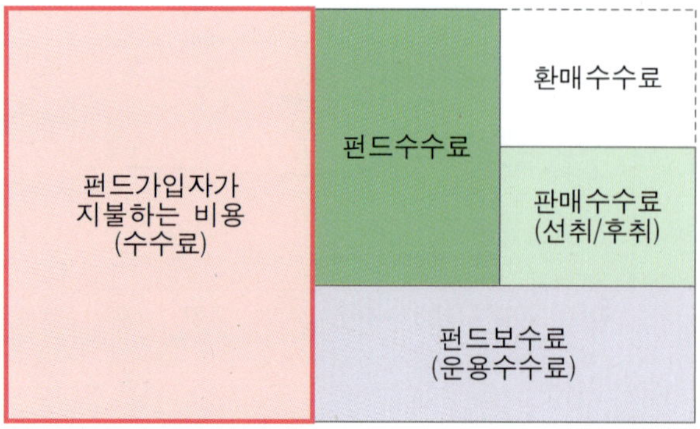

❑ 펀드보수료

다음으로 투자기간 내내 매년 지불해야 하는 수수료로 보수료가 있다. 이는 펀드를 계속 운용해 주는 대가로 지불하는 것으로 총보수라고 부르기도 한다. 이 펀드보수는 투자기간 중 펀드평가 잔액에 일정비율을 계산하여 기준가에서 차감하는 형식으로 자동으로 지급하게 되어 있다.

판매수수료와 펀드보수료의 가장 큰 차이점은 전자는 정해진 비율에 따라 가입시 또는 나중에 한 번만 내지만, 후자는 계속 내야 한다는 점이다.

(2) 펀드의 수수료와 클래스

수수료 부과 전의 펀드수익률이 1.5%인 A, B 두 개의 펀드가 있다고 가정하자. A, B 두 펀드의 수수료율이 각각 1%, 2%라고 한다면 수수료율을 제하고 난 후의 수익률은 A는 −0.5%, B는 0.5%가 된다. 이처럼 펀드투자에서 수수료율은 매우 중요한데, 펀드마다 수수료를 부과하는 형태가 다르다. 그래서 이를 구분하기 위한 방식이 도입되었는데, 이를 펀드 클래스(fund class)라고 하며 다음과 같이 표시하여 쉽게 구별할 수 있도록 하고 있다.

A클래스 : 가입시에 선취수수료를 부과하는 펀드
B클래스 : 환매시에 후취수수료를 부과하는 펀드
C클래스 : 선취수수료와 후취수수료가 없는 대신 총적립액에 대한 보수료를 부과하는 펀드

키움1.5배 레버리지 인덱스자 1[주식-파생] C1	기타인덱스 2012.06.27	19 164	−5.12 (−)	31.88 (−)	23.50 (−)
DB해오름인덱스알파[주식-파생] ClassA	K200인덱스 2007.01.12	149 159	−1.55 (7)	26.27 (16)	23.44 (26)
동양모아드림인덱스자 1(주식-파생)C-e	K200인덱스 2006.05.29	100 439	−2.90 (74)	25.48 (31)	23.40 (27)
삼성퇴직연금인덱스자 1[주식]C	K200인덱스 2006.03.28	425 476	−2.00 (19)	25.34 (35)	23.38 (29)
IBK삼성그룹자[주식]A	테마주식 2011.05.16	81 140	5.93 (−)	37.27 (−)	23.32 (−)

펀드닥터 사이트에서 조회한 펀드 중 일부. 오른쪽 세 개의 열은 오른쪽에서부터 해당펀드의 각각 3년, 2년, 1년의 누적수익률이다. 왼쪽의 펀드명 끝 부분을 보면 영문자로 클래스가 표시되어 있다. (자료 : 펀드닥터)

따라서 장기투자(적립식)의 경우는 매기의 보수료가 낮은 A클래스, 단기투자의 경우는 선취수수료가 없는 C클래스가 유리하다. 2022년말 기준 판매선취수수료율은 1% 수준, 펀드보수율은 1.3% 수준이다.[4)]

---

4) 수많은 펀드들의 장단점을 비교할 수 있도록 해주고 펀드투자와 관련된 비용을 낮추는 데 도움을 주도록 펀드슈퍼마켓이 개설되어 있다. 펀드슈퍼마켓을 운영하는 주체는 한국포스증권이다. 그래서 한국포스증권(www.fosskorea.com)에 접속하면 펀드슈퍼마켓을 활용할 수 있다. 이 웹사이트는 자산운용사들이 공동으로 만든 사이트로 과거수익률 상위펀드, 판매상위펀드 등 펀드 관련 정보를 얻을 수 있다. 펀드슈퍼마켓에서 파는 펀드는 선취수수료가 없고 펀드 판매보수도 기존 펀드의 3분의 1 수준인 S클래스로 분류되고 있다. 이 밖에도 펀드 관련 정보는 금융투자협회와 금융감독원이 개설하고 있는 '펀드정보One-Click시스템' [fund.kofia.or.kr] 사이트를 참조.

현장에선 ▸▸▸ '비슷한듯 차이 큰' 한진칼 교환사채 – 아시아나 전환사채

대한항공이 아시아나항공을 인수하는 빅딜의 최종 성사 여부와는 별개로 본 사례는, 전환사채와 교환사채가 산업은행 주도로 만들어진 빅딜 구조에서 어떤 역할을 하는지를 잘 보여주기 때문에 제시하였다.

대한항공이 아시아나항공을 인수하는 빅딜에서 등장하는 중요한 자금조달방식 중 하나가 주식연계채권이다. 이자가 지급되는 채권에다 주식으로 전환할 수 있는 권리가 붙은 '하이브리드' 투자방식으로 투자회사가 망하지만 않으면 '꿩(이자)' 먹고 '알(주식)'도 먹을 수 있다. 이번 빅딜에서 등장한 주식연계채권은 교환사채(EB, exchangeable bond)와 전환사채(CB, convertible bond) 등 2가지다. 한진칼이 산업은행을 상대로 발행한 3,000억원 규모 교환사채, 아시아나항공이 대한항공을 상대로 발행한 3,000억원 규모 전환사채다. 발행규모는 같지만 전환・교환되는 주식, 이자율 등에서 차이를 보이는 두 주식연계채권을 살펴봤다.

◇ 산은의 한진칼 교환사채 인수는 '보험용'

이번 빅딜에서 산은이 투입한 8,000억원은 한진칼과 대한항공을 거쳐 아시아나항공에 흘러간다. ① 우선 산은은 한진칼 유상증자에 5,000억원, 교환사채에 3,000억원 등 총 8,000억원을 투자한다. ② 한진칼은 산은의 투자금 중 7,300억원을 대한항공 증자대금으로 낸다. ③ 대한항공은 산은과 일반 주주의 증자금을 합해 아시아나항공에 1조 8,000억원(유상증자 1조 5,000억원, 전환사채 3,000억원)을 수혈한다. 이 과정에서 증자에 주식연계채권을 물린 자금조달방식은 두 차례 등장한다. 산은이 한진칼에 8,000억원을 투자할 때, 대한항공이 아시아나항공에 1조 8,000억원을 수혈할 때다. 가장 큰 궁금증은 이번 빅딜에서 왜 주식연계채권을 활용했느냐는 점이다.

한진칼과 아시아나의 교환·전환사채

한진칼 교환사채	구분	아시아나 전환사채
산업은행	발행대상	대한항공
3000억원	규모	3000억원
2.25%	표면 이자율	7.20%
2025년 12월 3일	사채 만기	2050년 12월 29일
대한항공	교환·전환 주식	아시아나항공
2만4317원	가격	1만3650원
2021년 1월 3일 ~ 2025년 11월 23일	기간	2021년 12월 30일 ~ 2050년 11월 28일

그래픽=김용민 기자 kym5380@ BUSINESS watch

우선 산은이 한진칼 자금지원 구조를 설계할 때 증자와 함께 교환사채를 엮은 것은 투자 리스크를 줄이기 위해서다. 산은은 한진칼 증자에서 주당 7만 800원에 총 5,000억원어치의 신주를 취득한다. 보호예수기간은 1년으로, 일 년 뒤 한진칼 주가가 7만 800원 아래로 떨어지면 손해를 보게 된다. 문제는 경영권 분쟁이 벌어지고 있는 한진칼 주가의 거품이 꺼질 수 있다는 점이다. 작년 11월 3만원대에 거래되던 주가는 현재 7만4,800원선에 거래되고 있다. 더욱이 이번에 산은이 한진칼 지분 10%대를 가지게 되면 경영권 분쟁에 김이 빠지고 주가가 급락할 것이란 관측이 나온다. 이 경우를 대비해 대한항공 주식으로 바꿀 수 있는 '보험용' 교환사채를 증자와 함께 설계한 셈이다. 지난 16일 열린 온라인 간담회에서 최대현 산은 부행장은 "산은은 한진칼이 제3자 배정으로 발행하는 신주 5,000억원을 인수하고 보통주 손실 리스크를 상쇄하고자 대한항공 주식을 기초자산으로 교환사채 3,000억원을 인수한다"고 말했다. 반면 아시아나항공이 발행한 전환사채는 '자본확충'을 위해 도입됐다. 대한항공은 아시아나항공 유상증자에 1조 5,000억원을 투입하는 방식으로 아시아나항공을 인수하게 된다. 아시아나항공에 1조 5,000억원이 수혈되지만 부채비율이 2,291% 넘는 회사 상황을 감안한다면 턱없이 부족한 금액이다.

부족한 자본을 확충하기 위해 선택한 방식이 전환사채 발행이다. 이번에 발행된 전환사채는 사채 만기일이 2050년에 이르고 발행회사가 만기를 횟수 제한 없이 연장할 수 있는 영구채다. 회계적으론 부채가 아닌 자본으로 분류될 것으로 보인다. 최대현 부행장은 "아시아나항공은 제3자 배정방식으로 대한항공에 1조 5,000억원의 신주를 발행하되 자본확충을 위해 3,000억원의 영구채를 발행한다"고 설명했다.

◇ 아시아나, 한진칼보다 3배 위험하다?

위에서 설명한 대로 교환사채와 전환사채는 주식연계 채권의 한 종류이지만 어떤 주식을 받을 권리가 있느냐는 점에서 큰 차이가 있다. 한진칼이 발행한 교환사채는 대한항공 주식으로 교환할 수 있는 반면 아시아나항공이 발행한 전환사채는 아시아나항공 주식을 받을 '전환권'이 있다. 전환사채는 전환권을 행사하면 채권을 발행한 기업의 주식을, 교환사채는 채권을 발행한 회사가 보유한 다른 회사 주식을 각각 받게 된다는 얘기다. 주식으로 바꿀 권리가 있다고 이 권리를 모두 행사하는 것은 아니다. 주식연계채권을 발행할 때 주식으로 바꿀 수 있는 가격을 정하는데, 주식을 전환할 때 주가가 이 가격보다 높아야 이익이 생긴다.

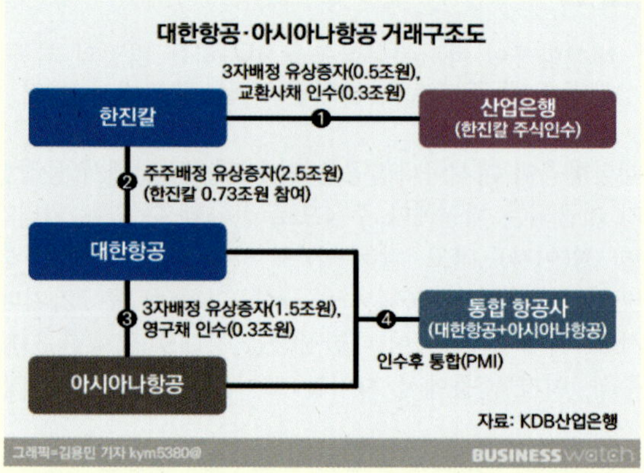

이번에 한진칼이 발행한 교환사채의 교환가는 2만 4,317원, 교환기간은 2021년 1월 3일부터 2025년 11월 23일까지다. 이 기간 내 대한항공의 주가가 교환가보다 높으면 저렴하게 주식을 살 수 있다. 예컨대 향후 대한항공 주가가 4만원으로 올라가게 되면 산은은 교환권을 행사해 4만원짜리 대한항공 주식을 2만 4,317원에 살 수 있게 된다. 아시아나항공이 발행하는 전환사채의 전환가는 1만 3,650원이다. 현재 아시아나항공의 주가(5,220원)에 비하면 전환가가 높게 책정됐는데 이는 현재 추진 중인 감자(자본금 감소) 효과가 반영된 가격이다. 아시아나항공은 보통주 2억 2,323만 5,294주를 7,441만 1,764주로 병합하는 3 대 1 무상감자를 진행 중인데 주식 수가 줄어든 만큼 감자 후 1주의 가격은 더 올라가게 된다. 이를 반영해 전환가도 높게 잡은 것이다. 대한항공은 전환시기(2021년 12월 30일~2050년 11월 28일) 내에 아시아나항공 주가가 1만 3,650원보다 비싸지게 되면 전환권을 행사, 시가보다 싸게 주식을 인수할 수 있다.

향후 주가가 전환가나 교환가보다 낮더라도 손해 보는 장사는 아니다. 매년 알토란 같은 이자를 받을 수 있다. 한진칼 교환사채의 표면이자율은 2.25%, 만기이자율은 4%다. 산은은 매년 한진칼로부터 2.25%의 이자를 받게 되고 만기(2025년 12월 3일)까지 보유 땐 최종 이자 수익률 4%를 보장받는다.

아시아나항공이 발행한 전환사채는 이자율이 더 높다. 표면이자율과 만기이자율이 7.2%에 이른다. 유동성 위기에 몰린 아시아나항공의 리스크가 반영된 것이다. 더욱이 이 전환사채는 발행(올해 12월 29일) 2년 뒤부터 연 2.5%의 이자가 가산된다. 발행일 5년 뒤부턴 매년 이자율이 연 0.5%씩 단계적으로 오른다. 다만 대한항공이 아시아나항공을 인수해 통합 작업을 추진하는 만큼, 아시아나항공의 이자 부담이 무한대로 늘진 않을 것으로 보인다.

이자율을 보면 이번 빅딜에서 산은은 비교적 안전한 한진칼에 투자하고, 산은의 투자금을 받은 한진칼은 대한항공을 통해 리스크가 큰 아시아나항공에 투자하게 된 것을 알 수 있다. 증자를 통해 아시아나항공 인수대금을 대야 하는 대한항공의 일반 주주 입장에선 반가운 소식은 아닌 셈이다. (비즈워치, 2020.11.19 편집)

주요 용어

금융	자금부족주체	자금잉여주체
금융시장	자금매개 기능	단기금융시장
장기금융시장	화폐시장	자본시장
직접금융시장	간접금융시장	발행시장
유통시장	제1차 시장	제2차 시장
파생금융상품시장	외환시장	예금 · 대출시장
집합투자시장	펀드시장	통화안정증권
기업어음(CP)	양도성예금증서(CD)	환매조건부채권(RP)
콜(call)	MMF, CMA, MMDA	주식
보통주	액면주식	무액면주식
기명주	무기명주	의결권주식
우선주	누적적 우선주	참가적 우선주
채권	국채	무위험자산
지방채	특수채	금융채
회사채	이표채	할인채
복리채	고정이자부사채	이익사채
무담보부사채	보증사채	만기전액상환사채
감채기금사채	수의상환사채	사채차환
전환사채	신주인수권부사채	교환사채
자산유동화증권	직접투자방법	간접투자방법
수익증권	펀드	뮤추얼펀드
섹터펀드	액티브펀드	롱숏펀드
TDF	헤지펀드	랩어카운트
펀드의 판매수수료	펀드보수료	펀드 클래스

연습문제

1. 금융시장의 기능에 대해서 설명하시오.

2. 금융시장을 기준에 따라 분류하시오.

3. 화폐시장에서 거래되는 금융상품에 대해서 설명하시오.

4. 보통주와 우선주의 공통점과 차이점에 대해서 설명하시오.

5. 채권을 여러 가지 방식으로 분류하고 각 채권을 설명하시오.

6. 펀드의 클래스가 중요한 이유는 무엇인가?

CHAPTER

3

증권시장제도 : 발행시장과 유통시장

본장에서는 투자관리에 영향을 주는 증권시장의 구체적인 발행시장제도와 유통시장의 매매거래제도에 대해서 다룬다. 구체적으로 다음에 대해서 배운다.

- 증권의 발행제도는 어떻게 되어 있는가?
- 거래소 조직과 상장제도는 어떠한가?
- 우리나라의 증권매매방법은 어떻게 정리할 수 있는가?
- 결제방법과 시장관리제도(규제제도)의 특징은?
- 증권시장지표로서의 주가지수는 어떻게 만들어지는가?

제 1 절 증권시장의 발행시장제도

생활속에서 ▸▸▸

2023년 상반기에 상장한 기업은 모두 61곳인데, 제도의 변화로 투자자들의 관심이 집중되고 있다. 2023년 6월 26일부터 신규 상장종목의 공모가가 그대로 시초가가 되고, 상장 첫날의 가격제한폭이 60~400%로 확대되었다. 기존에는 공모가의 90~200% 내에서 시초가가 결정되고, 개장 이후에는 ±30% 범위 내에서만 가격이 움직일 수 있었다. 이때는 최대 가능한 수익률이 160%였다. 이제는 최대 300%까지 수익률을 낼 수 있다. 제도가 바뀐 후 상장된 종목 중에서는 시큐센과 필에너지 주가가 상장 첫날 공모가 대비 각각 205%, 237.06% 상승마감했다. 이노시뮬레이션과 알멕도 각각 133.33%, 99% 올라 마감했다.

일각에서는 기업공개시장 훈풍을 두고 당일 변동성을 주의해서 투자할 필요가 있다는 지적도 나온다. 케이비(KB)증권은 "신규 상장종목에 대한 가격제한폭 확대는 거래량 증가와 변동성 확대로 이어질 가능성이 크다"고 평가했다.

다만, 거래소는 바뀐 제도로 의도했던 가격발견 기능은 잘 이뤄지고 있다고 본다. 코스닥시장을 분석한 결과, 제도 개선 이후 상장 당일의 회전율이 시장 평균이나 제도 변경 전보다 높게 나타났다는 것이다. (한겨레신문, 2023.7.19 편집)

제도 변화 이후 상장된 종목들의 상승률

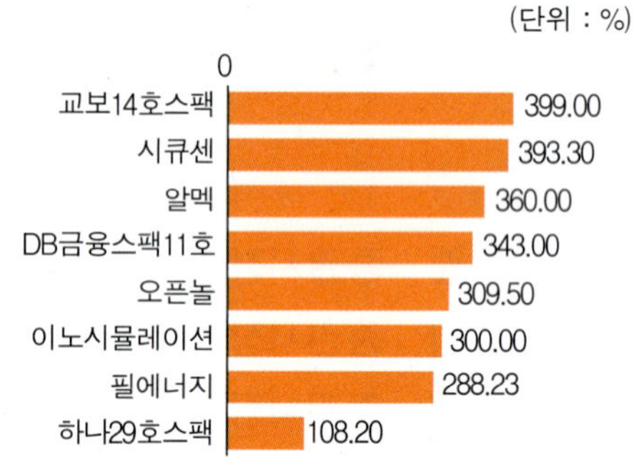

※ 공모가 대비 상장일 상승률(장중 최고가 기준)
※ 상장 첫날 가격제한폭 확대 등 제도 변화

(자료 : 한국거래소)

#상장 #공모가 #가격제한폭 #기업공개 #거래량 #가격발견기능 #회전율

1. 증권의 발행형태

증권이 새로이 발행되어 일반투자자의 투자대상이 되는 과정은 증권의 발행과 모집 방법에 따라서 차이가 있다. 증권의 발행방법은 발행에 따른 위험부담을 누가 지느냐에 따라서 직접발행과 간접발행으로 구분되고, 발행된 증권의 수요자를 구하는 방법에 따라서 사모(비공모)발행과 공모발행으로 구분된다.

(1) 발행위험의 책임 소재에 따라 : 직접발행과 간접발행

증권시장을 통하여 자금을 조달할 때에는 계획한 금액만큼 조달하지 못할 수 있는 발행위험이 존재한다. 주식의 경우, 주식발행 목적은 기업이 자기자본을 조달하기 위함이다. 이 과정에서 발행가격을 낮출수록 발행위험은 낮아지나 조달되는 금액이 줄어든다. 반대로 조달금액을 늘리기 위하여 가격을 높일수록 발행된 증권이 모두 판매되지 않을 가능성이 커진다.

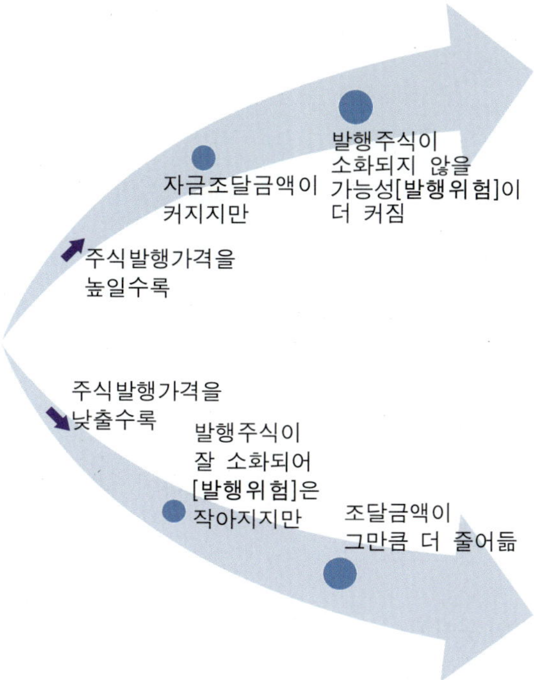

예컨대 보통주 100만주를 발행하여 약 500억원 정도의 자금을 조달하려고 하는 기업이 있다고 가정하자. 현재 이 기업 주식의 시가는 5만원이다. 만일 신주 1주당 발행가격을 4만 5천원으로 책정하면 투자자들이 관심을 갖게 될 것이고 무난히 주식 발행에 성공할 것이다. 그러나 이때에 조달되는 총액은 450억원에 머무른다.

조달 총액을 늘리기 위하여 현재의 시장가인 5만원에 발행해도 100만주 전부의 발행이 가능할까? 그렇지 않을 가능성이 크다. 투자자는 번거로운 청약절차를 거치지 않고 주식시장에서 손쉽게 주식을 살 수 있고 청약 후 새 주식을 받기도 전에 주가가 5만원 이하로 떨어질 수도 있기 때문이다.

직접발행은 발행회사가 일반대중에게 직접 증권을 발행하고 발행예정액이 전액 소화될 수 없을 때 야기되는 발행위험을 자신이 모두 부담하는 방법이다. 직접발행방법은 발행회사가 스스로 발행과 관련된 모든 발행사무를 담당하는 **자기모집**의 방법이다.

반면에 간접발행은 증권의 발행위험이나 발행사무를 계약에 의해 제3의 인수기관이 맡는 방법이다. 간접발행을 돕는 제3의 금융기관을 **인수업자**(underwriter)라고 하는데, 인수업자는 발행자의 증권발행에 따른 위험(인수기간 동안의 가격하락위험, 증권판매에 따른 위험 등)을 부담할 뿐만 아니라 인수증권의 판매조직 운영 및 발행시기, 발행규모, 증권의 종류 및 발행조건 결정을 돕는 인수기능(underwriting)을 수행한다. 일반적으로 이러한 인수업무는 증권

[그림 3-1] **증권의 발행 : 직접발행과 간접발행**

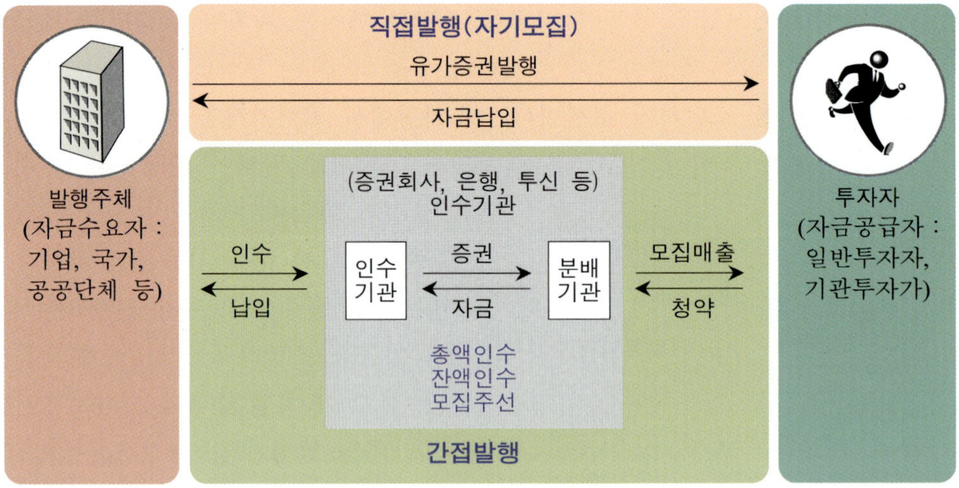

회사가 수행한다.

간접발행은 증권발행과 관련된 위험부담을 어떻게 지느냐에 따라서 총액인수, 잔액인수, 위탁모집으로 나눌 수 있다.

- 총액인수(firm commitment) : 인수기관이 증권발행에 대한 모든 위험을 부담하고 증권발행 총액을 인수하여 인수회사의 자기책임하에 이를 투자자에게 매출하는 방법이다. 만약 증권가격이 발행가격 이하로 떨어질 경우 이로 인한 모든 손실을 인수회사가 떠안게 된다.
- 잔액인수(stand-by agreement) : 일정기간 동안은 발행자를 대신하여 신규로 발행되는 증권의 모집 혹은 매출을 위탁판매 형태로 수행하지만, 일정기간이 경과한 후 신규 발행증권의 미매각분이 있을 경우 이를 발행자로부터 미리 정해진 발행가액으로 인수하여 자기책임하에 투자자에게 매각하는 방법이다.
- 위탁모집(best efforts offering) : 인수기관이 발행에 따른 위험을 부담하지 않고 모집에 대한 주선과 발행 업무만을 담당하여 단순히 발행증권의 매출을 도와주는 방법이다. 미매각분은 인수회사가 아닌 발행주체가 부담한다.

(2) 자금모집방법에 따라 : 사모(비공개모집)와 공모(공개모집)

발행되는 증권은 수요처를 찾아 모두 매각(소화)되어야 자금조달이 성공한다. 사모(private placement, direct placement)는 **직접모집, 연고모집**이라고도 하는데, 발행주체가 특정 기관투자가나 소수의 투자자에게만 발행된 증권을 소화시키는 방법이다. 주식발행시 유상증자를 할 때 구주할당(주주배정방식)도 사모방법 중 하나이다. 사모의 방법은 발행절차가 간편하고 발행비용이 적게 드는 이점이 있으나, 발행자 스스로가 발행위험을 부담해야 한다.

반면에 공모(public offering)는 발행된 증권을 불특정 일반투자자를 대상으로 소화시키는 방법이다. 기업공개시의 주식발행은 이와 같은 공모방법을 이용하게 되는데, 이때 발행하는 주식은 일반투자자의 투자대상이 된다. 기업공개시 신규로 증권이 추가발행되지만 때로는 기업공개 이전에 기업의 대주주나 정부가 이미 소유하고 있는 증권을 일반투자자에게 매각하는 경우도 포함된다. 전자의 경우를 모집이라고 부르고, 후자의 경우를 매출이라고 부른다.

공모의 방법을 사용하는 경우에는 발행금액의 규모와 발행위험이 큰 경우가 일반적이다. 따라서 이때는 통상 간접발행의 방법을 사용하게 된다.

공모의 방법으로 증권을 발행할 때에는 다수의 인수관련기관이 인수단을 구성하여 공동으로 발행과 관련된 업무를 분담하게 된다. 인수업무를 총괄·주관하는 주간사회사(managing underwriter)가 타간사회사(증권회사 또는 투자은행)를 포함하는 인수단(underwriting syndicate)을 구성하고, 이 회사들이 해당증권을 발행자로부터 매입(이를 underwriting이라고 한다)하기 위해서 자기자본을 투자하게 된다. 인수단의 구성이 끝나면 청약취급단(판매단)이 구성되는데, 청약취급단은 자기자본 투자를 하지 않고, 판매수수료만 받고 판매서비스를 담당한다.

2. 무상증자와 유상증자

증권의 발행은 회사설립시의 주식발행, 기업공개 외에 자본금 증자시에도 이루어진다. 자본금의 증자는 무상증자와 유상증자 두 가지 방법을 통해서 이루어진다.

(1) 무상증자

무상증자는 주주들의 실질적인 주금의 납입 없이, 자본잉여금(자산재평가적립금, 주식발행초과금)을 재원으로 이를 자본금으로 전입하여 자본금을 증가시키는 방법이다. 무상증자가 이루어지면 기업자산가치는 실질적으로 변하지 않고 발행주식수만 증가하므로 한 주당 이론 권리락주가는 다음과 같이 하락한다.[1] 이는 무상증자 전·후의 주주의 부(총시장가치＝주당가격×소유주식수)가 동일해야 하기 때문이다.

$$\text{권리락주가} = \frac{\text{권리부주가}}{1+\text{무상증자비율}} \tag{3.1}$$

보기 1

자본금이 5억원(발행주식수 100,000주), 현재 주가가 20,000원인 A기업이 100%의 무상증자를 실시하면 주가와 기업의 시장가치는 어떻게 될까?

풀이

- 주식수의 증가 : 100%의 무상증자를 하므로 주식수는 기존 100,000주에서 새로 100,000주를 발행하여 총 200,000주로 늘어나게 된다.
- 주가의 변동

  $\text{A기업의 권리락주가} = \frac{20,000}{1+1} = 10,000\text{원}$

  기업가치 변동 없이 주식수만 2배 늘었으므로 주가는 20,000원에서 10,000원으로 절반 떨어진다.
- 무상증자 전후의 기업의 시장가치

  무상증자 전 시장가치＝100,000주×20,000원＝20억원
  무상증자 후 시장가치＝200,000주×10,000원＝20억원
  A기업의 시장가치는 무상증자 전후 20억원으로 변동이 없다.

---

1) **권리락**(ex-rights, right off)이란 증자할 때 구주에 부여되는 신주인수권 또는 신주의 무상교부권이 없어진 상태를 말한다. 반대로 그 권리를 가지는 상태는 **권리부**(cum-rights)라고 한다. 권리부인지 권리락의 상태인지를 결정하는 기준일은 회사가 미리 주주명부 폐쇄기간이나 신주배정 기준일을 정하여 공고하게 된다. 현행 보통거래제도 아래에서 증자를 받기 위해서는 기준일 2일 전까지 주식을 매입해야 한다.

(2) 유상증자

❑ 유상증자 배정방식

유상증자는 현금으로 주금의 납입을 받고 자본금을 증가시키는 것을 말한다. 유상증자는 〈표 3-1〉에서 보는 것처럼 증자되는 물량을 어떻게 소화시키느냐에 따라서 사모(구주할당, 연고자할당)와 공모(주주우선공모, 일반공모)로 나눌 수 있다.

〈표 3-1〉 유상증자 배정방식

배정방식		내 용
사모	구주할당 (주주배정)	발행주식의 일정비율을 우리사주조합에 배정하고, 나머지 물량을 기존 주주에게 소유주식수에 비례하여 배정
	연고자할당 (제3자 배정)	주총의 특별결의가 있거나 정관에 제3자 배정이 명시되어 있을 경우 종업원, 임원 등 특정인에게 배정
공모	주주 우선공모	주주와 우리사주조합에 배정한 후 권리포기로 인한 실권분을 주간사회사가 인수한 후 일반에게 공모
	일반공모	불특정다수인을 상대로 모집 혹은 매출하는 방법으로, 주총의 특별결의가 있거나 정관에 주주의 신주인수권 배제에 관한 규정이 있는 경우에 한함

이 가운데서 일반공모는 일반투자자를 대상으로 공개적으로 신주를 모집하는 것이므로 자본조달 가능액이 극대화된다는 장점이 있다. 그러나 전문 인수기관을 통하여 증자물량을 소화시켜야 하므로 발행비용이 사모보다도 훨씬 많아지고, 기존 주주의 이익이 침해될 상황이 발생할 수 있다.

❑ 유상증자 신주발행가격

유상증자의 경우는 무상증자의 경우와는 달리 신주발행방법과 발행가격에 따라서 주주의 부가 영향받을 수 있다. 신주의 발행은 발행가격 기준으로 볼 때 액면가로 발행되는 액면발행과 그 주식의 현재 시가로 발행되는 시가발행 그리고 시가에서 일정한 비율을 할인하여 발행하는 시가할인발행으로 구분된다.

우리나라는 기본적으로 시가발행제도를 적용하고 있다. 청약일 전 제5거래일을 기산일로 하여 이전 1개월 평균종가, 1주일 평균종가 및 기산일 종가 중 높은 가격을 기준주가로 추정하고, 일반공모시의 유상증자 발행가액은 이 기

신주발행 결의공고

작성자 최고관리자 | 작성일 23-10-20 16:39 |

(주)한국##은 2023년 10월 20일 개최한 이사회에서 아래과 같이 신주발행을 결의하였음을 공고합니다.

—아 래—

1. 신주의 종류와 수 : 기명식 보통주 4,700,000주
2. 자금조달의 목적 : 타법인주식 취득자금 및 운영자금
3. 신주의 발행방식 : 주주배정 후 실권주 일반공모 유상증자
4. 신주의 발행가액 : 1주당 2,290원(예정발행가액)
5. 신주배정기준일 : 2023년 11월 09일
6. 신주의 배정방법 : 신주배정기준일 현재 주주명부에 등재된 주주에게 소유주식 1주당 0.4801049612주의 비율로 배정함. 단, 주주배정 후 발생하는 단수주 및 청약결과 청약미달 잔여주식에 대하여는 일반에게 공모함.
7. 신주의 청약기간 :
   1) 구주주 : 2023년 12월 12일~2023년 12월 13일(2일간)
   2) 일반공모청약 : 2023년 12월 15일~2023년 12월 18일(2일간)
8. 주금 납입일 : 2023년 12월 20일
9. 신주 배당기산일 : 2023년 01월 01일
10. 대표주관회사 : $$증권(주), 인수회사 : &&&증권(주)
11. 청약 취급처 :

신주발행 공고 중 일부 예시. 어떻게 신주발행을 하는지 알 수 있다.

준주가에 30% 범위 내의 할인율을 적용하여 신주발행가격을 산정하고 있다.

$$\text{신주발행가격} = \text{기준주가} \times (1 - \text{할인율})$$

시가발행제도는 현재 시장가격 기준으로 증자하는 것이므로, 전망이 밝은 기업은 높은 발행가격으로 많은 자금을 조달할 수 있고, 그렇지 않은 기업은 낮은 발행가격으로 조달할 수밖에 없다. 시가발행제도하에서는 이처럼 발행시장과 유통시장의 유기적인 관련성이 높아지게 되므로 증권시장의 제 기능이 원활하게 발휘될 수 있다.

그러면 유상증자시의 발행가격에 따라 투자자의 부는 영향을 받는가? 결론적으로 유상증자가 이루어질 때 구주주의 소유지분율에 변함이 없게 증자를 받으면 발행가격에 관계없이 유상증자 전·후의 투자자의 부는 변함이 없게 된다. 이론적으로는 유상증자 전의 총시장가치(부)와 유상증자 후의 총시장가치(부)는 동일해야 하기 때문이다. 그러나 규정상 유상증자물량 중 일정비율의 물량이 우리사주조합에 우선배정되면, 일반에게 배분되는 증자물량은 그만큼 줄게 되므로 주주의 부는 감소하게 된다.

구주주 입장에서 보면 신주배정 기준일 전과 후의 주가, 즉 권리부주가와 권리락주가는 다음 관계를 갖는다. 권리락주가가 하락한 만큼 소유주식의 증가가 있게 되는 것이다.

$$\text{권리락주가} = \frac{\text{기준주가} + \text{주당납입금}(=\text{신주발행가격} \times \text{증자비율})}{1 + \text{증자비율}} \tag{3.2}$$

그러나 규정상 유상증자물량 중 일정비율의 물량이 우리사주조합에 우선배정되면, 일반에게 배분되는 증자물량은 그만큼 줄게 되므로 주주의 부는 감소하게 된다(다음 [보기 2] 참고).

보기 2

전기자동차회사 태슬아(주)의 현 (기준)주가는 20,000원이고, 발행주식수는 100,000주이다. 이제 25%의 유상증자를 하고자 한다.

(1) 발행가격이 10,000원과 15,000원인 경우 권리락주가를 구하시오.
(2) 발행가격이 15,000원인 경우, 유상증자 전·후의 시장가치에 미치는 영향을 평가하시오.
(3) 유상증자물량의 20%는 우리사주조합에 우선배정이 이루어지고, 일반에게 배분되는 증자물량은 80%가 되는 경우, 주주의 부에 미치는 영향을 평가하시오(발행가격은 15,000원).

풀이 (1) 권리락주가

1) 발행가격 10,000원 : 권리락주가 $= \dfrac{20{,}000 + (10{,}000 \times 0.25)}{1.25} = 18{,}000$원

2) 발행가격 15,000원 : 권리락주가 $= \dfrac{20{,}000 + (15{,}000 \times 0.25)}{1.25} = 19{,}000$원

(2) 발행가격이 15,000원인 경우의 유상증자 전·후의 시장가치
유상증자 전의 시장가치 = (20,000원 × 100,000주) + (15,000원 × 25,000주) = 2,375,000,000원
유상증자 후의 시장가치 = 19,000원 × 125,000주 = 2,375,000,000원

(3) 일반청약 유상증자물량이 80%인 경우
유상증자 후의 시장가치 = 19,000원 × 120,000주 = 2,280,000,000원(감소)

3. 기업공개

(1) 기업공개와 상장의 관계

한 기업이 성장하여 증권시장에서 거래가 되기 위해서는 기업공개가 이루어지고 발행증권이 증권시장에 상장(listing)되어야 한다. 이 때문에 기업공개와 상장을 하나의 묶음으로 생각하는 경우가 있으나 엄밀히 보면 두 개 사안은 별개이다. 기업공개를 했다고 해서 상장이 되는 것은 아니나 상장을 하기 위해서는 기업공개가 전제되어야 한다. 상장요건이 되지 않더라도 자금확보 등을 위하여 기업공개는 할 수 있다. 시장구조로 보면, 기업공개는 발행시장 영역이고 상장은 유통시장 영역이다. 따라서 기업공개는 여기에서 살펴보고 상장에 대해서는 유통시장에서 설명하기로 한다.

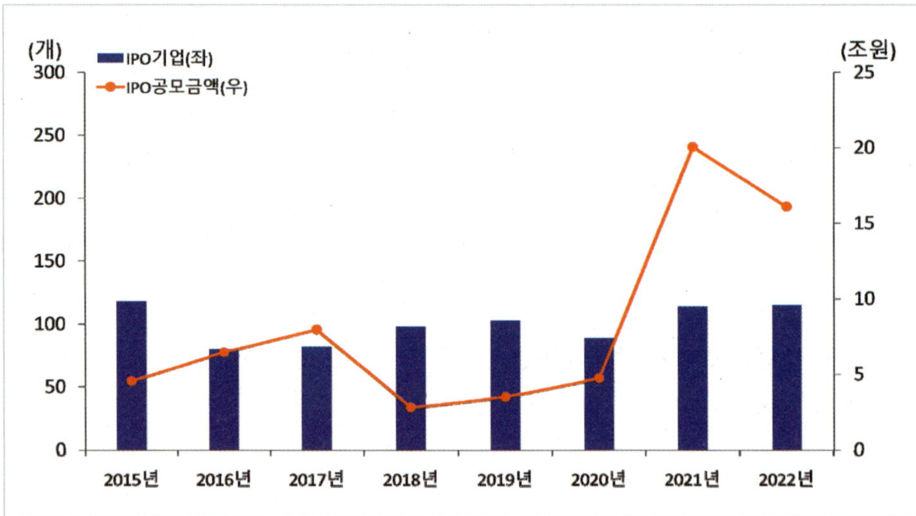

연간 IPO기업 수 및 공모금액 추이 (출처 : KIND)

(2) 기업공개

기업공개(going public)란 주식회사가 기업 설립 후 최초로 공개적으로 자금을 확충하기 위하여 기업의 경영내용을 대외적으로 공개하는 것을 말한다. 좁은 의미로는 주식회사의 주식공개를 뜻한다. 최초로 공모되는 주식을 최초공모주(IPO : initial public offering)라고 하는데, 최초공모주는 기업공개를 할 때 "최초로" 공개되는 주식이기 때문에 IPO라는 용어는 기업공개를 의미하기도 한다.

기업공개는 기업의 원활한 자금조달과 재무구조 개선을 도모하고 국민의 기업참여를 장려하여, 국민경제의 건전한 발전에 기여함을 목적으로 한다. 기업공개는 ① 주주의 분산투자 촉진 및 소유분산, ② 기업의 자금조달능력 증가, ③ 주식가치의 공정한 결정, ④ 세제상의 혜택 등의 기능이 있다.

(3) 기업공개의 방법

❑ 구주매출

기존 주주들이 보유한 주식의 전부 또는 일부를 일반투자자에게 매각하는 방법이다. 예를 들어, 발행주식수가 10,000주이고 이 가운데 6,000주를 매각한다면 기존 주주들의 지분율은 100%에서 40%로 줄어들고 60%의 주식을 새로운 다수의 주주들이 소유하게 되는 것이다. 총발행주식수는 10,000주로 변화가 없다. 이처럼 기존 주식을 공개시장에서 불특정다수에게 매각하여 주식소유가 분산되도록 하는 것을 구주매출이라고 한다. '매출'이라는 용어에 유의할 필요가 있다.

❑ 신주모집

기존 주주들이 보유한 주식을 판매하는 것이 아닌, 새로운 주식을 발행하여 일반투자자에게 매각하는 것을 말한다. 예를 들어, 발행주식수가 10,000주인데 새로 10,000주를 발행한다면 총발행주식수는 20,000주가 되고 기존 주주의 지분율은 100%에서 50%로 줄어든다. 신주를 발행하여 매각할 때에는 '모집'이라는 용어를 사용한다.

❑ 구주매출 및 신주모집의 병행

구주매출과 신주모집을 병행하는 방법이다. 기존 주식 중 일부를 판매하고, 신주도 발행하는 것이다.

❑ 직상장

상장요건을 갖춘 기업이 기업공개절차를 거치지 않고 바로 상장하는 방법이다. 여기에서 다루는 내용은 기업공개에 관한 것이고 직상장(direct-listing)은 상장의 한 방법이긴 하지만 상장을 하고 나면 결과적으로 기업공개가 되기 때문에 기업공개방법의 하나로 본다.

직상장은 신주를 발행하여 투자자에게 매도하는 IPO와는 달리, 신주발행 없이 기존 주주가 보유하고 있는 주식(구주)을 곧바로 거래소에 상장하여 거래되도록 하는 것을 의미한다. 신주발행이 없어서 해당기업의 자금조달 역시 없다는 것이 IPO와의 가장 큰 차이이다. 따라서 직상장은 기업의 자금조달이 아니라, 기존 주주가 보유한 주식에 유동성을 부여함으로써 투자회수를 쉽게 해준다는 것에 가장 큰 의의가 있다 할 것이다. 우리나라의 경우 직상장 사례가 매우 드물다.

2006년에 설립된 스웨덴의 음악 스트리밍 및 미디어 서비스 제공업체 스포티파이(Spotify). 전 세계 180여 개국 이상에서 서비스 중이며 미국 증권시장에 직상장했다.

4. 기타의 증자방법

(1) 주식배당에 의한 방법

주식배당(stock dividend)은 주식회사가 주주에게 현금으로 배당하는 대신 그에 상당하는 신주를 발행하여 지급하는 것을 말한다. 주식배당은 그 재원이 이익잉여금인 반면에 무상증자의 재원은 자본잉여금이라는 점에서 차이가 있을 뿐이다. 주식배당은 사외로 유출될 자금을 자본화시켜 주식으로 지급하기 때문에 그 금액만큼 자본금이 증액된다. 이 때문에 주식배당을 회계상 '이익의 자본화'라고 부른다.

(2) 전환사채에 의한 방법

전환사채의 소유자가 전환권을 행사하여 사채를 주식으로 전환시키면 신주를 교부해 주어야 한다. 이러한 경우, 기업의 입장에서 전환액에 상당하는 부채가 감소하고 자본이 증가하게 된다. 즉 타인자본의 자기자본화가 이루어지게 된다. 그러나 기업의 총자산에는 변화가 없다.

(3) 신주인수권부사채에 의한 방법

신주인수권부사채를 보유한 채권자가 신주인수권을 행사하면 신주를 발행하기 때문에 유상증자가 이루어진다. 전환사채와 다른 점은 신주인수권이 행사된 이후에도 사채는 그대로 존속된다.

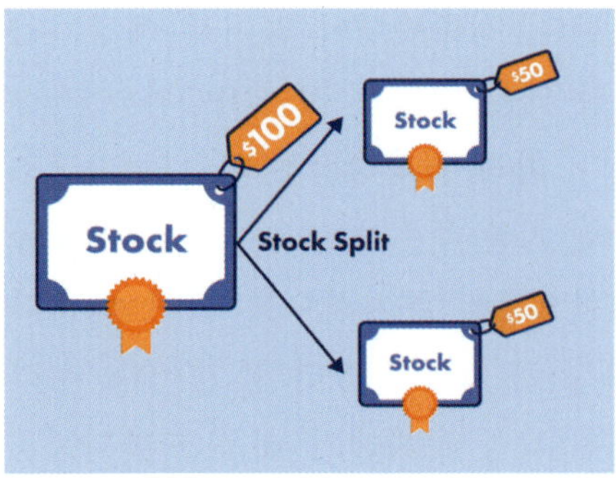

(4) 주식분할

주식분할(stock split)은 자본이나 시가총액의 변화 없이 기존 주식을 세분화하는 것이다. 일정한 비율로 액면가를 나눠 그 주식수를 증가시키기 때문에 액면분할이라고도 한다. 예컨대 액면가 1,000원인 주식 100만주를 액면가를 500원으로 하여 2 : 1로 분할하면 신주 100만주를 발행하게 되고 총주식수는

200만주가 된다. 추가발행되는 주식은 기존 주주의 지분율에 따라 배분되므로 주주의 지위나 재산가치에는 변동이 없다.

(5) 기타의 경우

그 외에 기업이 신주를 발행하는 경우로 주식교부방식을 이용한 합병의 경우를 들 수 있다. 합병기업은 피합병기업의 주주에게 합병기업의 주식을 교부하는 식으로 합병을 하게 되는데, 이때 신주가 발행된다. 현금으로 합병을 하는 경우에는 신주를 발행하지 않는다.

5. 발행시장을 통한 자금조달상황

증권시장을 통하여 직접금융의 방법으로 자금조달이 이루어지면 대규모로 장기자금을 안정적으로 저렴하게 조달할 수 있다. 이 점에서 증권시장의 자금매개기능이 중요한 것이다. 〈표 3-2〉에서 우리나라 상장기업의 증시를 통

〈표 3-2〉 유가증권시장과 코스닥시장을 통한 자금조달실적 (단위 : %, 십억원)

연도말		2010	2014	2016	2017	2018	2019	2020	2021	2022
기업공개	유가증권시장	8,904	3,477	4,258	4,448	562	387	1,708	11,382	10,527
	코스닥시장	1,437	1,188	2,193	3,324	1,753	2,080	2,117	3,141	2,825
	소 계	10,341	4,665	6,451	7,772	2,315	2,467	3,825	14,523	13,352
	비 율	63.14	53.72	50.33	63.35	26.02	46.40	35.12	49.92	60.86
유상증자	유가증권시장	3,139	3,158	4,730	2,951	4,711	1,722	4,651	12,027	5,981
	코스닥시장	1,224	584	1,516	1,474	1,505	1,009	1,443	2,032	2,212
	소 계	4,363	3,742	6,246	4,425	6,216	2,731	6,094	14,059	8,193
	비 율	26.64	43.10	48.73	36.07	69.87	51.36	55.96	48.33	27.26
기타공모	소 계	1,673	277	121	71	366	119	972	509	395
	비 율	10.21	3.19	0.95	0.58	4.11	2.24	8.92	1.75	11.88
주식 합계		16,376	8,683	12,818	12,267	8,896	5,317	10,890	29,090	21,940
회사채 합계		112,919	116,172	109,858	144,024	160,918	170,183	183,567	202,389	182,634

(자료 : 금융감독원, 금융통계월보, 각년호)

한 자금조달실적을 볼 수 있다. 회사채와 주식의 자본조달 비중을 비교하면, 항상 회사채에 의한 자본조달 비중이 크게 높은 한편, 주식시장의 활황 또는 불황 여부에 따라 그 정도에 차이가 있음을 알 수 있다.

제2절 증권시장의 유통시장제도

생활속에서 ▸▸▸

12월 결산법인의 사업보고서 제출기한인 3월말이 지나면서 감사의견거절이나 사업보고서 미제출로 시장퇴출 위기에 놓인 상장기업이 속출한 것으로 나타났다. 사업보고서 제출기한 연장을 요청한 상장사도 수십 곳에 달해 투자자 주의가 필요하다.

2022회계연도 사업보고서 및 감사보고서 공시를 통해 '감사의견 비적정'을 받아 올해 처음 상장폐지 대상에 오른 유가증권시장 상장사 2곳, 코스닥 상장사는 총 10곳이다. 유가증권 상장사는 외부감사인의 감사의견이 '한정'인 경우 관리종목으로 지정된다. '부적정' 또는 '의견거절'은 상장폐지 요건이다. 감사의견 '한정'도 2년 연속이면 상장폐지 사유다. 코스닥 상장사는 더 엄격하다. 코스닥 상장사는 관리종목 지정 없이 최근 사업연도 감사의견이 '부적정', '의견거절', '범위제한 한정' 중 어느 하나라도 나오면 형식적 상장폐지 대상이다.

사업보고서를 제때 제출하지 못한 기업도 속출했다. 사업보고서는 기업의 연간 재무제표와 지배구조 등 주요 경영상황을 망라한 종합보고서다. 이런 중요 공시서류를 제때 제출하지 않은 것 자체가 투자주의 '시그널'이다. 한국거래소에 따르면 2022회계연도 사업보고서 제출기한인 지난달 31일까지 사업보고서를 제출하지 않은 12월 결산 상장사는 총 25곳에 이른다. (비즈워치, 2023.4.4 편집)

#감사의견 #부적정 #의견거절 #한정 #상장폐지 #관리종목 #사업보고서

증권의 유통시장(secondary market)은 발행된 증권이 매매·거래되는 시장으로서, 투자자가 유가증권을 취득하여 투자자금을 운용하거나 또는 보유 유가증권을 처분하여 투자자금을 회수하는 조직적·구체적 시장이다. 우리나라의 경우 한국거래소가 대표적인 조직화된 유통시장이다.[2)]

---

2) 자본시장법 개정(2013.8.29 시행)으로 복수의 거래소와 ATS(거래소와 유사한 다자간매매체결회사)의 설립이

유통시장의 기능이 제대로 발휘되기 위해서는 증권의 매매거래제도가 잘 정비되어 있어야 한다.

1. 유통시장의 조직

증권의 매매거래가 이루어지는 유통시장은 거래소시장(exchange market)과 장외시장(OTC : over the counter market)으로 구분된다. 거래소시장은 우리나라의 경우 한국거래소(KRX : Korea Exchange)처럼 일정한 시설과 장소를 갖추고 일정한 매매원칙에 따라 계속적·조직적으로 증권의 매매거래가 이루어지는 시장을 말한다.

부산에 본사가 있는 한국거래소(KRX : Korea Exchange)

거래소에 상장된 증권의 매매는 일정한 자격을 지닌 기관을 통해서만 가능한데, 한국거래소는 일정한 자격을 갖춘 회원(증권회사)만이 참여하는 회원제로 운영되고 있다.

우리나라에서의 증권의 유통시장은 한국거래소 내에 조직화된 시장으로서 유가증권시장, 코스닥시장 및 코넥스시장과, 조직화되지 않은 장외시장(점두시장)으로 구분할 수 있다.

(1) 유가증권시장

유가증권시장에서는 중대형 우량기업 중심으로 한국거래소(KRX)의 상장절차를 밟은 상장유가증권(주식, 채권, 선물, 옵션)이 경쟁매매의 방식으로 매매거래가 이루어진다. 유가증권시장은 2023년 7월말 현재 상장종목수 917개에 상장주식 시가총액은 2,048조원 정도이다.

허용되었고, 증권시장의 개념도 '금융투자상품시장'으로 확대되었다. 2023년 7월에 ATS가 예비인가를 받았으므로 제2의 거래소 출현도 머지않은 것으로 보인다.

(2) 코스닥시장

코스닥(KOSDAQ)시장은 미국의 NASDAQ시장을 모델로 중소형 벤처기업 중심으로 특화되어 운영되는 시장으로서,[3] 유가증권시장보다도 완화된 참여기준의 상장제도가 적용되고 있다.

코스닥시장은 개설된 초기 1996~1997년 기간에는 거래대금, 시가총액이 유가증권시장의 1/10 수준에 불과하였는데, 1998년과 1999년 사이에 있었던 벤처열풍으로 시가총액이 1,050% 증가, 98조 7천억원 수준으로 증가한 바 있다. IT거품이 사라진 2000~2004년 사이에는 29조~52조원 수준으로 하락하였지만, 2023년 7월말 현재는 상장종목수 1,560개, 시가총액 446조원의 시장규모로 확대되었다.

코스닥시장은 유가증권시장보다도 개인투자자의 비중이 월등히 커서 상장주식수회전율이 유가증권시장보다도 훨씬 높다. 주가지수의 추이를 비교하면, KOSPI지수는 1980~2023년 기간에 25배 정도 상승한 반면, KOSDAQ지수는 우량기업의 수가 적고, 불공정거래가 빈번히 발생하면서 2004년에 1,000으로 출발했으나 지금도 1,000포인트 아래에서 움직이고 있다.

코넥스시장 홈페이지 화면 중 일부

(3) 코넥스시장

유가증권시장이나 코스닥시장 상장요건을 충족하지 못하는 중소기업이나 기술력 있는 신생 벤처기업들은 직접금융의 기회가 없어 자금조달에 어려움을 겪는다. 이들 기업에 자금조달 기회를 넓혀주고, 사업성공에 대한 보상을 자본시장에서 얻을 수 있는 제도적 장치가 마련되면 창업성공을 통한 경제활성화에 기여할 것이다.

---

3) 1997년 이전에는 비상장 유망중소기업 등에 직접금융 이용기회를 제공하고자 개설된 기존의 장외시장이 상대매매방식으로 이루어지는 등 문제점이 많았다. 1997년 4월 (주)코스닥 증권시장이 설립되어 유망중소기업, 벤처기업 등을 지원하는 독립된 조직화된 시장으로서 법제화되면서 경쟁매매시스템이 도입되었다. 2004년 8월 31일에는 오늘의 한국거래소와 합병하였다.

코넥스(KONEX : Korea New Exchange)시장은 기술력 있는 중소·벤처기업에 자금조달을 지원하고 성장기회를 제공하기 위한 목적으로 종전의 프리보드 대신 2013년 7월 1일 KRX 내에 창업초기 중소기업 전용 주식시장으로 새로이 개설되었다. 진입요건은 크게 완화되어 매출액 및 순이익 등의 재무요건을 적용하지 않고 있으며 최소한의 요건을 적용하고 있다. 2023년 7월말 현재 상장종목수는 128개, 시가총액은 4조원에 못 미치는 수준이다.

(4) 장외시장

장외시장은 일반적으로 유가증권시장, 코스닥시장, 코넥스시장과 같이 조직화된 시장에 대한 상대적 개념으로서 일정한 장소와 시설을 갖추지 않은 비조직적인 시장을 말한다. 즉, 유가증권시장 및 코스닥시장의 호가중개시스템을 거치지 않고 이루어지는 시장을 지칭한다. 장외시장에서는 주로 비상장주권 및 채권이 상대매매방법으로 거래된다.

장외시장은 점두시장(over-the-counter market)과 직접거래시장(no broker market)으로 나누어진다. 전자는 증권회사의 창구에서 증권회사와 고객 간 유가증권의 상대매매거래가, 후자는 증권회사의 개입 없이 매매 당사자간의 개별적인 매매거래가 이루어지는 시장을 말한다.

각 시장의 주된 특징은 〈표 3-3〉과 같이 정리할 수 있다.

〈표 3-3〉 한국 유통시장의 조직

구 분	규제영역				비규제영역
	조직화된 시장			조직화되지 않은 시장	
	유가증권시장	코스닥시장	코넥스시장	증권회사 장외거래	기타 장외거래
거래대상	상장주식 상장채권 선물·옵션	코스닥 상장주식	지정주식	채권주식	투자자간 직접거래 비상장·비등록 주식
참가자	거래소회원	거래소회원	협회회원	증권회사－투자자	투자자
매매방법	경쟁매매	경쟁매매	상대매매	상대매매	상대매매
가격발견	○	○	△	△(주)	×
운영주체	한국거래소	한국거래소	한국금융투자협회	증권회사	－

(주) 채권장외거래의 경우, 부분적인 가격발견 기능
(자료 : 한국거래소 외)

2. 증권의 상장제도

(1) 상장의 의의와 대상 증권

거래소에서 매매거래되기 위해서는 기업공개 후 상장절차를 밟아야 한다. 상장(listing)이란 주식회사가 발행한 증권이 거래소가 정한 일정한 요건을 충족하여 유통시장에서 매매가 되도록 자격을 부여하는 것이다. 상장대상의 증권이 되는 것으로는 주권, 채권, 외국주식예탁증서(DR : depository receipt), 수익증권이 있다.

(2) 상장의 분류

상장은 다음과 같이 분류할 수 있다.

- **신규상장** : 거래소에 유가증권을 최초로 상장하는 것으로, 공모상장과 직상장의 경우로 나뉜다. 공모상장은 기업공개과정을 거쳐 주식분산요건을 갖추어 상장하는 형태이고, 직상장은 이미 분산요건을 충족하는 기업이 바로 상장하는 형태이다.
- **신주상장** : 상장법인이 유・무상증자 등으로 새로 발행한 주권을 상장하는 것을 말한다.
- **변경상장** : 기상장된 주권의 종목, 종류, 액면금액, 수량 등을 변경한 경우를 말한다.
- **주권의 재상장** : 합병・분할 또는 분할합병된 후 일정기간 내 다시 상장하는 경우를 말한다.

(3) 상장심사

상장이 된 주식은 불특정다수의 일반투자자가 거래를 하기 때문에 엄격한 상장심사를 하게 된다. 증권거래가 일반투자자의 재산에 미치는 영향이 지대할 수 있기 때문이다. 거래소의 상장심사요건은 크게 형식적 심사요건과 질적 심사요건으로 구분할 수 있다.

〈표 3-4〉는 신규상장심사의 형식적 심사요건의 일부 내용을 정리한 것이다. 항목별 요건을 보면 유가증권시장과 코스닥시장별로 차이가 나는데, 이 표에서 보는 것처럼 유가증권시장의 경우가 상장요건이 엄격하다.

형식적 심사요건에 대한 심사와 함께 주권상장이 공익과 투자자 보호를 위해 필요한지를 판단하기 위해서 질적 요소에 대한 **실질심사**를 한다. 평가항목은 기업의 계속성, 경영투명성 및 안정성, 투자자 보호 등이다.

〈표 3-4〉 신규상장심사의 형식적 요건의 주요 내용

구 분	한국거래소 유가증권시장	한국거래소 코스닥시장
영업활동기간	설립 이후 3년 이상 경과 및 계속적인 영업활동	좌동
기업규모 요건	자기자본 : 300억원 이상 상장예정 주식수 : 100만주 이상	다음 중 하나를 충족할 것 ① 소액주주 500명 & 25% 이상, 청구 후 공모 5% 이상(소액주주 25% 미만시 공모 10% 이상) ② 자기자본 500억원 이상, 소액주주 500명 이상, 청구 후 공모 10% 이상 & 규모별 일정주식수 이상 ③ 공모 25% 이상 & 소액주주 500명
경영성과 –매출액	최근 3년 평균 700억원 이상, 최근 연도 1,000억원 이상	
–이익 등	최근 사업연도에 영업이익, 법인세비용차감전계속사업이익 및 당기순이익 실현	다음 중 하나를 충족할 것 ① 법인세차감전계속사업이익 20억원 [벤처 : 10억원] & 시총 90억원 ② 법인세차감전계속사업이익 20억원 [벤처 : 10억원] & 자기자본 30억원 [벤처 : 15억원] ③ 법인세차감전계속사업이익 시현 & 시총 200억원 & 매출액 100억원 [벤처 : 50억원] ④ 법인세차감전계속사업이익 50억원
	다음 중 하나를 충족할 것 ① ROE : 최근 5%, 3년 합계 10% ② 이익액 : 최근 30억원, 3년 합계 60억원 ③ 자기자본 1,000억원 이상 기업 : – 최근 ROE 3% 또는 이익액 50억원 이상 – 영업현금흐름(+)일 것	
감사인 감사의견	최근 연도 적정의견, 직전 2사업연도 적정 또는 한정	최근 연도 적정의견

* 상장요건은 유가증권시장은 일반기업, 지주회사로 나누어 제시되고 있는데, 위의 요건은 일반기업의 경우임. 코스닥시장은 일반기업, 벤처기업, 기술성장기업으로 나누어 제시되고 있는데, 위의 요건은 일반기업의 경우임.

(자료 : 한국거래소)

(4) 공 모

거래소의 예비상장심사를 거치면 주권을 공모해야 한다. 공모를 위해서는 수요예측과 공모가격 결정이 이루어져야 한다. 수요예측(book building)이란 대표주관회사와 인수가격 결정을 위해 발행주식의 공모희망가격(밴드)을 제시하고, 이에 대한 수요상황을 기관투자가 대상으로 조사, 최종공모가격을 확정하여 물량을 배정하는 것을 말한다.

최초로 공모되는 주식을 최초공모주(IPO : initial public offering)라고 한다. 최초공모주의 가격은 대체로 적정가격 이하로 발행(underpricing)되는 경향이 있어 실제 상장 후에는 초과수익을 얻기도 한다.

3. 증권매매거래제도

거래소는 증권의 원활하고 공정한 거래를 위해 다음과 같은 여러 시장제도를 운영하고 있다.

- 수탁제도 : 계좌개설, 수탁방법, 위탁증거금 및 수수료 등 거래수탁제도
- 매매제도 : 매매거래시간, 매매계약체결원칙, 매매거래절차 등의 제도
- 시장관리제도 : 매매거래정지, 공매도 관리 등 공정한 가격형성 관련 제도
- 청산결제제도 : 체결된 내역에 대한 투자자, 회원사, 거래소 간의 결제방법

본 항에서는 이들 시장제도 중 주요한 내용을 정리한다.

(1) 증권매매거래절차

증권매매거래절차는 다음과 같다. 투자자가 거래소시장을 통하여 매매거래하기 위해서는 먼저 증권회사에 매매거래계좌를 개설해야 하며, 동 계좌를 개설한 증권회사를 통하여 주문서를 제출해야 한다. 투자자가 증권회사에 매매거래의 위탁주문을 할 때에는 일정한 위탁증거금을 내야 한다.

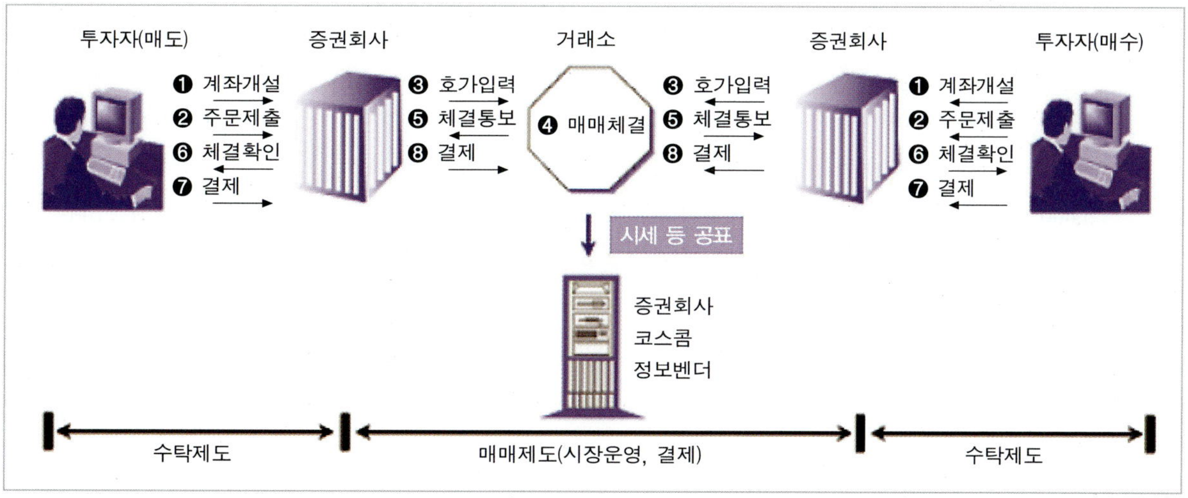

주식매매거래절차 (그래픽 : 한국거래소)

거래소시장에 직접 매매주문을 낼 수 있는 자는 한국거래소의 회원증권회사에 한정된다.

회원증권회사로부터 거래소에 제출된 주문은 거래소가 업무규정에 정한 원칙에 따라 매매체결되며, 거래소는 체결결과를 회원에게 통보하고 회원은 이를 다시 고객에게 통지해야 한다. 투자자는 매매체결분에 대하여 매매체결일 기준 3일 후까지 위탁증권회사에 매수대금 또는 매도증권을 납부해야 하고, 이를 거래소(한국예탁결제원)를 통하여 결제함으로써 매매거래가 완료된다.

(2) 호가단위와 매매수량단위

매매거래를 하기 위한 매도 또는 매수의 의사표시를 호가(quote)라고 하는데, 특정종목을 사거나 팔고자 할 때 제시하는 가격에는 기본단위인 호가단위(tick size)가 있다. 유가증권시장은 〈표 3-5〉와 같이 7단계로 나누어 호가한다.[4)]

한편 거래수량의 기본단위, 즉 수량단위(round lot unit)는 주식의 경우는 1주 단위, 일반채권은 액면 10만원(소액채권은 액면 1,000원) 단위, 상장지수펀드

4) 코스닥시장과 코넥스시장은 100,000원 미만은 유가증권시장과 동일하되, 100,000원 이상의 경우는 호가단위가 100원이다.

〈표 3-5〉 한국거래소 유가증권시장에서의 주식거래 호가단위

주 가	호가단위	가능한 주문금액 보기	불가능한 주문금액 보기
2,000원 미만	1원	951원, 1,960원	–
2,000～5,000원 미만	5원	2,320원, 4,325원	2,324원, 4,326원
5,000～20,000원 미만	10원	8,720원, 18,730원	8,715원, 18,716원
20,000～50,000원 미만	50원	24,350원, 24,400원	24,355원, 24,357원
50,000～200,000원 미만	100원	77,600원, 77,700원	77,650원, 77,710원
200,000～500,000원 미만	500원	325,500원, 326,000원	325,600원, 32,550원
500,000원 이상	1,000원	712,000원, 713,000원	712,500원, 712,550원

(ETF)는 1주, 주식워런트증권(ELW)은 10증권 단위이다. ELW에서 10증권 미만의 경우와 같이 기본 수량단위에 미달하는 단주(odd lot)는 장외시장에서 별도로 거래된다.

(3) 매매가격의 지정

투자자가 경쟁매매가 이루어지는 유가증권시장과 코스닥시장에 매매거래를 위탁할 때 가격을 지정하는 방법에는 시장가주문, 지정가주문, 조건부지정가주문, 최유리지정가주문, 최우선지정가주문, 경쟁대량매매주문, 목표가주문 등 7종류의 방법이 있다.

❑ 시장가주문

시장가주문(market order) 또는 성립가주문은 가격지정 없이 시장에서 형성되고 있는 가격으로 매매를 원하는 주문으로 상・하한가가 형성되는 경우를 제외하고는 주문 즉시 매매체결이 가능한 주문이다. 신속한 매수・매도를 원할 때 이용되지만 가격의 급등락이 있을 때에는 불리한 가격으로 체결될 수도 있다.

❑ 지정가주문

지정가주문(limit order)은 매매거래를 위탁할 때 최소한의 받아들일 수 있는 특정가격(사자주문일 때에는 일정가격 이하, 팔자주문일 때에는 일정가격 이상)을 지

정하여 주문하는 것이다. 이 경우 어떤 증권을 매수하고자 할 때 제시하는 최고 매입가능가격을 bid price, 매도하고자 할 때 요구하는 최저 매도가능가격을 ask price라고 한다. 지정가주문은 원하지 않는 불리한 가격으로 주문이 체결될 가능성은 없지만 주문이 체결되지 않을 수도 있다.

❑ 조건부지정가주문

조건부지정가주문(conditional limit order)은 지정가주문이 장 마감 전까지 체결되지 않을 경우 미체결 잔량에 대해서 장 마감 전 동시호가 시간에 시장가 호가로 참여하는 조건부 형태의 주문을 말한다.

❑ 최유리지정가주문과 최우선지정가주문

최유리지정가주문은 상대방 최우선호가의 가격으로 즉시체결이 가능하도록 주문접수시점에서 매도의 경우는 가장 높은 매수주문의 가격으로, 매수의 경우는 가장 낮은 매도주문의 지정가주문가격으로 매매를 체결시키는 주문이다.

최우선지정가주문은 해당주문의 접수시점에서 자기주문 방향의 최우선호가 가격으로 지정되는 주문이다. 그래서 매도의 경우는 해당주문의 접수시점에서 가장 낮은 매도주문의 가격으로, 매수의 경우는 가장 높은 매수주문의 지정가주문가격으로 매매를 체결시킨다.

[그림 3-2] 최유리지정가주문과 최우선지정가주문의 비교

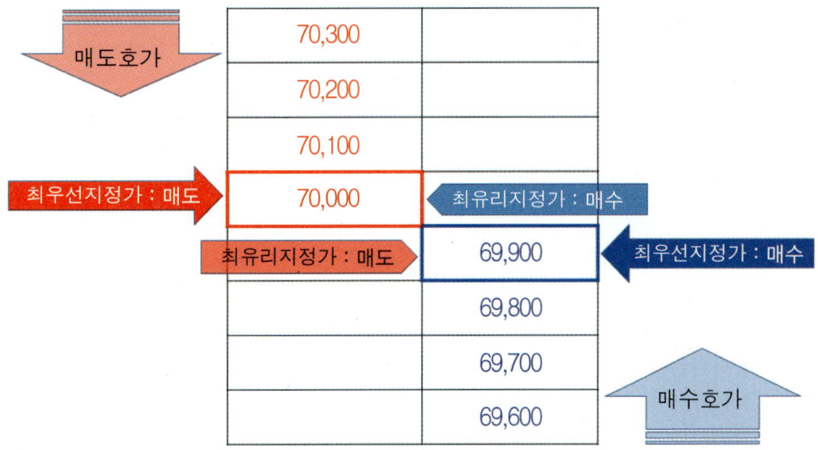

두 주문 방식의 차이는 [그림 3-2]에 제시되어 있다. 먼저 현재 주식 매도자들이 원하는 매도가격은 70,000원부터 시작하여 70,100원, 70,200원 순으로 높아지고 있다. 반면 매수자들이 원하는 가격은 69,900원이 가장 높고 이어서 69,800원, 69,700원 순으로 낮아지고 있다.

최유리지정가주문 매수의 경우를 보면, 매도주문 중 가장 낮은 가격인 70,000원으로 거래가 체결된다. 반면 최우선지정가주문 매수의 경우에는 매수주문 중 가장 높은 가격인 69,900원에 거래가 체결되는 것이다.[5)]

❑ 경쟁대량매매주문

경쟁대량매매주문은 대량매매제도의 한 유형으로 종목 및 수량은 지정하되 당일의 거래량가중평균가격(VWAP)[6)]으로 매매거래를 하고자 하는 주문유형이다. 시장충격을 최소화하도록 정규시장과는 별도의 시장에서 비공개로 매매체결이 이루어진다.

그 외에 목표가주문 방식이 있다. 이는 투자자가 특정 지정가격이 아닌 당일의 거래량가중평균가격 등 향후에 결정될 가격 또는 그와 근접한 가격으로 매매체결을 원하는 경우, 거래소회원(증권회사)이 재량으로 투자자가 목표로 하는 가격에 최대한 근접하여 체결될 수 있도록 하는 주문방식이다. 그런데, 목표가주문이라는 호가유형이 별도로 존재하는 것은 아니어서 증권회사가 목표가 달성을 위해 투자자 주문을 지정가호가 또는 시장가호가 등의 형태로 분할하여 제출해야 한다.

(4) 매매주문의 체결

❑ 매매체결방법의 구분

일반적으로 증권시장의 매매체결방법은 매도·매수간의 경쟁관계에 따라 다음과 같이 구분된다.

---

5) 실제 거래에서는 매수잔량, 매도잔량이 서로 일치하지 않는 경우가 많기 때문에 주문수량 전부가 동시에 체결되지 않는 경우가 흔하다. 여기에서는 개념만 설명하기 위하여 매매수량에 대해서는 언급하지 않고 있다.
6) 거래량가중평균가격(VWAP : volume weighted average price)이란 조회 대상 종목의 거래일에 발생한 전체 거래대금을 전체 거래량으로 나눈 가격을 의미한다.

- **경쟁매매** : 복수의 매도자와 복수의 매수자 간의 가격경쟁에 의한 매매거래
- **상대매매** : 매도자와 매수자 당사자 간의 가격경쟁에 의한 매매거래
- **경매**(입찰매매) : 단일의 매도자와 복수의 매수자 또는 복수의 매도자와 단일의 매수자 간의 경쟁입찰에 의한 매매거래

증권시장의 일반적인 매매는 다수의 매도자와 매수자 간의 매매이므로, 균형가격을 효율적으로 찾는 방법으로 개별경쟁매매방법을 채용하고 있다. 경쟁매매방법은 **'복수가격에 의한 계속거래방법'**과 **'단일가격에 의한 집중거래방법'**으로 구분된다.

계속거래방법은 가격조건이 부합하는 경우마다 개개의 가격으로 매매를 체결하기 때문에 복수의 가격이 형성되는 접속매매방법이다. 반면에 집중거래방법은 일정시간 동안 접수된 호가를 동일시간에 접수한 호가로 보고 매도호가와 매수호가의 합계수량이 합치하는 가격에서 형성되는 단일가매매방법이다. 우리나라에서 계속거래방법과 집중거래방법이 적용되는 시간대는 서로 상이하다. 먼저 전체적인 주문접수시간과 매매거래시간은 〈표 3-6〉과 같다.

〈표 3-6〉 주문접수와 매매거래시간

구 분		호가접수시간	매매거래시간
정규시장		08:30～15:30(7시간)	09:00～15:30(6시간30분)
시간외시장	장개시 전	08:00～09:00(1시간)	08:00～09:00(1시간)
	장종료 후	15:30～18:00(2시간30분)	15:40～18:00(2시간 20분)

오전장과 오후장이 통합된 단일장(09:00～15:30)의 운영체제에서 정규시장과 시간외시장으로 구분되는데, 매매체결은 장중에는 계속거래방법인 접속매매를 채택하고 있지만, 시간외시장에서는 집중거래방법인 단일가매매방법을 적용하고 있다.

☐ 단일가매매시 체결방법

단일가매매는 수요와 공급을 집중시켜 균형가격 형성의 필요성이 큰 경우에 이용되는 매매방법이다. 일정시간 동안 매도·매수호가를 접수하여 가격 및 시간

매도수량	가격	매수수량
	15,400	● 1000
○○	15,350	● 300
○○	15,300	● 200
○ ○ ◑ ● 2,000 1,000 500 100	15,250	● 200 ● 300
150 ●	15,200	○○
150 ● 500 ●	15,150	○
500 ●	15,100	○○○
150 ●	15,050	

* ○ : 미체결 호가 ◑ : 일부 체결호가 ● : 전량체결호가

단일가매매시 매매체결방법 (그래픽 : 한국거래소)

우선원칙에 따라 우선하는 호가간에 하나의 가격으로 매매체결이 이루어지며, 모든 단일가매매는 마감시점으로부터 불공정거래 예방 등을 위해 30초 이내에서 거래소가 정하는 임의의 시간에 종료된다.

단일가매매에 참여한 호가의 경우에도 가격우선 및 시간우선원칙에 따라 우선하는 호가간에 전량을 체결하고, 동일가격대의 호가간에는 수량배분을 하지 않는다. 위의 예에서 보는 경우, 가장 높은 가격의 매수호가와 가장 낮은 가격의 매도호가를 순차적으로 체결시키고, 15,250원인 동일가격에서도 시간우선원칙을 적용하여 매매를 체결한다.

❑ 복수가격에 의한 개별경쟁매매시의 체결 원칙 순위

복수가격에 의한 개별경쟁매매가 이루어질 때에는 다음과 같은 매매체결의 원칙에 의해서 가격, 시간, 수량 기준의 우선순위에 따라 매매거래가 체결된다.

① 가격우선의 원칙 : 팔자(매도)의 주문은 낮은 가격의 주문일수록 우선하고, 사자(매수)의 주문은 높은 가격의 주문일수록 우선한다.

② 시간우선의 원칙 : 동일가격의 호가에 대해서는 호가가 행해진 시간선후에 따라 먼저 접수된 호가가 나중에 접수된 호가보다 우선한다.

③ 수량우선의 원칙 : 가격과 시간이 동일할 경우에는 수량이 많은 주문

이 수량이 적은 것에 우선한다.

④ 위탁매매우선의 원칙 : 고객이 주문한 위탁매매의 호가가 증권회사의 자기매매의 호가에 우선한다.

(5) 매매계약의 결제

증권의 매매거래형태는 일반적으로 결제방법과 결제기간을 기준으로 하여 청산거래와 실물거래로 구분된다. 청산거래는 매매계약의 시기와 현금 및 증권을 주고받는 기일 사이에 일정한 시차가 있어서 결제기일 전에라도 증권의 반대매매(전매 또는 환매)를 통해 그 차금을 수수하는 거래를 말한다.

실물거래는 청산거래에 반대되는 것으로 현금거래(cash trading) 또는 즉시거래라고도 하는데, 이는 다시 매매계약체결일과 결제일의 시간적 간격에 따라 당일결제거래와 보통거래로 구분된다. 우리나라에서는 보통거래제도를 채택하고 있는데, 보통거래라 함은 매매계약을 체결한 날로부터 3일째 되는 날(다만, 한국거래소가 시장관리상 특히 필요하다고 인정하여 지정한 종목의 경우에는 14일 이내에서 한국거래소가 지정한 날)에 수도 결제하는 것을 말한다. 만약 수요일에 주식매도가 이루어졌을 경우 매매대금은 3일째 되는 날인 금요일에 받게 된다.

증권매매거래의 최종적인 체결수행은 증권대체결제제도를 통해 이루어진다. 즉, 증권의 매매가 있을 때마다 모든 거래에 대하여 증권현물과 현금을 주고받는 대신, 여러 거래 후에 각 거래원의 계좌에서 차이가 나는 금액이나 증권, 즉 순감소액이나 순증가액만을 대체결제하는 방법으로 이루어진다. 우리나라에서는 한국예탁결제원(www.ksd.or.kr)이 대체결제기능을 수행하고 있다.[7)]

(6) 신용거래

실물거래(실수급)에 적정량의 투기적 요소(가수요)를 도입하면 증권에 대한 수요와 공급이 증가하여 거래가 활발해지고, 가격형성기능이 원활히 발휘될 수

7) 한국예탁결제원은 대체결제업무 이외에 유가증권의 보관업무, 명의개서 대행업무, 배당금 및 사채원리금의 지급대행업무를 수행한다.

있는 면이 있다. 금융기관에서 자금을 차입받아 증권투자를 하는 경우가 대표적 예이다.

신용거래(margin trading)란 실물거래(실수급)에 적당량의 투기적 요소(가수요)를 도입하는 방법인데, 개인투자자의 입장에서 신용거래는 일정금액(현금)을 대출(융자)받아 자기자금 이상으로 증권을 매입·보유하는 거래(long position)와 증권을 대출받아 이를 매도하는 거래가 있다.

공매도를 설명하는 그림 (그래픽 : everystocks.com)

후자의 경우는 투자자(매도인)가 보유하고 있지 않은 증권을 매도하는 방법으로 이를 공매도 또는 대주거래(short selling, short position)라고 한다. 공매도는 제3자로부터 증권을 일정기간 동안 빌려서 팔고 일정기간이 경과한 후에 그 증권을 시장에서 매입하여 상환하는 방법이다.[8] 따라서 공매도는 증권을 빌려서 매도하는 것이므로 차입매도라고 할 수 있으며, 증권을 빌려주는 제3자의 입장에서는 대주(貸株)라고 할 수 있다.

이러한 공매도는 증권가격이 하락하리라 예상되는 상황에서 매매시세차익을 얻기 위해 이용되는 신용거래이다.[9] 신용거래에 소요되는 자금은 일반적으로 증권회사가 그 자금(신용거래융자자금)을 증권금융회사에서 차입하고 있다.[10]

신용거래는 위탁증거금과 관련된다. 위탁증거금이란 증권회사가 고객으로부터 증권의 매매를 위탁받은 경우 고객이 결제를 반드시 이행하도록 하기 위해 징수하는 현금 또는 증권을 말한다. 증권회사는 위탁자로부터 매수 위탁을 받은 때에는 현금, 매도

---

8) 공매도는 ① 소유하지 않은 증권의 매도인 **무차입공매도**(naked short selling)와 ② 주식을 빌려서 매도하는 **차입공매도**(covered short selling)로 구분되는데, 우리나라에서는 ② 차입공매도만 인정되고 있다.

9) 주가의 급락 상황에서 주가하락을 더욱 가속화시킨다는 이유로 공매도제도 폐지의 주장이 제기되기도 한다. 공매도제도의 순기능으로는 차익거래로 파생상품과 기초자산 간 가격괴리 해소로 인한 합리적 가격결정, 정보효율성 제고, 시장의 유동성 확대, 다양한 투자전략 제공을 들 수 있다. 반면에 역기능으로는 주가변동성 확대, 시장불안시에 시세조정 수단으로의 악용가능성 등이 지적된다.

10) 유가증권의 발행과 유통을 원활히 하도록 유가증권의 인수나 매매에 필요한 자금을 융자해 주는 증권금융을 전담하는 기관으로 우리나라에는 한국증권금융주식회사(www.ksfc.co.kr)가 있다.

위탁을 받은 때에는 당해 매도증권 또는 현금으로 위탁증거금을 징수할 수 있다. 대부분의 증권회사는 개인투자자의 경우 약 40%의 징수율로 위탁증거금을 징수하고 있다. 나머지 60%가 결국 신용거래 부분이 되는 것이다.

위탁증거금률이 40%인 경우, 주식을 매수하려는 사람은 현금 40만원을 위탁증거금으로 납부하고 60만원을 대출받아 100만원어치의 주식을 살 수 있다. 60만원은 대출이기 때문에 당연히 기한이 존재하고 이자를 지불해야 한다. 신용거래에 의해 매입된 주식은 증권회사가 담보로 보유하고 담보주식의 시장가치에서 융자금액을 차감한 잔액은 고객의 지분(equity)이 된다.

신용거래가 과다해져 증권시장이 과수요로 과열되는 상황이 되면, 수요를 진정시키기 위해 신용융자액의 축소 또는 신용거래보증금률의 인상 등의 규제방법으로 시장안정화 조치를 취하기도 한다.

숫자로 본 세계 ▸▸▸ 공매도 주식 상위 10개

한국거래소에서 조회한 공매도 비중 상위 10위까지의 순위. 공매도 거래대금의 비중이 큰 순서이다.

순 위	종목코드	종목명	공매도 거래대금(원)	거래대금(원)	공매도 비중(%)
1	377300	카카오페이	2,808,098,750	9,938,771,800	28.25
2	001680	대상	330,557,130	1,211,011,080	27.30
3	001040	CJ	1,948,316,600	7,157,149,800	27.22
4	005300	롯데칠성	756,129,100	2,788,107,000	27.12
5	000080	하이트진로	2,987,571,850	12,073,856,250	24.74
6	021240	코웨이	1,696,311,100	7,187,148,850	23.60
7	023530	롯데쇼핑	1,085,848,900	4,774,122,800	22.74
8	096770	SK이노베이션	25,160,458,500	117,112,877,300	21.48
9	280360	롯데웰푸드	338,495,800	1,579,069,300	21.44
10	028670	팬오션	1,731,901,800	8,315,569,510	20.83

(자료 : 한국거래소, 2023.7.20 기준)

4. 시장관리제도와 매매규제

유통시장의 가장 중요한 역할은 증권의 매매가 원활하고 공정하게 이루어지도록 하여 공정한 가격형성기능이 발휘되도록 하는 것이다. 그러나 가격조작 등이 용이하거나 증권가격의 급등락으로 인하여 거래질서가 혼란하면 이러한 기능을 기대할 수 없다. 이러한 위험을 방지하고 선의의 투자자를 보호할 목적으로 증권거래에 관한 여러 가지 시장관리제도와 규제방법이 사용되고 있다.

(1) 가격제한폭의 설정과 매매거래중단제도

❑ 가격제한폭제도

가격제한폭제도는 급격한 가격변동으로 인한 거래질서의 혼란을 막기 위해 하루 동안 변동할 수 있는 최대 가격변동폭을 설정하고 이 범위 내에서만 거래가 이루어질 수 있도록 허용하는 제도이다. 전일의 종가기준으로 당일 오를 수 있는 가격폭까지 오른 시세를 상한가, 가격폭의 하한까지 떨어진 시세를 하한가라고 하는데, 유가증권시장과 코스닥시장 공히 상·하한가가 전일 종가 대비 ±30%로 설정되어 있다.

다만, 예외적으로 신규 상장한 주식의 가격제한폭은 60～400%로 매우 크다. 이론적으로 상장 첫날 3배의 수익을 낼 수 있다는 뜻이다.

종목명	현재가	전일비	등락률
오브젠	63,300	↑ 14,600	+29.98%
피에스엠씨	2,145	↑ 493	+29.84%

주식시세표에서 상한가는 '적색 상향 화살표'로 표기한다. 오브젠의 상승률이 정확하게 30%가 아님에도 상한가로 인정하는 이유는 30% 내에서 상승 가능한 최대 가격이 14,600원이기 때문이다. 즉 전날 가격은 48,700원이었고 상한가 30%까지 오르면 14,610원이 되지만 〈표 3-5〉에서 본 호가단위제도에 따라 100원 단위로 거래가 되기 때문에 상승할 수 있는 최대한도는 14,600원이다. (자료 : 네이버금융, 2023.2.5 기준)

❑ 매매거래중단제도

주식시장의 매매거래중단제도(circuit breakers)는 증권시장의 내·외적인 요인에 의한 갑작스런 주가급락에 따라 증권시장이 크게 불안정하게 되어 하루 중 지수가 일정수준 이상 급락하는 경우, 투자자들에게 냉정한 투자판단 시간을 제공하기 위하여 시장에서의 모든 매매거래를 일시적으로 중단하는 제도이다.

한국종합주가지수(KOSPI)가 직전 거래일의 종가보다 8% 또는 15% 또는 20% 이상 하락한 경우 매매거래중단의 발동을 예고할 수 있으며, 이 상태가 1분간 지속되는 경우 주식시장의 모든 종목의 매매거래를 중단한다. 최초로

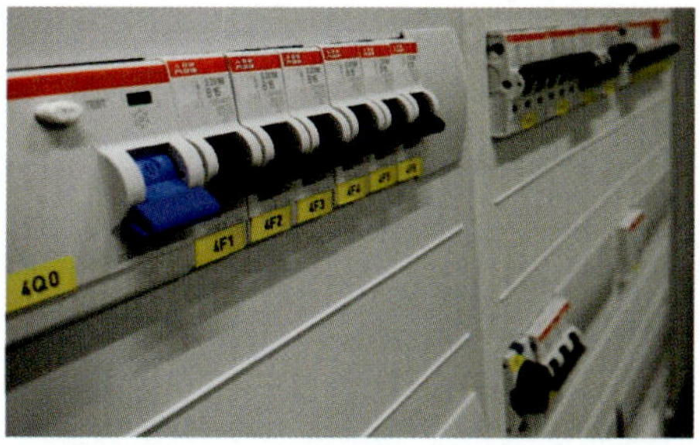

circuit breakers라는 용어는 원래 전기에서 '회로 차단기'를 의미한다. 이는 과전류로 인한 손상으로부터 전기 회로를 보호하도록 설계된 전기안전장치이다. 증권시장에서는 시장이 망가지는 것을 보호하기 위한 용어로 사용된다고 보면 된다.

KOSPI가 전일 종가 대비 8% 이상 하락한 경우 1단계 매매거래중단이 발동되며, 1단계 매매거래중단 발동 이후 KOSPI가 전일 종가 대비 15% 이상 하락하고 1단계 발동지수 대비 1% 이상 추가하락한 경우 2단계 매매거래중단이 발동된다. 1, 2단계 매매거래중단이 발동되면 20분 동안 시장 내 호가접수와 채권시장을 제외한 현물시장과 연계된 선물·옵션시장도 호가접수 및 매매거래를 중단한다. 각 단계별로 발동은 1일 1회로 한정한다.

한편, 2단계 매매거래중단 발동 이후 전일 종가 대비 20% 이상 하락하고, 2단계 발동지수 대비 1% 이상 추가하락한 경우 당일 발동시점을 기준으로 유가증권시장의 모든 매매거래를 종료한다.

개별종목의 매매거래중단제도도 있다. 거래소는 투자자 보호와 시장관리상 필요하다고 인정하는 경우에는 특정종목의 매매거래를 일시적으로 정지할 수 있다. 상장법인의 존폐와 관련된 풍문 등의 사유로 주가 및 거래량이 급변하거나 급변이 예상되는 종목에 대해서 매매거래를 정지할 수 있다. 그동안 우리나라에서 있었던 매매거래중단 발동 사례 중 중요한 몇 가지를 정리하면 〈표 3-7〉과 같다.

〈표 3-7〉 우리나라에서 있었던 매매거래중단 주요 발동 사례

시 기	코스피	코스닥	이유와 내용
2000.4.17	○		미국 블랙프라이데이(미국 증시 급락)
2000.9.18	○		포드의 대우차 인수 포기, 유가급등
2001.9.12	○		미국 9.11 테러
2006.1.23		○	미국 증시 하락, 테마주 급락
2007.8.16		○	미국 서브프라임 위기 확산
2008.10.23		○	글로벌 금융위기, 리먼 브라더스 파산
2008.10.24		○	글로벌 금융위기, 리먼 브라더스 파산
2011.8.8		○	미국 신용등급 하락
2011.8.9		○	미국 신용등급 하락
2016.2.12		○	개성공단 가동 중단으로 지정학적 리스크 확대
2020.3.13	○	○	코로나19 확산으로 경기침체 우려
2020.3.19	○	○	코로나19로 인한 글로벌 경기침체 우려

충격완화장치로서 사이드카(side car)제도도 운영되고 있는데, 이는 KOSPI 200 선물 가격이 전일 종가 대비 5% 이상(코스닥은 6% 이상) 오르거나 떨어진 상태가 1분간 지속될 때 1일 1회에 한하여 주식시장 프로그램매매 호가 효력을 5분간 정지시키는 제도이다.

(2) 불공정거래행위에 대한 규제

유통시장에서 공정한 가격형성기능이 발휘되기 위해서는 공정한 거래를 제한하는 불공정거래행위가 규제되어야 한다. 대표적인 불공정거래행위로는 내부자거래, 증권관계임직원의 매매, 시세조종, 불성실공시, 임의매매 등을 들 수 있다.

내부자거래는 직무수행과정에서 얻은, 일반인에게 공개되지 않은 정보를 이용하여 당해증권을 거래함으로써 부당하게 이득을 얻는 행위이다. 내부자의 범위에는 특정회사와 직접적인 관련이 있는 회사 임직원, 주요 주주, 관련 증권회사 임직원뿐만 아니라 업무처리과정에서 내부정보를 입수할 수 있는 관련 공무원이나 감독기관의 임직원, 회계사, 변호사, 관련 거래은행 임직원 그리고 직·간접적으로 이와 같은 내부정보를 입수한 자가 포함된다. 이들 내부자들이 합병, 영업양수도, 증자, 재해발생 등 투자자의 투자판단에 중요한 영향을 미칠 수 있는 공개되지 않은 정보를 이용하여 부당이득을 얻은 증권매매를 했을 때에는 단기매매차익 반환이나 형사처벌과 같은 방법으로 규제하고 있다.

이 밖에도 증권거래에서 투자자로 하여금 그 거래가 성황을 이루고 있는 듯이 오인하게 하거나 그릇된 판단을 하게 할 목적으로 행하는 통정매매, 가장매매와 같은 시세조종행위도 목적범적 행위로 보고 강력하게 규제하고 있다.

(3) 시장경보제도의 운영과 관리종목, 상장폐지의 지정

❑ 시장경보제도

투기적이거나 불공정거래의 개연성이 있는 종목 또는 주가가 단기간에 비정상적으로 급등하는 종목의 경우 투자자의 주의를 환기하기 위해 시장경보제도가 운영되고 있다. 시장경보제도는 『투자주의종목 → 투자경고종목 → 투자위험종목』으로 연결되는 3단계 지정제도로 일반투자자의 추종매매를 억제하고 불공정거래의 확산을 사전에 차단하기 위한 시장관리제도이다.

투자주의종목은 소수계좌에서 거래가 집중된 종목 등 열두 가지 중 하나의 요건에 해당되면 지정된다. 투자경고종목은 초단기급등(당일의 종가가 3일 전날의 종가보다 100% 이상 상승한 경우) 등 일곱 가지 경우 중 하나의 요건에 해당되면 지정된다. 투자위험종목은 초단기급등(투자경고종목 지정일부터 계산하여 3일째 되는 날 이후로서 당일의 종가가 3일 전날의 종가보다 45% 이상 상승한 경우) 등 다섯 가지 요건 중 하나에 해당되면 지정된다.

❑ 관리종목의 지정과 상장폐지제도

상장폐지에 해당되는 사유가 발생한 종목에 대해서는 관리종목으로 지정하여 투자자의 주의를 환기시키고 있다. 관리종목 대상이 되는 것은 기업경영이 부진하거나 부도발생, 최근 사업연도 말 자본금 50% 이상 잠식, 감사의견의 부적정 또는 의견거절, 또는 회사정리절차 개시 등의 사유가 발생했을 경우이다. 관리종목의 대상으로 지정되기 전 상장법인의 존폐와 관련된 풍문 등으로 투자자 보호가 필요할 때에는 해당종목에 대해 개별종목 매매거래 정지조치를 취할 수 있다. 중단사유에 대한 조회결과가 공시되고 30분이 경과하면 거래가 재개된다. 상장회사의 경영내용이 악화되어 회복될 수 없다고 판단되는 상황(주된 영업의 정지 또는 조업 전부 중단, 자본 전액잠식, 부도나 은행거래 정지 등의 상장폐지 요건에 해당되는 경우)이면 상장폐지 조치를 내린다. 구체적인 관리종목지정 및 상장폐지 기준은 〈표 3-8〉과 같다.

영화 '로마의 휴일'의 한 장면인 이탈리아 로마의 '진실의 입'(La Bocca della Verita) 장면. 기업은 증권시장에 진실된 공시를 할 의무가 있다.

이상에서 설명한 매매거래제도 중에서 중요한 것을 요약하면 〈표 3-9〉와 같다.

〈표 3-8〉 관리종목지정 및 상장폐지 기준

구 분	관리종목지정 기준	상장폐지 기준
영업활동정지	해당시	주된 영업의 정지 또는 조업 전부 중단
부도 · 은행거래정지	−	해당시
자본잠식	50% 이상	최근 사업연도 말 자본 전액 잠식
주식분산기준 미달*	해당시	2년 계속
불성실공시	최근 1년간 공시의무위반 누계벌점 15점 이상	최근 1년간 누계벌점 15점 이상 추가 고의 · 중과실 공시의무 위반
거래량	반기 월평균거래량이 유동주식수의 1% 미만	2반기 연속시
매출액	50억원 미만	
시가총액	50억원 미만 30일 계속	90일 이내 관리지정사유 미해소

* 주식분산기준 미달 : ① 소액주주수가 200인 미만 또는 ② 일반주주 지분율 5% 미만(다만, 200만주 이상인 경우 해당되지 않는 것으로 간주)

(자료 : 한국거래소)

〈표 3-9〉 우리나라 주식유통시장별 매매거래제도 비교

구 분	유가증권시장	코스닥시장	코넥스시장
거래시간	정규시장 09:00∼15:30 시간외시장 (장전) 08:30∼09:00 (장후) 15:40∼18:00	좌동	좌동
매매수량단위	1주	1주	1주
호가가격단위	1∼1,000원(7단계)	1∼100원(5단계)	좌동
가격제한폭	전일 종가 ±30%	좌동	좌동
호가종류	지정가, 시장가, 조건부지정가, 최유리지정가, 최우선지정가, 경쟁대량매매 등(7종류)	좌동	지정가, 시장가 (2종류)
매매체결방법 (정규시장)	접속매매(정리매매종목, 단기과열종목은 단일가매매)	좌동	단일가매매
서킷브레이커	전일 대비 주가가 8% 이상 하락하여 1분간 지속시 20분간 매매정지(1단계)	좌동	미도입
양도소득세	면제	면제	대기업주식 : 20% 중소기업주식 : 10%
증권거래세*	거래세 0.05%, 농특세 0.15%	거래세 0.2%	거래세 0.1%
신용공여	가능	가능	불가능

* 주식매도시에만 부과되며 세율은 매도금액기준

(자료 : 한국거래소(KRX) 외)

제3절 증권시장지표

생활속에서 ▸▸▸

코스피지수가 외국인 순매수, 반도체 강세 등에 힘입어 2,600선을 넘기며 상승장을 지속하고 있다. 일부 증권사 리서치센터는 하반기 코스피 예상범위를 상향했다. 그러나 최근 강세에도 불구하고 당분간은 완만한 상승장이 이어질 것으로 전망된다.

6일 한국거래소에 따르면, 전일 코스피지수는 전장 대비 14.05포인트 오른 2,615.41에 거래를 마쳤다. 코스피가 종가 기준 2,600선을 상회한 건 2022년 6월 이후 1년여 만이다. 지수는 연초 이후 17.5% 상승했다. 김용구 삼성증권 연구원은 종전 전망과 달리 시장과 미국 연방준비제도(FED) 사이의 정책금리를 둘러싼 극단적 괴리가 5월 중순부터 빠르게 축소됐다고 분석했다. 다만, 전문가들은 코스피가 2,600선을 넘기면서 이미 과매수권에 진입했다고 지적한다. 과매수는 매수세가 몰리면서 자산가격이 이미 적정가치 이상으로 거래되고 있다는 의미다.

당분간은 상승세가 유지되겠지만 기울기는 낮아질 전망이다. 이창환 현대차증권 연구원은 “5월 증시가 상승 마감하면서 단기 과매수 국면에 진입했으나 뚜렷한 하락신호는 발견되지 않았다”며 “가격지표상 추세가 강화되는 모습이기 때문에 기술적 조정보다는 오히려 추세상 코스피 예상범위의 상단을 상향돌파할 가능성이 높다고 판단된다. 다만, 반락한 거래량 지표를 감안할 때 주식시장의 상승탄력이 둔화될 전망”이라고 덧붙였다.

(그린포스트코리아, 2023.6.6 편집)

#코스피지수 #금리 #거래량

1. 증권시장지표의 의의

증권시장의 전반적인 동향을 판단할 수 있는 증권시장지표들은 투자결정에 유용한 정보가 된다. 많이 이용되는 증권시장지표(stock market indicators)로는 주가지수, 거래량, 거래금액, 거래형성률과 종목수, 등락종목수, 회전율, 주가수익비율(*PER*), 주가순자산비율, 배당수익률 등이 있다. 그런데 이 가운데 주식의 주가변동을 지수로 표시한 주가지수가 대표적인 증권시장지표로 이용되고 있다. 그래서 증권시장지표와 주가지수는 거의 동의어로 쓰일 정도이다.

주가지수는 증권시장의 전반적인 동향을 판단하는 데 주로 사용되지만, 투자결정시 다음과 같은 측면에서도 이용된다.

① 주가지수는 실물경제의 상황과 전망을 잘 반영하므로 미래의 실물경제를 예측하는 선행지표(leading indicator)로서 이용된다.
② 주가지수는 평균적인 주가상승의 정도를 나타내는 것이므로 투자자의 투자성과를 평가하는 기준(bench mark)이 된다.
③ 기술적 분석에서는 과거 일정기간의 주가지수의 변동추세를 보아 미래주식시장 전반에 대해 예측할 때 사용된다.
④ 포트폴리오 분산투자 위험은 시장 전체 변동과의 관계에서 설명되는 체계적 위험이 중요한데, 이때 시장수익률의 대용치(proxy)로서 주가지수를 사용한다.
⑤ 다양한 파생금융상품(선물, 옵션 등)의 기초자산으로 활용된다. 주가지수를 기초자산으로 하여 주가지수를 추종하는 인덱스펀드, ETF상품 등 지수상품을 만들어 투자관리에 유용하게 활용된다.
⑥ 우리나라 주가지수가 글로벌지수에 편입되느냐에 따라 글로벌 포트폴리오의 한 부분을 이루게 되어 국내주식에 대한 추가적인 투자와 유동성 증가를 가능하게 하기도 한다.

2. 주가지수의 작성방법

(1) 주가지수의 개념

"오늘 우리나라 주가가 어제에 비해 얼마나 올랐나?", "올해 1년 동안 미국의 주가가 얼마나 올랐을까?" "반도체산업이 호황이라는데 산업 전체적으로 주가가 어떻게 움직이고 있지?" 누구나 궁금할 수 있는 이러한 질문에 쉽게 답할 수 있는 근거로 주가지수가 활용될 수 있다.

주가지수(stock price index)는 어느 기준시점에서의 주식시장 전체의 가격수준을 100으로 하여 비교시점에서의 가격수준을 이 100에 대한 상대치로 환산하여 표시하는 방법이다. 즉,

$$\text{주가지수} = \frac{\text{비교시점에서의 시장 전체의 주가수준}}{\text{기준시점에서의 시장 전체의 주가수준}} \times 100 \qquad (3.3)$$

따라서 주가지수는 어느 특정시점에서 주식시장 전체의 주가수준을 어떤 방법으로 측정하느냐에 따라 여러 주가지수가 작성될 수 있다.

(2) 주가지수 측정시 결정하는 사항

각 시점에서 주식시장 전체의 주가수준을 나타내는 주가지수를 계산하기 위해서는 다음 항목을 먼저 결정해야 한다.

- **지수산정에 포함할 채용종목의 선택**
  일부 주식을 선정하여 지수를 산정하는 경우와 상장된 주식 전체로 지수를 계산하는 경우의 두 가지 중 하나를 선택하게 된다.
- **주가의 평균수준을 계산할 때의 가중방법**
  주가를 단순평균으로 계산하는 방법과 시가총액으로 가중평균하는 두 가지 방법 중 하나를 선택한다.

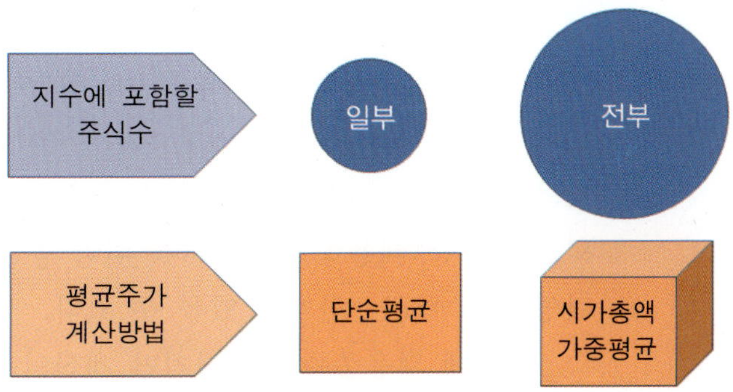

(3) 채용종목의 선택

주가지수의 산정에 포함시킬 채용종목은 전반적인 주가움직임을 잘 대변하는 종목이어야 할 것이다. 일부 종목을 선택하는 대표적인 지수의 예로 다우존스 산업지수, 일본의 Nikkei 225지수, KOSPI 200이 있고 전 종목을 채용하

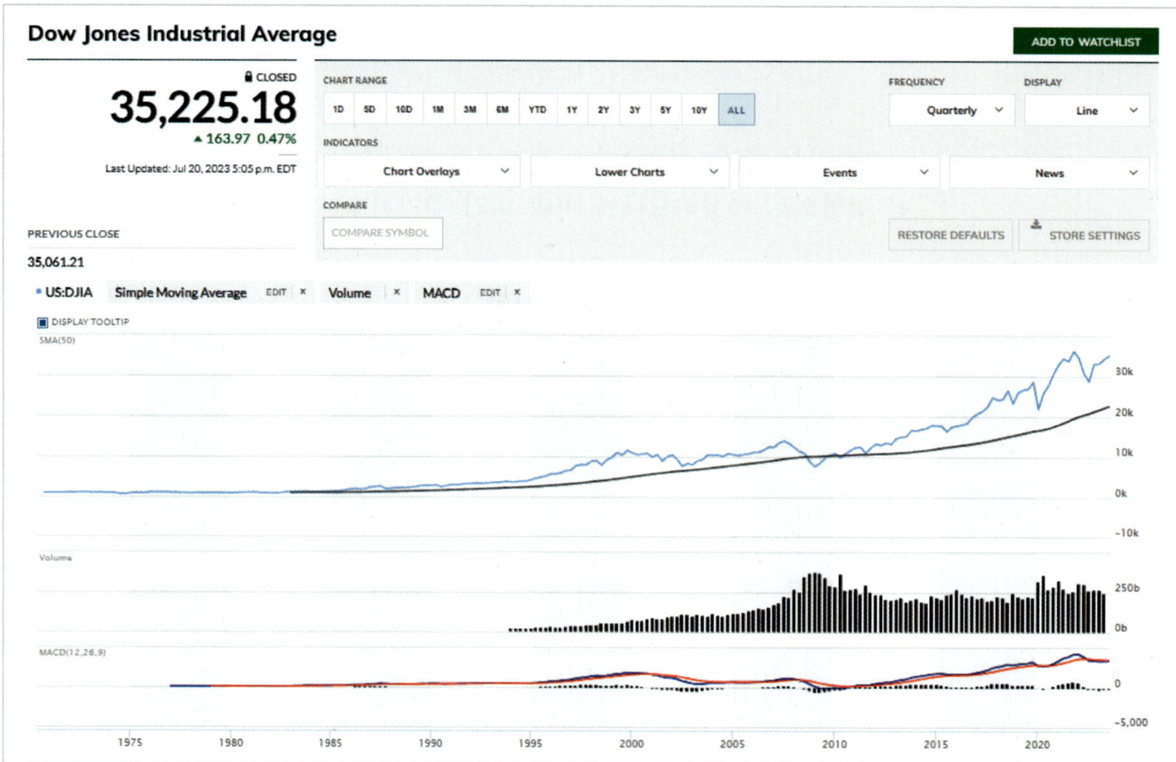

다우존스 주가지수 변화 추이 (자료 : marketwatch.com)

고 있는 지수의 예로 KOSPI(한국종합주가지수)가 있다.

미국에서 1896년부터 사용되고 있는 다우존스 산업지수(DJIA : Dow-Jones Industrial Average)의 채용종목은 NYSE에서 거래되는 주식 중 각 산업 선도기업의 주식(blue-chips) 30개이다.[11] 장기간에 걸쳐 일관성이 있는 지수로 인정되고 있지만, 채용종목이 적어서 미국 증권시장의 전반적인 동향을 엄격하게 반영하는 데에는 한계가 있을 수 있다.

반면에 채용종목이 많아지면 계산의 신속성과 경제성이 저하될 우려가 있다. 그러나 요즈음은 정보기술의 발달로 인하여 채용종목이 많아지는 것이

11) 세계 증권시장에 가장 크게 영향을 미치고 있는 시장은 미국 증권시장이고, 미국 증권시장의 동향을 파악하는 데 가장 널리 인용되고 있는 지수 중 하나가 다우존스 산업지수이다. 이 지수의 연혁을 보면, 1882년 찰스 다우, 에드워드 존스, 찰스 버그스트리저 3인은 공동으로 Dow Jones & Co를 설립하고, Wall Street Journal의 원형인 Customer's Afternoon Letter라는 신문을 창간, 동 신문에 최초로 주식시세를 게재하였으며, 다우존스 주가평균(DJA)을 1884년 최초로 발표하였다. 1896년 12개의 산업별 대표기업의 주가를 평균하여 다우존스 산업지수(DJIA)로 발전하였고, 1928년부터 지금과 같은 30종목으로 확대되었다.

별로 문제가 되지 않고 있다. 오히려 채용종목이 많으면 시장 전체를 잘 대표할 수 있는 장점이 있게 되는데, 현재 우리나라에서 채용하고 있는 한국종합주가지수는 채용종목이 전 종목이다.

(4) 가중방법

주가의 평균수준을 계산할 때 적용하는 가중방법에 따라 주가지수 수치가 달라진다. 가중방법에는 다음 세 가지가 있다.

① 주식가격을 단순평균하는 방법
② 주식의 총시장가치에 가중하는 방법
③ 동일 가중치로 평균하는 방법

실제로 사용되고 있는 방법은 주로 ①과 ②의 방법이다.

❑ 주식가격 단순평균방법

주식가격 단순평균방법은 주식가격에 가중치(price-weighted)를 주어 평균하는 방법으로서, 어느 특정시점에서의 주가평균을 구할 때 선정된 종목의 주가를 합한 다음 이를 종목수로 나누어 지수로 나타낸 것이다. 즉,

$$\text{주가지수} = \frac{\text{비교시점의 평균주가}}{\text{기준시점의 평균주가}} \times 100 \tag{3.4}$$

$$\text{각 시점에서의 평균주가} = \frac{\text{선정된 주식의 주가 단순 합계}}{\text{선정된 주식수}} \tag{3.5}$$

보기 3

다음의 세 주식을 대상으로 주식가격 단순평균방법의 주가지수를 계산해 보자.

주 식	기준시점에서의 주가	비교시점에서의 주가
주식 A	40,000원	60,000원
주식 B	30,000	40,000
주식 C	20,000	20,000

풀이

주 식	기준시점에서의 주가	비교시점에서의 주가
주식 A	40,000원	60,000원
주식 B	30,000	40,000
주식 C	20,000	20,000
주가합계	90,000원	120,000원
평균주가	90,000÷3=30,000원	120,000÷3=40,000원

$$\text{주가지수} = \frac{40{,}000\text{원}}{30{,}000\text{원}} \times 100 = 133$$

이 방법은 계산이 간단하고 편리성은 높지만, 주식가격을 단순 가중하는 계산상의 특성 때문에 몇 가지 문제점을 지니고 있다.

첫째, 무상증자 등의 경우처럼 채용종목들의 발행주식수에 변동이 생기면 지수의 일관성이 유지되지 않는다. 지수작성의 일관성을 유지하기 위해서는 별도의 조정작업을 해주어야 한다. 그러나 이러한 조정작업은 현실과의 괴리감을 키운다.

둘째, 이 지수작성방법은 단순주가를 가중하는 방법이므로 고가주식의 가격변동이 저가주식의 가격변동보다 지수에 더 큰 영향을 준다. 주가가 각각 40,000원과 20,000원인 A, C 두 개의 주식이 동일하게 10%씩 상승했을 때 전자는 4,000원 오르고 후자는 2,000원 오른다. 동일한 상승폭이지만 주가지수에 미치는 영향은 전자가 더 크다.

셋째, 고가주식일 때에는 지수에 큰 영향을 미치지만 주식분할 등으로 인하여 단순주가가 하향조정되면 지수에서의 비중이 낮아지므로 지수의 일관성이 결여된다.

❑ 시가총액 가중방법

시가총액식 주가지수(market value-weighted index)는 기업의 발행주식수에 주식의 시장가격을 곱한 총시장가치에 가중치를 주는 주가지수로서, 주식가격 단순평균방법 지수의 문제점을 해결해 준다. 총시장가치에 가중하는 방법을 사용하는 지수로는 미국의 S&P 500지수와 NYSE지수, 한국거래소(KRX)의 종합주가지수(KOSPI) 그리고 KOSPI 200 등이 있다. 이들 지수의 계산방법은 다음과 같다.

주가지수 계산 자체는 앞의 방법과 같기 때문에 식 (3.4)를 다시 보여주고 있으며, 각 시점에서의 평균주가를 계산하는 방법에서 차이가 있다.

$$\text{주가지수} = \frac{\text{비교시점의 평균주가}}{\text{기준시점의 평균주가}} \times 100 \tag{3.4}$$

$$\text{각 시점에서의 평균주가} = \frac{\text{선정된 주식의 시가총액 합계}}{\text{선정된 주식수 합계}} \tag{3.6}$$

보기 4

다음의 세 주식을 대상으로 시가총액 가중방법의 주가지수를 계산해 보자.

주 식	주식수	기준시점에서의 주가	비교시점에서의 주가
주식 A	10주	40,000원	60,000원
주식 B	20	30,000	40,000
주식 C	50	20,000	20,000

풀이

주 식	주식수	기준시점		비교시점	
		주 가	시가총액	주 가	시가총액
주식 A	10주	40,000원	400,000원	60,000원	600,000원
주식 B	20	30,000	600,000	40,000	800,000
주식 C	50	20,000	1,000,000	20,000	1,000,000
대상 주식 시가총액			2,000,000원		2,400,000원

$$\text{주가지수} = \frac{2,400,000\text{원}}{2,000,000\text{원}} \times 100 = 120$$

시가총액식 주가지수 작성방법을 적용하면 주식분할이나 그 외의 어떤 자본의 변화에도 자동적인 조정이 가능하다. 또한 규모가 큰 회사의 일정비율의 가격변동은 작은 회사의 그것과 그 영향이 같다. 이처럼 주식의 총시장가치를 가중치로 삼으면 경제적 비중이 높은 주식(규모가 큰 회사의 주식, 즉 시가총액이 큰 주식)이 지수에 높게 반영된다는 장점과 논리적 타당성을 지니게 된다.[12)]

그러나 주식시장흐름이 중소형주는 소외되고 대형주 중심으로 진행되는 경우처럼 특정 주식군이 주도하는 장세라면 체감지수와 차이를 보일 수 있다.

3. 우리나라 주가지수

우리나라 증권시장에서 투자지표로 사용되는 주가지수로는 한국종합주가지수(KOSPI), KOSPI 200, KOSPI계열지수, KOSDAQ지수, KOSDAQ계열지수, KRX 100 등이 있다.

(1) 한국거래소 유가증권시장의 주가지수

1990년 이후의 종합주가지수 움직임 (자료 : 네이버금융, 2023.7.21 기준)

❑ 한국종합주가지수(KOSPI)

우리나라의 공식적 주가지수인 한국종합주가지수는 1972년 발표되기 시작한 당시에는 35개 시장대표종목을 대상으로 하는 다우존스 방식의 주가평균식 주가지수였다. 따라서 단순주가에 가중하는 주가지수(다우존스식 주가지수)가 지니는 여러 가지 단점을 지니고 있었다. 이러한 문제점을 줄이기 위해서 1983년 1월 4일부터 시가총액식 주가지수방식을 채택하게 되었다.

현행의 한국종합주가지수(KOSPI : Korea Composite Stock Price Index)는 그 기준시점을 1980년 1월 4일로 삼고, 전 종목을 채용종목으로 하는 시가총액식 주가지수로 산출되고 있다.

12) 시가총액식 주가지수는 주가 이외에 주식수도 반영되어 있는데, 시가총액이 크더라도 연기금 등이 다량 보유하고 있으면 거래규모가 적고 유동성이 떨어지므로 시장흐름을 적절히 반영하지 못하는 문제점을 보이는 경우가 있다. 유동주식수 시가총액식 주가지수(float-adjusted market-capitalization-weighted index)는 주식수를 상장주식수가 아닌 실제 매매가 가능한 유동주식수(대주주 소유 주식수 제외)만을 기준으로 작성하는 시가총액식 주가지수이다. 유동주식수 기준으로 주가지수를 작성하면 시장상황을 보다 잘 반영한다는 장점이 있게 된다. 한국거래소에서 발표하는 KRX 100지수, MSCI세계지수 등은 유동주식수 시가총액식 주가지수이다.

❑ KOSPI 200

KOSPI 200은 주가지수선물과 주가지수옵션 시장이 개설됨에 따라 이들 파생상품의 매매거래 대상지수를 산출하기 위해 1994년 6월부터 발표하기 시작한 주가지수이다. KOSPI 200은 1990년 1월 3일을 기준일로 하여 상장주식 중 8개 대분류 산업별 대표 200종목을 대상으로 작성되는 유동주식수 시가총액식 지수이다. 200개의 구성종목은 상장종목 중에서 시가총액, 시장대표성, 업종대표성, 유동성을 감안하여 선정되는데, 전체시장 시가총액의 70% 정도를 차지한다. KOSPI 200은 선물・옵션의 대상지수로뿐만 아니라 인덱스펀드, ETF 등 다양한 금융상품에 이용되고 있다.

2016년 이후의 KOSPI 200 움직임 (자료 : 네이버금융, 2023.7.21 기준)

이 밖에도 KOSPI계열지수로 다양한 지수가 작성되고 있다. 그중 일부를 소개하면 다음과 같다.

- **산업별 지수 :** 22개 산업지수[13)]
- **제조업지수 :** 제조업 전 종목
- **시가총액규모별 지수 :** 대형주(100종목), 중형주(200종목), 소형주(잔여)

(2) 한국거래소 코스닥시장의 주가지수

1997년 이후의 코스닥지수 움직임 (자료 : 네이버금융, 2023.7.21 기준)

코스닥지수(KOSDAQ Index)는 코스닥시장에 상장되어 있는 종목을 대상으로 하여 시가총액방식으로 작성되며, 1996년 7월 1일을 기준시점(주가지수=1,000)으로 하여 1997년 1월 3일부터 발표되고 있다.

---

13) 현재 유가증권시장의 산업분류는 기본적으로 한국표준산업분류기준에 따른 22개 업종지수가 있다. 구체적으로는 제조업(음식료품, 섬유의복, 종이목재, 화학, 의약품, 비금속, 철강금속, 기계, 전기전자, 의료정밀, 운송장비), 유통업, 전기가스업, 건설업, 운수창고, 통신업, 금융업(은행, 증권, 보험), 서비스(숙박, 교육서비스, 오락 등)로 분류하고 있다.

코스닥 150지수는 코스닥시장 중에서 150종목으로 구성한 지수이다. 중대형 벤처기업 위주로 종목을 편성하여 이들의 시가총액 비중이 60% 정도이다. 업종 역시 코스닥시장 전체의 종목수의 비율에 최대한 맞췄다. 기존의 스타지수나 프리미어지수가 잦은 종목 변동으로 파생상품 등에 활용하기 어려워 KOSPI 200과 같이 6개월 간격으로 정기적으로 종목을 변경할 수 있되, 수시변경은 기업의 특정사유 발생시에만 가능하도록 했다. 기준일은 2010년 1월 4일, 기준지수는 1,000포인트이다.

(3) 우리나라 주식시장 통합지수 : KRX 100지수

유가증권시장과 코스닥시장의 주가움직임이 모두 고려되도록 작성되고 있는 주가지수로는 KRX 100지수가 있다. KRX 100지수(Korea Exchange 100)는 유가증권시장에서 90개, 코스닥시장에서 10개의 우량종목(수익성, 안전성, 건전성 면에서 양호하고, 증권거래 유동성이 풍부한 시장 대표기업, 대상종목의 교체는 매년 6월 둘째주 금요일에 정기 조정), 총 100개 종목에 대하여 유동주식 시가총액 기준으로 작성된다. 2001년 1월 2일을 기준시점(주가지수=1,000)으로 하여 2005년 6월 1일부터 발표되기 시작했으며 상장지수펀드(ETF), 인덱스펀드 등 다양한 상품에 활용되고 있다.

이상의 내용을 요약하면 〈표 3-10〉과 같다.

〈표 3-10〉 우리나라 주식시장의 주요 주가지수

주식시장	지 수	채용종목의 선택방식	평균주가 계산방식
유가증권시장	KOSPI	유가증권시장 모든 주식	시가총액식
	KOSPI 200	유가증권시장 주식 중 200개	
코스닥시장	코스닥	코스닥시장 모든 주식	
	코스닥150	코스닥시장 주식 중 150개	
유가증권시장 및 코스닥시장	KRX 100	유가증권시장 주식 중 90개+코스닥시장 주식 중 10개	

4. 글로벌 주가지수

해외 증권투자가 크게 증가하면서, 해외 주요 주식시장의 주가움직임을 파악하는 것이 매우 중요해졌다. 글로벌 포트폴리오를 구성해야 하는 투자자에게는 특정 다수국가의 주가지수를 종합하여 투자판단을 하는 것이 필요하다. 〈표 3-11〉은 주요국의 대표 주가지수이다. 이 경우 여러 나라들을 상호 비교해야 하는데, 각 국가의 주가지수는 표본선택방법, 가중치부여방법, 일관성 유지 등이 서로 다르기 때문에 비교가능성의 문제가 제기된다. 이 문제를 해결하기 위해서는 일관성 있게 작성되는 글로벌 주가지수(global equity indexes)가 필요하다.

〈표 3-11〉 주요국의 대표 주가지수

국 가	지수명*	기준일	포괄종목	작성기관
미국	DJIA	1896.5.26 =40.96	NYSE 및 나스닥 상장 30개 우량종목. 단순주가평균지수	S&P Dow Jones Indices
	NASDAQ	1971.2.5 =100	나스닥 상장 전 종목 시가총액식	Nasdaq Global Indexes
	S&P 500	1941～1943 =10	NYSE, NASDAQ, AMEX 상장 500개 우량종목. 시가총액식	S&P Dow Jones Indices
	필라델피아 반도체지수(SOX)	1993.12.1 =200	Intel, TSMC 등 반도체 관련 30개 종목	Nasdaq Global Indexes
일본	NIKKEI 225 (일경(日經)지수)	1949.5.16 =176.21	도쿄증권거래소 1부 상장 225개 우량종목	일본경제신문
영국	FTSE 100	1983.12.30 =1,000	런던거래소 상장 100개 시가상위 종목	FTSE(Financial Times)
독일	DAX 30	1987.12.31 =1,000	프랑크푸르트증권거래소 상장 30개 시가상위 종목	Deutsche Borse 소유의 프랑크푸르트거래소
프랑스	CAC 40	1987.12.31 =1,000	Euronext Paris 상장 40개 시가상위 종목	Euronext(프랑스 주축 4개국 통합거래소)
홍콩	Hang Seng(HSI)	1964.7.31 =100	홍콩거래소 상장 50개 시가상위 종목	Hang Seng Indexes
싱가포르	STI	2008.1.9 =3,344.53	싱가포르증권거래소 상장 시가상위 30개 종목	싱가포르증권거래소 외 2개 기관 공동
중국	상해종합지수	1990.12.19 =100	상해증시 상장 전 종목	상해거래소

* DJIA(Dow Jones Industrial Average), SOX(Semiconductor Sector Index), FTSE(Financial Times Stock Exchange), DAX(Deutscher Aktienindex), CAC(Compagnies des Agents de Change), STI(Straits Times Index)

(자료 : 해당지수 제공회사, 거래소)

가장 널리 이용되고 있는 글로벌 주가지수에는 MSCI지수(Morgan Stanley Capital International Indexes), FTSE지수(영국의 Financial Times와 런던증권거래소가 공동으로 작성하는 주가지수), DJ세계주가지수, EAFE(Europe, Australia and the Far East)지수 등이 있다. 이 중 MSCI지수와 FTSE지수는 전 세계의 기관투자가나 펀드매니저의 투자방향에 지대한 영향을 주는 벤치마크지수가 되고 있다. 참고로, MSCI지수는 〈표 3-12〉와 같이 선진국지수와 신흥국지수 등으로 분류하여 별도로 발표하고 있다.

〈표 3-12〉 MSCI지수의 국가별 편입비중 비교*

구 분	국가별 비중
선진국지수	미국(65.53%), 일본(7.96%), 영국(4.41%), 프랑스(3.41%)
신흥국지수	중국(29.55%), 대만(15.60%), 인도(14.63%), 한국(12.30%)

* 2023년 7월말 현재, ( ) 내는 각국의 시가총액이 해당지수의 시가총액에서 차지하는 비중
(자료 : MSCI.com)

현장에선 ▸▸▸ 글로벌 증시 vs 미국 증시 '디커플링 심화'

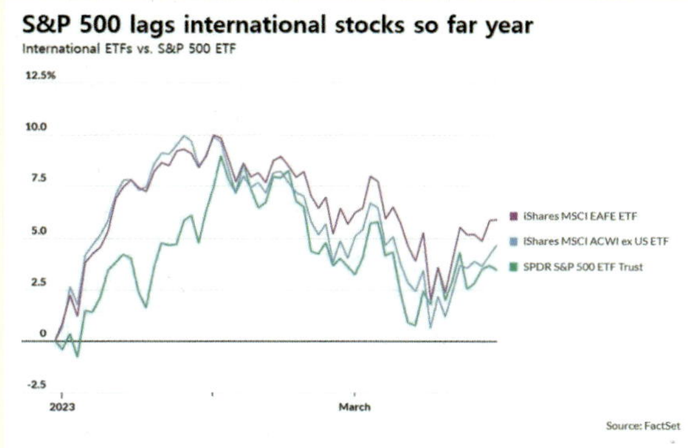

글로벌 증시와 미국 증시의 디커플링이 심화되고 있다. 28일(현지시간) 마켓워치에 따르면 올해 1·4분기(50거래일) 동안 비미국 증시가 미국 주식과 통계적으로 특이할 만큼 디커플링된 것으로 나타났다.

데이터트랙의 니콜라스 콜라스 공동설립자는 "비미국 증시의 상승세는 이익 증가와 함께 2·4분기부터 자금유입이 이뤄질 좋은 징조로 보인다"며 "평균보다 낮은 상관관계와 긍정적인 수익률은 기관 자금을 끌어들이는 자석이 된다. 2·4분기를 시작하면서 비미국 주식이 계속 미국 주식을 능가할 것으로 기대한다"고 전했다.

미국을 제외한 글로벌 주식을 추종하는 상장지수펀드(iShares MSCI ACWI ex U.S. ETF)와 유럽·호주·극동지역 선진시장 주식을 추종하는 상장지수펀드(iShares MSCI EAFE ETF)의 경우 올해 들어 스탠드더드앤드푸어스(S&P) 500지수 상승률을 앞질렀다. 이들 ETF는 올해 각각 4.7%, 5.9% 올랐다. 이에 반해 S&P 500지수를 1배로 추종하는 'SPDR S&P500 ETF'는 같은 기간 3.4% 상승했다. 데이터트랙에 따르면 2010년 이후 50거래일 동안 MSCI EAFE지수와 S&P 500지수의 일일 수익률 상관관계가 0.84였다면 현재는 0.72에 불과한 것으로 나타났다. MSCI 신흥시장지수와 S&P 500지수를 비교해도 과거 상관관계(0.76) 대비 낮은 0.59에 불과하다. 중국 선전거래소와 상하이거래소 A주 가운데 우량주 300개에 투자하는 ASHR(Xtrackers Harvest CSI 300 China A-shares ETF)의 경우 올해 4.5% 올랐고, 중국 등 권위주의 국가를 제외한 신흥국지수를 추종하는 FRDM(Freedom 100 Emerging Markets) ETF는 같은 기간 5% 상승했다.

ETF뿐만 아니라 주가지수도 디커플링이 나타나고 있다. 올해 들어 이날까지 미국 S&P 500지수가 3.4% 상승에 그친 반면, 코스피지수는 같은 기간 8.9% 올랐다. 일본 니케이 225지수는 5.5%, 상해종합지수는 5.1% 각각 상승했다.

(파이낸셜뉴스, 2023.3.29)

주요 용어

- 직접발행
- 간접발행
- 총액인수
- 사모(비공개모집)
- 공모(공개모집)
- 무상증자
- 유상증자
- 권리락주가
- 시가발행제도
- 거래소시장
- 상장제도
- 최초공모주
- 시장가(성립가)주문
- 지정가주문
- 집중거래방법
- 계속거래방법
- 매매체결의 원칙
- 신용거래
- 공매도
- 가격제한폭제도
- 매매거래중단제도
- 내부자거래
- 증권시장지표
- 주가지수
- 다우존스 산업지수(DJIA)
- 시가총액식 주가지수
- 한국종합주가지수(KOSPI)
- KOSPI 200
- KRX 100지수
- 유동주식수 시가총액식 주가지수
- 글로벌 주가지수

연습문제

1. 증권의 발행시 간접발행은 증권발행과 관련된 위험부담을 어떻게 지느냐에 따라서 총액인수, 잔액인수, 위탁모집으로 나눌 수 있다. 각각을 비교 설명하시오.

2. 무상증자와 유상증자를 비교하여 설명하시오.

3. 기업공개와 상장의 관계를 설명하시오.

4. 우리나라 증권시장 중 유통시장 구조를 설명하시오.

5. 주식 상장심사제도에 대하여 설명하시오.

6. 주식 매매가격 지정방법에 대해서 설명하시오.

7. 주가지수를 산출할 때 결정해야 할 사항에 대해서 설명하시오.

8. 다음 주식으로 주가지수가 구성되어 있다.

주 식	기초시점 주가	기말시점 주가	발행주식수
R	20,000원	22,000원	300만주
S	50,000	47,840	300
T	26,000	30,000	2,000

(1) 주가지수 작성방법으로서 다우존스식과 시가총액식의 특징을 비교 평가하시오.
(2) 주식가격 단순평균방법의 주가지수로 계산된 주가상승률은 얼마인가?
(3) 시가총액 가중방법의 주가지수로 계산된 주가상승률은 얼마인가?

PART

II

주식과 채권 투자

CHAPTER 4

경제 - 산업 - 기업 분석

기본적 분석의 관점에서 보면 주식투자의 핵심은 주식의 내재가치를 평가하여 과소 또는 과대 평가된 증권을 식별해내는 것이다. 이를 위해서는 먼저 보통주의 투자가치를 원천적으로 결정짓는 요인에 대한 분석이 필요하다.

본장에서는 경제-산업-기업 분석체계에 따라 기업의 미래이익, 내재가치에 영향을 미치는 요인에 대하여 살펴본다. 다음은 본장의 학습목표로서 이해해야 할 주요 사항들이다.

- 기업의 미래이익과 주가에 영향을 주는 거시경제변수들에는 어떤 것이 있는가?
- 산업의 유망성을 결정짓는 요인에 대한 산업분석의 방법은?
- 기업의 경영성과에 영향을 주는 기업적 요인들에는 어떤 것이 있는가?
- 기업의 지속가능 경쟁우위, 핵심역량을 평가하는 요소들에는 무엇이 있는가?
- 기업의 재무분석과 이익예측 방법은?

제 1 절 기본적 분석과 가치투자의 체계

생활속에서 ▸▸▸

대학생 투자 동아리로 시작해 현재는 3조원(2023년 4월 기준)이 넘는 자산을 굴리는 VIP자산운용의 최준철 · 김민국 대표는 '한국형 가치투자'의 전도사로 통한다. 상따(상한가 따라잡기)나 차트매매 같은 단타만 난무하던 한국 증시에서 저평가 가치주 중심의 장기투자로 지난 20년간 누적 1,200%가량의 수익률을 올렸다. 연 평균 14%의 수익률이다.

한국에서도 가치투자가 통한다는 사실을 입증한 셈이다. 최준철 대표는 가치투자에 대해 "철저한 분석을 바탕으로 낮은 리스크와 적당한 리턴(수익)을 동시에 추구하는 전략"이라고 정의했다. 단순히 싼 주식을 사는 게 아니라 좋은 기업을 골라 장기간 투자하면서 수익을 낼 수 있는 확률을 높여나가는 전략이다.

(머니투데이, 2023.4.22 편집. 상세한 내용은 본장 끝의 사례에서 이어짐)

#가치투자 #차트매매 #단타 #장기투자 #철저한분석 #좋은기업

1. 기본적 분석의 의의와 접근법

투자결정을 위한 투자분석(증권분석)방법은 기본적 분석, 기술적 분석, 포트폴리오 분석 방법으로 나누어 볼 수 있음을 제1장에서 설명한 바 있다.

기본적 분석(fundamental analysis)의 주된 특징은 시장에서 잘못 평가된 증권을 찾기 위해서 개별종목 중심으로 내재가치(intrinsic value)를 분석한다는 점이다. 시장의 수요 · 공급에 의해서 결정되는 시장가격 대비 내재가치를 비교하게 된다. 시장가격은 증권시장에서 형성되기 때문에 관찰가능하다. 그러나 내재가치를 알기 위해서는 분석이 필요하다.

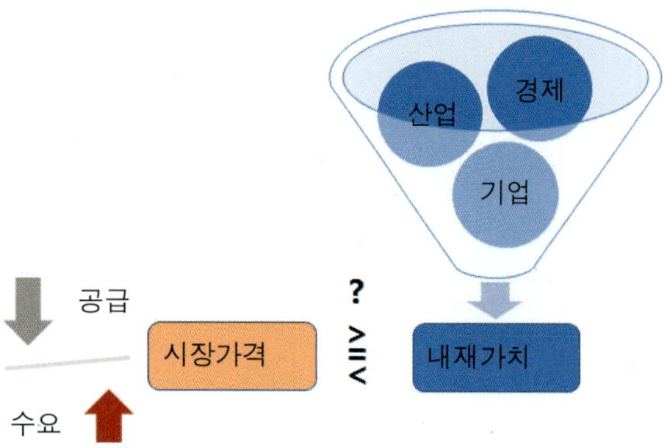

따라서 기본적 분석은 증권의 내재가치를 결정짓는 요인들이라고 볼 수 있는 주당이익, 배당,

재무구조, 업계에서의 경쟁적 지위, 성장성, 사업위험 등을 평가하고, 이에 근거한 미래이익의 예측을 통해 적정주가를 추정하는 작업이 핵심이 된다.

그러면 내재가치를 결정짓는 기업의 미래이익은 어떤 요인에 의해서 영향받는가? 기업의 이익은 일차적으로 그 기업이 취급하는 제품들의 판매량, 판매가격, 제반원가에 의해서 결정된다.

$$\begin{aligned} \text{이익} &= \text{매출액} - \text{원가(비용)} \\ &= (\text{판매량} \times \text{판매단가}) - f(\text{판매량 또는 생산량}) \end{aligned}$$

이들 요소에 영향을 미치는 원천적 요인들은 [그림 4-1]과 같이 경제-산업-기업적 요인으로 분류할 수 있다.

기업의 이익흐름을 좌우하는 원천적 요인으로서 국민경제적 요인이란 GDP성장률, 1인당 국민소득, 환율, 인플레이션, 이자율수준, 경제의 경기순환 국면, 글로벌 경제상황 등을 말한다. 이러한 국민경제적 요인들은 그 기업의 매출액과 매출원가에 영향을 주어 궁극적으로 특정기업의 이익흐름에 영향을 미친다. 이 요인들은 채권, 주식, 부동산 등 여러 가지 투자자산에 대한 투자비율을 결정하는 자산배분 결정시에 주요 고려요인이 되기도 한다.

산업적 요인이란 특정기업이 속하는 당해산업의 수요성장률, 시장규모, 경쟁치열도, 비용구조, 수요의 대체가능성 등의 요인을 말한다. 이 요인들은 당해산업의 유망성을 다르게 하고, 궁극적으로는 특정기업의 이익흐름에 영향을 주게 된다. 주식 중에서 어떤 업종이 유망한지를 판단하는 기준이 되기

[그림 4-1] 기업의 미래 이익, 위험에 영향을 미치는 요인(경제-산업-기업 분석체계)

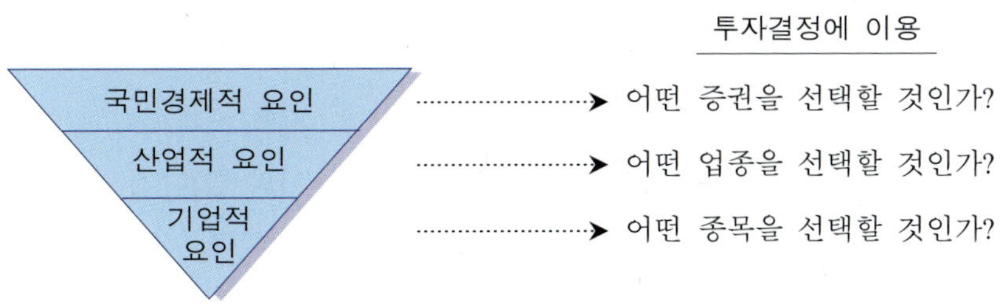

• 미래이익 : 판매량, 판매가격, 비용
• 할인율 : 이자율, 영업위험, 재무위험

도 한다.

기업적 요인이란 개별기업마다 다른 경쟁력, 생산성, 자산이용의 효율성, 재무효율성 등을 말한다. 비록 유망한 산업 내에 진출하고 있더라도 어떤 종목(기업)이 투자가치가 더 큰가를 판단하여 유망종목을 선택해야 하는데, 이때 종목선정의 기준이 되기도 한다.

요약하면 기본적 분석의 목적인 과소 또는 과대 평가된 증권을 식별해 내기 위해서는 당해주식의 미래 이익흐름과 그 불확실성을 추정할 필요가 있는데, 이를 위해서는 이의 원천적인 요인이 되는 경제-산업-기업적 요인들을 다각적으로 고려해야 한다. 이러한 측면에서 기본적 분석에서는 경제-산업-기업 분석체계(economy-industry-company analysis framework)에 따라 증권분석을 행한다.

2. 기본적 분석과 가치투자방법

기본적 분석의 증권분석을 적용한 대표적인 주식투자방법은 가치투자(value investing)방법이다. 가치투자방법은 [그림 4-2]와 같은 투자흐름과정으로 요약할 수 있다. 핵심은 장기적이고 안정적으로 이익을 낼 수 있는 우량종목을 충분히 낮은 가격으로 매수하여 장기투자성과를 높이는 방법이라고 할 수 있다.

먼저 '우량종목'은 앞에서 살펴본 경제-산업-기업 분석체계에 따라 질적 요소와 재무적(양적) 요소를 고려하여 장기적이고 안정적으로 이익을 낼 수 있는 산업과 개별종목을 찾는다. '충분히 낮은 가격'인지 알기 위해서는 먼저 '적정가격'이 추정되어야 할 것이다. 분석대상 종목의 내재가치가 현재의 시장가격보다 높은지 또는 낮은지에 따라 저평가 내지 고평가 여부가 평가되는데, '적정가격' 추정은 여러 가지의 "보통주 평가모형"(제5장에서 상술)을 활용한다. 증권의 적정가격은 해당기업의 미래 기대이익과 투자위험을 반영하는 할인율에 의해서 결정되므로 [그림 4-2]의 (2)단계처럼 보통주의 미래 주당이익과 위험도가 계량적으로 추정되어야 한다. 기업의 미래이익은 그 기업이 취급하는 제품들의 판매량, 판매가격, 제반원가에 의해서 결정되는데, 이들 요소에 영향을 미치는 원천적 요인들은 [그림 4-2]의 (1)단계 및 [그림 4-1]과 같이 경제-산업-기업적 요인으로 분류할 수 있다.

[그림 4-2] 가치투자의 흐름도

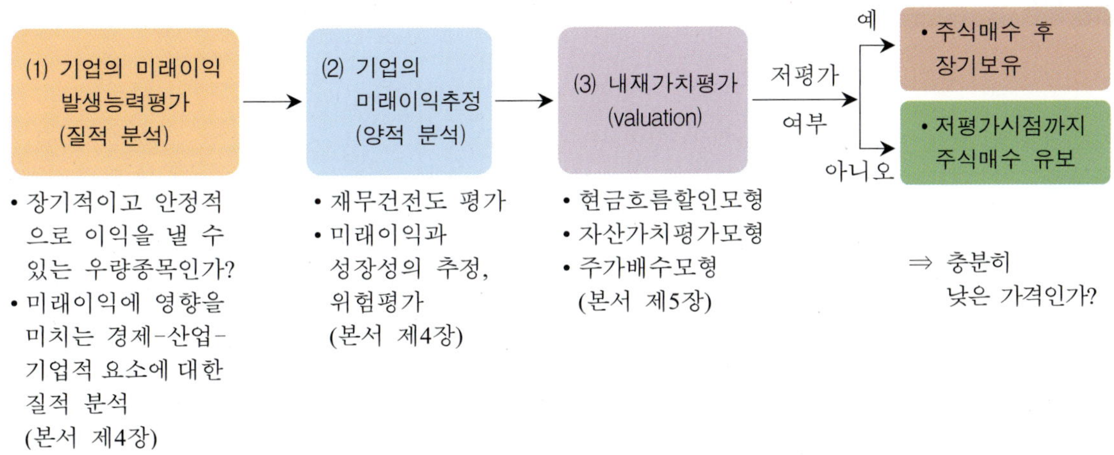

[그림 4-3] 가치투자의 특징

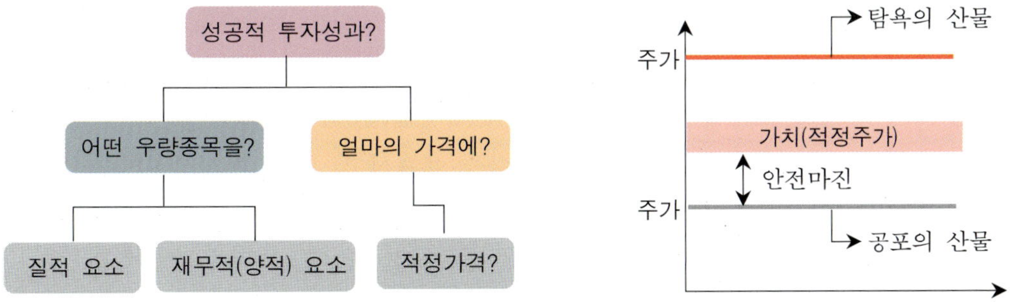

마지막으로 증권가격은 때로는 시장상황에 따라 내재적 요인보다는 투자자의 탐욕 등 심리적 요인 때문에 적정가격 이상으로 크게 오를 수도 있고, 반대로 투자자의 심리적인 공포감 때문에 적정가격 이하로 크게 하락할 수 있다([그림 4-3]의 오른쪽 그림). 적정가격에서 일정한 안전마진을 두면 '충분히 낮은 가격'에 매수하게 되므로 투자위험을 줄이는 방법이 되기도 한다.

본 책의 제Ⅱ편에서는 이 가치투자의 흐름도에 따라서 투자의 기본 지식을 설명한다. 제4장에서는 경제-산업-기업 분석체계에 따라 우량종목 발굴의 문제를 다루고, 제5장에서는 적정주가 추정방법을 다룬다. 제8장에서는 채권에 대해서 다룰 것이다.

제2절 경제분석

생활속에서 ▸▸▸

거시경제 전문가로 불리는 김영익 서강대 경제대학원 교수는 1988년 대신증권 입사 이후 30여 년 넘게 다양한 거시경제지표와 데이터를 활용한 모델을 활용해 시장을 전망해 왔다.

"경기침체가 오겠지만 올해에는 현재 경기지표를 보지 말고 선행지수를 살펴봐야 한다. 주식시장은 현재 경기보다는 미래의 경기를 반영하므로 현재 경기지표를 올해는 보지 말고 선행지수를 봐야 한다. 선행지수 순환변동치와 주가는 방향이 거의 같다. 주가가 이 지표보다 약간 선행하는 면이 있다.

개인투자자들이 늘 거시경제흐름을 알아야 한다고 생각한다. 경제흐름을 적절하게 활용하면 주가가 떨어질 때도 다양한 상품을 활용해서 리스크 관리를 하고 이익을 낼 수가 있다. 거시경제의 흐름을 확인한 뒤 주식, 채권, 현금의 비중을 조절해야 한다. 경제의 큰 흐름을 보고 장기적으로 투자하는 게 좋다. 종목별로, 업종별로 차이가 있지만 주가지수 자체는 장기적으로 경제에 따라 움직이기 마련이다." (비즈니스포스트, 2023.2.7 편집)

#선행지수 #순환변동치 #거시경제흐름 #비중조절 #장기투자

증권분석에서의 경제분석(economy analysis)의 초점은 미래 국민경제의 총체적 활동수준과 경기변동의 방향을 예측하고, 주요 거시경제변수들이 특정기업의 미래 이익흐름과 위험, 그리고 궁극적으로는 주식가격에 미치는 영향을 평가하는 것이다. 본절에서는 미래 이익흐름과 주가에 영향을 주는 주요 거시경제변수들에 대하여 살펴본다.

1. 주요 거시경제변수

주가에 큰 영향을 미치는 거시경제적 변수로는 국내총생산, 이자율, 인플레이션, 환율, 인구통계적 요인 등을 들 수 있다.

(1) 국내총생산

국내총생산(GDP : gross domestic product)은 한 나라의 일정기간 동안 경제활동에 의해서 창출된 최종 재화와 용역의 시장가치로서, 그 나라의 경제력, 국민소득 평가의 기초가 되고 있다. 이 때문에 경제동향을 분석하는 대표적인 도구가 되고 있으며, 결과적으로 주식가격의 움직임과 깊은 연관성을 지니게 된다.

GDP는 한 나라의 경제성장률을 측정하는 데 사용되는데, 경제성장률이 높으면 일반적으로 기업의 매출과 이익이 신장되고 결과적으로 주식시장은 활황 국면을 보인다.

생산물시장(실물경제)과 증권시장(금융경제)은 유기적 관계를 가지면서 성장하게 된다. 이론적으로 보면 장기적으로는 금융경제 성장의 척도인 연평균 주가상승률은 실물경제 성장의 척도인 명목GDP성장률에 접근할 것으로 기대할 수 있다.

주가상승률＝명목GDP성장률＝실질GDP성장률＋물가상승률

개별주식의 주가상승은 그 기업의 미래이익성장률에 의해서 좌우되는데, 기업이익의 성장을 국민경제 전체로 확대해 보면 명목GDP성장률만큼 이론적 주가의 상승을 기대할 수 있다. [그림 4-4]는 GDP와 주식시장 시가총액의 관계를 보여주고 있다.

[그림 4-4] GDP와 시가총액

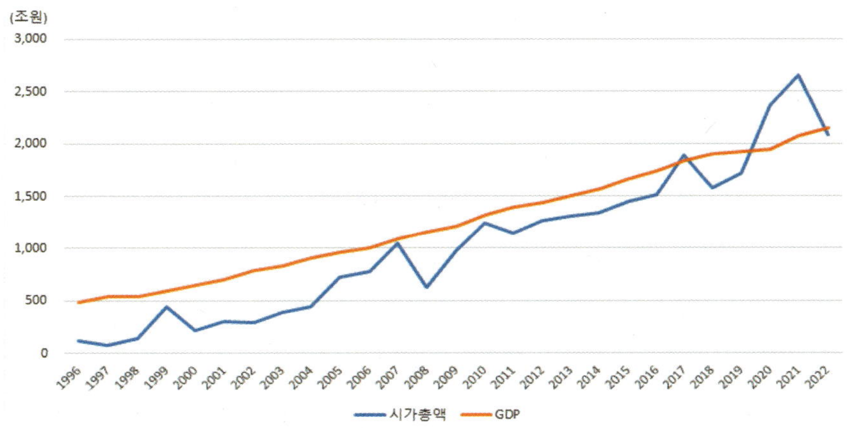

(자료 : 한국은행, KRX)

(2) 이자율

투자결정시 가장 중요하게 고려되는 거시경제변수의 하나는 시중이자율이다. 이자율이 경제에 미치는 영향은 다양하게 나타나는데, 이자율과 유가증권의 가격은 이론적으로는 반비례의 관계에 있다.

우리나라의 기준금리는 7인의 위원으로 구성된 금융통화위원회에서 결정한다. (사진 : 머니S)

특정자산의 가치는 미래현금흐름을 요구수익률로 할인한 현재가치라고 할 수 있는데, 요구수익률의 가장 중요한 구성요소인 이자율(할인율)이 상승하면 증권가격이 하락하기 때문이다. 실제로 시중이자율이 높아지면 이는 저축수단의 상대적 수익률이 높아짐을 의미하므로 주식이나 채권의 유망성이 떨어진다. 이처럼 이자율은 자산의 상대가격에 영향을 미친다.

이자율이 기업부문에 미치는 영향은 어떨까? 이자율이 상승하면 기업의 금융비용 상승으로 이어지고, 이는 곧 자본의 한계생산성을 하락시키는 결과를 가져오므로 기업의 설비투자는 위축된다. 이자율 상승은 타인자본 의존도가 높은 기업에서는 고정비 증가로 이어지므로 경기상황이나 성장전망에 따라서 이익의 변동성이 커진다.

[그림 4-5] 기준금리와 주가(KOSPI)의 변동 추이

(자료 : 통계청, 한국은행, 한국거래소)

그런데 금리와 주가가 동조하여 움직이는 경우도 있다. 정책당국이 금리를 올린다는 의미가 곧 경기가 좋아질 것임을 의미할 수 있기 때문이다.

(3) 인플레이션

인플레이션(inflation)이란 물가가 지속적으로 상승하거나 화폐가치가 지속적으로 하락하여 화폐의 구매력을 감소시키는 현상을 말한다.

인플레이션이 진행되면 금리, 부동산 등 대체투자자산의 가격, 소비지출, 기업의 실물투자에 적지 않은 영향을 미친다. 무엇보다도 인플레이션하에서 투자자들의 관심은 명목수익률보다는 화폐가치의 변동이 감안된 실질수익률에 있다. 인플레이션하에 투자자들은 명목수익률이 실질수익률에 기대인플레이션을 합한 값 수준으로 보전받기를 원한다.

현실 경제의 인플레이션과 주식수익률의 관계에서 중요한 것은 주식투자가 물가상승률만큼 명목투자수익률에서 보전받는가, 즉 인플레이션 헤지(inflation hedge)능력이 있는가이다. 1970년대 이전만 하더라도 투자대상으로서 주식은 인플레이션 헤지능력이 있는 것으로 인식되어 왔지만, 그 이후 세계 각국이 오일쇼크 등 높은 인플레이션을 경험하면서, 인플레이션하에서는 실질투자수익률이 하락하는 상황을 경험하고 있다.

인플레이션과 주식수익률의 관계에 대한 실증분석에 의하면, 높은 인플

[그림 4-6] 소비자물가지수와 주가(KOSPI) 변동 추이

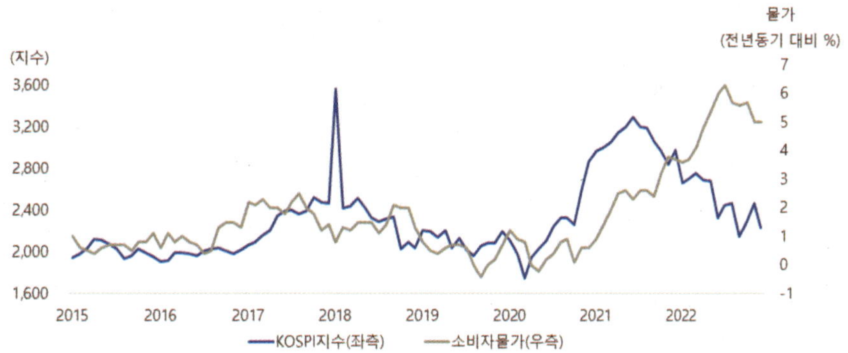

(자료 : 통계청, 한국은행)

레이션율하에서는 음(−)의 상관관계를 갖지만, 낮은 인플레이션율하에서는 양(+)의 상관관계가 있는 것으로 나타나고 있다. 그러나 인플레이션이 개별 종목에 미치는 영향은 상이하다. 원자재, 인프라, 부동산 관련 산업과 시장 지배적 사업을 영위하는 기업들은 인플레이션하에서 상대적으로 높은 수익률을 나타내는 종목으로 분석되고 있다.

한편 2012년 이후 세계경제는 전반적인 경기침체 속에서 유가 등 주요 원자재가격이 큰 폭으로 하락하고 일반 물가수준이 하락하는 디플레이션(deflation)상황을 경험한 바 있다. 디플레이션은 인플레이션 현상과 반대로 통상적으로 초과공급, 소비지출과 생산의 감소 그리고 실업의 증가 현상이 수반되는 경기침체의 경제상황에서 경험된다.

(4) 환 율

글로벌 기업환경에서는 자국통화의 타국통화에 대한 교환비율인 환율에 따라 기업의 수익성이 크게 영향받게 된다. 일반적으로 환율이 상승(자국 통화가치의 하락)하면 자국 소비자들이 외국수입품에 대해서 지불하는 대가는 늘게 되지만, 반대로 타국 소비자들은 동일한 구매에 대해서 전보다 적은 소비지출을 하게 된다. 결과적으로 환율상승은 수입을 감소시키고 수출을 증가시키는 경향이 있다. 따라서 환율이 상승하면 단기적으로는 수출비중이 높은 기업은 대외경쟁력 및 채산성이 개선되는 효과가 있다.

반면에 환율이 상승하면 불리한 기업도 있다. 원자재를 구입하여 내수시장에 공급하는 기업이 그렇다. 외화표시 부채가 큰 기업 역시 급격한 환율상승으로 인하여 상당한 환차손을 안게 된다.

환율변동이 외국인의 국내 주식시장에 대한 투자자금의 유출입에 미치는 영향은 다른 경제상황과 연관 지어 판단할 부분이다. 환율상승으로 인한 수출기업의 수익성 개선효과가 크면, 외국인 투자자금의 순유입을 기대할 수 있다. 그러나 환율이 크게 고평가된 상황에서의 환율상승은 통화가치 하락을 예상한 외국자금의 유출이 적지 않을 것이다.

환율과 주가의 관계는 [그림 4-7]에서 보는 것처럼 대체적으로 환율이 하락(원화값 상승)할 때에는 주식시장이 강세를 보이는, 음(−)의 상관관계가 있는 것으로 나타나고 있다. 환율은 직접적으로는 외환시장에서 수요・공급

[그림 4-7] 환율과 주가(KOSPI) 변동 추이

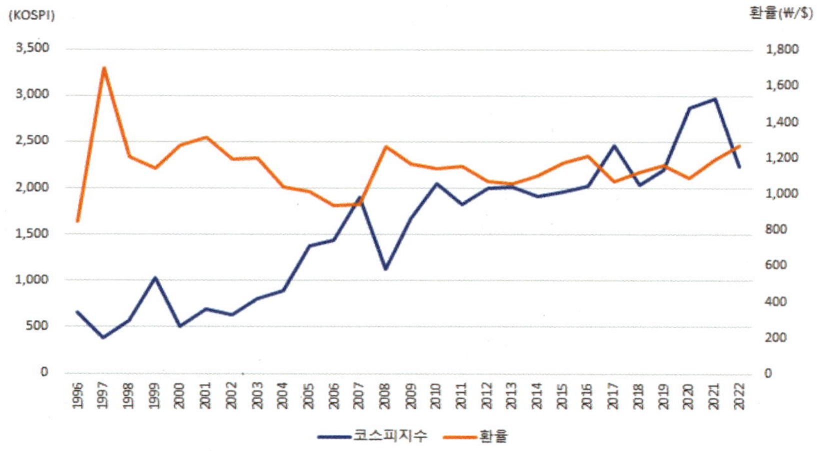

(자료 : 통계청, 한국은행)

에 의해 결정되지만, 국제수지, 물가, 금리 등의 복합적인 요인과 연계되어 있으므로 그 영향을 다각적으로 평가해야 한다.

(5) 인구통계적 요인

인구통계적 변화, 라이프스타일의 변화, 기술변화 등도 실물경제 및 주식시장 전반과 특정산업, 특정기업에 상당한 영향을 주는 요소들이 되고 있다. 특히 인구통계적 요인은 주식시장 전반과 특정산업에 광범위한 영향을 주는 요소이다.

본래 인구통계적 요인(demographics)은 인구증가율, 인구구조상 소득과 연령분포의 변화, 저출산과 고령화 등을 말한다. 인구구조상 35~55세의 연령층은 그 나라 경제의 소비·저축·투자, 사회보장, 의료 활동의 중심축이 된다. 인구구조상 이 연령층의 비중이 높으면 경제가 활성화되고 이는 주식시장의 활황으로 이어질 가능성이 높다. 반대로 고령화 인구가 크게 늘면 이는 생산가능인구의 감소로 이어지고, 소비가 크게 줄어드는 등 경제전반의 위축 현상이 가속화된다.

2. 정부의 경제정책

정부는 적정한 경제운용을 위하여 국내생산과 소비, 이자율, 물가, 환율 등에 영향을 주는 여러 가지 경제정책을 실시한다. 정부의 경제정책은 재정정책과 금융정책으로 나눌 수 있다.

(1) 재정정책

정부의 재정정책은 정부지출 및 세제(稅制)와 관련된 정책을 말한다. 이들 재정정책은 경제의 수요측면에 영향을 줌으로써 경기활성화를 촉진시키거나 과열경기를 진정시키는 데 사용된다. 정부는 수요를 진작시키기 위해 사회간접자본에 대한 투자를 크게 늘리는 등 적자예산을 편성하여 세출을 증가시키고, 세율을 인하하기도 한다. 반면에 정부의 차입을 증가시키는 재정적자는 상대적으로 민간부문의 차입기회를 감소(crowd out)시킴으로써 이자율을 상승시키는 작용을 할 수 있으므로 경제에 미치는 순효과는 상반되게 나타날 수도 있다.

(2) 금융정책

금융정책은 시중통화량 조절을 통하여 이자율에 영향을 줌으로써 궁극적으로 총수요(투자수요, 소비수요), 물가, 경상수지에 영향을 주는 것을 목표로 하고 있다. 금융정책의 수단으로는 국채의 매각과 매입, 시중은행의 지불준비금의 변경, 기준금리의 변경 등이 이용된다.

통화정책의 파급효과는 〈표 4-1〉과 같이 금리(신용)경로, 자산가격경로, 환율경로로 나누어 정리해 볼 수 있다. 통화공급의 증가를 예로 든다면, 이는 시중이자율을 하락시킴(금리효과)으로써 투자와 소비 수요를 증가시켜 경기회복으로 이어지는 측면이 있다. 또 통화공급을 늘리면 시중유동성이 증가되어 주가, 부동산 등 자산가격이 상승하고 이에 따른 소득증가효과로 경기회복에 기여할 수 있다. 그러나 통화팽창이 부실대출 증가, 자산가격의 버블 형성으로 이어진다면 경기회복은 지연되고, 물가불안으로 나타나 그 효과가 상쇄될 수도 있다.

〈표 4-1〉 통화정책(통화확대, 금리인하의 예)의 파급효과

파급경로	과 정	기대하는 긍정적 효과	우려되는 부정적 효과
금리(신용)경로	금융기관 장단기 여수신 금리 → 은행 대출 · 예금 → 소비 · 투자	총수요증가 (경기회복)	부실대출 증가
자산가격경로	시중유동성 → 주가 · 부동산 가격 → 소비 · 투자	총수요증가 (경기회복)	물가불안 자산버블 형성
환율경로	금리 → 환율 → 단기 수출 · 수입	경상수지 개선 (수출회복)	외국자본 유출증가

통화정책은 환율에도 영향을 미친다. 통화확대로 금리가 낮아지면 환율 상승(통화가치 하락)으로 단기적으로 수출은 증가하고 수입은 감소하여 경상수지 개선에 긍정적 영향을 미칠 수 있다. 그러나 통화가치 하락으로 외국자본이 유출되는 상황이 초래될 수 있다.

이상에서 살펴본 것처럼 정부의 **통화(금리)정책-물가(성장)정책-환율정책**은 연계되어 있고, 그 효과는 기대하는 긍정적 효과가 나타날 수도 있고 우려되는 부정적 효과가 나타날 수 있다.

3. 경기순환과 경기지표

경기순환은 경제전반의 흐름을 파악하는 데 도움을 준다. 또한 주가는 경기에 선행하는 측면이 있으므로 경기순환을 분석하는 것은 주식시장 예측에 도움을 준다.

(1) 경기순환

경기순환(business cycle)이란 한 나라의 국민경제 전체의 활동수준이 반복적인 규칙성을 지니고 변동하는 경향을 말한다. 일반적으로 경기순환의 국면은 [그림 4-8]에서와 같이 「호황과 불황」 또는 「확장과 수축」으로 2분할 수 있고, 세분하면 「회복 → 활황 → 후퇴 → 침체」의 4개 국면으로 나누어 볼 수도 있다.

[그림 4-8] 경기순환의 국면

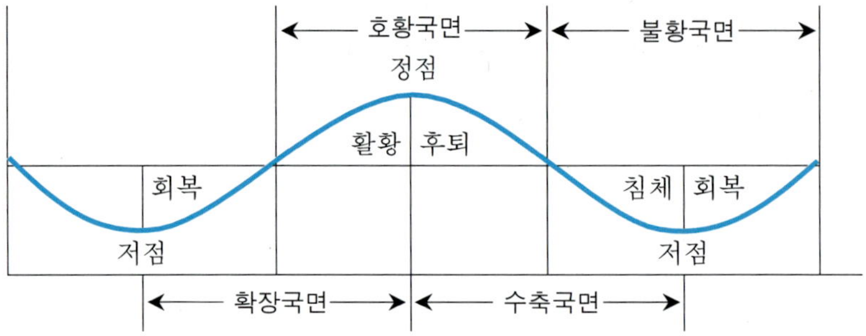

[그림 4-9] 경기순환사이클과 경기지수

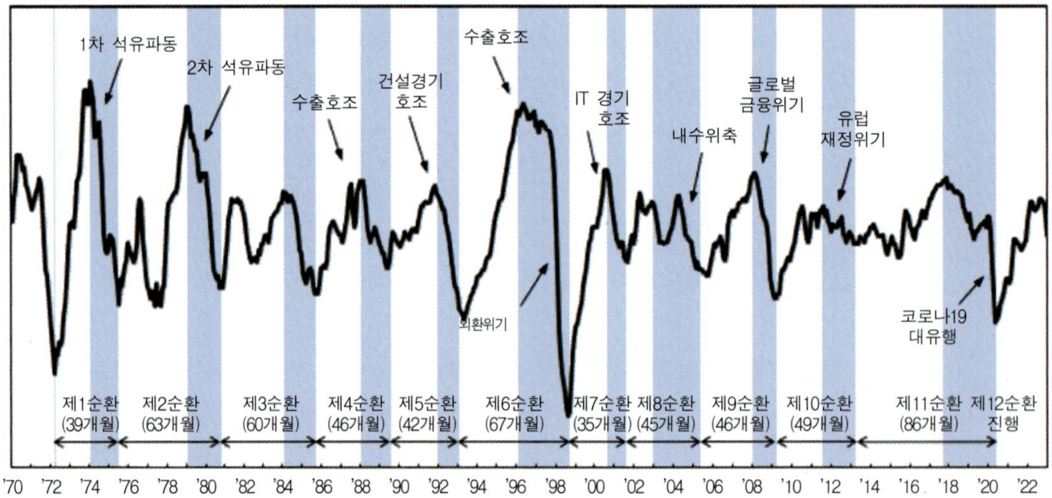

* 그래프 상향은 확장기, 음영으로 표시된 하향은 수축기. 두 기간을 합한 것이 하나의 순환이 된다.
(자료 : 통계청)

이와 같은 경기순환은 여러 가지 유형이 있는 것으로 분석되고 있다. 기업의 재고증감과 관련이 있다고 보는 단기순환, 설비투자의 변동과 관련이 있다고 보는 중기순환, 획기적인 기술혁신에 의해서 발생된다고 보는 장기순환 등으로 구분하기도 한다.

숫자로 본 세계 ▶▶▶ 경기순환사이클

1. 미국

전미경제연구소(NBER)가 1854년부터 2020년까지 166년간 미국의 경기순환과정을 분석한 결과, 이 기간 중 총 33번의 경기순환주기가 있었다. 하나의 순환주기 평균은 5년(59개월) 정도이다. 순환주기가 가장 짧았던 적은 대공황 전인 1920년대로 17개월, 주기가 가장 길었던 때는 2008년 금융위기 이후부터 코로나19 사태 전까지 기간인 146개월이다.

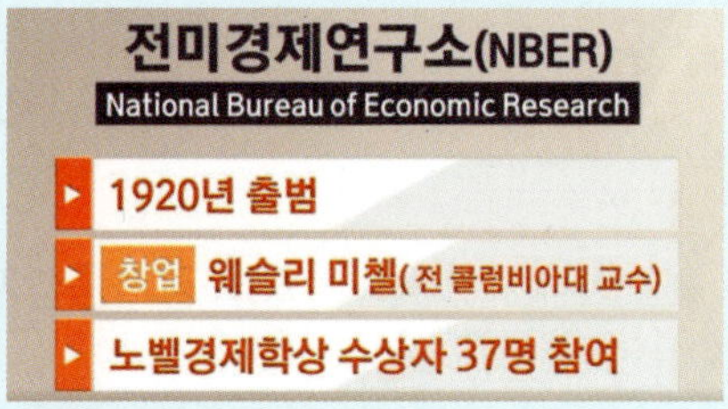

(그래픽 : 글로벌이코노미)

추세를 보면, 미국 경제의 수축기는 짧아지고 확장기는 길어지고 있다. 1854년부터 초기 65년 동안 경기 수축기는 21.6개월, 확장기는 26.6개월로 두 기간이 비슷했다. 1919년부터 30년간은 수축기가 18.2개월, 확장기가 35개월로 수축기는 이전보다 줄고 확장기는 늘었다. 1945년부터 최근까지는 평균적으로 수축기 10.3개월, 확장기 64.2개월로 확장기가 수축기의 6배가 넘는다.

미국은 경기 수축기는 극단적으로 줄어들고 확장기는 대폭 늘어나는 경제로 변해가고 있다. 여러 이유가 있는데 그중 하나는 산업구조의 변화이다. 민간 제조업의 비중이 1947년의 39.3%에서 2021년 17.1%로 무려 22.2%포인트나 줄었다. 반면 민간 서비스업 비중은 47.2%에서 70.9%로 23.7%포인트 급상승했다. 제조업 중심국가에서 서비스업 중심국가로 탈바꿈한 것이다. 제조업은 서비스업에 비해 상대적으로 생산과 소비 기간이 길고 환경변화에 재빨리 적응하기도 어렵다.

2. 유럽과 일본

유로존의 경우 2000년 이후 경기 확장기는 평균 39개월, 수축기는 27개월 수준이다. 일본은 1951년부터 2020년까지 70년간 총 16번의 경기순환이 있었고, 평균적으로 확장기는 38.5개월, 수축기는 16.3개월 정도이다.

3. 우리나라

1972년부터 최근까지 11번의 순환주기가 있었고 현재 12번째의 순환이 진행 중이다. 평균적으로 확장기는 33개월, 수축기는 20개월이다. (자료 : NBER, Eurostast, 일본 내각부, 통계청)

(2) 주가의 경기순환 선행성

주가는 경기변동이 있기 수개월 전부터 이를 반영하므로 앞으로 전개될 경기순환사이클을 예측하여 주가동향을 예측하려는 시도를 하게 된다.

증시의 약세시장에 뒤이어 경기후퇴가 일어나고 또 강세시장에 뒤이어 경기회복이 있게 된다. 따라서 경기후퇴 또는 경제성장의 둔화가 예측된다면 경기후퇴에 수개월 앞서서 증권시장의 침체가 선행될 가능성이 높다. 또한 반대로 경기회복이 예측된다면 이에 앞서서 증권시장이 강세시장으로 전환될 것으로 판단할 수 있다. 결국 주가동향 예측에는 경기예측이 필수적임을 시사한다.

주식시장에서 주식지수 등락률과 실물경제의 흐름을 나타내는 경기선행과 동행지수의 증감률 관계를 분석한 결과들에 의하면 주식가격의 움직임이 경기의 움직임에 3~6개월 정도 선행하고 있는 것으로 알려지고 있다.

(3) 경기종합지수

미래 경기흐름의 예측에는 공식적으로 발표되는 경기종합지수와 이를 구성하는 선행지표 등을 참고할 수 있다. 경기종합지수(composite indexes of business indicators)는 국민경제의 각 부문을 대표하고 경기를 잘 반영하는 경제지표로서 경기와의 시차정도(cyclical timing)에 따라서 경기선행지표(leading indicator), 경기동행지표(coincident indicator), 경기후행지표(lagging indicator)로 구성된다.

2019년 개편된 통계청 발표의 경기종합지수는 〈표 4-2〉에서 보는 것처럼 생산, 소비, 투자, 대외, 금융 등 각 부문에서 선정된 선행지표 7개, 동행지표 7개, 후행지표 5개로 작성되는데, 각 구성지표들에 대하여 전월 대비 증감률을 계산하고 이를 가중평균하여 경기종합지수를 산출하게 된다. 전월 대비 증감률이 양(+)인 경우에는 경기상승, 음(−)인 경우는 경기하강을 의미한다. 그 증감률의 크기에 따라 경기변동의 국면, 전환점과 속도, 진폭을 측정한다.

〈표 4-2〉 경기종합지수의 구성지표

선행지표		동행지표		후행지표	
경제부문	지표명	경제부문	지표명	경제부문	지표명
생산	재고순환지표	고용	비농림어업 취업자수	고용	취업자수
소비	경제심리지수	생산	광공업 생산지수	생산	생산자제품 재고지수
투자	기계류내수출하지수		서비스업 생산지수	소비	소비자물가지수변화율
대외	건설수주액(실질)		건설기성액(실질)	대외	소비재 수입액(실질)
	수출입물가비율	소비	소매판매액지수	금융	CP 유통수익률
금융	코스피		내수출하지수		
	장단기금리차	대외	수입액(실질)		

(4) 기업실사지수

미래 경기흐름을 예측하는 다른 방법으로 설문조사를 실시하는 방법이 있다. 정부부문, 기업부문, 가계부문에서의 핵심의사결정자들에게 정부지출이나 기업의 투자계획, 민간소비지출에 대한 설문조사를 하여 경기변동의 방향을 예측하는 것이다.

실사조사 가운데서 가장 자주 실시되고 경기동향을 잘 반영하는 것으로 알려진 것은 기업실사조사이다. 이는 기업가에게 경기(상승, 보합, 하락)에 대한 판단이나 전망에 대하여 실사조사하거나 구체적인 설비투자계획 등에 대하여 조사하는 방법이다. 기업실사조사의 결과를 기간간 상호비교가 용이하도록 계량화한 것이 기업실사지수(*BSI* : business survey index) 또는 기업경기실사지수인데, 식 (4.1)과 같이 계산한다. 지수의 값이 기준치 100을 경기전환점으로 보고, 이 지수가 100을 초과할 때 경기상승국면으로, 그리고 100 미만일 때 경기하강국면으로 판단한다.

$$BSI = \frac{(\text{상승응답업체수} - \text{하락응답업체수})}{\text{전체응답업체수}} \times 100 + 100 \qquad (4.1)$$

*BSI*는 [그림 4-10]에서 보는 바와 같이 비교적 의미 있는 지표로 활용되

[그림 4-10] 기업실사지수(*BSI*)의 전망과 실적

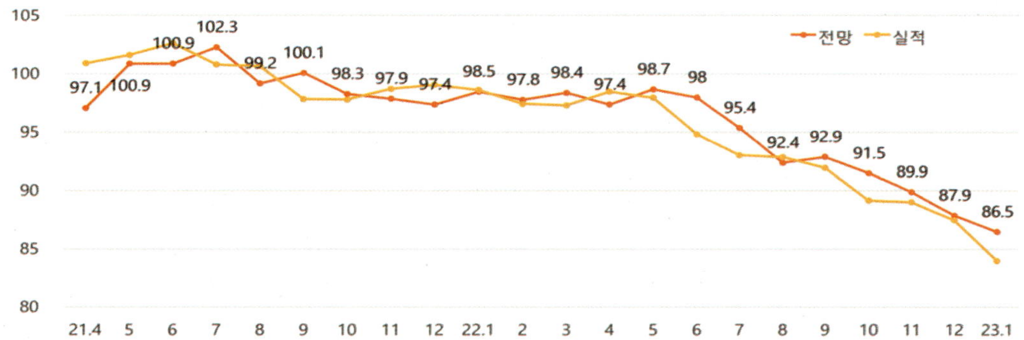

(자료 : 통계청, 한국은행)

고 있다. 그러나 경기변동의 속도나 진폭은 판단할 수 없으며, 지수 자체를 호·불황의 정도로 해석해서는 안 된다는 점에 주의가 필요하다. 또한 *BSI*는 응답자가 호황에서는 낙관적으로, 불황에서는 비관적으로 지나치게 민감한 반응을 보이는 경향이 있으므로 실제의 경기상황보다도 과대 또는 과소 예측된다는 한계점이 있다.

제3절 산업분석

생활속에서 ▶▶▶

전국경제인연합회(이하 전경련)가 매출액 기준 600대 기업을 대상으로 기업경기실사지수(BSI)를 조사한 결과, 2023년 7월 BSI 전망치는 95.5를 기록했다. 16개월 연속 부진은 2021년 2월 이후 최장기이다.

7월 경기전망은 업종별로 명암이 엇갈렸다. 제조업(89.8)은 7월에도 업황 전망이 부정적이었으나 비제조업(101.6)은 휴가시즌 특수가 기대되는 여가·숙박 및 외식업 중심으로 업황 전망이 밝았다. 제조업은 2022년 4월(94.8)부터 16개월 연속 기준선 100을 밑돌았다.

제조업 세부 산업 중에서는 식음료 및 담배(110.5)만 호조 전망을 보였고 나머지 9개 업종인 섬유·의복과 가죽·신발(57.1), 금속과 금속 가공제품(79.3), 의약품(83.3), 비금속 소재 및 제품(84.6), 목재·가구 및 종이(88.9), 석유정제 및 화학(93.1), 자동차 및 기타운송장비(94.4), 일반·정밀기계 및 장비(95.0), 전자 및 통신장비(95.2)는 업황 부진이 전망된다. (세정일보, 2023.6.29 편집)

#업종별경기전망

기업이 "장기적이고 안정적으로 이익을 낼 수 있는지"는 그 기업이 속해 있는 산업의 특성에 따라 영향받는 바가 적지 않다. 경쟁의 치열도나 경기변동에 대한 취약성 등의 산업적 요인들이 경영성과를 크게 좌우하며, 이에 따라 산업간의 주식투자수익률에 있어서도 뚜렷한 차이를 보이게 된다.

1. 산업분류

다양한 산업들은 일반적으로 한국표준산업분류기준에 의해 분류되고 있다.[1] 우리나라 유가증권시장에서의 산업분류도 기본적으로 한국표준산업분류기준에 따라 20개 대분류, 63개 중분류로 나누는데, 대분류는 다음과 같이 구분하고 있다.

- 제조업(음식료, 섬유 의복, 종이목재출판, 화학, 고무 플라스틱, 비금속, 철강금속, 기계, 전기전자, 의료정밀, 운송장비, 기타제조)
- 어업 · 광업, 유통업, 전기가스업, 건설업, 운수창고, 통신업
- 금융업(은행, 증권, 보험)
- 서비스(전문기술, 숙박, 교육서비스, 오락 등)

산업분석의 핵심은 어떤 산업이 장기적으로 성장성이 있으면서 안정적으로 이익을 낼 수 있는 산업인지를 밝히는 것이다. 이를 위해서 한국은행이나 한국산업은행에서 발표하고 있는 주요 산업의 수익성, 성장성 등의 관련 지표를 참고할 수 있다.[2] 그러나 과거 일정기간 일시적으로 수익성이 좋다고 해서 미래의 유망한 산업은 결코 아니다. 근래 들어서 기술혁신의 속도가 빨라지면서 이른바 차세대 성장동력 산업들이 부각되고 있는데 이들 산업 역시 투자자 입장에서 유망산업으로 단정 짓기에는 점검해야 할 여러 부분이 있다.

이하에서는 여러 산업 중에서 어떤 업종이 유망한지를 평가할 수 있는 본격적인 산업분석의 이론적 틀로서, 산업의 수요와 공급 분석, 산업의 경쟁구조 분석, 산업수명주기이론에 대하여 검토한다.

---

1) 한국표준산업분류기준에 대해서는 통계청(www.kostat.go.kr)과 한국거래소(www.krx.co.kr)-지수-KRX지수산업분류 참조. 이러한 산업분류는 산업 또는 부문별 로테이션 전략(sector rotation strategy : 경기정점에서는 자원관련 산업→후퇴기에는 제약 · 생활소비재산업→저점에서는 자본재산업→회복기에는 내구재산업)에 활용된다.

2) 한국은행에서 발표하는 '기업경영분석' 자료와 한국산업은행의 '재무분석' 자료.

2. 산업의 수요와 공급 분석

특정산업 제품에 대한 수요가 공급을 압도하면 관련 기업의 수익성은 전반적으로 양호할 것이다. 반대로 공급이 수요를 압도하면 전반적으로 양호하지 못할 것이다. 수요와 공급 요인이 시장상황을 설명하는 기본적 요인이 되므로 특정산업의 특성과 미래 유망성을 평가·예측할 때 수요와 공급 요인 중심으로 분석할 수 있다.

(1) 수요요인

당해 산업제품에 대한 수요기반이 넓고, 신규 수요증가 가능성이 국내외적으로 높으면 당연히 당해산업의 미래 전망은 밝다. 모든 산업에 걸쳐 전개되고 있는 글로벌화, 정보화, 서비스화의 동향과 함께 분석대상 산업의 수요가 안정적으로 확대될 것인지 축소될 것인지를 다음과 같은 측면에서 검토한다.

- 제품수요의 경기변동성 : 당해산업의 제품에 대한 수요기반, 매출과 이익의 성장성처럼 시장규모도 중요하지만 수요의 안정성에 가장 크게 영향을 미치는 제품수요의 경기순환에 대한 민감도 역시 중요한 수요요인이다. 가격이 소비자구매의 주요 고려요인인지의 여부와 가격수준에의 수요민감도를 분석하면 제품수요의 경기변동성, 즉 경기침체기에 고객이 구매를 장기간 미루는 경향(cyclical)이 있는지, 아니면 경기에 민감하지 않은 경향(recession-resistant)이 있는지를 파악하는 데 도움을 준다.
- 제품수요의 항구성(permanence) : 기술변화속도, 구매자집단의 크기와 소득수준(1인당 국민소득과의 상관성), 정부지원이나 규제 여부는 제품수요가 장기간 지속될 수 있는지에 영향을 미치는 요소들이다.
- 국내외 수요의 확대가능성 : 고령화 등 인구구조의 변화, 소득구조의 변화, 라이프스타일의 변화, 가치관의 변화, 개성화·다양화·고급화 등 수요구조의 변화, 산업관련 기술의 변화 등의 요인으로 인해 신규수요가 증가될 가능성을 평가한다. 또 글로벌시장에서의 신규수요, 세계수요의 질적 변화를 고려할 경우의 해외시장의 수요확대가능성을 평가한다.

(2) 공급요인

공급업체간에 경쟁구조의 기본특성상 출혈경쟁 가능성이 매우 높거나, 공급과잉 상황이면 수익성이 저조할 것이다. 공급측면에서 당해산업이 얼마나 유망하고 호전가능성이 있는지에 대한 평가는 다음과 같은 측면에서 분석될 수 있다.

- 산업의 주된 경쟁방법 : 경쟁방법은 가격경쟁과 비가격경쟁으로 구분할 수 있는데 가격이 주된 경쟁수단인 산업은 출혈경쟁으로 이어지기 쉽다.
- 공급능력과 조업도수준, 비용구조 : 산업 전체의 현재와 미래 공급능력이 초과공급 상태이거나 고정비가 높은 비중을 차지하면 가격인하전략을 추진할 가능성이 높아지므로 수익성이 악화된다.
- 공급자의 구성과 공급집중도 : 독과점 구조이면 선두업체의 가격결정력(price leadership)으로 안정적 수익구조를 추구하지만, 다수 선두업체간의 경쟁력이 대등한 구조에서는 수익구조는 불안정할 수밖에 없다.
- 기타 : 이 밖에도 대체품의 가격수준, 산업수명주기상의 위치 등의 요소도 산업 전반의 수익성에 영향을 주는 요소가 된다.

3. 산업의 경쟁구조 분석

그 기업이 속해 있는 당해산업의 경쟁강도는 구조적 요인에 영향받음으로써 산업의 성장성, 수익성 그리고 위험이 크게 영향을 받는다. 일반적으로 기업이 속해 있는 산업의 경쟁강도가 치열하고 구조적으로 취약한 산업이면, 경영성과가 전반적으로 불량한 경향이 있다. 따라서 기업의 장기적인 수익성과 위험도를 예측하기 위해서는 산업의 경쟁강도를 결정짓는 구조적 요인에 대한 분석이 중요하다.

포터(M.E. Porter)는 특정산업의 경쟁강도가 [그림 4-11]에 예시된 다섯 가지의 구조적 경쟁요인들에 의해 좌우된다고 보고 있다. 즉, 이들 다섯 가지 구조적 경쟁요인들—진입장벽, 기존 경쟁기업간의 경쟁강도, 대체가능성, 구매

[그림 4-11] 산업의 경쟁강도를 결정짓는 구조적 요인

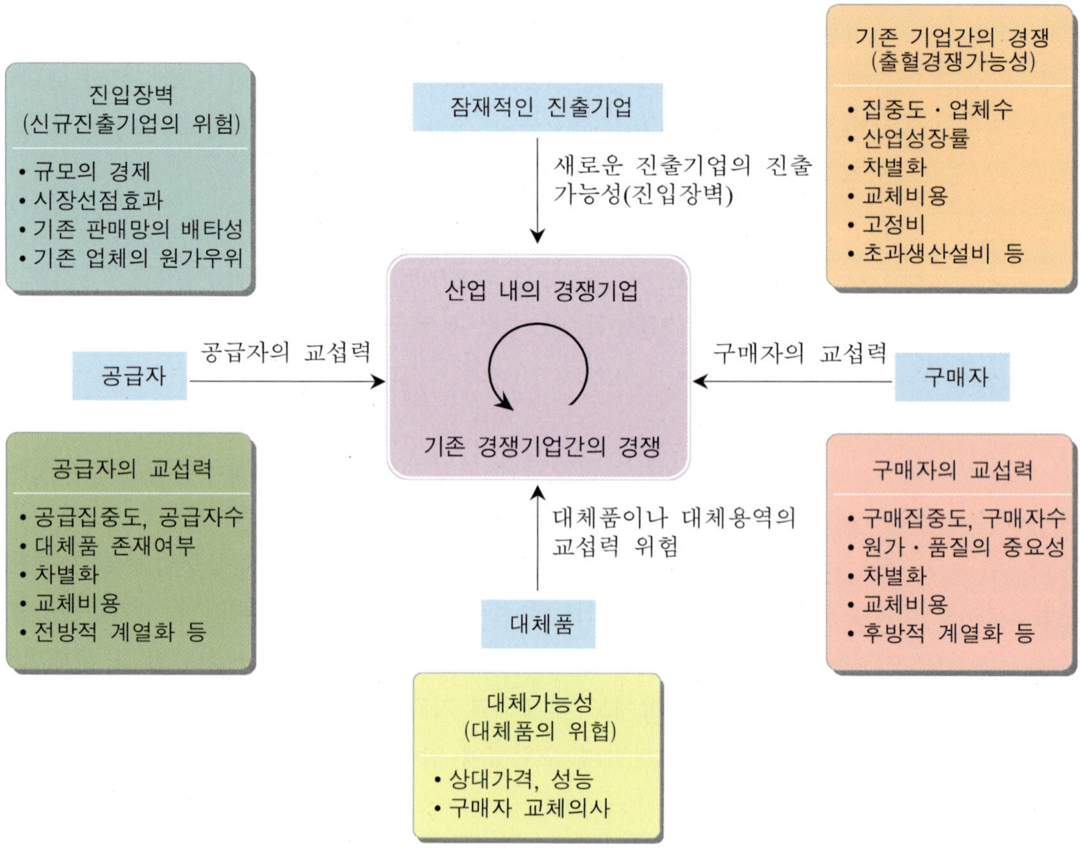

자의 교섭력, 공급자의 교섭력—의 총체적인 힘에 의해서 그 산업에서 기대할 수 있는 궁극적인 이윤잠재력이 결정된다고 보고 있다.

(1) 진입장벽

진입장벽(barriers to entry)이란 신규진입을 막는 장애요인으로, 특정산업에 새로 진출하고자 하는 기업들의 진입을 어렵게 만드는 장벽을 의미한다. 따라서 진입장벽이 구축되어 있는 당해산업에 이미 진출하고 있는 기업들은 수익성이 높고 영업위험이 적다. 반대로 진입장벽이 낮거나 없는 산업 내의 기업들은 수익성이 저조하고 여러 가지 위험이 높다. 다음은 진입장벽이 높은 경우

의 예이다.

- 규모의 경제가 잘 나타나는 경우(예 : 자동차, 석유화학)
- 제품차별화가 잘 이루어지는 경우(예 : 화장품, 제약)
- 진출에 소요자본이 막대한 경우(예 : 자동차, 조선)
- 기존 판매망이 견고한 경우(예 : 병원기구, 맥주)
- 기존 진출업체의 절대 비용우위(cost advantage)가 큰 경우(예 : 반도체, 항공제조, 석유화학)
- 정부의 규제가 많은 경우(예 : 금융업, 카지노)

(2) 기존 경쟁기업간의 경쟁강도

자동차산업은 전형적인 규모의 경제가 작동하여 진입장벽이 높은 산업으로 인식되어 왔다. 통상적으로 규모의 경제는 연산 200만대~400만대 정도가 주장되어 왔다. (사진 : Global Auto News)

특정산업 내의 기존 경쟁기업들은 가격경쟁, 대고객서비스의 강화나 품질보증 등 여러 가지 방법을 통하여 시장에서 유리한 위치를 차지하기 위한 경쟁을 벌인다. 출혈경쟁의 가능성이 높은 산업은 구조적으로 취약한 산업이다. 다음의 경우는 출혈경쟁으로 기존 경쟁기업간의 경쟁강도가 높은 경향이 있다.

- 경쟁기업의 수가 많거나, 대등한 경쟁기업이 많은 완전경쟁시장의 경우
- 산업의 성장이 완만하여 경쟁업체 서로의 시장을 쟁탈해야 하는 경우
- 경쟁방식이 비가격경쟁보다는 가격경쟁의 가능성이 높거나 제품차별화가 잘 이루어지지 않는 경우
- 고정비가 높은 비중을 차지하거나 공장가동률이 낮아서, 대량생산을 통해 생산단가를 낮추고 가격인하의 경쟁가능성이 높은 경우
- 시설확장이 대규모로 이루어질 수밖에 없는 경우(예 : 석유화학, 시멘트)

(3) 대체가능성

특정산업에서 경영활동을 벌이는 기업들은 넓은 의미에서 대체품을 생산하는 산업 내의 기업들과 경쟁을 벌이고 있는 셈이다. 대체품의 존재는 제품가격을 결정하는 데 일정한 상한선으로 작용하여 그 기업이 속한 산업의 이익잠재력을 제한한다. 그리고 대체품의 품질이 우수할수록 그 산업에 가해지는 대체품의 가격상한선의 압력이 더욱 강해진다.

(4) 구매자의 교섭력

구매자(최종소비자나 중간단계의 생산 · 판매업)들은 구매가격을 인하시키거나 품질향상 및 서비스 향상을 요구하고 공급업체들을 서로 경쟁시키는 방법 등으로 구매대상산업과의 경쟁을 벌인다. 이러한 행위는 모두 그 산업의 수익성을 감소시키는 결과를 초래한다.

구매자산업과 공급자산업의 관계에서 어느 쪽이 가격결정, 품질조건, 결제조건 등에 있어서 교섭력(bargaining power)이 강한지에 따라서 당해산업의 수익성은 구조적으로 영향받을 수밖에 없다. 다음과 같은 경우는 구매자집단(산업)의 교섭력이 강력하다고 볼 수 있다.

- 구매자의 집중도가 공급자의 집중도에 비하여 높을 경우
- 제품이 규격화되어 있거나 제품차별화가 거의 되어 있지 않을 경우
- 구매자의 후방적 계열화(backward integration) 가능성이 높을 경우(예 : 맥주업의 병유리 제조업으로의 수직적 계열화 가능성)

(5) 공급자의 교섭력

공급자(산업)는 매출 공급가격의 인상이나 제품 및 서비스의 질을 하락시키는 위협 등으로 교섭력을 강화시킬 수 있는데, 그만큼 상대방 산업의 이익잠재력은 잠식된다. 특히 구매업자가 비용 상승분을 제품가격 인상으로 흡수할 수 없는 경우에는 공급자의 교섭력이 크게 강화된다. 공급자의 교섭력을 강화시키는 여건은 다음과 같이 구매자들을 강력하게 만드는 경우와 반대의

상황이 될 것이다.

- 몇 개 안 되는 소수기업에 의해 공급능력이 제한되어 있고, 또한 구매자산업보다 집중되어 있을 경우
- 공급자의 제품이 차별화되어 있거나 전환비용(switching cost)이 소요될 경우
- 공급자에게 전방적 계열화(forward integration)의 가능성이 높을 경우

4. 산업수명주기이론에 의한 산업분석

어느 제품이든 시간이 경과함에 따라 당해산업의 경쟁상태, 제품의 기술, 소비자의 기호 등이 변하기 때문에 당해산업의 이윤잠재력이나 사업위험도가 달라진다. 이렇듯 새로운 경쟁상황의 전개와 같은 여건변화가 특정제품의 수익성과 위험에 미치는 영향은 몇 단계로 나누어 분석할 수 있다. 이러한 관점의 학설이 산업(제품)수명주기(PLC : product life cycle)이론이다.

일반적으로 산업수명주기는 [그림 4-12]에 나타나 있는 것처럼 도입기, 성장기, 성숙기, 쇠퇴기 등 4단계로 나누어 볼 수 있다. 각 단계별로 제품경영관리기능, 경쟁, 사업위험, 제품 마진, 수익성, 핵심성공요소 면에서의 특징은 다를 수밖에 없는데 분석대상기업의 산업이 어느 단계에 있는지를 확인하여 산업의 유망성을 평가할 수 있다.

[그림 4-12] 산업수명주기이론

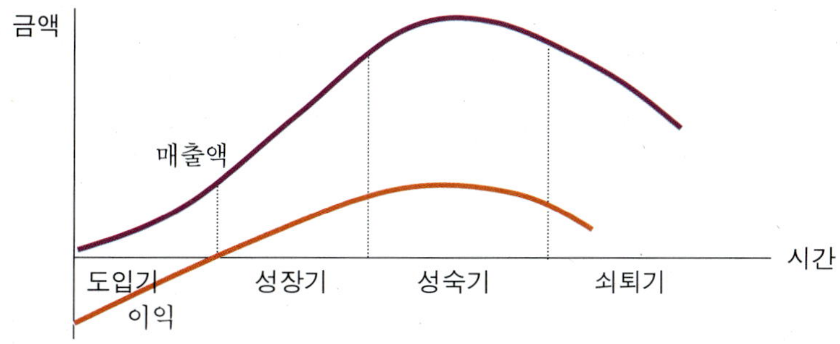

산업수명주기이론은 산업전개의 대체적인 방향에 대해서 설명해 줄 뿐이지 특정산업의 수명주기가 언제 시작해서 언제 다음의 단계로 넘어가는지에 대한 설명은 하지 못한다는 한계점을 가지고 있다. 더욱이 산업수명주기 형태는 기업의 마케팅전략에 따라 연장될 수 있으므로 제품의 판매는 어떤 필연적인 주기에 의해서 이루어지지 않는 측면도 있다. 그리고 산업수명주기 이론이 시장 전체에서 발생하는 상황에 관한 분석이라기보다는 특정된 하나의 제품에 대한 분석이므로 시장 전체에서 발생하는 상황을 동시에 분석하지 못하는 한계점도 지니고 있다.

제4절 기업분석

특정기업의 미래 이익과 성장은 앞에서 설명한 국민경제적 요인과 산업적 요인에 의해서도 영향받지만, 당해기업의 경쟁력이나 재무건전도와 같은 기업적 요인에 의해서 결정되는 바도 크다. 뿐만 아니라 포트폴리오 구성의 맥락에서 볼 때 산업분석을 통하여 장기적으로 유망한 업종(산업)이 판별되었으면 마지막 단계로 종목선택을 위하여 해당업종 내에서 우량기업을 선별하는 기업분석(company analysis)이 필요하다. 어느 특정종목이 "장기적 · 안정적으로 이익을 낼 수 있는 우량종목인지"를 판단하기 위한 기업분석은 지속가능 경쟁우위 평가, 핵심역량 평가, 잠재위험요소 분석으로 나누어 살펴본다.

1. 지속가능 경쟁우위 평가

(1) 경영전략

유망산업일지라도 경쟁업체별로 미래전망은 크게 차이가 나게 된다. 분석대상기업이 당해산업 내 경쟁업체와 비교하여 얼마나 경쟁력이 있는가? 더욱이 그 경쟁우위가 향후 상당기간 동안 지속가능한가?

기업은 경쟁우위를 확보하기 위해서 여러 가지 경영전략을 실행한다. 시장의 수요변화와 같은 외부환경변화에 대응하여 기업 내부의 모든 자원을 효과적으로 배분하는 경영전략의 유형을 포터(Michael Porter)는 다음과 같이 구분하고 있다.

- 비용우위전략(overall cost leadership) : 전체 사업부문에 걸쳐 생산 · 유통 등에서 규모의 경제를 추구하거나 철저한 원가통제를 통하여 비용구조면에서 경쟁우위를 확보하는 전략
- 차별화전략(differentiation) : 제품 또는 서비스 면에서 경쟁업체와 차별되게 품질, 광고, 애프터서비스 등에서 경쟁우위를 확보하는 전략
- 특화전략(focus) : 당해산업의 전시장 중에서 세분화된 특정시장에서의 비용우위나 차별화전략으로 경쟁우위를 확보하는 전략

각 전략 유형별로 필요한 자원과 기술, 조직면에서의 성공요건을 갖추는 것이 성공의 필요조건이다. 이를 정리하면 〈표 4-3〉과 같다.

〈표 4-3〉 기업의 경영전략 유형과 성공조건

경영전략 유형	필요한 자원과 기술	조직면에서의 요건
비용우위전략	• 대규모 자본투자 • 프로세스 엔지니어링 기술 • 노동력에 대한 집중감독 • 제품설계의 수월성 • 저가의 유통망	• 철저한 원가관리 • 정형화된 조직구조와 책임경영제 • 계량적 목표관리와 인센티브제도
차별화전략	• 강한 마케팅능력 • 제품 엔지니어링기술 • 강한 연구기술개발능력 • 판매유통망과의 유기적 협조	• R&D, 제품개발, 마케팅 간의 조정능력 • 질적 평가기준의 설정 • 고급기술인력, 창의성 있는 인력의 확보
특화전략	• 특정시장에서 위의 두 가지 자원과 기술의 적절한 결합능력	• 특정시장에서 위의 두 가지 조직 면에서의 요건구비

(2) 지속가능 경쟁우위의 평가

❑ 시장점유율과 상대적 성장률의 중요성

분석대상기업의 당해산업 내에서의 경쟁적 지위(competitive position within the industry)를 평가할 수 있는 일차적인 지표는 시장점유율과 상대적 성장률이다.

실증분석에 의하면 시장점유율과 기업수익성 간에는 양(+)의 상관관계가 있는 것으로 제시되고 있는데, 시장점유율이 가장 높은 선두주자 기업일수록 원가가 낮거나 제품의 질이 좋을 가능성이 높으므로 수익성이 양호한 경향이 있다. 또 경쟁업체와 비교하여 상대적 성장률이 높으면 시장에서의 지배력이 높아진다. 그러나 이들 지표는 현 시점에서의 경쟁력을 평가하는 척도는 되지만 장기적으로 지속가능한 경쟁우위인지를 평가하는 데 사용하는 것은 한계가 있다. 과거의 높은 성장률이 미래에도 지속되리라는 보장이 없고, 빠른 성장은 치열한 경쟁을 불러오기 때문이다. 경쟁우위는 쉽게 소멸할 수 있으므로 경쟁업체가 쉽게 모방(copy)할 수 없는 경쟁우위이어야 한다.

❑ 경제적 해자

따라서 우량종목 선정의 기준은 '지속가능 경쟁우위'(sustainable competitive advantage)이어야 한다. 그리고 그 원천이 무엇인지를 분석하는 것이 중요하다. 가치투자의 실제에서는 이와 유사한 개념으로 '경제적 해자'라는 용어를 사용한다. 경제적 해자(economic moats)란 매우 좋은 기업의 성과가 지속되도록 하는 특성으로서, 경쟁기업과의 관계에서 지속적으로 경쟁우위를 유지하게 만드는 난공불락의 방어망을 의미한다. 다음 항목은 지속가능 경쟁우위, 경제적 해자의 원천이 되는 요소들이다.[3)]

13세기에 지어진 프랑스의 성 La Mothe-Chandeniers. 원래 '해자'라는 용어는 사진처럼 적의 침입을 막기 위해 성 주위를 둘러서 판 못을 말한다. 성과 연결된 다리를 들어올리면 여간해서는 적이 침입하기 어렵다. 이 용어를 경영 분야에 처음 사용한 사람은 워런 버핏이다. (자료 : telegraph.co.uk)

---

3) Pat Dorsey, *The Five Rules for Successful Stock Investing - Morningstar's Guide*, Morningstar, 2004; Robert G. Hagstrom, *The Warren Buffet Way*, Wiley, 2005.

- 실질적인 제품차별성(real product differentiation) : 경쟁업체보다 지속적인 제품개선, 앞서 가는 기술혁신을 하는 기업은 제품품질의 우수성이나 독창성으로 인해 안정적 마진을 확보할 수 있다.
- 인지된 제품차별성(perceived product differentiation) : 실질적인 품질의 우수성과 별개로 소비자에게 강력한 상표충성도, 즉 브랜드파워(brand power)나 명성이 각인되어 있으면 가격결정력을 높여 지속적인 성장과 안정적 수익성 확보를 가능하게 하는 요인이 된다.
- 비용우위(cost advantage) : 경쟁업체에 비해 낮은 원가에 지속적으로 생산할 수 있으면 가격을 인하시킬 수 있는 능력, 즉 가격경쟁력이 높아지므로 이는 강력한 경제적 해자가 된다.
- 높은 전환비용(switching costs) 창출 : 전환비용은 타사 제품으로 교체할 경우의 불편, 학습훈련 필요성 등 때문에 교체를 망설이게 하는 비용을 말한다. 의료장비업이나 정보제공업체 등에서 그 예를 볼 수 있는데, 높은 교체비용이 발생하도록 만들고 있으면 이는 고객이탈을 방지하는 것(locking in customers)이 되므로 경제적 해자로 강력하게 작용한다.
- 네트워크 경제(network economies)와 높은 진입(성공)장벽 구축 : 경영환경이 온라인 혹은 모바일화하면서 네트워크상에서 고객의 선점은 고객을 장기간 확보할 수 있을 뿐 아니라 이용자가 확산되는 데에서 오는 경제성을 누리게 한다.
- 사업모델(business model)의 안정성 : 사업모델은 사업가치를 성공적으로 창출하게 하는 사업방식이다. 기업이 상당한 매출을 올리고 이익을 지속적으로 창출할 수 있는지는 기본적으로 사업모델이 어떤지에 달려 있다. 기술변화가 매우 빠른 사업에서 종종 보는 것처럼 사업모델 자체가 와해되면 단기간에 경쟁우위를 잃고 만다. 환경변화에 사업모델의 타당성과 항구성이 영향받는지를 수시로 점검할 필요가 있다.

경쟁우위와 주가의 관계에서 유의할 점은 주가상승은 경쟁우위가 이미 형성된 후가 아니라 경쟁우위가 형성되는 초기 단계일 때 이루어진다는 점이다.

(3) 복합기업의 성장잠재력

다수의 사업을 벌이고 있는 복합기업(multi-business firm)은 사업위험이 다수 사업에 분산되어 있으므로 경영의 안정성에 기여할 수 있다. 사업 종류가 많을수록 환경의 좋고 나쁨이 서로 상쇄되어 결합변동성이 크게 감소할 수 있기 때문이다. 그러나 기업의 자원이 핵심역량의 부문에 집중되지 못하는 데에서 오는 낭비요소가 적지 않을 수 있다.

복합기업에서는 성장잠재력도 포트폴리오의 관점에서 평가해야 한다. 여러 사업(제품)라인들이 성장잠재력이 있는 시장에서 얼마나 경쟁력이 있는지는 먼저 사업(제품)라인별로 매출액구성의 비중, 시장점유율, 성장률, 마진, 경기순환성, 시장의 안전성 등의 요소들을 분석하여 기업 전체의 성장잠재력과 수익의 안정성을 평가하고 향후 추진할 사업모델의 타당성과 항구성을 평가하는 것이 필요하다.

기업의 경영자원에는 제약이 있으므로 여러 제품라인 또는 사업단위들이 현금 자원의 효율적 배분이라는 관점에서 경쟁력 있는 사업단위에 집중적으로 사용되고 있는지 아니면 분산되어 자원이 낭비되고 있는지를 평가하는 것이 필요하다. BCG(보스턴 컨설팅그룹)의 제품포트폴리오분석(PPM : product portfolio management)은 이를 평가할 수 있는 분석체계를 제시해 주는데, 먼저 시장수요성장률과 상대적 시장점유율, 두 가지 변수를 기준으로 전략사업단위(SBU : strategic business unit)별로 현금창출 사업단위인지, 중점투자대상의 사업단위인지를 평가한다. 현금젖소(Cash Cow : 수요성장률은 평균 이하이지만 선두주자), 별(Star : 수요성장률은 평균 이상이면서 선두주자), 물음표(Question Mark : 수요성장률은 평균 이상이지만 후발주자), 개(Dog : 수요성장률은 평균 이하이면서 후발주자)로 사업단위를 구분한 다음, 현금젖소 사업단위에서 창출하는 현금으로 선별된 소수 물음표 사업단위에 집중투자하여 별 사업단위로 만들 수 있는지를 평가한다.

2. 핵심역량 평가

'지속가능 경쟁우위'요소와 함께 '핵심역량' 중심으로 분석대상기업이 우량종목인지를 판단해 볼 수 있다. 핵심역량(core competence)이란 고객에게 가치를 높이거나 그 가치가 전달되는 과정을 경쟁업체에 비하여 더 효율적으로 할 수 있는 특정한 방법의 능력을 말한다.

핵심역량은 다음과 같은 관점에서 평가할 수 있다.

❑ 경영자원 및 경영관리기능별 핵심역량

경영의 각 자원별 핵심역량과 경영관리기능별 핵심역량을 정리하면 〈표 4-4〉 및 〈표 4-5〉와 같다.

〈표 4-4〉 경영자원별 핵심역량

경영자원	핵심역량
물적자원	공장 설비의 규모, 위치, 원자재 획득
금융자원	차입능력, 내부자금의 크기, 자금동원 및 투자능력
기술자원	특허권, 저작권 등의 독점권, 기술인력
무형자산	브랜드, 소비자 신뢰도, 명성, 기업문화
인적자원	우수인력, 교육훈련, 종업원들의 충성도와 사기, 조직의 유연성

〈표 4-5〉 경영관리기능별 핵심역량

기능별 분야	핵심역량
생산	생산기술의 우수성, 제조공정의 효율성과 유연성, 품질관리
연구개발	신제품개발능력, 신제품개발속도, 모방능력
마케팅	디자인능력, 브랜드파워, 고품질 명성, 시장변화에 대한 빠른 대응
판매와 유통	판매촉진의 효과성, 물류의 효율성과 신속성, 서비스의 품질
경영정보	MIS시스템과 네트워크의 효율성
경영조직 및 경영관리	사업단위/기능 간 통합과 조정능력, 전략적 통제, 재무시스템의 효과성, M&A능력, 경영진의 리더십, 보상시스템, 효과적인 의사소통과 통제, 환경변화에 대한 유연성

❑ 가치사슬

핵심역량은 포터(M.E. Porter)가 제시한 가치사슬이라는 개념([그림 4-13])으로도 분석할 수 있다. 여기서 가치사슬(value chain)이란 구매, 생산, 물류, 마케

[그림 4-13] 가치사슬과 핵심역량

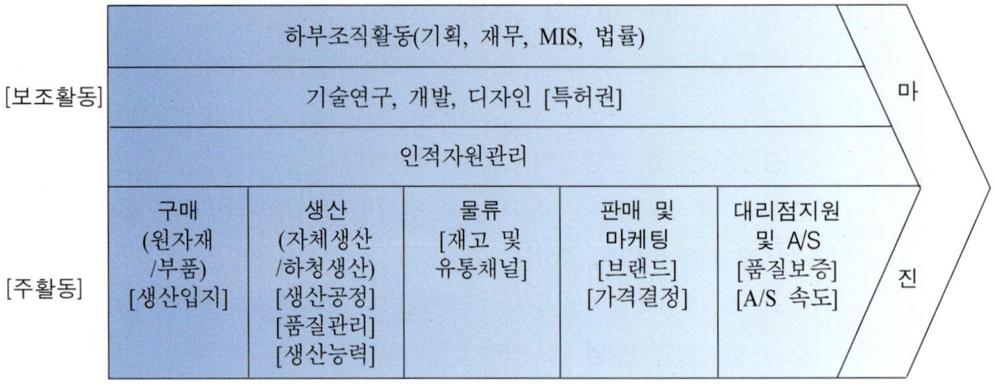

팅, A/S의 주활동과 이를 지원하는 보조활동(기획 · 재무 등의 하부조직활동, 인적자원관리활동, 기술연구 · 개발활동)이 체인처럼 연결되어 마진을 창출하는 기업경영의 체계를 말한다. 가치사슬로 보면 기업의 마진을 높이는 핵심역량이 어느 부문에서 창출되는지를 분명히 할 수 있다는 장점이 있다.

❑ 최고경영진에 대한 평가

핵심역량평가의 중심이 되는 것은 최고경영진에 대한 평가이다. 'CEO 주가'라는 말이 있듯이 기업의 최고경영진은 전략적 의사결정의 주체로서 과거의 기업성과와 장기성장의 주역이라고 할 수 있으므로 경영자에 대한 분석은 중요하다. 경영진의 능력은 다음과 같은 측면에서 평가할 수 있다.

- 경쟁력 유지능력(매출액성장률, 시장점유율의 유지와 그 안정성)
- 시설확장능력
- 이익률(마진) 유지능력
- 생산효율 유지능력
- 자금조달능력, 금융기관과의 관계
- 종업원, 노동조합과의 관계
- 현대적 관리기법의 적용능력
- 정부와의 관계

- 연구개발, 신제품개발 능력
- 후계자 양성능력

❑ 핵심성과지표

핵심역량은 이를 지표화한 핵심성과지표(KPI : key performance index)로 평가하기도 한다. KPI 적용에는 사업가치를 성공적으로 창출하는 근본 요인인 업(業)의 근본(business fundamentals)이 무엇인지를 분명히 하고 계량화할 필요가 있다. 신체의 건강상태를 측정할 때 먼저 혈압을 체크하는 것처럼 KPI는 업의 기본적인 경쟁력이 개선 또는 악화되고 있는지를 모니터링하는 방법으로 사용된다. 이의 변화가 있을 때 그것이 일시적인지 아니면 지속적인지를 판단해야 한다. 다음은 KPI의 보기이다.

- 은행 : 효율성비율, ROA, 평균자금코스트
- 부동산 : 비공실률, 기본면적당 임대료, 기본면적당 비용
- 항공사 : 이용가능 좌석마일, 탑승률, 교통량, 여유시설
- 소매업 : 경쟁상점 매출, 기본면적당 매출, 고객 1인당 평균 매출
- 인터넷회사 : 이동률, 트래픽
- 매체 : 구독자수, 구독자당 평균 수입과 비용, 해약률
- 카드회사 : 순손실률, 손실상각률, 부실률, 지급률
- 호텔 : 비공실률, 객실당 수입, 평균 숙박료

3. 잠재위험요소 평가와 SWOT분석

기업이 경쟁우위를 유지해 왔더라도 이를 잃을 수도 있는 상황이 기업 내외적으로 갑자기 벌어지기도 한다. 분석기업이 당면할 수도 있는 중요 위험요소의 종류와 위험의 발생빈도, 그 수준에 따른 영향 등에 대하여 다각적인 분석이 있어야 한다. 다음은 분석가가 점검해야 할 잠재적 위험요소들이다.

- 초과생산능력 또는 과잉공급 상황 국면으로의 갑작스러운 전환
- 새로운 기술의 출현(변화)으로 원가경쟁력 상실

- 특허만료, 관련 법률/규제 변화
- R&D 실패, 상품화 또는 사업개발 실패, M&A 실패, 빠른 제품진부화, 신제품 출시의 지연
- 새로운 경쟁자의 출현
- 브랜드파워의 약화
- 공급자(산업)의 영향력 증대, 소수 고객(업체)에의 과도한 의존
- 편중된 지역 분포의 제약
- 경영지배권(지배구조)의 불안정성, 노사관계의 악화

잠재위험요인에 대한 예측은 분석자에 따라 낙관적 성향인지 또는 비관적 성향인지에 따라 중요 요인을 간과하거나 반대로 과장할 수 있다. 이와 같은 주관성의 문제를 줄이는 한 방법은 보험회사의 관점에서 잠재위험요인이 발생하는 빈도와 나쁜 상황의 심각성, 그것이 초래할 재무적 비용을 평가하는 것이다.[4)]

이상에서 설명한 여러 가지 측면에서의 분석과 평가는 SWOT분석으로 요약하여 투자대상으로서의 매력도에 대한 종합적인 결론을 내릴 수 있다. SWOT분석은 경쟁업체와 비교할 때의 내부능력 면에서의 강점(strength)과 약점(weakness), 그리고 환경변화 면에서의 기회(opportunity)와 위협(threat)을 분석하는 것이다. 경제와 산업분석을 통하여 파악된 경쟁구조, 고객, 공급자에 대한 분석은 기회와 위협분석에 반영하고, 경쟁업체와 비교한 핵심역량에 대한 분석은 강점과 약점분석에 요약한다.

4. 재무건전도의 평가

(1) 재무건전도 평가의 의의

가치투자의 관점에서 볼 때, 재무제표에 기초하여 재무건전도를 평가하는 것은 종목선정에 다음과 같은 중요한 의미가 있다.

---

4) Michael Shearn, *The Investment Checklist(The Art of In-Depth Research)*, Wiley, 2012

첫째, 우량종목을 선정하는 데 제3절까지 다룬 질적인 측면만의 분석에는 한계가 있기 때문이다. 재무건전도 분석은 질적 분석을 보강해 준다.

둘째, 장기투자를 전제로 하는 가치투자방법에서 위험관리의 중요한 수단이 되기 때문이다. 가치투자방법에서는 장기투자기간 동안 투자대상기업의 증권가격이 언젠가는 내재가치로 회복되는 것을 가정하고 있는데, 재무건전도가 극도로 악화되어 회복되지 못하고, 부실기업 내지 상장폐지의 상황이 되면 소기의 투자목표를 달성할 수 없다.

특정기업의 재무건전도 평가는 일차적으로 재무제표에 의존하게 된다. 손익계산서, 재무상태표 등의 재무제표는 몇 가지 한계점을 갖고 있음에도 불구하고 기업의 경영성과와 재무상태를 체계적으로 전달해 주는 정보원이 되기 때문이다.

기업의 재무건전도를 평가하는 방법에는 전통적 분석방법인 재무비율분석이 있고, 이익창출능력의 원천을 평가하는 *ROE*, *ROIC* 변동원인분석, *FCF*와 현금창출능력분석, 재무제표의 질에 대한 평가방법 등이 있다. 여기에서는 주요 재무비율이 제공하는 정보내용을 간략하게 살펴보기로 한다. 자세한 내용은 '경영분석' 교과목의 해당내용을 참조한다.

(2) 재무비율분석

기업의 재무건전도를 평가하는 실용적 방법은 재무비율분석이다. 재무상태표와 손익계산서에서 두 항목을 대응시켜 비율로 계산하면 기업의 경영내용에 대한 다양한 정보를 얻어낼 수 있다. 〈표 4-6〉, 〈표 4-7〉은 재무비율을 투자론의 두 가지 핵심개념인 투자수익과 투자위험에 관한 정보를 제공하는 비율군으로 분류하여 그 계산방법과 정보내용을 요약한 것이다.

❑ 수익력 평가 재무비율

투자수익과 관련된 정보를 얻을 수 있는 재무비율은 수익성비율과 활동성비율이다. 수익성비율은 기업의 **이익창출능력**을 평가할 수 있는 재무비율인데, 기본적으로 투자수익을 투하자본(자산)으로 나눈 *ROI* (return on investment)로 측정한다.

투자수익을 영업이익으로 측정하면 핵심영업활동(생산, 판매, 관리 활동)

〈표 4-6〉 수익력을 평가하는 주요 재무비율

주요 재무비율		계산방법	정보내용
수익성 비율	• 자기자본순이익률 (*ROE*)	$\frac{\text{순이익}}{\text{자기자본}}$	주주의 지분에 대한 자본사용의 효율성
	• 총자본영업이익률 (*ROA*)	$\frac{\text{영업이익}}{\text{총자본}}$	타인자본의존도에 관계없이 영업활동상의 이익창출능력
	• 매출액영업이익률 (*ROS*)	$\frac{\text{영업이익}}{\text{매출액}}$	매출액 대비 영업활동상의 비용효율성
	• 매출액순이익률 (*ROS*)	$\frac{\text{순이익}}{\text{매출액}}$	매출에 대한 순마진의 크기, 재무효율성을 측정
	• 투하자본 세후 영업이익률(*ROIC*)	$\frac{\text{영업이익}(1-\text{법인세율})}{\text{투하자본}(=\text{총자산}-\text{영업외자산})}$	영업활동에 투여된 자산에 대한 영업활동에서의 이익발생능력
활동성 비율	• 매출채권회전율	$\frac{\text{매출액}}{\text{매출채권}}$	매출채권의 현금화속도, 효율적 이용도
	• 매출채권 평균회수기간	$\frac{\text{매출채권}}{\text{매출액}}\times 365$	매출채권의 현금화속도, 효율적 이용도를 날짜수로 측정
	• 재고자산회전율	$\frac{\text{매출원가}}{\text{재고자산}}$	재고자산의 현금화속도, 재고자산투자의 적정성
	• 총자산회전율	$\frac{\text{매출액}}{\text{총자산}}$	총자산이 수익창출에 이용되는 투자효율성

〈표 4-7〉 위험을 평가하는 주요 재무비율

주요 재무비율		계산방법	정보내용
안전성 비율	• 부채비율(*B/S*)	$\frac{\text{총부채}}{\text{자기자본}}$	부채의존도(재무구조의 건전성)
	• 이자보상비율	$\frac{\text{영업이익}+\text{감가상각비}}{\text{지급이자}}$	이자지급능력
	• 현금흐름보상비율	$\frac{\text{영업이익}+\text{금융비용}+\text{감가상각비}}{\text{금융비용}+\text{당기상환요부채액}/(1-t)}$	원리금상환능력
유동성 비율	• 유동비율	$\frac{\text{유동자산}}{\text{유동부채}}$	단기채무에 대한 변제능력
	• 당좌비율	$\frac{\text{당좌자산}}{\text{유동부채}}$	재고자산의 유동성이 의문시될 경우 단기유동성을 측정
	• 주당현금흐름	$\frac{\text{순이익}+\text{감가상각비}}{\text{발행주식수}}$	기업활동으로부터의 자금창출능력

의 성과에 한정하여 이익발생능력을 평가하는 것인 반면에, 순이익은 재무(영업외)활동까지 포함하여 평가한다는 점에 유의할 필요가 있다.

활동성비율은 기업이 투자하고 있는 **자산의 이용(투자)효율성**에 관한 정보를 제공해 준다. 측정은 매출액을 매출채권, 재고자산, 총자산 등의 자산으로 나누어 구해지는 회전율로 표시하는데, 이들 자산 1단위를 투자하여 몇 배의 매출을 올리는지를 뜻한다. 매출액이 100억원인데 매출채권이 25억원이면 매출채권회전율은 4회전이 되는데, 매출채권 1원 투자에 대해서 4원의 매출을 올리는 것을 의미한다. 회수기간으로 표시하면 약 90일 만에 매출채권이 한 번 현금화됨을 뜻한다.

❑ 위험 평가 재무비율

투자위험과 관련 재무비율에는 레버리지비율(안전성비율)과 유동성비율이 있다. 레버리지비율(안전성비율)은 부채차입과 관련하여 안전성, 지급능력에 관한 정보를 나타낸다. 부채의존도를 측정하는 부채비율이 높으면 지급불능, 파산가능성이 높아질 뿐 아니라 고정적인 지급이자의 부담으로 이익의 변동성이 커지는 위험성도 높아진다. 지급불능의 상황이 가져오는 위험을 평가하기 위해서는 이자지급능력이나 원리금상환능력을 평가할 수 있는 이자보상비율, 현금흐름보상률이 지속적으로 낮아지고 있는지를 체크할 필요가 있다.

유동성비율은 단기채무에 대한 지급능력, 단기에 현금화시킬 수 있는 능력에 대한 정보를 제공해 준다. 재고자산을 현금화하는 데 문제가 있는 사업이나 상황이면 이를 제외한 당좌자산과 대비하여 지급능력을 평가하는 것이 적절하다. 유동자산에서 유동부채를 차감한 것을 순운전자본(net working capital)이라고 하는데, 운전자본을 과다하게 보유하는 것은 지급능력(유동성)을 높이지만, 수익성에는 부정적 영향을 미친다. 이러한 관점에서 현금이 과다하게 잠겨 있는 유동자산의 현금화 속도를 파악하는 것이 필요하다.

5. 이익의 예측

(1) 이익예측의 의의와 중요성

가치투자에서는 '장기적이고 안정적으로 이익을 낼 수 있는 우량종목을 충분히 낮은 가격으로 매수하여 장기투자성과를 높이는 투자관리방법'을 모색한다. 본장에서 지금까지는 우량종목이 되기 위한 질적 측면과 재무적 측면에 대하여 살펴보았다. 다음 단계는 적정가격 추정에 필요한 미래이익의 예측치를 추정하는 것이다.

적정가격을 결정하는 가장 중요한 요소는 기업의 미래이익이다. 미래이익에 대한 예측력에 따라 증권의 내재가치 추정치가 달라지고 결과적으로 과대평가 혹은 과소평가된 종목의 식별능력도 영향을 받는다(다음 장에서는 미래이익이 주식의 이론적 가격에 어떤 의미를 갖는지를 살펴볼 것이다).

(2) 이익예측방법

기업의 미래이익을 예측하는 방법으로는 시계열예측방법, 추정손익계산서상의 개별항목추정법, 시장점유율-마진율의 이용법을 통한 예측방법 등을 들 수 있다.

❏ 시계열예측방법

시계열예측방법(time-series forecasting)은 과거 일정기간 동안의 시계열자료로부터 체계적인 패턴을 찾아냄으로써 미래이익을 예측하는 방법이다. 가장 쉽게 이용되는 시계열예측방법은 기계적 외삽법(mechanical extrapolation)으로, 내년도의 이익예측치를 과거추세의 연장선상에서 구하는 것이다. 이 예측방법은 가장 간편한 방법이지만,

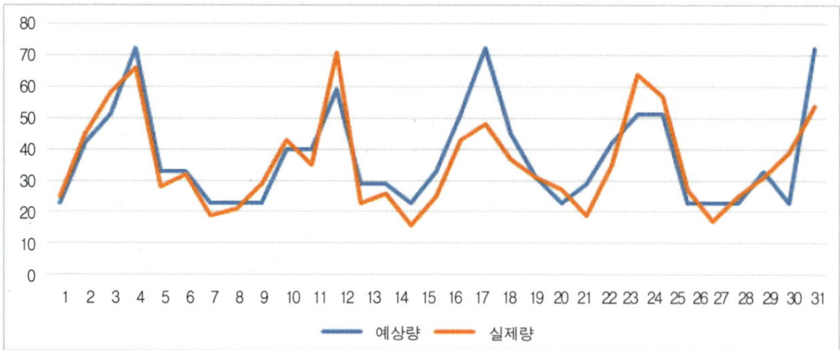

치킨 수요를 예측한 모형의 예상량과 실제량. 통계청이 주최한 한 대회에서 수상한 작품으로 과거의 시계열자료 등이 변수로 투입되었다. X축은 날짜, Y축은 마리수이다. (자료 : 통계청)

단순한 추세의 연장선상에서 예측치를 추정하기 때문에 이익의 구성부문에서 항구적인 부문과 일시적인 부문을 구분하고 있지 않다. 따라서 예측오차가 크게 발생할 수 있다.

신뢰성 있는 이익예측이 되기 위해서는 과거이익의 시계열자료로부터 항구적 이익부분을 분리시켜 이를 예측치로 삼는 것이 타당하다. 시계열자료로부터 항구적 이익을 분리시켜 이익을 예측하는 방법으로 평균회귀모형 등 여러 모형이 있다.

❑ 추정손익계산서를 이용한 이익예측법

추정재무제표 작성을 통한 이익예측방법의 시작은 매출액이 적절히 예측되었다는 전제하에서 진행되는 매출액기준 예측(sales driven forecast)방법이다. 재무제표를 구성하는 주요 항목들이 매출액에 비례한다고 가정하여 개별항목을 추정하는 것이다. 그만큼 매출액 예측이 중요하다.

추정손익계산서를 이용하는 이익예측법을 간단하게 정리하면 〈표 4-8〉과 같다.

먼저 매출액을 예측한다. 매출액이 예측되면 과거 평균적인 매출원가비율을 매출액에 곱하면 매출원가가 산정된다. 판매비와 관리비는 과거 역사적

〈표 4-8〉 추정손익계산서에 의한 이익예측

매출액 (－)매출원가	………	(판매단가×판매수량) : 거시경제동향, 산업동향, 기업 내부의 핵심역량, 경영전략, 공장확장계획 등 장기경영계획을 고려하여 매출액과 매출원가항목추정. 역사적 관계가 유지되는 경우는 매출액백분율법, 회귀분석법 이용
(매출총이익) (－)판매비와 관리비	………	판매예산·관리비예산을 감안하여 추정. 역사적 관계가 유지되는 경우는 매출액백분율법, 회귀분석법 이용
(영업이익)	………	역사적 관계가 유지되는 경우는 (추정매출액×매출액영업이익률)
(－)이자지급액	………	(자금소요액＝주식발행＋부채차입) (이자지급액＝부채차입×평균이자율)
(±)기타영업외수익(비용)		
(세전 계속사업이익)		
(－)법인세비용	………	(법인세비용전순이익×법인세율)
(±)중단사업이익(손실)		
(당기순이익)	………	역사적 관계가 유지되는 경우는 (추정매출액×매출액순이익률)
(주당이익 *EPS*)	………	{추정 보통주이익÷(기발행주식수＋신규발행주식수)}

인 값(매출액 대비 %)이 유지될 수도 있고, 회사 정책에 따라 달라질 수도 있다. 이때는 회사가 수립한 판매예산이나 관리비예산을 참고한다. 이와 같이 계속해서 계산하면서 내려가면 당기순이익이 추정된다. 물론 매출액 대비 순이익의 비율이 과거부터 일정하게 유지되어 왔다면 [매출액×매출액순이익률]을 계산하면 바로 순이익이 계산될 수도 있다.

❏ 시장점유율 – 마진율의 이용법

앞서 설명한 추정손익계산서의 작성에 의한 이익예측은 번거롭고 많은 작업을 요한다는 단점이 있다. 이익예측의 간편한 방법 한 가지는 매출액 예측을 전제로 하여, 이에 예상되는 시장점유율과 마진율을 곱하여 곧바로 이익추정치를 구하는 것이다.

$$\text{미래 } t\text{시점의 순이익} = \text{산업의 현재의 전체 매출액}(1+\text{산업의 수요성장률})^t \times t\text{기의 시장점유율} \times t\text{기의 매출액순이익률}$$

위 식에서 보는 것처럼 연구기관이나 업계의 자료(기준연도의 산업 전체의 매출액과 성장률 자료)에 근거하여 산업 전체의 매출액추정치를 얻은 다음 여기에 그 기업의 과거추세, 시장상황, 마케팅능력을 감안하여 예상 시장점유율을 곱하면, 미래 t기에 예상되는 매출액추정치를 구할 수 있게 된다.

이제 이 매출액추정치에 그 기업의 경영력과 과거패턴 등을 감안하여 매출액영업이익률 또는 순이익률을 곱하면 구하고자 하는 이익예측치를 얻게 되는 것이다.

6. 성장률의 예측

(1) 성장률 예측의 의의와 중요성

기업의 성장률은 주식가치를 결정짓는 중요한 요인의 하나이다. 성장성이 높으면 시세차익은 커진다. 기업이 미래 얼마나 성장성이 있는지에 대한 추정은 그간의 성장배경과 추세 그리고 본장의 앞 부분에서 다룬 산업분석과 기업분석을 토대로 시도하게 된다. 가치투자에서 중요한 것은 '**지속가능성장성**'을 평가하는 것이다.

(2) 성장률 추정방법

❑ 과거의 주당이익 이용법

미래 주당이익이 수년간에 걸쳐 추정된다면 성장률은 다음과 같이 구할 수 있다. 즉, 기준시점의 주당이익이 E_0, 비교시점 n년도의 주당이익이 E_n이라고 하면, 성장률 g는 이의 기하평균수익률을 계산하면 된다. 과거 일정기간의 성장추세가 계속될 것으로 예상되는 경우에도 과거 시계열자료에 대하여 같은 방법으로 성장률을 추정할 수 있다.

$$E_n = E_0(1+g)^n$$
$$\therefore \; g = \sqrt[n]{E_n / E_0} - 1$$

보기 1

(주)소망의 2018년 주당이익은 1,000원이었는데, 2023년의 주당이익은 2,011원이었다. 이 같은 성장추세가 계속되리라고 전망된다면 이 기업의 성장률은 얼마로 예상되는가?

풀이

$$g = \sqrt[5]{\frac{2{,}011}{1{,}000}} - 1 = \sqrt[5]{2.011} - 1 = 15.0\%$$

❑ 지속가능성장률의 추정

성장에는 내부금융과 외부금융을 통한 자금의 뒷받침이 필요하다. 외부로부터의 자금조달이 얼마든지 가능하다면 매우 높은 성장률도 가능하지만, 그렇지 않다면 달성할 수 있는 성장률에는 한계가 있다. 내부자금으로 하는 경우가 부채나 증자 등 외부자금으로 하는 기업보다 지속가능한 성장을 가능하게 한다.

지속가능성장률(sustainable growth rate)은 외부자금조달이 여의치 못한 경우 내부자금만으로 성장할 수 있는 최소한의 달성가능한 성장률을 말한다. 외부금융 없이 내부자금만 가지고 성장에 필요한 재원을 조달하는 경우 성장률(g)은 사내유보율(f)에 재투자수익률(r)을 곱한 것이 된다. 여기서 재투자수익률(r)은 외부금융이 없는 경우의 투자수익률이므로 자기자본순이익률(ROE)을 사용할 수 있다. 즉,

$$g = f \cdot r = f \cdot ROE$$
$$= \text{사내유보율} \times \text{자기자본순이익률}$$

보기 2

(주)소망은 당기순이익 중 40%를 배당하고 나머지 60%를 사내유보하고 있다. 이 회사의 자기자본순이익률은 10%이다. 지속가능성장률은 얼마로 예상되는가?

풀이 $g = 0.6 \times 0.1 = 0.06$ (6.0%)

현장에선 ▸▸▸ 한국형 가치투자로 1,200% 수익

최준철 대표는 최근 머니투데이 증권 전문 유튜브 채널 '부꾸미-부자를 꿈꾸는 개미'와의 인터뷰에서 "가치투자는 단기성과에 대한 욕심은 없지만 장기성과에 대한 욕심은 부린다"며 "차근차근 수익률을 쌓아 올리면서 복리효과를 통해 더 큰 수익을 추구하는 것"이라고 강조했다.

Q. 최근에 '한국형 가치투자'라는 책을 내셨는데요. 대표님이 생각하는 가치투자란 무엇인가요?

A. 가치투자란 철저한 분석을 바탕으로 낮은 리스크와 적당한 리턴을 동시에 추구하는 전략입니다. 가치투자의 반대말은 모멘텀 투자인데요. 주가가 오르니까 따라서 사는 전략이죠. 철저하게 분석하지 않고 투자를 하는 것도 가치투자로 보기 어렵습니다.

예를 들어 약속장소에 가야 하는 상황이라면요. 가기 전에 내비게이션도 보고 지도도 보면서 미리 경로를 탐색하겠죠. 이게 철저한 분석에 해당합니다.

Q. 가치투자는 안전하지만 수익률이 높지 않다는 인식이 있는데요.

A. 일단 가치투자는 단기에 빨리 돈을 벌고 싶은 분들한테 맞는 방법은 아닙니다. 단기성과에 대한 욕심은 없지만 장기성과에 대한 욕심은 부립니다. 수익률을 안 깨먹고 차근차근 쌓아 올리면 결국은 복리의 마법이 발휘되면서 수익률이 커질 수 있다는 거죠. VIP자산운용도 2003년부터 현재까지 공식 수익률이 연평균 14%예요. 14%하면 '에이~ 별로네'하고 생각하시는 분들도 있지만 20년 동안 꾸준히 수익을 올리면 1,200%가 넘습니다. 원금의 13배가 되는거죠.

Q. 가치투자로도 텐 배거(10배 수익률을 올릴 수 있는 종목) 투자가 가능한가요?

A. 보통 텐 배거 하면 초고속으로 성장하는 종목을 생각하는데요. 저희가 20년간 가치투자를 하면서 10배 이상 수익을 낸 종목은 오히려 그렇게 핫하지 않은 산업에서 많이 나왔습니다. 예를 들어 제가 2001년 개인투자자 시절부터 투자했던 동서는 한 해에 100% 이상 올랐던 적은 거의 없었어요. 그런데 2001년부터 2015년까지 14년 동안 주가는 16배 정도 올랐거든요.

오리온은 2001년 9.11 테러 직후 거의 대부분 종목이 하한가를 맞았을 때 샀습니다. 9.11 테러랑 초코파이랑 무슨 상관이냐 하는 마음도 있었고 당시에 워낙 저평가돼 있던 종목인데 주가가 더 빠지니까 매수를 한 거죠. 오리온은 그렇게 오래 보유하진 않았는데 지금 주가를 보면 당시보다 20배 정도 올라 있습니다.

Q. 저평가 가치주를 발굴하는 노하우를 알고 싶은데요.

A. 팁에 앞서서 먼저 가치투자의 원칙을 말씀드릴게요. 우선 철저한 분석이 필요합니다. 이 회사의 사업이 어떤 사업이고, 어떻게 돈을 벌고, 미래 방향성은 무엇이고, 경영자는 어떤 사람이고 등등 이런 것들을 다 알아야 한다는 의미인데요. 프로가 아닌 아마추어라면 사실 쉽지 않습니다.

효율성을 높일 수 있는 방법은 자기가 잘 알고 있는 분야를 공략하는 거예요. 만약에 내가 게임 덕후라면 반도체 이런 거보다 게임주들을 알아보는거죠. 이 회사의 게임은 어떻고, 신작 게임의 방향성은 무엇이고… 이 회사의 가치는 이 정도 돼야 하는데 왜 다른 회사가 더 시가총액이 높지? 하는 것들을 더 직관적으로 잘 알 수 있겠죠. 저도 처음에 투자할 때는 주변에서 접하기 쉬운 커피믹스 회사(동서), 초코파이 회사(오리온)에 투자했으니까요.

또 하나의 원칙은 숫자에 친숙해야 한다는 거예요. 이거는 어려운 거지만 어쩔 수 없습니다. 우리가 외국인과 대화하기 위해 영어를 배워야 하는 것처럼 기업과 대화하기 위해선 어느 정도 회계나 숫자를 파악해야 하거든요. 그중에서도 우리가 주목해야 할 건 변화하는 숫자입니다. 이익이 정체돼 있다가 어느 날 갑자기 확 올라간다든지 이런게 숫자로 보이거든요.

Q. 가치주를 찾을 수 있는 보다 쉬운 방법은 없을까요?

A. 첫 번째로는 배당주 투자를 말씀드리고 싶어요. 배당주는 꽃놀이패 같은 겁니다. 투자하면 크게 잃을 건 없고 얻을 건 많은 투자가 배당주 투자예요. 예를 들어 배당수익률 5%짜리 종목이 있다고 하면 주가가 올라가면 좋은 거고 주가가 안 올라도 1년에 5%씩 배당받으면 됩니다. 주가가 떨어지면 배당수익률이 6%, 7% 이렇게 오르니까 주가가 떨어질 때마다 사 모으면 돼요. 그리고 회사가 배당금을 지급한다는 건 돈을 잘 벌고 있다는 의미입니다. 배당을 안 주는 회사에 비해 주주들을 더 생각하는 거죠.

또 다른 팁은 내부자의 매매를 보는 겁니다. 회사의 CEO(최고경영자)나 주요 임원은 그 회사의 사정을 잘 알겠죠. 이들이 회사 주식을 샀다면 앞으로 주가를 좋게 보고 있다고 해석할 수 있습니다. 자사주 매입도 마찬가지고요.

2020년 초 코로나19로 증시가 폭락했을 때 정의선 현대차그룹 회장이 자기 회사 주식을 엄청 많이 샀어요. 당시 저희도 현대차 투자를 고민하고 있던 시기였는데 정 회장의 주식 매입 공시를 보고 바로 투자를 결정했고 꽤 수익을 올릴 수 있었습니다.

Q. 저평가 주식은 저평가 받을 만한 이유가 있다고 생각합니다. 싸다고 생각해서 샀는데 만년 저평가를 벗어나지 못하는 주식이면 어떻게 해야 하나요?

A. 저평가 상태가 오래 지속되는 걸 밸류 트랩(저평가 함정)이라고 하죠. 밸류 트랩을 피하기 위해선 분산을 하셔야 해요. 예를 들어 걸그룹으로 치면 10명을 데뷔시킨다고 해서 다 뜨는 게 아니잖아요. 한두 명만 뜨거나 어떤 멤버 중에는 불미스런 일로 탈퇴하기도 하고요.

두 번째로 보는 게 촉매입니다. 촉매란 아직 시장에 잘 알려지진 않았지만 발현만 되면 주가가 크게 오를 수 있는 요소인데요. 개별종목 분석을 통해서 시장이 잘 모르는 촉매들이 있는지 알아보는 거죠. 저평가 요소가 해소될 만한 촉매를 많이 가진 종목일수록 좋습니다. 이런 종목들 위주로 포트폴리오를 구성하면서 포트폴리오 전체가 수익을 올릴 수 있는 확률을 계속 높여가는 거죠. (머니투데이, 2023.4.22)

주요 용어

경제-산업-기업 분석체계	가치투자	국내총생산(GDP)
이자율	인플레이션	환율
인구통계적 요인	재정정책	금융정책
경기순환	경기종합지수	기업실사지수
산업의 수요와 공급 분석	산업의 경쟁구조 분석	산업수명주기이론
지속가능 경쟁우위	경제적 해자	핵심역량
핵심성과지표	잠재위험요소	SWOT분석
재무비율분석	이익예측방법	시계열예측방법
지속가능성장률		

연습문제

1. 경제분석과 관련하여 다음 사항에 대하여 설명하시오.

(1) 환율과 주가의 관계
(2) 금리와 주가의 관계
(3) 주식투자의 인플레이션 헤지능력
(4) 인구통계적 특성과 주가

2. 산업분석과 관련하여 다음 사항에 대하여 설명하시오.

(1) 특정산업의 유망성을 평가할 수 있는 분석체계
(2) 특정산업에서 경쟁의 심화를 결정하는 요인

3. 기업분석과 관련된 다음 사항에 대하여 설명하시오.

(1) 지속가능 경쟁우위(경제적 해자의 원천)를 평가할 때 고려되어야 하는 요소
(2) 경쟁업체와 비교한 핵심역량

4. 재무분석, 이익예측과 관련된 다음 사항에 대하여 설명하시오.

(1) 특정기업의 재무건전도를 평가할 수 있는 주요 재무비율과 이들의 의미
(2) 추정손익계산서에 의한 이익예측방법

5. 상장업체 중에서 1개 회사를 선정하여 다음 사항에 답하시오.

(1) 선정회사의 미래 경영성과에 크게 영향을 미칠 주요 경제변수들을 찾아, 이들 변수가 어떤 방향으로 영향을 미칠지를 설명하시오.
(2) 선정회사가 속해 있는 산업의 특성을 구조적 측면에서 강약점을 제시하시오.
(3) 선정회사의 경쟁우위, 지속적으로 안정적 이익을 낼 수 있는 능력, 위험요소에 대하여 설명하고, SWOT분석을 통해 위의 사항을 요약 제시하시오.

CHAPTER

5

보통주 평가모형

앞의 제4장에서는 보통주 이익과 주가에 영향을 미치는 국민경제-산업-기업적 요소에 대해서 살펴보았다. 이제 추정된 미래이익과 성장률 추정치에 기초하여 적정주가를 평가해야 하는데, 본장에서는 기본적 분석에서 이용하는 보통주의 투자가치평가모형들에 대하여 살펴본다.

다음은 본장의 주요 학습목표들이다.

- 보통주 가치평가방법은 어떻게 구분하는가?
- 수익가치에 근거한 보통주 가치평가방법에는 어떤 것들이 있는가?
- 자산가치에 근거한 보통주 가치평가방법에는 어떤 것들이 있는가?
- 상대가치를 근거로 평가하는 방법은 무엇인가?
- 이러한 방법들이 공모주식의 발행가격 추정에 어떻게 활용되는가?

제 1 절 보통주 평가모형의 의의

생활속에서 ▸▸▸

"지금이 매수 적기일 수 있다."

최근 모닝스타는 모순적으로 보이는 주가에 관한 한 분석보고서에서 이런 결론을 내렸다. 이 보고서에서 모닝스타는 전체 시장은 비싸지만, 주가는 기업들의 기본가치에 비해 싼 경우가 많다고 했다.

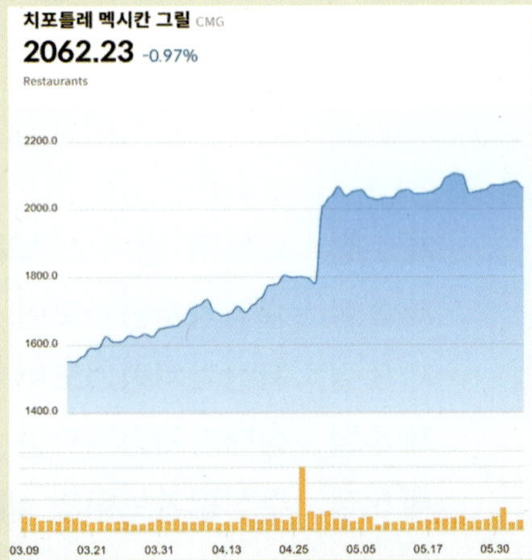

S&P 500을 보면 주가는 비싸 보인다. 코로나19 이전의 3,300선에서 지금은 4,200포인트를 상회하고 있다. 모닝스타는 그 이유의 상당 부분이 몇 년간 크게 상승한 기술주 때문이고, 일부 전략가들은 이들 대형 성장주들이 특히 비싸졌다고 한다. 물론 비싸다. 2023년 6월 5일 현재 애플은 177달러, 알파벳은 123달러, 테슬라는 197달러, 메타는 263달러이다. 그렇지만 주가만 보면 이들 중 그 어떤 주식도 현재 주가가 2,064달러인 치포틀레 멕시칸 그릴(Chipotle Mexican Grill)과는 비교할 수 없다.

이런 높은 주가에도 불구하고, 모닝스타는 지금도 여전히 좋은 매수 시점이라고 본다. 적정가치 추정 지표에 따르면, 사실상 9% 이상 저평가되어 있다고 한다. 주식의 가격이 그 기업의 기본가치보다 낮을 때 이를 가치주로 본다. 예를 들어, 어떤 기업의 적정가치를 주당 20달러로 판단했는데, 시장에서 거래되는 주가가 15달러라면, 그 주식은 가치주라 할 수 있다.

일반적으로 가치주는 장기투자자들에게 좋은 주식으로 간주된다. 역사적으로 시장은 한 기업의 주가를 그 기업의 기본가치에 맞게 잘 조정해 왔다. 바로 이것이 "시장효율성(market efficiency)"이다. 여기서 어려운 부분은 해당기업의 기본가치를 알아내는 일이다. (아이투자, 2023.6.5 편집)

#기본가치 #적정가치 #저평가 #가치주 #시장효율성

1. 투자대상의 가치

이제부터 본격적으로 개별적인 투자대상에 대해 공부할 시점이 되었다. 그 첫 대상으로 자본주의 경제구조에 매우 중요한 역할을 하고 있는 주식을 살펴보고자 한다.

어떤 주식이 투자가치가 있을까? 어떤 주식이 다른 주식보다 가치가 더 클까? 직관적으로 이해하기 위하여 다음 세 개 투자안의 현금흐름을 보자.

〈투자안 A의 현금흐름〉

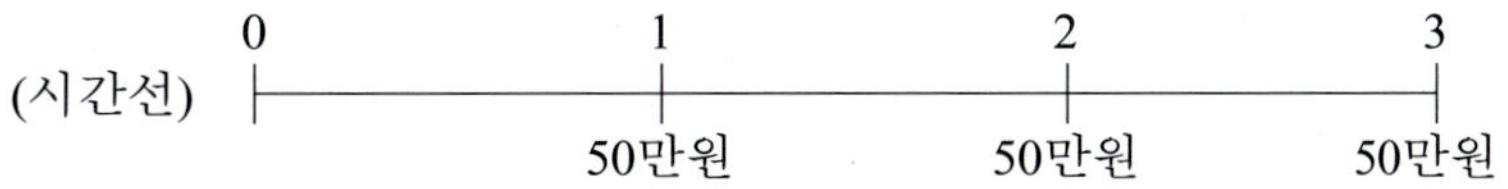

〈투자안 B의 현금흐름〉

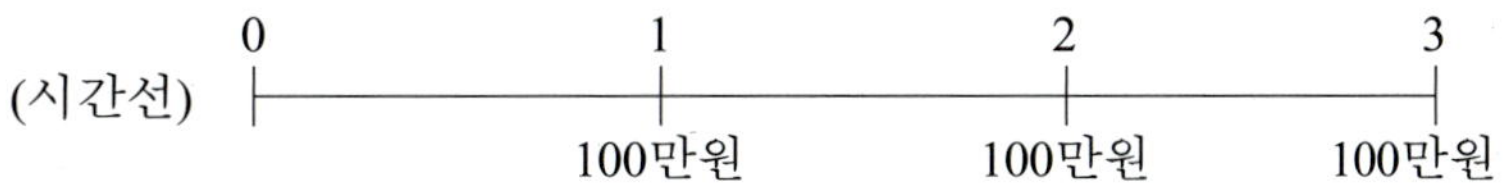

〈투자안 C의 현금흐름〉

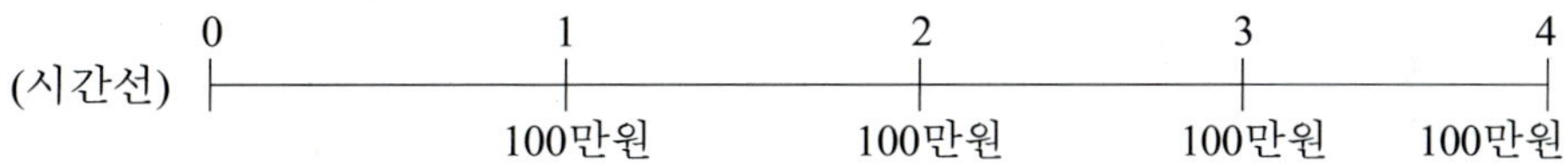

투자안 A는 지금부터 3년간 매년 말 50만원씩의 현금유입이 있다. 투자안 B는 같은 시기마다 매번 100만원씩의 현금유입이 있다. 당연하게도 투자안 B의 가치가 더 클 것이다.

투자안 C는 투자안 B보다 추가 1년, 즉 향후 4년간 매년 100만원씩의 현금유입이 있다. 이들 세 투자안을 "투자안 가치"순으로 정리해 보자. 당연히 각 투자안 현금흐름의 위험 정도가 동일하다면 투자가치는 A, B, C순으로 높아진다는 사실은 직관적으로 알 수 있다.

이제 위의 내용을 수식으로 정리해 보자. 모든 투자안의 가치 또는 부(wealth)는 다음 식과 같이 표현된다.

$$V = \sum_{t=1}^{n} \frac{CF_t}{(1+k)^t} \qquad (5.1)$$

단, V : 가치(value)
CF_t : t기(1에서 n기까지)에서의 현금흐름(Cash Flow)
k : 현금흐름의 위험도를 고려한 할인율

모든 투자안의 가치 혹은 부(wealth)는 각 기간에서의 현금흐름을 불확실성이 고려된 할인율로 할인한 현재가치의 합계이다. 결국 어떤 투자안의 가치는 미래현금흐름의 현재가치인 것이다. 이러한 가치평가 논리가 주식평가모형에도 적용된다.

2. 주식가치평가모형의 구분

'주식투자'에서는 가치투자(value investment)의 관점에서 주식투자의 문제를 다루고 있다. 가치투자의 과정은 "장기적이고 안정적으로 이익을 낼 수 있는 우량종목, 즉 내재가치가 큰 종목을 발굴하여 충분히 낮은 가격으로 매수하는 것"으로 요약할 수 있다. 이 과정에서 활용되는 보통주의 내재가치를 추정하는 방법은 다음과 같이 나누어 볼 수 있다.

(1) '수익가치'에 근거한 보통주 평가방법
(2) '자산가치'에 근거한 보통주 평가방법
(3) '상대가치'평가방법

이들 평가방법을 구분하는 기준은 기업이 앞으로 계속적인 영업을 한다는 계속기업(going concern)의 가정에 대한 전제여부이다.

먼저 계속기업을 가정하면 주식가치는 미래 벌어들이는 현금흐름에 달려 있게 되므로, 주식가치를 추정할 수 있는 한 방법은 투자로 인한 미래현금흐름을 적절한 할인율로 할인한 현재가치(*DCF* : discounted cashflow), 즉 수익가치를 구하는 것이다. 이것이 '수익가치에 근거한 보통주 평가방법'이다.

보통주의 투자가치를 추정하는 다른 한 방법은 기업의 청산가치(liquidation value)에 근거하여 평가하는 것이다. 청산을 전제로 할 때 보통주가 지니는 최소한의 가치는 자산가치라고 할 수 있는데, 현재시점의 자산가치를 근거로 평가하는 방법이 '자산가치에 근거한 보통주 평가방법'이다.

한편 미래현금흐름의 현재가치를 구하는 전자의 방법이나 자산가치를 구하여 보통주의 내재가치로 보는 후자의 방법은 증권시장의 현실적인 측면에서 합리적이지 못할 때가 있다. 그래서 실용적인 주식평가모형이 제시되고 있는데, 동종의 타 주식과의 가격을 비교하는 상대가치평가방법도 검토된다.

제2절 수익가치평가모형

생활속에서 ▸▸▸

북미 자동차 애프터마켓 부품 공급업체 어드밴스 오토 파츠(Advance Auto Parts, Inc., NYSE : AAP)가 1분기 매출 감소를 발표하고 가이던스를 하향 조정했다. 이에 동사의 주가는 수요일(현지시간) 거래에서 35.04% 폭락한 72.89달러를 기록하며 최근 52주 최저치를 경신했다.

AAP는 1분기 34억2천만달러의 매출액과 주당순이익(*EPS*) 0.72달러를 발표하며, 컨센서스 매출액 34억3천만달러와 주당순이익 2.57달러를 하회했다. 1분기 순매출은 전년 대비 162bp 감소했으며, 가격 책정 조치로 충분히 충당하지 못한 인플레이션 제품 비용이 매출 감소의 주요 원인으로 지목되었다. 또한, 불리한 제품믹스와 공급망 역풍도 이번 분기의 매출총이익률 하락에 한몫했다. 영업이익은 매출과 원가 역풍 속에서 지난해 6.0% 대비 2.6%를 기록했다.

아울러 AAP는 재정적 압박으로 배당금을 이전의 주당 1.50달러에서 83.3% 감소한 0.25달러로 대폭 삭감했다. 최고재무책임자 제프 셰퍼드(Jeff Shepherd, CFO)는 "이번 분기에 발생한 부족분을 감안하여, 올해 수정된 전망과 함께 2023년 가이던스를 축소하고 있다"며, "이사회는 재무적 유연성을 높이기 위해 분기별 현금배당을 줄이기로 결정했다"고 설명했다. (인포스탁데일리, 2023.6.1 편집)

#주가 #영업이익 #배당

1. 수익가치평가모형의 이론적 근거

주식투자로 인한 수익은 크게 두 가지로 구성된다. 하나는 배당을 받는 것이고 다른 하나는 주가 상승으로 인한 자본이득, 즉 주가차익이다. 따라서 주식투자수익인 배당이 많을수록, 주가차익이 클수록 주식가치는 커질 것이다. 주가차익은 미래 주가가 많이 오를수록 커지는데, 미래 주가 역시 그 이후의 배당에 영향을 받을 것이다.

한편 이러한 배당의 원천은 이익에서 비롯된다. 기업은 이익이 시현되면 일부는 배당을 하고 일부는 사내에 유보를 한다.

수익가치평가모형은 이러한 관계를 수식으로 표현한 것이다. 수익가치평가모형은 크게 배당평가모형, 이익평가모형으로 나눈다. 전자는 배당이라는 수익 관점을 중시한 모형(그림의 파란 점선 부분)이고, 후자는 배당의 원천이 되는 이익을 중시한 모형(그림의 적색 점선 부분)이다.

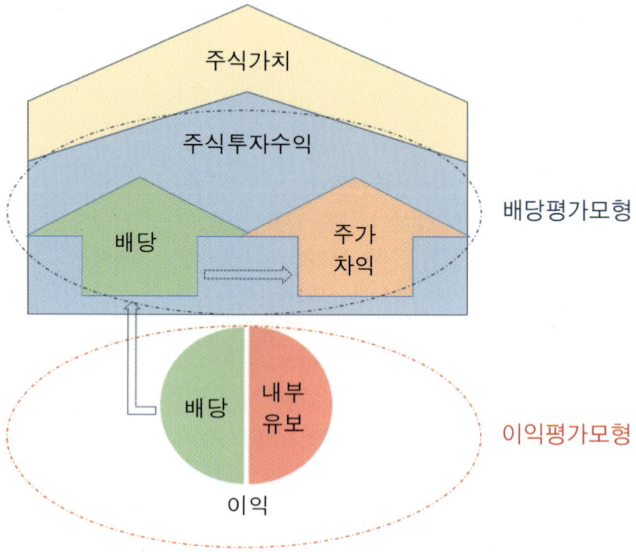

2. 배당평가모형

(1) 기본모형

주식의 가치는 미래에 받게 될 배당과 미래 특정시점에서의 매도가격에 따라 달라진다.

$$\text{현재시점에서의 주식의 이론적 가치} = \frac{\text{미래에 받게 될 배당} + \text{미래 주식처분가격}}{(1 + \text{할인율})}$$

그런데 '미래시점에서의 주식처분가치(주식매도가격)'는 다시 그 시점 이후에 받게 될 배당에 의해 좌우된다. 이를 그림으로 나타내면 다음과 같이 표현할 수 있다. 시점 0에서의 주식내재가치는 3년간의 배당과 3년 후의 주식매도가격에 의해 결정된다. 그런데 3년 후 시점의 주식매도가격은 4년차부터 받게 되는 배당에 의해서 결정되는 것이다.

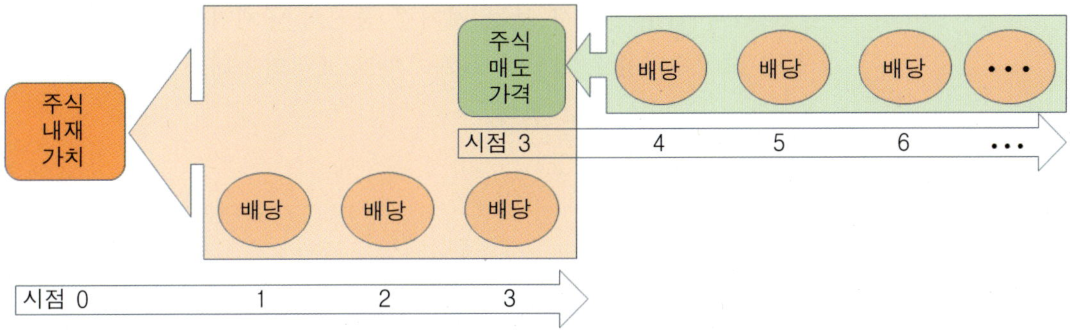

이를 식으로 나타내면, 주식의 내재가치는 다음과 같이 구할 수 있다.

$$S_0 = \left[\frac{d_1}{(1+k_e)^1} + \frac{d_2}{(1+k_e)^2} + \cdots\cdots + \frac{d_n}{(1+k_e)^n} \right] + \frac{P_n}{(1+k_e)^n} \quad (5.2)$$

단, S_0 : 현재시점에서의 주식의 이론적 가치
d_t : t 기에서의 배당(dividend)수입
k_e : 주식투자자들의 요구수익률
P_n : n 시점에서의 매도가격(Price)

여기서 n 년도 매도가격 P_n 은 $(n+1)$년도 이후의 배당수입에 대한 현재가치이다.

$$P_n = \frac{d_{n+1}}{(1+k_e)^1} + \frac{d_{n+2}}{(1+k_e)^2} + \cdots\cdots + \frac{d_\infty}{(1+k_e)^\infty}$$

따라서 주식의 내재가치는 식 (5.3)처럼 영속적인 배당수입에 대한 현재가치라고 할 수 있다.

$$S_0 = \frac{d_1}{(1+k_e)^1} + \frac{d_2}{(1+k_e)^2} + \cdots\cdots + \frac{d_n}{(1+k_e)^n} + \frac{d_{n+1}}{(1+k_e)^{n+1}} + \cdots\cdots$$

$$= \sum_{t=1}^{\infty} \frac{d_t}{(1+k_e)^t} \quad (5.3)$$

결국 식 (5.3)에서 보는 것처럼 증권의 내재가치는 영속적인 미래배당흐름을 요구수익률로 할인한 현재가치로 표시되는데, 이를 배당평가모형(dividend valuation model)이라고 한다.

보기 1

배당(주)가 예정하고 있는 1년 후의 주당배당(d_1)=2,580원, 2년 후의 주당배당(d_2)=2,760원, 3년 후의 주당배당(d_3)=2,850원, 그리고 3년말의 주가는 50,475원 수준이 될 것으로 예상하고 있다. 이 회사 주식의 이론적 가치를 구하시오. 단, 이 회사 주식에 투자하고 있는 투자자의 요구수익률은 12%이다.

풀이

$$S_0 = \frac{2{,}580}{(1.12)} + \frac{2{,}760}{(1.12)^2} + \frac{2{,}850}{(1.12)^3} + \frac{50{,}475}{(1.12)^3} = 42{,}459\text{원}$$

(2) 응용모형

식 (5.3)의 배당평가모형은 미래배당흐름의 성장률에 대한 가정에 따라서 정률성장모형, 제로성장모형 등으로 나누어 볼 수 있다.

❑ 정률성장모형

기업의 이익과 배당이 매년 g%만큼 일정하게 계속적으로 성장하고, 요구수익률(k_e)이 일정하다고 가정하면, 주식의 내재가치는 다음과 같이 표시된다.

$$S_0 = \frac{d_1}{k_e - g} = \frac{d_0(1+g)}{k_e - g} \tag{5.4}$$

단, k_e가 g보다 커야 위 식은 사용이 가능하다. 식 (5.4)는 기업의 이익과 배당이 매년 g% 만큼 일정하게 성장한다고 가정할 경우의 주식의 이론가치를 나타낸 것으로서 정률성장모형(constant growth model) 또는 고든(Myron J. Gordon)모형이라고 한다. 이 모형에 의하면 ① 기대배당이 클수록, ② 요구수익률이 낮을수록, ③ 배당의 기대성장률이 높을수록 주식가치는 커진다.

이 정률성장모형은 배당이 매년 g만큼 일정한 비율로 성장한다는 가정 외에 성장에 필요한 자금을 내부자금만으로 조달한다는 등 몇 가지 가정하에서 성립한다.

내부금융만으로 가능한 성장률(g)을 지속가능성장률(sustainable growth rate)이라고 하는데, 이는 다음과 같이 구할 수 있다. 재투자수익률은 내부금융의 경우이므로 자기자본순이익률(ROE)로 측정할 수 있다. 사내유보율은 [1－배당성향]과 같다.

$$\begin{aligned}\text{지속가능성장률 } g &= \text{사내유보율} \times \text{재투자수익률} \\ &= \text{사내유보율} \times \text{자기자본순이익률}(ROE) \\ &= (1-\text{배당성향}) \times \text{자기자본순이익률}(ROE) \qquad (5.5)\end{aligned}$$

보기 2

한국(주)의 지난 6년간의 주당순이익, 주당배당금, 배당성향, ROE 추이가 다음과 같다. 향후 이 회사의 배당성향, ROE수준은 과거 평균수준이 영구적으로 지속될 것으로 예상하고 있다. 최근 1,400원의 배당금(d_0)을 지급했고, 요구수익률은 15%이다.

	2017	2018	2019	2020	2021	2022	평 균
EPS(원)	1,580	1,040	1,440	1,860	2,220	2,400	1,757
DPS(원)	920	600	820	1,280	1,320	1,400	1,057
배당성향(%)	58	58	57	69	60	58	60
ROE(%)	22	18	21	26	28	29	25

① 주어진 예상치에 근거하면, 지속가능성장률은 얼마인가?
② 이 주식의 내재가치는 얼마인가?

풀이 ① 주어진 예상치, 배당성향＝60% (사내유보율＝40%), ROE＝25%에 근거하면,
지속가능성장률 $g=(1-\text{배당성향})\times ROE=(1-0.6)\times 0.25=0.1(10\%)$

② 정률성장모형에 의해서 내재가치를 추정하면,

$$S_0=\frac{d_1}{k_e-g}=\frac{1{,}400(1+0.10)}{0.15-0.10}=\frac{1{,}540}{0.05}=30{,}800\text{원}$$

❑ 제로성장모형

기업이 성장 없이 현상유지만 하는 경우, 즉 배당이 당기의 수준(d_0)을 유지하며, 요구수익률 또한 일정하게 유지될 것으로 예상되는 제로성장기업에 대한 평가모형을 제로성장모형(zero growth model)이라고 한다. 식 (5.4)에서 g＝0인 경우이므로 내재가치는 다음과 같이 구해진다.

$$S_0 = \frac{d_0}{k_e} \tag{5.6}$$

보기 3

제로(주)는 그동안 계속해서 매년 1,000원의 배당을 해왔다. 이 회사는 이익에 변화가 거의 없어 배당금액 역시 변동할 가능성이 사실상 없다. 이 회사 주식의 이론적 가치를 구하시오. 단, 이 회사 주식에 투자하고 있는 투자자의 요구수익률은 10%이다.

풀이

$$S_0 = \frac{1,000}{(0.1)} = 10,000\text{원}$$

3. 이익평가모형

(1) 이익평가모형의 의의와 필요성

배당평가모형에 의해서 주식가치를 평가할 때 문제가 되는 것은 배당을 전혀 하지 않거나 극히 적게 하는 기업의 주식을 평가할 경우이다. 이러한 경우 보통주를 평가하는 한 방법은, 배당도 궁극적으로 보면 기업의 주당순이익에서 지급되므로 주당이익을 기초로 하여 내재가치를 구하는 것이다. 이를 이익평가모형(earning valuation model)이라고 한다.

(2) 배당평가모형과 이익평가모형의 비교

배당은 자본이득과 함께 주식투자의 수익원 중 하나이다. 그래서 미래의 배당을 근거로 주식가치를 평가하는 것이며, 이 모형이 배당평가모형이다. 그런데 배당은 기업이 벌어들인 이익이 그 원천이다. 이익이 많아야 배당도 많이 할 수 있다. 그래서 이익을 근거로 주식가치를 평가하는 모형이 이익평가모형이다.

배당평가모형이 투자자 입장에서 보아 투자결과(배당)를 중심으로 한다면 이익평가모형은 기업의 이익창출능력 관점에서 배당의 원천을 중심으로 한다는 점에서 다를 뿐이다.

(3) 기본모형

이제 t기에 있어서의 주당이익을 E_t 라고 하고 k_e 를 주당이익에 대한 요구수익률이라고 하면 현재시점의 주식가치는 다음과 같이 표시할 수 있다.

$$S_0 = \frac{E_1}{(1+k_e)^1} + \frac{E_2}{(1+k_e)^2} + \cdots\cdots + \frac{E_n}{(1+k_e)^n} + \cdots\cdots = \sum_{t=1}^{\infty} \frac{E_t}{(1+k_e)^t} \qquad (5.7)$$

단, E_t : t기의 주당이익, k_e : 주당이익에 대한 요구수익률

(4) 응용모형

❑ 성장기회가 없는 경우

가장 간단한 이익평가모형은 성장이 없는 것으로 보고, 평균적인 주당이익 수준이 매기에 일정하다고 가정하는 것이다. 이제 매기의 이익흐름이 평균적으로 E수준이라고 하고 이에 대한 요구수익률을 k_e 라고 하면, 이론적인 주식가치는 다음과 같이 표시된다.

$$S_0 = \frac{E}{(1+k_e)} + \frac{E}{(1+k_e)^2} + \cdots\cdots + \frac{E}{(1+k_e)^n} + \cdots\cdots \infty = \frac{E}{k_e} \qquad (5.8)$$

이 모형에서 매기의 주당이익이 E수준에 머물 것으로 가정한 것은 사실 기업의 재투자수익률(r)이 요구수익률(k_e)과 동일한 수준이어서 실질적으로 성장기회가 없는 것을 가정한 것이다.

❑ 성장기회를 고려할 경우

그러나 기업의 재투자수익률이 요구수익률을 상회함으로써 일정한 성장기회를 기대할 수 있는 경우에는 이론적 주식가치는 상승하게 된다. 성장기회가 있는 경우의 주식가치는 다음과 같이 성장기회가 없는 경우의 가치에 미래 성장기회의 가치를 합산하면 된다.

$$S_0 = \text{성장기회가 없는 경우의 현재가치} + \text{미래 성장기회의 현재가치}$$
$$= \frac{E_1}{k_e} + \frac{E_1}{k_e}\left[\frac{f(r-k_e)}{k_e - f \cdot r}\right] \tag{5.9}$$

단, S_0 : 이론적 주식가치, f : 사내유보율
E_1 : 기말 예상 주당이익, r : 재투자수익률
k_e : 주주의 요구수익률

이 모형에서 앞의 부분(E_1/k_e)은 주당이익을 모두 배당하여 재투자하지 않음으로써 성장기회가 없는 경우의 현재가치를 나타낸다. 뒤의 부분은 이익의 일부를 사내유보시켜 요구수익률을 상회하는 재투자수익률을 가져오는 성장기회의 현재가치($PVGO$: present value of growth opportunity)를 나타낸다.

이 모형에서 보면, $r > k_e$인 기업이 사내유보율(f)을 높일 때 $PVGO$가 증가하여 주식가치가 높아짐을 보여주고 있다.

보기 4

지금 A, B사 모두 기말주당이익(E_1)은 1,000원이 예상된다. 그러나 A사는 재투자수익률과 요구수익률이 12.5%로 동일하고, 이익의 전부를 배당 지급한다. 반면에 B사는 재투자수익률이 15%, 사내유보율이 60%로서 이익의 성장기회를 가지고 있다.

① A사의 주식가치는 얼마인가?
② B사의 성장률과 주식가치는 얼마인가? 성장기회의 현재가치는 얼마인가?

풀이 ① A사는 $k_e = r = 12.5\%$로서 성장기회가 없으므로

$$S_0 = \frac{E_1}{k_e} = \frac{1{,}000}{0.125} = 8{,}000\text{원}$$

② B사의 성장률 : $g = f \cdot r = 0.6 \times 0.15 = 0.09$

주식가치 S_0 = 성장기회가 없는 경우의 현재가치 + 성장기회로부터의 현재가치

$$= \frac{E_1}{k_e} + \frac{E_1}{k_e}\left[\frac{f(r-k_e)}{k_e - f \cdot r}\right] = 8{,}000 + 8{,}000\left[\frac{0.6(0.15-0.125)}{0.125-0.09}\right] = 8{,}000 + 3{,}428$$
$$= 11{,}428\text{원}$$

성장기회의 현재가치($PVGO$) : 3,428원

제3절 자산가치평가모형

생활속에서 ▸▸▸

삼성전자 주식 매수의견이 유지됐다. 당분간 반도체 업황 부진이 이어지겠지만 내년 반도체 업황의 강한 회복세를 고려하면 현재 주가는 저평가된 상태인 것으로 분석됐다.

송명섭 하이투자증권 연구원은 2023년 3월 20일, 삼성전자 목표주가는 7만5천원이며 투자의견 매수(BUY)를 유지했다. 그는 "최근 일부 경기선행지표의 반등에도 불구하고 반도체 업황 악화는 최고조에 근접하고 있고 삼성전자의 올해 예상 주당순자산(*BPS*)은 여전히 하향 조정 중이어서 주가가 하락하는 원인이 되고 있다. 삼성전자 주가는 올해 예상 주당순자산 대비 1.18배로 과거 저점 배수 평균치인 1.10배보다 약간 높은 수준"이라며 "경기선행지표 반등에 따른 가치평가 배수 상향과 내년 예상되는 반도체 업황의 강한 회복 및 주당순자산 상승을 감안하면 주가 하락 때 매수로 대응하는 전략이 적절하다"고 말했다. (비즈니스포스트, 2023.3.20 편집)

#주가 #주당순자산 #*BPS*

1. 자산가치평가모형의 의의

이상에서 설명한 수익가치에 근거하여 주식가치를 평가하는 방법은 계속기업의 가정하에서 미래 예상되는 투자수입에 근거하여 내재가치를 구하는 방법이었다. 주식가치를 평가하는 다른 방법은 자산가치에 근거하여 평가하는 것이다. 이는 회사의 청산을 가정하여 청산가치(liquidation value)에 근거하여 평가하는 것이다.

2. 계산방법과 유용성

만약 주식회사가 청산하는 상황이 되면 재산권 행사의 우선순위에 있어서

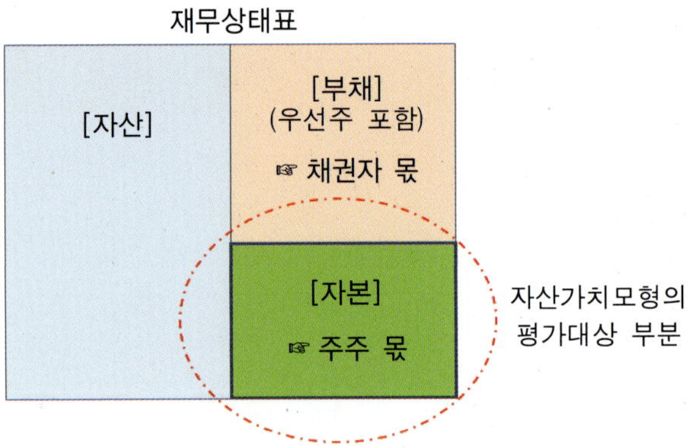

선순위 지분증권(senior claims)인 부채와 우선주를 차감한 금액이 먼저 변제되고 보통주 주주들에게는 잔여재산이 돌아간다. 주주들에게 돌아갈 잔여재산의 가치를 재무상태표상에서 추정한다면 기업의 총자산 중 채권자의 몫인 총부채와 우선주를 차감한 잔여분인 순자산(net worth, 보통주 자본총계)이 된다.[1)] 이를 다음과 같이 1주당으로 계산한 주당순자산이 주당장부가치(*BPS* : book value per share)로서 보통주 1주에 귀속될 자산가치가 된다. 이를 자산가치평가(asset-based valuation) 모형이라고 한다. 식에서 보는 것처럼 자산가치평가모형은 계산방식이 매우 쉽고 이해하기도 쉽다.

$$\text{주당순자산}(BPS)=\frac{\text{보통주 자본총계}(=\text{총자산}-\text{총부채}-\text{우선주})}{\text{발행주식수}} \quad (5.10)$$

자산가치가 급등락하는 경제상황에서나, 자원개발업체와 같은 업종에서는 자산가치가 중요한 면이 있다. 시장가치 기준으로 측정된 자산가치는 보수적으로 추정한 내재가치의 한 기준이 될 수 있다.

3. 한계점과 대안

역사적 취득원가회계 등 일정한 회계관행에 의해서 장부가치 기준으로 순자산가치가 추정되면 실제의 주가와 큰 차이를 보일 수 있는 문제점이 있다. 자산가치는 개별자산의 단순한 합계에 지나지 않기 때문에 기업의 원천적 이익발생능력을 평가할 수 없다는 한계점이 있다.

주당순자산가치의 한계점을 보완하는 한 방법은 순자산의 대체원가

1) 정확하게 추정할 때에는 영업권과 같은 무형자산, 타인지급보증과 같은 부외부채 등의 항목도 차감한다. 그러나 무형자산이 많은 기업은 자산가치평가모형에 의한 적정주가추정이 적절하지 못한 면이 있다. 반면에 비상장회사에도 적용할 수 있다는 장점이 있다.

(replacement cost)를 추정하는 것이다. 실제로 순자산의 대체원가는 주식의 시장가치와 크게 차이나는 경우가 많지 않다. 만약 양자간에 큰 차이를 보이게 되면 기업인수의 표적이 되거나, 새로운 기업들이 당해산업에 진입함으로써 시장가치에 변화가 초래되기 때문이다. 이 양자를 비율(주식의 시장가치÷대체원가)로 표시한 것을 "토빈의 q"라고 하는데, 이 비율이 1과 얼마나 괴리가 있는지가 바로 이러한 측면을 나타내게 된다.

앞서 설명한 수익가치평가모형은 미래의 이익을 추정하는 데 있어서 주관적인 요소가 개입될 여지는 있지만 자산가치평가모형의 한계점을 극복할 수 있다. 증권시장에서 증권의 내재가치는 실제의 수요와 공급의 균형을 통한 가격기구를 통하여 객관화되는 과정을 거치므로 수익가치에 근거한 평가모형들이 의미를 지니게 된다.

제 4 절 상대가치평가모형

생활속에서 ▸▸▸

국내 주요 은행 계열 금융지주의 주가가 글로벌 금융사와 비교해 현저히 저평가된 것으로 확인됐다. 지난해 국내 금융지주의 평균 *PER*(주가수익비율)와 *PBR*(주가순자산비율)은 0.36으로 미국(1.61)에 비해 77.6% 저평가된 것으로 나타났다. 이는 글로벌 100대 은행 소속 22국 가운데 최하위 수준(21위)이다.

이러한 차이는 이자이익에 편중되지 않은 다각적인 사업 포트폴리오, 자사주 매입과 배당성향 강화라는 주주친화 정책 등이 영향을 미쳤다. 지난 10년간 주가가 세 배나 뛴 뱅크오브아메리카(BOA)의 비이자이익 비중은 50%가 넘는다. 반면 국내 금융지주사의 비이자이익은 20~30% 수준에 불과하다. 배당을 보면, 국내 은행주는 배당주로 불리면서도 배당성향은 26% 수준이다. 해외 은행주의 배당성향은 40%가 넘는다.

정부와 금융당국의 규제도 국내 은행의 주가흐름에 부정적인 영향을 미쳤다. (쿠키뉴스, 2022.5.10 편집)

#주가 #*PER* #*PBR*

1. 상대가치평가모형의 의의

(1) 상대가치평가모형의 필요성

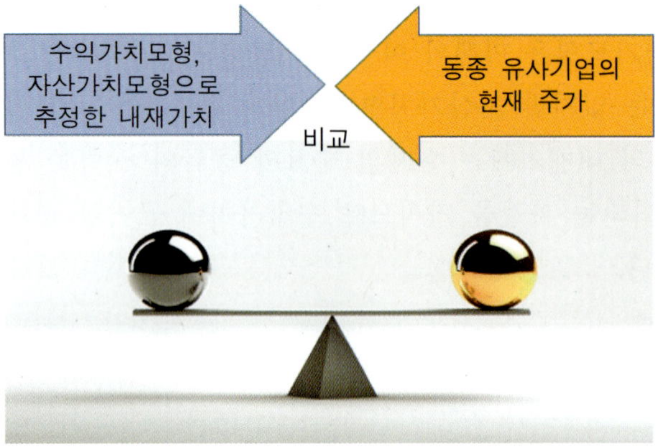

수익가치평가모형과 자산가치평가모형에 의해 추정되는 주식의 내재가치는 일종의 절대금액으로 표시된다. 미래를 어떻게 예상하느냐에 따라 그 금액이 달라질 뿐이다. 그런데 두 모형을 이용하여 특정기업의 주식 내재가치를 50,000~60,000원 정도로 추정했다고 하자. 동종산업에 있는 비슷한 규모와 경쟁력을 가진 기업의 주식이 시장에서 100,000원에 거래되고 있다고 한다면 이는 어떻게 보아야 할까? 이때 필요한 평가방법이 '상대적인 가치로 주가를 평가하는 방법'인 것이다.

(2) 상대가치평가모형에서 사용하는 지표

오래전부터 증권실무에서는 실용적인 한 방법으로 PER(주가수익비율), PBR(주당순자산비율) 등 주가배수를 활용한 주식평가방법을 많이 사용하고 있다. 주가배수(multiples)는 주가를 주당이익, 주당순자산 등 가치변수로 나누어 계산하는데, 주가가 주당이익, 주당순자산 등의 가치변수 몇 배 수준에 와 있는지, 주식 한 주로 기업의 이익, 자산 등 가치척도를 얼마나 구매할 수 있는지를 나타낸다.

$$\text{주가배수} = \frac{\text{주가(Price)}}{\text{가치변수(주당이익, 주당순자산}\cdots)} \tag{5.11}$$

주식가격은 기업마다 차이를 보이는데, 주가배수는 결국 가치변수로 나누어 주가를 표준화(standardizing)시킨 결과가 되어, 적절한 비교대상과 이들 배수를 비교하면, 상대적으로 주가가 높은 수준인지 또는 낮은 수준인지를 평가할 수 있게 된다. 이러한 의미에서 상대가치평가모형(relative valuation model)

이라고 한다.[2)]

2. 주가배수

대표적인 주가배수에는 PER, PBR, PSR 등이 있다.

(1) 주가수익비율(PER)

□ PER의 의의

주가수익비율(PER : price earning ratio)은 주가를 주당순이익으로 나눈 것이다.

$$PER = \frac{\text{주가(Price)}}{\text{주당순이익}(EPS)} \tag{5.12}$$

이 지표는 일차적으로 기업이 벌어들이고 있는 한 단위의 이익에 대해 증권시장의 투자자들이 얼마의 대가를 지불하고 있는가를 뜻한다. 기업의 단위당 이익발생능력(수익가치)에 대한 상대적 주가수준을 나타낸 것이다. 주당이익에 비하여 주가가 몇 배인지를 나타낸다는 의미에서 이익승수(earnings multiples)라고도 한다.

□ 계산 사례와 그 의미

예를 들어, 현대건설(주)의 주가는 51,400원이고 주당이익은 1,810원이어서 PER는 28.4배이다. 반면 같은 건설업에 속하는 태영건설(주)는 주가가 13,200원, 주당순이익은 1,143원으로 PER는 11.5배 수준이다. 현대건설(주)의 주식투자자는 1원의 이익발생능력에 대해서 28배 정도의 대가를 지불하고 있는 반면, 태영건설(주)의 주식투자자는 11배 정도를 지불한다는 의미이다.

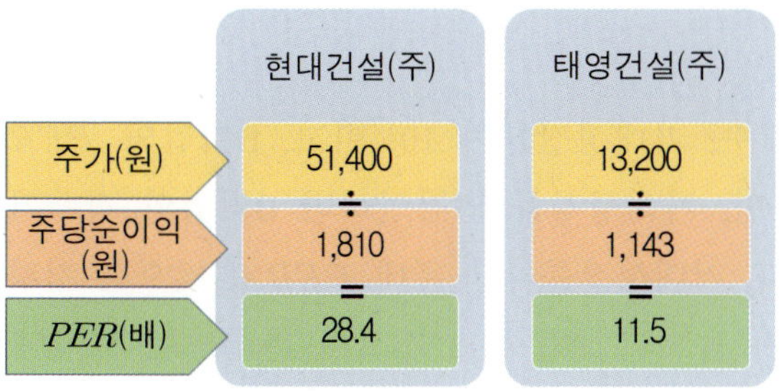

2) 가치투자에서는 주가배수가 낮은 주식을 가치주(value stock), 높은 주식을 성장주(growth stock)라고 부른다.

왜 이러한 일이 일어날까? 주당이익 1원은 명목상 화폐가치로 볼 때 똑같겠지만, 주가배수가 다른 것은 PER가 이익의 질(earning quality)의 차이를 반영하기 때문이다.

구체적으로 각 주식들간에 PER가 차이나는 원인(cross-sectional difference)은 다음과 같이 이익의 질적 차이를 가져오는 요인들에 의해서 설명될 수 있다.

① 기업의 미래성장률의 차이
② 영업위험, 재무위험의 차이
③ 회계처리방법(이익추정의 일관성, 보수성, 예측가능성)의 차이
④ 기업의 이익발생능력(시장에서의 경쟁적 지위, 경영자 능력)의 차이

이처럼 PER는 그 기업의 이익발생능력에 대한 질적 평가, 투자자의 신뢰도지수(confidence index)를 나타낸 것으로 해석할 수 있다. 앞에서 본 예의 경우 현대건설(주)가 미래성장률, 투자위험, 회계이익 과대계상 정도 등의 면에서 이익의 질에 대한 신뢰도가 태영건설(주)보다 높다고 해석할 수 있다.

❑ 성장률과의 대응을 통한 투자대상 평가

각 주식들간에 PER가 차이나는 가장 대표적인 원인은 각 기업의 미래성장률의 차이라고 할 수 있다. 그래서 PER를 기대성장률과 대응시켜 다음과 같이 계산한 PEG(PER to growth rate)를 활용하여 특정주식의 과대평가 또는 과소평가 판단에 활용할 수 있다.

$$PEG = \frac{PER}{\text{기대성장률}}$$

만약 A기업의 PER가 20배수, 기대성장률이 10%이고, B기업의 PER가 30배수, 기대성장률이 20%라면, 기대성장률을 감안하면 B기업의 경우가 과소평가되었다고 판단할 수 있다. 기대성장률이 높은데 PER가 낮으면 저평가, 기대성장률이 낮은데 PER가 높으면 고평가된 것으로 판단하는 것이다.

PEG는 인터넷 · 게임 · 바이오 등 성장산업의 주식평가에 그 유용성이 높다.

[그림 5-1] *PER* – 성장률 분석

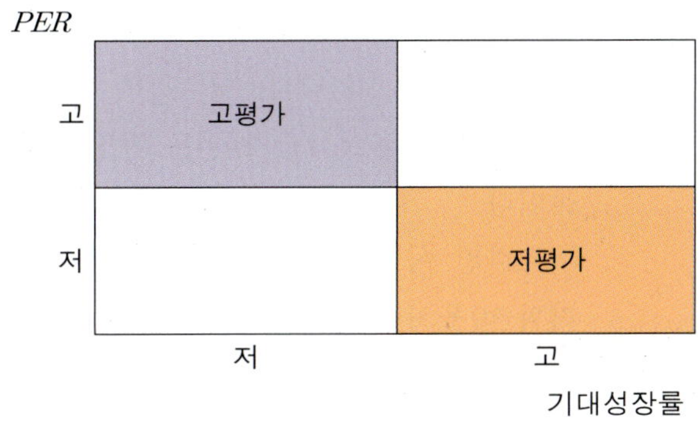

❑ *PER* 변화의 비교

가치평가방법의 하나로 *PER*의 변화를 상대적으로 비교하는 상대적 *PER* 평가방법을 적용해 볼 수 있다. 즉, 개별증권의 *PER*와 증시 전체의 평균 *PER* 혹은 산업평균 *PER*를 상호 비교하여 주가 상승 혹은 하락의 상대적 변화 정도를 평가하는 것이다. 또한 현재의 *PER*와 과거의 일정기간의 평균*PER*를 상호 비교함으로써 주가의 상대적 회복수준을 평가하기도 한다.

(2) 주당순자산비율(*PBR*)

❑ *PBR*의 의의

주당순자산비율(*PBR* : price to book value ratio)은 주가를 자기자본의 주당장부가치인 주당순자산(*BPS*=보통주 자본총계 / 발행주식수)으로 나눈 비율이다.

$$PBR = \frac{\text{주가(Price)}}{\text{주당순자산}(BPS)} = \frac{\text{자기자본 시장가치(Market value)}}{\text{자기자본 장부가치(Book value)}} \qquad (5.13)$$

여기서 보통주 자본총계(순자산)는 총자산에서 부채와 우선주를 차감한 금액이다. *PER*가 수익가치에 대비한 상대적 주가수준을 나타내는 지표인 반면에, *PBR*은 자산가치에 대비한 상대적 주가수준을 측정한 지표라는 데 근본적인 차이점이 있다. 또한 *PER*가 주가와 '수익'의 flow관계를 나타내는 데 비하여, *PBR*은 주가와 '순자산'의 stock관계를 나타내는 지표가 된다는 점에서도 차이가 있다. 왜냐하면 '수익'은 기간의 개념이 반영된 손익계산서 자료를 사용하고, '순자산'은 특정시점의 자료인 재무상태표에 근거하기 때문이다.

한편 이 식의 분자 분모에 발행주식수를 곱하면, 식 (5.13)의 오른쪽 마지막 비율처럼 자기자본의 시가총액과 자기자본의 장부가치의 비율이 되는데, 이처럼 총액기준으로 표시한 비율은 *M/B*비율이라고도 한다. 그러나 1주 단위든 총액기준이든 결국 계산되는 비율은 같을 수밖에 없다. *PBR*은 *PBV*(price to book value)비율 또는 *P/B*비율이라고도 한다.

*PBR*은 분자에 시장가치를, 분모에 장부가치를 대응시킨 것이므로 보통주의 주당가치를 평가함에 있어서 자기자본의 시장가치와 장부가치의 괴리의 정도를 평가하는 자기자본평가지표(equity valuation index)인 것이다.

❑ 계산 사례와 그 의미

예를 들어, 현대건설(주)의 주가는 51,400원이고 주당순자산은 58,029원이어서 *PBR*은 0.89배이다. 반면 같은 건설업에 속하는 태영건설(주)는 주가가 13,200원, 주당순자산은 13,509원으로 *PBR*은 0.98배 수준이다.

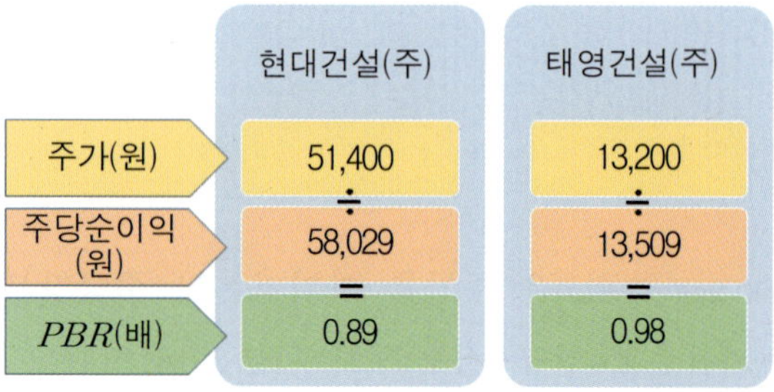

만약 재무상태표상에 보통주 1주에 귀속되는 주당순자산가치(장부가치)가 실질가치를 정확히 반영하게 되면 *PBR*은 1이 되어야 할 것이다. 그러나 대부분 기업들의 *PBR*은 주가(시장가치)와 주당순자산(장부가치)이 같지 않으므로 1이 아니다. 기업간 *PBR*에 차이를 보이는 것은 기업마다의 주당순자산의 질적 차이, 즉 제품시장에서의 경쟁상황, 현금창출능력, 주요 자산들에 대한 효율적 이용도, 자산의 노후화 정도 등이 다르기 때문이다.

*PBR*이 투자지표로서 중요도가 높아지고 있는 이유는 ① 투자전략적으로 *PBR*(*M/B*비율)이 낮은 포트폴리오일수록 초과수익이 크다는 실증분석 결과가 많다는 점, ② 고주가 시대에서는 *PER*가 높아지고 그 변동성이 커

지면서 투자지표로서의 유효성이 떨어진 반면에 *PBR*은 그렇지 않은 점, ③ 인플레이션 경제하에서와 산업에 따라서는 자산가치가 중요하다는 점 때문이다.

□ 자기자본순이익률과의 대응을 통한 투자대상 평가

PBR 결정요인의 하나는 자기자본순이익률(*ROE*)인 것으로 분석되고 있다. *ROE*와 *PBR*을 [그림 5-2]와 같이 연계시켜 고*ROE*·저*PBR* 주식은 저평가된 것으로, 저*ROE*·고*PBR* 주식은 고평가된 것으로 판단할 수 있다.

[그림 5-2] ***ROE*－*PBR* 분석**

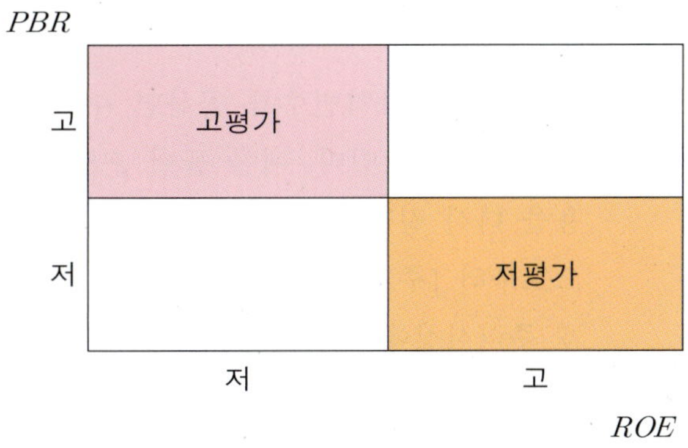

(3) 주가매출액비율(*PSR*)

주가매출액비율(*PSR* : price sales ratio)은 주가를 주당매출액으로 나눈 것으로, 기업의 외형적 척도인 주당매출액에 비교한 상대적 주가수준을 평가하는 지표이다.

$$\frac{P}{S} = \frac{\text{주가}}{\text{매출액} \div \text{발행주식수}} \tag{5.14}$$

기술주 중에는 처음 수년간 이익을 내지 못하여 수익가치를 평가할 수 없는 경우가 많다. 또 이들 기업은 우수한 인적자원은 많지만 비유동자산 투자가 작아 자산가치를 평가하기가 어렵기도 하다. 따라서 앞에서 소개한 수익가치평가모형이나 PER 모형 또는 PBR 모형을 적용하기 어렵다. 또 경제가 극도로 악화되어 대부분 주식의 수익가치와 자산가치가 크게 하락한 상황에서는 PER 모형이나 PBR 모형은 가치평가모형으로서의 유용성이 떨어지는 면이 있다. PSR 은 이러한 면을 보완하는 가치평가모형으로 사용되고 있다.

3. 주가배수를 이용한 적정주가의 추정

(1) 추정방법

주가배수에 가치변수를 곱하면 주가가 추정되는 관계에 근거하여 내재가치를 추정할 수 있다. 예를 들어 PER 를 이용하는 경우를 보자. 이미 배운 내용을 다시 정리하면, 그림과 같다. 즉 [PER = 주가 ÷ 주당순이익]이다. 이 식으로부터 [주가 = PER × 주당순이익]이 도출된다. 이때의 주가는 당연히 현재 주식시장에서 형성된 주가를 말하며 PER 역시 그 주가에 근거하여 계산된 것이다.

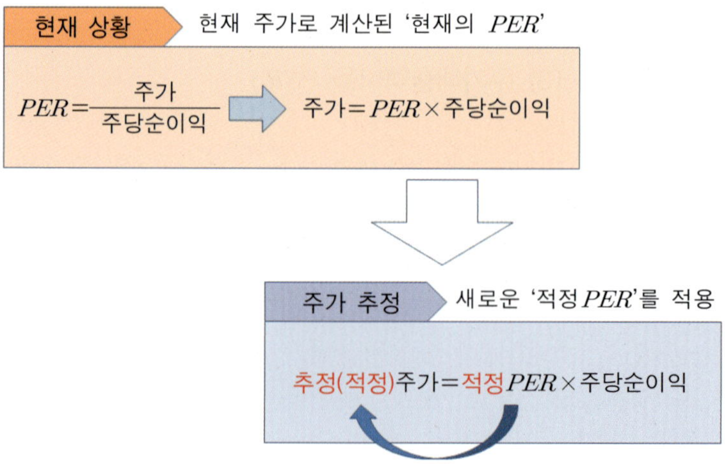

그렇다면 이 PER 가 그 기업의 진정한 가치를 대변하는 '적정PER'일

까? 아닐 수 있다. 그래서 적정 PER를 찾을 수 있다면 적정 PER로 바꿔 대입하면 그 기업의 적정주가가 추정되는 것이다.

PER와 같은 주가배수(PBR, PSR도 동일한 방법을 사용한다)를 이용하여 적정주가를 추정할 경우 분석의 요체가 되는 것은 적정주가배수를 추정하는 것이다. 적정주가배수는 두 가지 방향에서 추정해 볼 수 있다. 비교기업의 주가배수를 적용하는 방법과 가치평가모형에서 적정주가배수 결정요인을 도출하는 방법이다.

(2) 비교기업 주가배수의 적용

유사기업의 주가배수를 적정주가배수로 참조할 때에는 구체적으로 다음과 같은 방법을 적용해 볼 수 있다.

① 주관적으로 영업과 재무적 특성이 유사한 기업들의 주가배수를 이용
② 동종산업 또는 주요 경쟁업체의 평균주가배수를 이용
③ 당해기업의 과거 수년간의 평균주가배수를 이용

예를 들어, 삼성전자의 적정주가를 주가배수모형(상대가치평가방법)을 적용하여 추정한다면, 전자업 전체의 평균주가배수나, 전자업 내의 주요 경쟁업체의 평균주가배수를 적정주가배수로 대용하는 것이다. 또는 삼성전자의 과거 수년간의 주가배수에 회귀할 것으로 가정하여 삼성전자 과거 수년간의 평균주가배수를 이용할 수 있다.

(3) 가치평가모형에서 주가배수 결정요인 도출

주식의 이론적 가격이 배당평가모형에 의해서 잘 설명된다고 보고 이 모형으로부터 주가배수 결정요인을 도출할 수 있다. 이를 내재적 주가배수(intrinsic multiples)라고 부르기도 한다.

$$\text{적정 } PER = \frac{\text{배당성향}(1-\text{사내유보율}(f))}{\text{요구수익률}(k)-\text{성장률}(g)} = \frac{1-f}{k-f \cdot r} \quad (5.15)$$

$$\text{적정}\, PBR(M/B) = \text{자기자본순이익률}(ROE) \times (P/E) = \frac{ROE - g}{k - g} \tag{5.16}$$

$$\text{적정}\, PSR = \frac{\text{매출액순이익률} \times (1 - f)(1 + g)}{k - g} \tag{5.17}$$

단, M : 매출액순이익률(=순이익/매출액)

4. 상대가치평가모형의 유용성과 한계점

(1) 유용성

상대가치평가모형(주가배수모형)들이 갖는 공통적인 유용성은 주가배수들이 모두 간단한 회계정보를 이용하여 쉽게 이용할 수 있다는 점이다. 앞에서 설명한 바와 같이 단순히 주당이익 등과 비교하여 적정주가수준을 추정하거나 수익가치, 자산가치를 감안하여 상대적 주가수준을 평가할 때 매우 유용하게 사용될 수 있다. 배당모형에서처럼 자본비용 등의 추정이 필요하지 않다.

그간 증권투자의 실제에서도 시장이 비효율적인 것을 전제하여 저PER 주식의 포트폴리오가 투자수익이 높다고 보고, PER의 크기에 기초한 투자전략이 구사되기도 하였다. 이와 같은 측면은 학계의 실증분석의 연구결과에 의해서 뒷받침되고 있는데, 바수(S. Basu) 등은 저PER주식일수록 투자수익률이 높은 것을 실증적으로 보이고 있다.

(2) 한계점

반면에 상대가치평가모형(주가배수모형)의 공통적 한계점은 기본적으로 상대가치평가방법이라는 점이다. 이를테면, 과열된 시장 상황에서는 대부분 주식의 주가배수(PER 등)는 높은 수준일 터인데, 이 높아진 주가배수를 적정주가배수의 기준으로 삼을 경우 주가배수가 산업평균보다 낮다는 이유로 과소평가 판정을 내리는 오류를 범할 수 있다. 침체된 시장에서는 이와 반대되는 오류를 범할 수 있다.

(3) 유용성을 높이는 방법

한편 *PER*의 계산상의 문제점을 이해하고 계산방법을 개선하면 주가예측의 신뢰성을 높일 수 있다. 다음은 *PER*의 유용성을 높이는 방법들이다.

- **분자의 주가자료의 시점 선택**: 분자의 주가자료를 대응시킬 때 특정일의 종가를 사용하거나 일정기간 동안의 주가평균을 사용하는 방법이 있다. 후자의 방법이 분모의 주당이익 정보내용을 적절히 반영한다는 장점이 있다.
- **분모의 주당이익 자료의 선택**: 공식 발표 *PER*는 최근(과거) 사업연도의 주당이익자료를 사용하여 계산한다. 그러나 차기의 예측된 주당이익을 이용할 수 있다. 최근 주당이익을 사용한 *PER*를 실적*PER*(trailing *PER*)라고 하고, 예측된(또는 차기) 주당이익을 이용한 *PER*를 기대*PER*(forward *PER*)라고 한다. 주가는 미래의 예상이익을 반영한 것이기 때문에 기대*PER*를 이용하는 것이 논리적으로 합당한 면이 있다.
- **지속가능이익 기준의 *PER***: 주당이익(*EPS*)은 비반복적 부분과 반복적, 지속가능한 부분으로 나누어 볼 수 있는데, 일시적 손익을 제외시킨 지속가능 주당이익(persistent *EPS*) 기준의 지속가능*PER*를 적용하는 것이 더 예측력이 있다.
- **발행주식수 계산의 문제**: 보통 현재 발행주식수를 기준으로 하지만, 전환증권의 발행이 있으면 주식으로 전환될 경우 발행주식수가 증가하므로 주당이익을 희석화(diluted)시킬 주식수를 포함시키는 것이 합리적이다.[3]
- **경기순환기업의 *PER*, 부실기업의 *PER*의 적용**: *PER*의 크기는 분자보다는 분모(주당이익)의 크기에 따라 민감하게 변동하는 경향이 있다. 경기순환에 취약한 기업이나 매우 적은 이익을 낸 부실기업의 *PER*는 그만큼 변동성이 커서 *PER*의 신뢰성이 떨어진다. 실제로 *PER*는

3) 전환을 감안하지 않은 *EPS*를 Basic *EPS*, 희석화되는 것을 감안한 *EPS*를 Diluted *EPS*라고 부른다.

경기 역행적 성격이 있다. 즉, 경기저점에서는 *EPS*가 위축되어 높은 *PER*로 나타나는 반면에, 경기고점에서는 *EPS*가 커짐에 따라 낮은 *PER*로 나타나는 면이 있다.[4)]

- *PER*의 국제비교 : *PER*를 국제간에 비교하여 주가수준을 상대평가할 때에는 국가간에 회계처리방법(보수성, 투명성 등), 불확실성, 성장성, 세제 등 기업환경의 차이가 클 수 있으므로 *PER*의 국제비교에는 주의할 필요가 있다.

한편 개별 주가배수의 유용성과 사용상의 유의점을 정리하면 〈표 5-1〉과 같다.

〈표 5-1〉 주가배수모형의 유용성과 유의점 비교

주가배수모형	기본모형	유용성	유의점
*PER*모형	$P^* = \frac{P^*}{E} \times E_0$	• 간단한 회계정보를 이용	• 주당이익추정은 회계처리방법에 따라 달라짐 • 주가자료, 주당이익 측정의 문제 • 경기변동에 취약한 기업, (−)의 이익예상기업에 적용이 어려움
*PBR*모형	$P^* = \frac{P^*}{B} \times BPS$	• 간단한 회계정보를 이용 • (−)이익기업에 적용가능 • 비유동자산이 많거나, 자산가치가 높은 기업에 유용	• 주당순자산 추정은 회계처리방법(R&D회계)에 따라 차이 • 자산으로 잡히지 않는 자산항목이 많은 경우 적용 곤란
*PSR*모형	$P^* = \frac{P^*}{S} \times S$	• (−)이익, 자산가치가 문제되는 기업에 적용가능 • 회계처리방법에 적게 영향	• 매출액은 기본적으로 기업성과 추정치가 아님 • 비용구조차이를 반영하지 못함

---

4) 이와 같이 *PER*와 이익성장률의 음(−)의 상관관계를 몰로도브스키 효과(Molodovsky Effect)라고 한다. 경기변동에 따른 *PER*의 변동성 문제를 해결하는 방법으로는 ① 역사적 평균*EPS* 사용방법, ② $EPS = ROE$(자기자본순이익률)$\times BPS$(주당순자산)의 관계를 이용하여 평균*ROE*를 적용하는 방법이 사용될 수 있다.

보기 5

다음은 글로벌 자동차회사들의 *PER*이다. 한편 현대차의 과거 5년간의 평균 *PER*는 9.4이고, 예상 주당이익은 21,000원이다. 현대차의 적정주가를 얼마로 평가할 수 있는가?

	도요타	혼 다	포 드	현대차	평 균
PER	13.7	10.5	9.8	9.2	10.8

풀이 산업평균을 이용할 경우 : $P_0^* = P^*/E \times E_1 = 10.8 \times 21{,}000 = 226{,}800$원

과거평균을 이용할 경우 : $P_0^* = P^*/E \times E_1 = 9.4 \times 21{,}000 = 197{,}400$원

숫자로 본 세계 ▸▸▸ 코스피 200 *PER* · *PBR*, 신흥국보다 낮은 수준… 코리아 디스카운트 여전

코스피 200 기업의 *PER*(주가수익비율), *PBR*(주가순자산비율)이 선진국은 물론 신흥국보다도 낮은 수준으로 나타났다. 한국거래소는 2022년 결산 재무제표를 반영해 유가증권시장(코스피)의 투자지표를 전날(2023년 5월 2일) 종가 기준으로 산출해 보니 코스피 200 기업의 *PBR*이 0.9배로 집계됐다고 3일 밝혔다.

구 분*		*PER* (배)	*PBR* (배)	배당수익률(%)	구 분*		*PER* (배)	*PBR* (배)	배당수익률(%)
한국		**11.3**	**0.9**	**2.2**	신흥국	중국	13.7	1.4	2.6
선진국	미국	20.4	4.2	1.6		대만	12.6	2.2	4.4
	일본	16.3	1.4	2.4		인도	23.6	3.2	1.4
	영국	11.0	1.7	4.3		브라질	5.5	1.5	7.6
	프랑스	13.8	2.0	2.8		태국	22.5	1.9	2.9
	전체**	17.9	2.9	2.2		전체**	12.5	1.6	3.2

* 한국은 코스피 200 기준이며, 해외 주요 시장은 MSCI 국가지수 기준
** 선진국 전체에는 23개국, 신흥국 전체에는 24개국 포함

업종별 *PER*를 보면, 운송(3.2), 은행(4.1), 철강(6.3), 보험(6.5) 업종은 상대적으로 낮은 반면, 헬스케어(61.5), 미디어&엔터테인먼트(59.6) 업종은 상대적으로 높은 *PER*를 기록했다.

업종별 *PBR*의 경우, 은행(0.4), 증권(0.4), 유틸리티(0.4), 철강(0.5) 업종이 상대적으로 낮은 반면, 헬스케어(3.7), 기계장비(2.0), 미디어&엔터테인먼트(2.0) 업종은 상대적으로 높은 것으로 나타났다. 은행(6.4%), 방송통신(5.0%), 보험(4.2%), 증권(4.0%) 업종의 배당수익률이 높은 것으로 나타났으며, 헬스케어(0.3%), 기계장비(0.4%), 미디어&엔터테인먼트(0.5%) 업종은 상대적으로 낮았다.

업종의 배당수익률은 은행(6.4%), 방송통신(5.0%), 보험(4.2%), 증권(4.0%)이 높은 것으로 나타났으며, 헬스케어(0.3%), 기계장비(0.4%), 미디어&엔터테인먼트(0.5%) 업종은 상대적으로 낮았다. (자료 : 한국거래소)

제5절 주식평가모형의 비교와 적용

1. 각 모형의 종합 비교

본장에서 주식의 적정가격을 추정할 수 있는 모형으로서 수익가치모형(배당평가모형, 이익평가모형), 자산가치평가모형, 상대가치평가모형(*PER*, *PBR* 등의 주가배수모형)에 대하여 설명하였는데, 어느 가치평가모형이 보다 유효한 모형인가? 어느 모형을 적용할 것인지는 다음과 같은 선택기준을 고려할 필요가 있다.

- 평가대상기업의 특성에 보다 부합하는 모형을 선택해야 할 것이다.

〈표 5-2〉 제반 주식가치평가모형의 장단점 비교

종 류		기본모형	장 점	단 점
수익가치모형	배당평가모형	$S_0=\sum_{t=1}^{\infty}\frac{d_t}{(1+k_e)^t}$	• 추정이 간편	• 무배당기업에 적용불가 • 배당의 변동성이 큼 • 가정(내부금융의 가정 등)의 비현실성
	이익평가모형	$S_0=\sum_{t=1}^{\infty}\frac{E_t}{(1+k_e)^t}$	• 추정이 간편	• *EPS*는 회계처리방법에 따라 달라짐 • 재무구조차이에 영향을 받음 • 가정(내부금융의 가정 등)의 비현실성
자산가치모형		$BPS=\frac{\text{보통주 자본총계}}{\text{발행주식수}}$	• 추정이 간편	• 수익력은 고려하지 않음 • 재무상태표 신뢰가 전제되어야 함
상대가치모형		P_0^*=적정주가배수×가치변수 (주당순이익, 주당순자산…)	• 간단한 회계정보를 이용 • 적정주가 추정이 간편 • 자본비용, 잔존가치 추정이 불필요 • 간단하면서 주식수익률의 설명력이 높음	• 상대가치방법의 한계(비교기준의 적정주가배수와 상대적으로 높은지, 낮은지를 보고 과대·과소 평가 판단) • 가치변수 추정은 회계처리방법에 따라 달라짐

- 주어진 자료의 이용가능성과 질을 고려한다.
- 모형의 특징과 장단점을 고려하여 평가목적에 부합한 모형을 선택한다.
- 또한 한 가지 모형만을 사용할 것이 아니라 모든 모형을 이용하여 추정한 각 주가를 종합적으로 검토한다.

본장에서 설명한 제반 평가모형에 대하여 그 장단점을 정리하면 〈표 5-2〉와 같다.

2. 공모주식 발행가격의 결정

(1) 적정가격 결정의 중요성

신규 상장기업의 최초공모주식(IPO : initial public offerings)이 얼마의 가격으로 발행되어야 하는지는 증권투자자, 투자금융회사, 발행회사, 증권감독기관 모두에게 있어서 중요한 문제이다. 너무 높은 가격으로 발행되면 공모물량이 소화되지 못하여 자본조달에 차질을 볼 수 있고 그로 인해 금융회사는 적지 않은 자금부담을 질 수 있다. 만약 낮은 가격으로 발행되면 반대의 상황이 될 것이다.

그간의 조사에 의하면 최초공모주식의 가격은 대체로 적정가격 이하로 발행(underpricing)되는 경향이 있어, 많은 나라에서 적지 않은 초과수익을 얻는 것으로 나타나고 있다. 우리나라 또한 최초공모주식의 투자수익이 상당한 것으로 알려져 있다. 최초공모주식의 초과수익이 가능한 것은 신규 발행증권에 대한 수요가 공급보다 많다는 점, 발행회사가 공모주식의 미매각에 따른 발행위험을 축소하려는 경향에 기인하는 것으로 분석되고 있다.

(2) 결정과정

공모가격의 결정은 우리나라의 경우 IPO 발행회사와 대표주간회사가 기관투자가들을 대상으로 공모희망가격(밴드)을 제시하고 물량을 100% 소화시킬 수 있다고 판단되는 공모가격의 수준을 조사하는 수요예측(book building)방법

을 통하여 이루어진다.[5)]

(3) 가격결정구조

공모희망가격 제시를 위한 가치평가방법은 지금까지 배운 방법을 사용한다. 즉 본질적 내재가치(자산가치와 수익가치의 가중평균)를 추정하는 방법과 상대가치평가방법이 사용된다. 전자는 기업가치를 고평가할 가능성이 높아 최근에는 후자의 방법을 주로 활용하는 추세이다.

후자인 상대가치평가법에서는 앞서 배웠던 PER와 PBR, PSR을 활용하는 방법 외에 $EV/EBITDA$값을 활용하는 방법도 있다. 통상적으로는 유사한 사업모델(business model)을 가진 동종업계 기업의 평균PER를 활용한다. $EV/EBITDA$를 사용하는 경우는 설비투자와 감가상각 규모가 큰 제조업의 경우, 그 기업이 자본을 이용해 얼마만큼의 현금흐름을 창출할 수 있는지 살펴보고자 할 때이다. 물론 이상의 방법을 함께 사용하기도 한다.

$EV/EBITDA$는 해당기업의 내재가치(수익가치)와 기업가치를 비교하는 지표이다. EV(enterprise value)는 기업가치를 시장가격으로 나타낸 것이고, $EBITDA$(earnings before interest, taxes, depreciation and amortization)는 세금과 이자를 내지 않고 감가상각도 하지 않은 상태에서의 이익으로 현금흐름대용치로 많이 쓰인다.

EV와 $EBITDA$ 각각의 계산방법은 다음과 같다.

$$EV = \text{시가총액} + \text{순차입금}(\text{총차입금} - \text{현금과 예금}) \tag{5.18}$$

단, 시가총액에는 우선주도 포함

$$EBITDA = \text{영업이익} + \text{감가상각비}(\text{무형자산 감가상각비 및 유형자산 감가상각비}) \tag{5.19}$$

이 지표는 기업가치가 기업이 순수한 영업활동에서 벌어들이는 현금흐

5) 신규상장절차는 상장예비심사신청 → 상장예비심사 → 공모 → 신규상장신청의 순으로 진행되는데, 공모의 단계에서 수요예측을 실시하고 공모가격을 결정한다.

를 대비 몇 배인지 대략적으로 나타낸다. 만약 $EV/EBITDA$가 2배인 기업이 있다면 그 기업을 시장가격(EV)으로 매수했을 때 그 기업이 벌어들인 이익($EBITDA$)을 2년간 합하면 투자원금을 회수할 수 있다는 의미이다. 이 비율이 낮다면 회사의 주가가 기업가치에 비해 저평가되었다고 볼 수 있다.

어떤 경우든 상대가치평가법에서는 비교기업 선택이 매우 중요하다. 비교집단에 어떤 기업을 넣느냐에 따라 산정되는 공모가가 달라질 수 있기 때문이다. 이 때문에 비교집단 기업에 대한 논란이 끊이지 않고 있다.

현장에선 ▸▸▸ 센서뷰, 프리IPO 밸류보다 낮은 가격 설정… 전략 통할까?

코스닥 상장을 추진하는 센서뷰가 공모가를 프리IPO(상장 전 지분투자) 당시 가격보다 낮은 수준으로 설정해 주목된다. 2일 투자은행(IB) 업계에 따르면 센서뷰는 오는 3~4일 양일간 공모가 결정을 위한 기관투자자 수요예측을 치른다. 센서뷰는 지난 2015년 설립된 5G 케이블·안테나 전문기업으로 코스닥 입성을 앞두고 있다. 이번 상장을 통해 최대 140억원의 자금을 조달한다는 계획이다. 센서뷰는 상장 후 기업가치를 1,000억원에 조금 못 미치는 수준으로 잠정 결정했다. 공모가 희망밴드를 2,900~3,600원으로 제시했는데, 여기에 상장예정주식수(2,593만 7,910주)를 곱하면 752억~934억원의 기업가치가 나온다.

주관사인 삼성증권과 상의해 피어그룹(유사기업)으로 뉴욕증권거래소(NYSE)에 상장된 암페놀(AMPHENOL CORP-CLA), 도쿄증권거래소(TYO)에 상장된 히로세일렉트릭(HIROSE ELECTRIC CO LTD), 스위스증권거래소(SWX)에 상장된 후버수너(HUBER+SUHNER AG-REG) 3곳으로 선정했다. 이들의 최근 실적을 기준으로 한 평균 주당수익비율(PER)은 20.29배다.

기술특례상장제도를 통해 기업공개(IPO)절차를 밟고 있는 센서뷰는 2025년 추정 당기순이익을 토대로 기업가치를 계산했다. 순이익 추정치는 128억원이며, 20%의 할인율을 적용한 현재가치는 77억원이다. 여기에 피어그룹 평균PER 20.29배, 적용주식수 등을 고려해 주당 평가가액 5,685원을 산출했다.

주식회사 센서뷰의 미래 추정순이익 기준 주당 평가가액 산출

구 분	산 식	산출내역
2025년 추정 당기순이익	(A)	12,763백만원
연 할인율	–	20%
2025년 추정 당기순이익의 2023년 1분기말 기준 현재가치	(B)=(A)÷(1.20^2.75)	7,730백만원
적용PER	(C)	20.29배
기업가치 평가액	(D)=(B)×(C)	156,825백만원
적용주식수	(E)	27,585,960주
주당 평가가액	(F)	5,685원

구 분	내 용
비교기업 평균PER 배수	20.29배
공모 할인율	48.98%~36.67%
공모 시가총액 산정시 적용PER 배수	10.35배~12.85배

눈에 띄는 부분은 주당 평가가액에 48.98~36.67%의 높은 공모 할인율을 적용했다는 점이다. 이로 인해 잠정 결정된 공모가는 상장에 앞서 투자받을 당시보다 낮은 수준이다. 삼성증권은 "제품 설계, 생산 기술력을 고려했을 때 기업가치 산정시 PER 20.29배를 적용하는 게 타당하나, 투자자 친화적 가격 책정과 공모주주에 대한 혜택 등을 고려해 적용PER를 대폭 할인했다"라며 "이는 국내 5G 기업의 평균PER보다 낮은 수준"이라고 설명했다. (블로터, 2023.7.2)

주요 용어

수익가치	청산가치	자산가치
배당평가모형	정률성장모형	이익평가모형
성장기회의 현재가치	자산가치평가모형	상대가치평가모형
주가배수	주가수익비율(*PER*)	*PEG* 비율
주당순자산비율(*PBR*)	주가매출액비율(*PSR*)	*EV/EBITDA*

연습문제

1. 수익가치평가모형이란 무엇이며 어떤 것들이 있는가?

2. 배당평가모형과 이익평가모형의 관계에 대해서 설명하시오.

3. 이익평가모형 적용에서 성장하는 기업과 성장하지 않는 기업은 어떻게 다른가?

4. 자산가치모형이란 무엇인가?

5. 주가수익배수에는 어떤 것이 있으며 각각의 특징에 대해서 설명하시오.

6. 주가수익배수는 투자시에 어떻게 활용되는가?

7. 상대가치평가모형을 이용한 주가추정방법에 대해서 설명하시오.

8. 공모주 주가 산정방법에 대해서 설명하시오.

CHAPTER

6

기술적 분석

제 1 절　기술적 분석과 다우이론

제 2 절　시장동향분석

제 3 절　주가도표분석

본장에서는 기술적 분석에 근거하여 투자시점을 포착하려는 여러 가지 기법을 다룬다. 다음은 본장의 학습목표로서 이해해야 할 주요 사항들이다.

- 기술적 분석의 가정과 특징은 무엇인가?
- 다우이론에서는 강세시장과 약세시장으로의 전환점을 어떻게 예측하는가?
- 기술적 분석에서는 주가와 거래량의 관계를 어떻게 파악하고 있는가?
- 차트분석을 통하여 주가변동의 패턴을 찾는 방법에는 어떤 것이 있는가?
- 이동평균선과 같은 기술적 지표를 이용하여 투자시점을 어떻게 포착하는가?

제1절 기술적 분석과 다우이론

생활속에서 ▸▸▸

유명 주식 블로거인 스탁 웨이브는 '존슨앤존슨(JNJ)'의 주식 펀더멘탈과 기술적 추세선을 보면 2023년 신고가를 기록할 것으로 예상된다면서 투자 의견을 '매수'로 제시했다. 2023년 존슨앤존슨의 주식은 약간의 변동성을 보일 수는 있지만, 신고가를 기록할 것으로 예상된다. 단기적으로 주가의 하방 가능성이 크지만 그 후 주가는 제5파동이 향후에 나타나면서 200달러를 돌파할 것으로 예상된다.

이러한 주가파동의 움직임이 나타난다면 지난 10월에 기록했던 159달러가 하방 지지선이 될 확률이 높다. 이 기술적 파동 추세선에서 더 주목해야 할 부분은 상승 여지다. 존슨앤존슨의 주식은 역대 신고가를 기록하고 그 범위에서 상당기간 거래될 가능성이 높다. 그 이유는 파동의 정도(degree)에 달려 있다.

존슨앤존슨 주식의 장기파동 차트를 보면 중간 주기의 제4파동에 근접해 있다. 다음으로 예상되는 파동범위는 프라이머리(primary) 제5파동과 사이클(cycle) 제3파동보다도 높을 것으로 예상된다.

존슨앤존슨 주식의 가격 추세선과 파동을 잘 분석해 보면 향후에 나타날 파동은 상승파동이며 역대 최고가를 기록할 것으로 예상된다. (인포스탁데일리, 2022.12.28 편집)

#기술적추세선 #제3,4,5파동 #주가파동 #하방지지선 #장기파동

1. 기술적 분석의 의의와 특징

(1) 기술적 분석의 의의

제4장에서 설명한 기본적 분석은 주식의 내재가치를 추정하기 위하여 경제동향, 산업구조, 기업특성요인 등 경제적·재무적 요인 등을 분석하는 것이다. 이와 달리 기술적 분석(technical analysis)은 과거 일정기간의 주가나 거래량의 체계적인 움직임을 발견하여 주가변동의 반복되는 패턴을 찾음으로써 미

증권투자시에 모든 투자자가 현실적으로 직면하는 문제는 '언제 살 것인지' 또는 '언제 팔 것인지' 등 매매타이밍에 관한 것이다. (그래픽 : LG블로그)

래 증권가격을 예측하고 매매시점을 정하려는 방법이다. 내재가치를 결정짓는 기본요인들을 고려하지 않고, 다만 과거의 주가동향, 시장동향, 거래량의 움직임에 관한 자료를 기초로 하여 미래 주가를 예측하고자 하는 기법이다.

기술적 분석은 다우이론(Dow theory)이 제시되면서 체계화되었다. 기술적 분석에서 시도되는 투자시점 포착의 방법은 크게 두 가지로 나누어 볼 수 있다. 하나는 증권시장 전체가 앞으로 강세시장이 될 것인지, 약세시장이 될 것인지의 전환시점을 예측하는 일반시장분석이고, 또 하나는 주가도표에 의해서 특정 주식선정에 이용하는 주가도표분석이다.

(2) 기술적 분석의 특징

기술적 분석은 구체적으로 다음과 같은 기본가정에서 출발하고 있다.

① 주가에는 시장이나 기업에 관한 모든 것이 반영되어 있다. 그리고 이 주가는 수요와 공급에 의해서만 결정된다.
② 주식에 대한 수요·공급은 이성적 요인뿐만 아니라 비이성적·심리적 요인 등을 포함한 복합적 요인에 의해서 이루어진다.
③ 수요·공급 요인에 대한 주가반응은 서서히 이루어지며, 주가의 움직임은 장기적으로 특정한 추세를 형성하면서 변화한다.
④ 수요·공급의 변화는 변화의 원인에 관계없이 주가가 움직이는 양상(패턴)을 봄으로써 알아낼 수 있으며 도표(chart)에 의해서 추적될 수 있다.
⑤ 도표에 나타나는 여러 가지 패턴은 스스로 반복하는 경향이 있다.

기술적 분석은 이러한 가정이 충족해야 성립가능한 분석기법이다. 단기투자자들에게 많이 이용되고 있으며 투자시점의 포착과 증권시장의 전환점 예측에 도움을 준다.

이 분석방법의 대부분의 기법은 도표(차트)를 통해 분석하는 것이다. 이러한 점에서 기술적 분석에 의해서 증권분석을 시도하는 사람들을 차티스트(chartist)라고 부른다. 기술적 분석은 시장에는 잘못 평가된 증권이 존재한다는 가정과 증권을 개별적으로 분석한다는 점에서는 기본적 분석과 유사한 면이 있다.

2. 다우이론

본래 다우이론(Dow theory)은 증권시장의 장기추세를 확인하여 강세시장(bull market)이나 약세시장(bear market)으로 전환하는 시기를 예측하는 것이 주목적이었다. 이를 위해서 다우는 주가변동을 다음의 세 가지로 구분한 바 있다([그림 6-1] 참조).

① 주변동 : 1~10년에 걸친 증시의 장기추세
② 2차변동 · 부변동 : 보통 2주 내지 수개월에 걸친 중기추세
③ 일일변동 : 매일매일의 주가움직임

[그림 6-1] 주가변동의 추세 : 주변동, 부변동, 일일변동

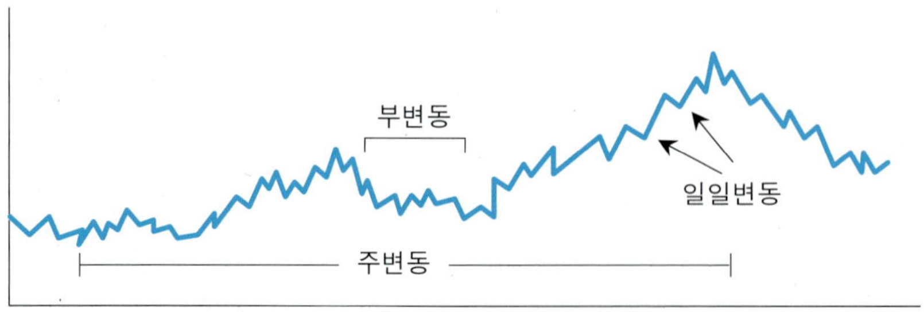

다우이론에서는 단기변동은 고려하지 않고, 지금까지의 부(중기)변동들의 변화양상을 분석하여 주(장기)변동으로 바뀌는 시기를 알려주는 신호를 포착한다. 이러한 주변동의 전환을 알려주는 신호는 [그림 6-2]에 표시된 것과 같은 불임점(abortive point)으로 보고 있다.

[그림 6-2] 주가변동의 전환점 발견

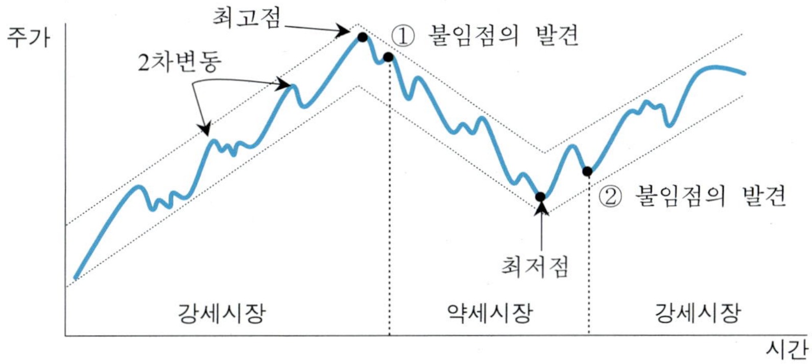

주변동이 상승추세에서 하락추세로 전환되는 경우의 불임점은 [그림 6-2]에서 ①의 경우처럼 2차변동의 최고점이 선행하는 최고점보다 낮을 때이다. 반대로 주변동이 하락추세에서 상승추세로 전환되는 경우의 불임점은 [그림 6-2]에서 ②의 경우처럼 2차변동의 최저점이 선행하는 최저점보다 높을 때를 가리킨다. 이러한 방식으로 반복되는 주가변동 패턴을 파악하면 적절한 투자시점의 포착이 가능하다고 보는 것이다.

다우이론을 실제 적용하는 데에는 몇 가지 문제점이 지적되고 있다. 주변동과 부변동의 구분이 명확하지 못하고 투자위험이 전혀 고려되고 있지 못하다는 점이다. 또한 사후적으로 주가자료를 얻어야 동향분석이 가능하므로 엄격한 의미에서 사전예측방법으로는 한계가 있다. 그러나 증권 실제에 있어서는 이를 응용한 수많은 소프트웨어 패키지가 개발되어 실무에 크게 적용되고 있는 분석방법임을 부인할 수 없다.

3. 엘리엇 파동이론

엘리엇(Eliot)은 장기간의 주가변동은 일정한 법칙하에 반복적으로 움직인다는 사실을 발표한 바 있다. 엘리엇 파동이론에 의하면 가격변동은 5번의 상승파동과 3번의 하락파동, 모두 8번의 상하파동으로 구성된다고 본다. 1번, 3번, 5번은 상승파동이며, 2번과 4번은 조정파동이다. 1번에서 5번까지 상승국면이 끝나고 하락국면이 시작되면 이 파동들은 다시 3개의 a, b, c 파동으로 이어진다. a, c 파동은 하락파동이며 b파동은 조정파동이다.

한편 각각의 파동은 충격파동과 조정파동으로 구성되는데, 충격파동은 전체적인 시장의 움직임과 같은 방향으로 형성되는 파동이다. 1번, 3번, 5번, a파동 그리고 c파동은 충격파동에 속한다. 반면에 조정파동은 이러한 움직임을 거슬리는 방향으로 형성되는 파동으로서, 2번, 4번과 b파동이 이에 속한다.

[그림 6-3] 엘리엇 파동이론

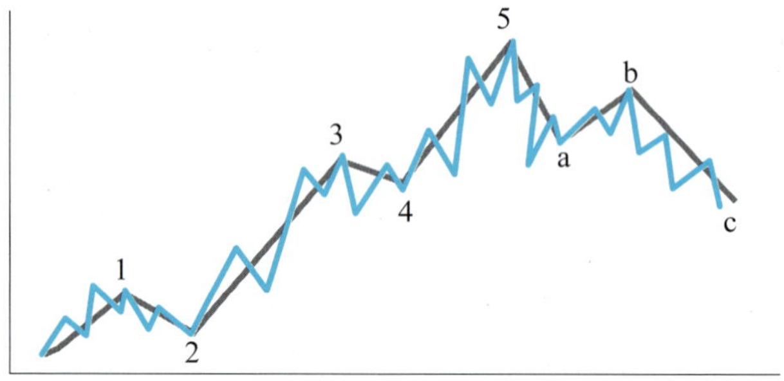

제2절 시장동향분석

생활속에서 ▸▸▸

NICE그룹의 금융지원 서비스기업인 한국전자금융의 주가는 2023년 6월 29일 오후 3시 17분 현재 전날보다 10.61% 오른 7,300원에 거래되고 있다. 이날 거래량은 전일 대비 301.5% 급증하면서 최근 5거래일 거래량의 최고치를 넘어섰다. 한국전자금융의 2022년 매출액은 전년 대비 21.2% 늘어난 2,889억원이고, 영업이익 또한 전년 대비 32.2% 늘어난 189억원을 기록했다. 이 회사의 매출액 증감률과 영업이익 증감률은 각각 코스닥 상위 35%, 상위 36%에 해당된다. (조세금융신문, 2023.6.29 편집)

#주가 #거래량

미래 주식시장의 전반적인 동향을 예측하려는 투자기법에는 앞에서 설명한 다우이론 이외에도, 시장이 강세인지 약세인지를 예측하는 ADL분석, 투자심리선 분석, 거래량분석, 수요 · 공급분석, 반대의견 이론 등의 일반시장 동향 분석(general market analysis)방법이 있다.

1. ADL 분석

시장의 폭(breadth-of-market)이란 증권시장을 상승세 또는 하락세로 이끄는 시장 '내부세력의 강도'를 말한다. 간단히 시장의 폭(breadth)이라고도 부른다.

내부세력의 강도를 측정하는 대표적인 방법은 등락선을 그리는 것이다. 등락선(ADL : advance decline line)은 매일매일의 상승종목수에서 하락종목수를 차감한 등락차를 누계하여 선도표로 그린 것이다. 이 ADL이 하락하게 되면 시장내부세력이 약화(약세시장)되고 있음을 뜻하고, 상승하게 되면 시장내부세력이 강화(강세시장)되고 있음을 암시한다.

[그림 6-4]는 코스피의 2023년 6월 26일부터 1개월간의 시장의 폭이다. 파란선이 폭을 나타내는데, 이를 보면 시장의 동향은 주황색인 지수의 움직임과는 달리 움직이기도 한다는 사실을 알 수 있다.

[그림 6-4] 코스피 등락선

(자료 : 한국거래소)

2. 시장의 상대적인 심리 강도 지표

(1) TRIN 또는 ARMS 지수

TRIN(TRading INdex) 또는 ARMS 지수는 주식시장 전체 또는 특정업종의 주가가 상승추세로 반전할 것인지 하락 반전할 것인지를 보여주는 지수이다. Richard Arms가 개발했다. 다음과 같이 계산한다.

$$\text{TRIN} = \frac{\text{상승종목수} / \text{하락종목수}}{\text{상승종목의 거래량} / \text{하락종목의 거래량}} \tag{6.1}$$

이 지표는 시장과 반비례 관계에 있다([그림 6-5] 참조). 지표가 1보다 클 경우 또는 상승하면 거래량에 비해 상승하는 종목수가 많은 경우로 이는 약세장(시장의 하락기조)을 나타내고, 반대로 지표가 1보다 작을 경우 또는 하락하면 거래량에 비해 상승하는 종목수가 적은 경우로 이는 강세장(시장의 상승기조)을 나타낸다고 본다. 값이 1이면 중립이다. TRIN값이 0.5 아래로 떨어지면 "패닉성 매수세"로, 2를 상회하면 "패닉성 매도세"를 나타내는 것으로 해석하기도 한다.

다만, 이 지표는 거래되는 주식수만을 단순하게 반영하기 때문에 시가총액이 큰 종목들의 영향력이 시가총액이 작은 종목들보다 상대적으로 작을

[그림 6-5] 코스피 TRIN

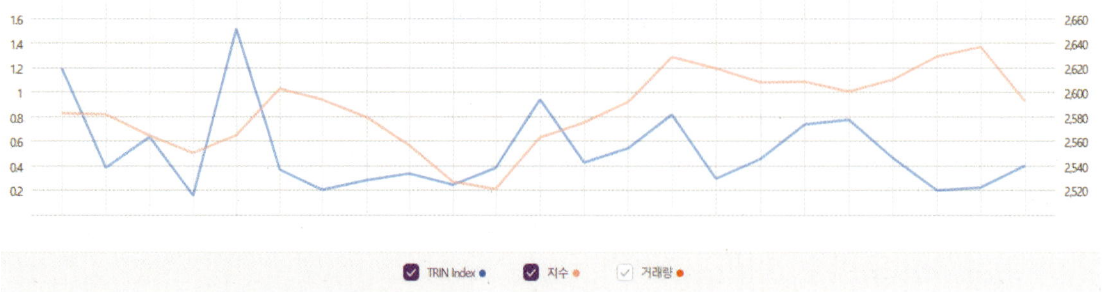

(자료 : 한국거래소, 2023.7.1～7.25 기간)

수밖에 없다는 지적이 있다.

(2) 투자심리선 분석

주식시장은 투자심리에 의해서 과열 또는 침체를 보이는 경우가 많다. 투자심리선(psychological line)은 투자심리의 변화를 일정기간 동안(단기간) 파악하여 과열 또는 침체 상황을 파악하여 만든 지표이다. 작성방법은 최근 10일(또는 12일)[1] 동안 전일 대비 상승일수를 누계하여 10(또는 12)으로 나누어 %로 나타낸다.

투자심리선이 50%를 중심으로 75% 이상이면 과열상태로 보고, 25% 이하이면 침체상태로 보며, 25～75% 사이는 정상으로 본다.

$$\text{투자심리선} = \frac{\text{10일(또는 12일) 동안 주가상승일수}}{\text{10(또는 12)}} \times 100 \qquad (6.2)$$

[그림 6-6] 삼성전자의 투자심리선

종목명	현재가	대비	등락률(%)	시가	고가	저가	거래량(주)	거래대금(원)
삼성전자	70,000	▼ 400	-0.57	70,000	70,500	69,800	14,314,945	1,002,552,964,539

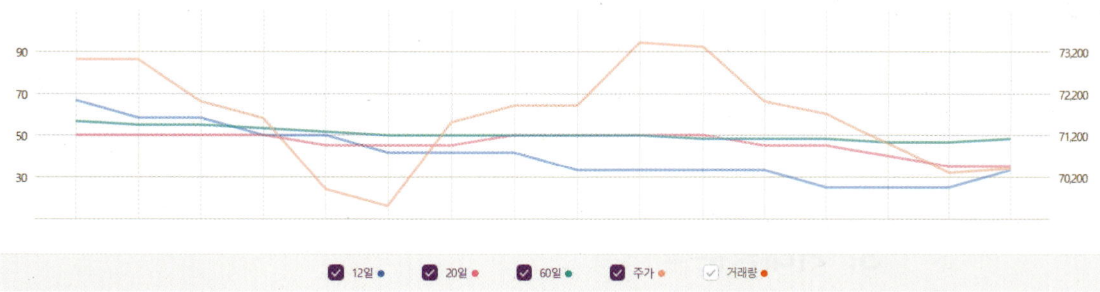

(자료 : 한국거래소, 2023.7.1～7.25 기간)

---

1) 원래는 12일 거래일 기준으로 계산했다. 인간의 심리변화 주기가 12일이라는 주장에 근거한 것이라는 일부 의견이 있으나 필자의 생각으로는 과거 주식이 토요일까지 주 6일 거래되던 시기에는 2주일간의 기간인 12일을 사용했을 것이다. 이후 주 5일 근무제로 금요일에 한 주간의 거래가 종료된 이후에는 2주일간의 기간인 10일을 사용하는 것으로 보인다.

코스피를 대상으로 상승일수를 계산하면 시장 전체의 단기적인 투자심리 상태를 파악할 수 있고, [그림 6-6]과 같이 개별기업의 투자심리선을 도출하여 개별주식을 분석할 수도 있다. 75%를 넘으면 과열이므로 매도신호, 25% 이하가 되면 침체이므로 매수신호로 본다.

하나 더 ▶▶▶ 공포와 탐욕지수(Fear & Greed 지수)

이 지수는 미국 CNN Money가 개발하여 발표하고 있는 지수이다. 시장 참여 투자자들이 얼마나 낙관적 또는 비관적인지를 측정하여 현재 주식시장의 투자심리를 파악하려는 지수이다. 지수의 범위는 0(극단적 공포)에서 100(극단적 탐욕)까지로 설정되어 있다. 일반적으로 20 이하에서는 시장이 공포를 느끼고 있어서 매수시점으로, 80 이상에서는 시장이 거시적 탐욕을 느끼고 있어서 매도시점으로 판단하기도 한다.

2023년 7월 27일의 공포와 탐욕지수

이 지수는 미국 증권시장의 7가지 요소－주가 강도(stock price strength), 주가 폭 (stock price breadth), 시장 모멘텀(market momentum), 안전자산 수요(safe haven demand), 풋&콜옵션(Put and Call Options), 정크본드 수요(Junk Bond demand), 시장 변동성(market volatility)－를 근거로 산출하는데, 기술적 분석의 주요 요소가 많이 포함되어 있음을 알 수 있다. 워런 버핏(Warren Buffet)의 "타인들이 욕심을 부리면 두려워하고, 그들이 두려워할 때는 욕심을 내라"라는 주장과 일맥상통하는 지수라고 볼 수 있다.

우리나라도 코스피 200 변동성지수(VKOSPI)가 있고 이 지수를 한국형 공포지수라고 부르기도 하는데, 이는 미국 시카고옵션거래소(CBOE)의 변동성지수인 VIX(Volatility Index)에 가깝다고 할 수 있다.

(CNN Business 외)

3. 거래량분석

증권가격은 증권의 수요와 공급에 의하여 결정되는데, 증권수급관계는 1차적으로 거래량 동향에 의해서 측정된다. 따라서 거래량이 주가에 선행한다고 할 수 있으므로 거래량 동향분석을 미래 시장동향이나 특정주식의 주가예측에 활용할 수 있다.

주가와 거래량의 상관관계에 대하여 다음과 같은 원리가 제시되고 있다.

① 내리막 시장에서의 거래량 증가는 주가의 지속적인 하락을 의미한다.
② 오르막 시장에서의 거래량 증가는 주가의 지속적인 상승을 의미한다.
③ 내리막 시장에서의 거래량 감소는 상향국면으로의 전환을 암시한다.
④ 오르막 시장에서의 거래량 감소는 하향국면으로의 전환을 암시한다.

거래량을 활용하는 주요 지표로는 다음과 같은 것들이 있다.

(1) 거래량이동평균선

거래량이동평균을 구하여 매매신호를 찾아내는 데 이용할 수 있다. 5일 이동평균선과 20일 이동평균선이 많이 활용된다. 5일 이동평균선은 최근 5일간의 거래량합계를 거래일 5로 나누어 이동평균을 구한다.

$$\text{거래량(거래대금) 5일 이동평균} = \frac{V_1 + V_2 + \cdots\cdots + V_5}{5} \tag{6.3}$$

단, V_1 : 최근 5일 전의 거래량(거래대금)
V_5 : 1일 전의 거래량(거래대금)

5일 이동평균선이 20일 이동평균선을 상향돌파하면 거래량을 증가시키는 추세이고, 반대로 하향돌파하면 거래량을 감소시키는 추세이다. 매입시점

[그림 6-7] 거래량이동평균선과 데스크로스, 골든크로스

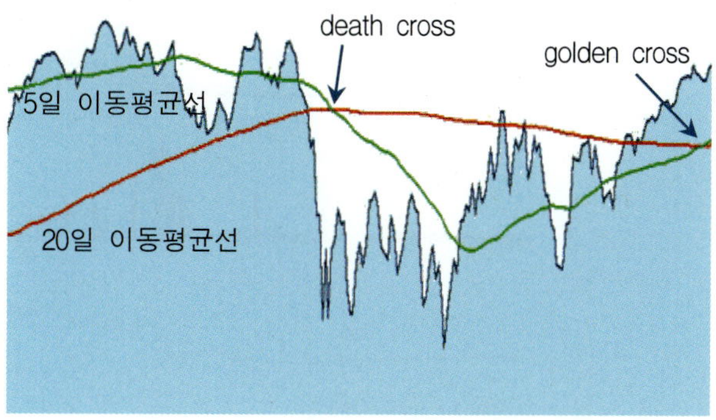

은 거래량이동평균선의 기준기간이 짧은 이동평균선(예컨대 5일 이동평균선)이 긴 이동평균선(예컨대 20일 이동평균선)을 상향돌파하는 경우(골든크로스)이고, 하향돌파하면(데스크로스) 매도시점이 된다.

(2) OBV(on balance volume)지표

주가가 상승한 날의 거래량에서 주가가 하락한 날의 거래량을 차감하여 이를 누적적으로 집계하여 구한 것이다. 이 지표에서는 증권에 대한 매집과 분산활동에 관한 정보가 얻어진다고 본다.

실제의 증권시장은 침체된 시장일지라도 시장의 내부활동을 살펴보면, 한쪽에서는 다가올 강세시장에 대비하여 조금씩 매도물량을 흡수하여 축적해 가는 매집활동이 진행되는 경우가 많다. 이러한 투자형태는 강세시장에서도 마찬가지여서 시장이 천장수준에 접근해감에 따라 그동안 큰 폭의 차익을 획득한 매물들이 크게 늘어난 수요를 조금씩 충족시켜 가면서 처분되는 분산활동이 나타난다.

[그림 6-8]을 보면 주가가 꾸준히 상승(그림 상단)하고 있으며 본격적으로 상승 국면으로 들어가면서 거래량도 갑작스럽게 증가(그림 중단)하는데 이때부터 OBV도 크게 커졌음을 볼 수 있다. 이후 OBV가 완만해짐을 볼 수 있다.

[그림 6-8] 위메이드의 OBV(그래프 하단의 주황색 선)

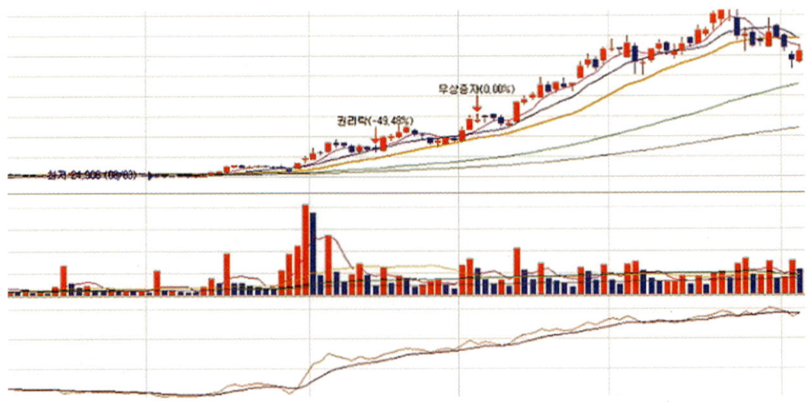

(자료 : 신한투자증권)

(3) 매수 · 매도불균형 지표

매수 · 매도불균형 지표는 시장 전체 또는 특정업종의 모든 종목에 대해 하루 동안의 매수자주도거래량을 매도자주도거래량으로 나눈 값이다. 매수(도)자 호가가 제출되어 거래가 성사된 것일 경우 매수(도)자주도거래로 구분하여 계산한다. 값이 1보다 클수록 시장이 매수방향임을 나타내고 1보다 작을수록 시장을 매도방향으로 해석한다.

[그림 6-9] 매수 · 매도불균형 지표

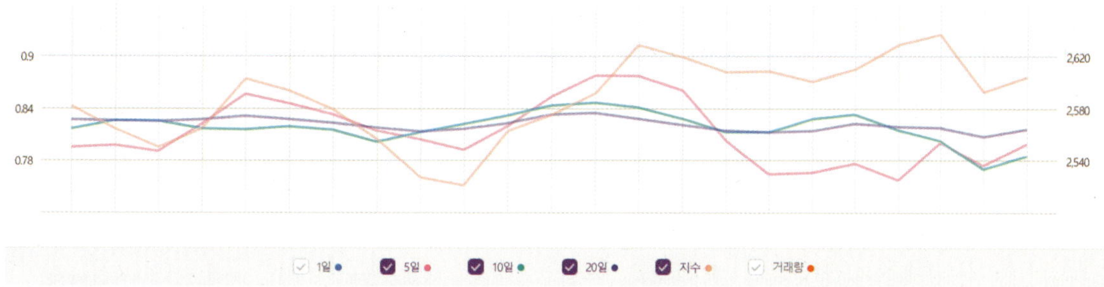

(자료 : 한국거래소, 2023.7.1~7.25 기간. 거래량과 1일 기준의 지표는 제외함)

제3절 주가도표분석

1. 도표의 종류

기술적 분석에서 많이 활용되고 있는 도표로는 선형도표, 캔들차트, 점수도표 세 가지가 있다.

선형도표(line chart)는 매일매일의 종가를 직선으로 연결한 도표이다. 개별

주식의 종가뿐만 아니라 매일매일의 주가지수를 직선으로 연결하여 시장추세를 보여주기도 한다([그림 6-10] 위 그림).

캔들차트(candle chart) 또는 봉형도표(bar chart)는 일정기간 동안의 시가(始價), 종가, 최고가, 최저가를 수직의 막대모양에 나타낸 도표이다. 일별 거래량도 봉으로 표시한다. 캔들차트는 패턴분석에 많이 이용된다([그림 6-10] 아래 그림).

[그림 6-10] 선형도표(위), 캔들차트(아래)

(자료 : 다음증권(각 그림의 하단 선은 ADL, 중단의 막대그래프는 거래량, 상단은 가격임. 가격에서 세 개의 선은 각각 20일, 60일, 120일 이동평균선))

P&F도표 또는 점수도표(point and figure chart)는 매일매일의 주가변화를 그대로 나타내는 것이 아니라 가격변동의 일정한 폭(예를 들어 500원, 1,000원)을 정해놓고, 주가가 이 기준폭 이상으로 변동할 때마다 일정한 기호(보통 계속적인 상승은 ×, 하락은 ○표시)로써 가격변동의 방향과 크기를 그려나가는 것이다.

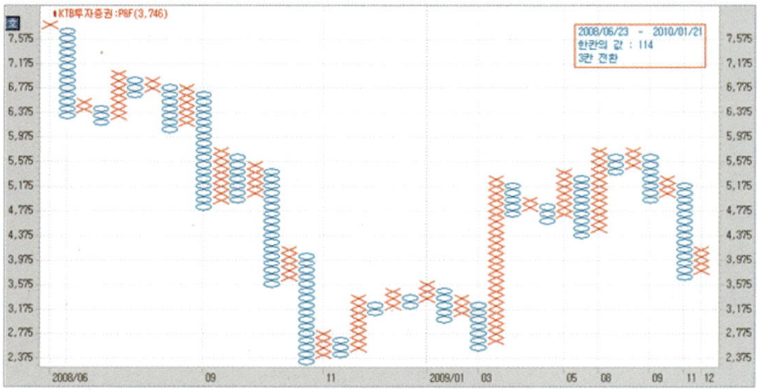

(자료 : KTB투자증권)

캔들차트에 의한 분석은 특정한 패턴이 발견되더라도 시발점의 선택이 상당히 주관적이라는 결점을 지니고 있는데, 점수도표분석은 시간적 요소를 제거시켜 주는 대신에 추세의 전환점을 발견하고 주가가 어느 수준까지 변동할 것인지 그 목표가격까지 예측할 수 있게 해준다는 특징을 지니고 있다.

2. 패턴분석

도표분석의 목적은 적절한 매매시간을 예측하는 것으로서, 여러 가지 수준에서 예상되는 수요(매입세력)의 강도와 공급(매도세력)의 압력을 파악함으로써 주가동향을 예측하는 데 있다. 패턴분석(pattern analysis)은 주가변동 중에서 시세의 천장권이나 바닥권에서 일어나는 전형적인 패턴을 찾아냄으로써 주가흐름이 상승국면인지 하락국면인지의 전환시점을 포착하는 방법이다.

주가변동의 전형적인 패턴을 찾는 방법은 여러 가지가 있으나, 대표적인 몇 가지를 소개하면 [그림 6-11]과 같은 유형들이 있다.

[그림 6-11(a)]는 주가변동의 「천장」(top)권을 나타내는 패턴들이고, [그림 6-11(b)]는 주가변동의 「바닥」(bottom)권을 나타내는 패턴들이다. 기술적 분석가들은 이처럼 여러 가지 패턴으로부터 주가의 상승·하락동향을 예측하는 근거를 시장에너지의 축적과 분산으로 설명하고 있다.

[그림 6-11] 주가도표의 패턴분석

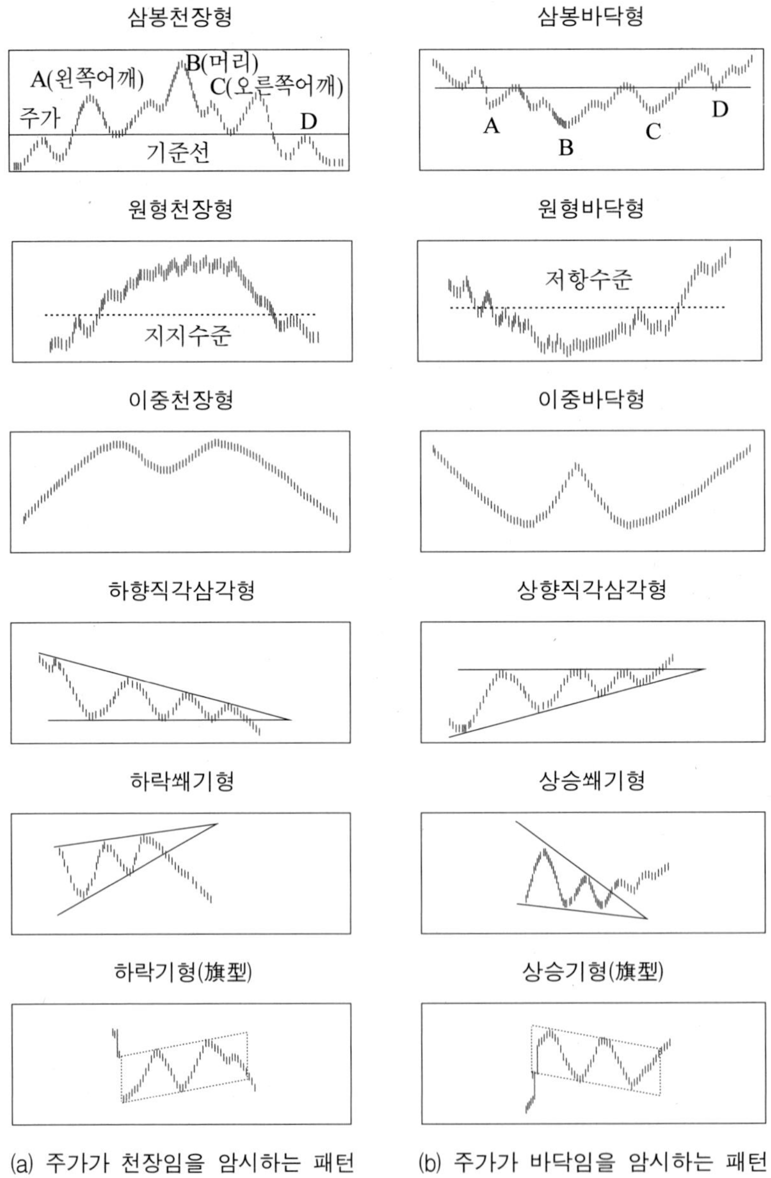

[그림 6-12] **전형적인 이중천장형의 실제 자료**

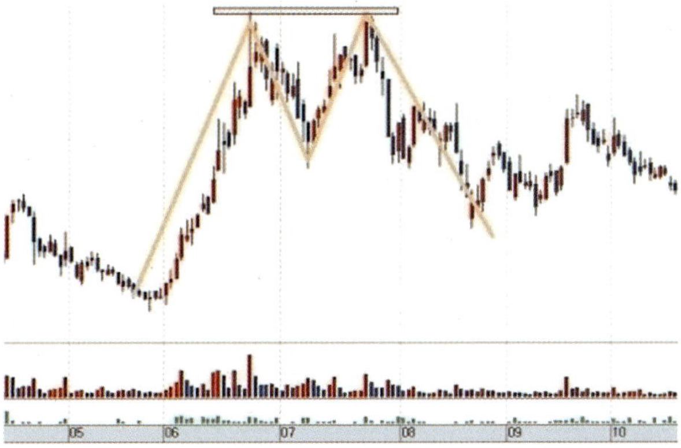

(아프리카TV(주), 자료 : 블로그 '하늘바람')

3. 주가이동평균분석

주가이동평균분석은 단기변동에서 나타나는 불규칙성(비정상적인 변동)을 제거하고 시장 전체의 유연한 주가흐름, 장기적 변동추세를 파악하기 위해서 시도된다. 이동평균에 의해서 추세분석을 할 때에는 투자목적에 따라서 기간이 달라지는데, 장기추세로는 120일 이상의 이동평균선, 중기추세로는 60일 이동평균선, 단기추세로는 5일, 20일 이동평균선이 많이 이용된다.

단 · 중장기 이동평균선을 이용하여 주가를 예측할 때에는 골든크로스와 데스크로스를 확인하는 것이 도움이 된다. 골든크로스(golden cross)는 단기(20일) 또는 중기(60일) 이동평균선이 중기(60일) 또는 장기(120일) 이동평균선을 아래에서부터 위로 뚫고 올라갈 때 발생하며, 증시는 강세시장으로 전환한다고 본다. 데스크로스(death cross)는 반대로 중기 이동평균선이 장기 이동평균선을 위에서부터 아래로 뚫고 내려갈 때 발생하며, 증시는 약세시장으로 전환한다고 본다.

[그림 6-13] 주가이동평균분석 사례

(SK하이닉스, 자료 : 블로그 '송펀드')

4. 이격도분석

이동평균선을 이용한 유효한 투자기법으로서 이격도분석(disparity)이 있다. 이것은 보다 단기적인 투자시점을 포착하기 위한 것으로 지행성(遲行性) 지표인 이동평균선의 결점을 보완하고 있다. 주가와 이동평균선의 관계에서 주가가 이동평균선으로부터 멀리 떨어져서 크게 괴리되는 현상을 이격도가 높아진다고 한다. 이격도는 당일의 주가를 당일의 이동평균치로 나눈 것을 말한다.

$$\text{이격도} = \frac{\text{당일의 주가(종합주가지수)}}{\text{당일의 이동평균주가(이동평균주가지수)}} \times 100 \qquad (6.4)$$

주가는 이동평균선으로부터 멀어지면 언젠가는 다시 이동평균선으로 되돌아오려는 경향이 있다. 즉 주가가 이동평균선보다 높아 괴리도가 커지면 다시 이동평균선으로 하향하게 되고, 낮으면 다시 이동평균선으로 상향하려는 특성을 지닌다. 이러한 주가와 이동평균선의 괴리도를 측정하여 지표화한 것이 이격도이다.

증권시장이 상승국면에 있을 경우에는 20 · 60일의 이격도가 98% 수준이면 매입시점으로 보고, 20일의 이격도가 106%, 60일 이격도가 110%가 넘으면 매도시점으로 본다. 반면에 증권시장이 하락국면에 있을 경우에는 20일 이격도가 92%, 60일 이격도가 88% 수준이면 매입시점으로 보고, 20일 이격도가 102%, 60일 이격도가 104% 수준이면 매도시점으로 본다.

5. 상대적 강도분석

상대적 강도(relative strength)란 강세시장이나 약세시장에서 어떤 주식의 가격이 시장 전체의 움직임이나 다른 주식의 가격에 비하여 상대적으로 민감하게 변동(상승 혹은 하락)하는 정도를 말한다. 상대적 강도가 높은 주식은 강세시장에서는 다른 주식이나 시장 전체보다 빠른 속도로 상승하고, 약세시장에서는 보다 빠른 속도로 하락한다.

상대적 강도를 측정하는 한 방법으로 RSI(relative strength index)가 있다.

$$RSI = \frac{\text{특정기간 상승폭 합계}}{\text{특정기간 상승폭 합계} + \text{특정기간 하락폭 합계}} \times 100 \qquad (6.5)$$

투자전략에 활용하는 것은 RSI값이 70 이상일 때에는 과열국면신호로서 매도시점, 30 이하일 때에는 침체국면신호로서 매수시점으로 보는 것이다.

[그림 6-14] 현대건설의 RSI

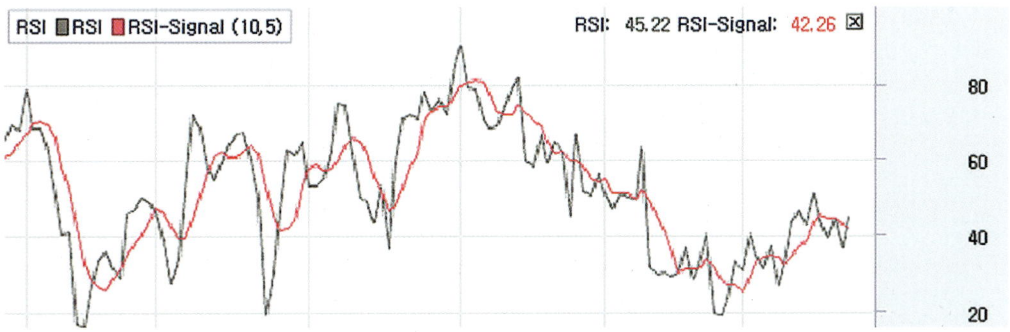

(자료 : 다음증권)

주요 용어

기술적 분석	다우이론	주변동, 부변동
엘리엇 파동이론	시장동향분석	등락선(ADL)
TRIN 또는 ARMS 지수	투자심리선	공포와 탐욕지수(Fear & Greed 지수)
거래량분석	OBV지표	매수 · 매도불균형 지표
주가도표분석	캔들차트(candle chart)	P&F도표
패턴분석	주가이동평균분석	골든크로스
데스크로스	이격도분석	상대적 강도

연습문제

1. 기본적 분석과 기술적 분석의 공통점과 차이점을 설명하시오.

2. 다우이론으로 증권시장 추세 변화를 어떻게 분석하는지 설명하시오.

3. 엘리엇 파동이론에 대해서 설명하시오.

4. 시장동향분석의 각 방법이 어떤 의미가 있는지 설명하시오.

5. 주가도표분석이란 무엇인가?

6. 주가 및 거래량의 단기, 중기 및 장기 이동평균선은 어떤 용도로 활용되는가?

7. 상대적 강도분석이란 무엇이며 어떻게 활용하는가?

CHAPTER

7

증권시장의 효율성

투자성과는 '이용하는 정보'와 '분석능력'에 좌우된다고 할 수 있다. 현대 투자론에서는 투자성과에 큰 영향을 미치는 '증권정보의 역할'에 대한 다양한 이론과 실증적 연구결과를 제시하고 있다. 본장은 이러한 내용에 대해서 다음을 중심으로 다룬다.

- 효율적시장 가설이란 무엇이며 어떤 형태가 있는가?
- 효율적시장은 어떤 특성이 있으며, 효율적시장에서 증권분석은 유용한가?
- 효율적시장 가설을 지지하는 실증적 증거들과 그에 반하는 시장이례현상에는 어떤 것들이 있는가?

제 1 절 효율적시장의 개념과 특성

생활속에서 ▶▶▶

오늘 장중에 공시된 몇몇 상장사들의 1분기 실적을 살펴보다 보니 실망스러운 숫자들이 많이 보이더군요. 특히 소형주일수록 그리고 코스닥시장 종목일수록 매출액이 전년 동기 대비 -20% 이상 감소한 경우가 많이 보이고 영업이익이나 순이익은 이보다 더 심각하게 감소한 경우들이 제법 많이 있었습니다.

오늘의 공시

[2023-05-15 14:57] 오늘의 공시는 30초 단위로 갱신됩니다.

전체 (835) + | 유가증권 (188) + | 코스닥 (387) + | 코넥스 (2) + | 기타 (258) + | 5% · 임원보고 (13) + | 펀드공시 (44) + | My공시 (0) +

	시간	시장	회사	공시
	2023.05.15 14:57	기타법인	삼성헬스토리	동일인등출자계열회사와의상품 · 용역거래변경
	2023.05.15 14:57	유가증권시장	지역난방공사	증권발행실적보고서
●	2023.05.15 14:57	유가증권시장	티웨이홀딩스	분기보고서 (2023.03)
●	2023.05.15 14:57	코스닥시장	다보링크	분기보고서 (2023.03)
●	2023.05.15 14:57	기타법인	에스에프씨	분기보고서 (2023.03)
●	2023.05.15 14:57	코스닥시장	디케이락	분기보고서 (2023.03)
●	2023.05.15 14:57	유가증권시장	동양	[기재정정]분기보고서 (2023.03)
●	2023.05.15 14:57	코스닥시장	신라섬유	분기보고서 (2023.03)

스몰캡과 코스닥 종목 중 상당수의 주가가 작년부터 선조정받기는 하였지요. 하지만 당시 주가 조정이 이번 1분기 실적과 같은 미래 실적을 선반영했다 하더라도, 막상 오늘 실적 공시라는 뚜껑을 열어보니 "너무한데"라는 말이 저절로 나올 정도라면 오늘 장중 또는 내일까지의 주가는 마치 놀란 토끼처럼 이리저리 날뛸 수밖에 없습니다.

결국 오늘 장중 코스피지수나 대형주들은 상대적으로 선전하는 가운데, 개별 종목 단위 특히 소형주에서는 실망스러운 실적이 뒤늦게 공시되면서 주가가 무겁게 흘러가는 현상이 나타나고 있습니다.

대형주는 효율적시장 성향이 강하기에 이미 실적이 좋든 나쁘든 주가에 충분히 선반영된 경향이 있지만, 소형주로 갈수록 정보가 주가에 반영되어 있지 않은 비효율적시장 성향이 있기 때문이지요.

(인베스팅, 2023.5.15 편집)

#공시 #주가선반영 #효율적시장 #비효율적시장

본장에서 다루는 효율적시장 이론은 "시장이 각종 '정보'를 반영하여 증권의 가격을 얼마나 정확하게 결정하는가"라는 증권의 가격행태(price behavior)에 관한 이론이다. 본절에서는 증권가격 결정과 시장효율성의 개념에 관한 내용에 대하여 살펴본다.

1. 증권가격의 결정과정과 효율적시장

(1) 증권가격의 결정과정

증권시장의 중요한 기능 중 하나는 **적정가격형성기능**이다. 그러나 증권시장의 적정가격형성기능은 저절로 작동하는 것은 아니다. 증권시장이 효율적일 때 가능하다. 그렇다면 효율적 증권시장이 되기 위해서는 어떤 조건이 필요한가? 이를 이해하기 위해 먼저 **증권가격의 결정과정**에 대하여 살펴보자.

증권의 시장가격은 [그림 7-1]에서 보는 것처럼 일반상품의 시장가격과 마찬가지로 일차적으로는 증권에 대한 수요와 공급에 의해서 결정된다. 투자자의 수요와 공급에 영향을 미치는 요인은 크게 다음 세 가지 정도로 정리할 수 있다.

[그림 7-1] 증권가격의 결정과정과 시장효율성

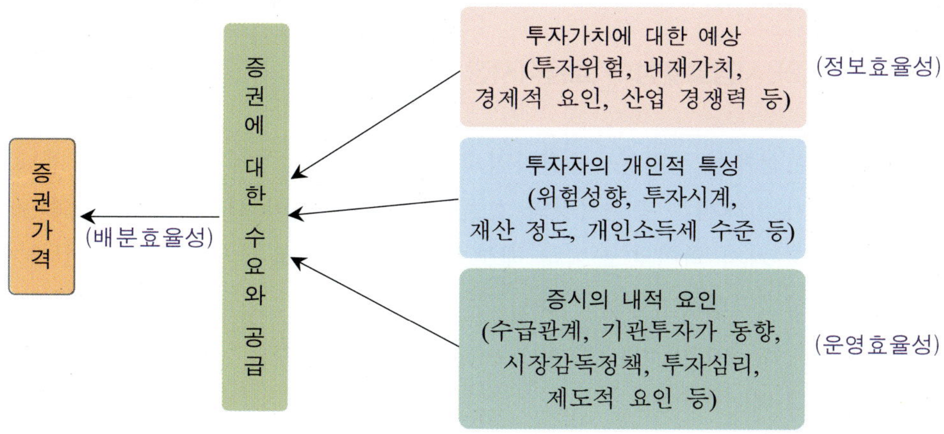

❑ 투자가치에 대한 예상

증권의 수요·공급에 가장 큰 영향을 미치는 것은 특정증권이 지니는 투자가치에 대한 투자자의 예상이다. 투자자들은 기본적으로 투자대상증권이 지니는 내재가치와 시장가격을 비교하여 매수·매도 투자결정을 하게 된다. 특정증권의 투자가치는 기업내적 요인만이 아니고 경기변동, 이자율, 환율, 물가상승률과 같은 증시의 외적, 경제적 요인의 변동에 의해서도 영향을 받는다.

❑ 투자자의 개인적 특성

투자자의 위험에 대한 태도, 장단기 투자유형, 재산 정도, 개인소득세 수준 등과 같은 투자자 개인의 특성도 사람에 따라 정도의 차이는 있으나 증권의 수요·공급에 영향을 미친다.

❑ 증시의 내적 요인

증권에 대한 수요·공급은 증시의 제도적 요인, 증권의 시장수급상황, 기관투자가의 동향, 증권당국의 시장규제조치와 같은 증시의 내적 요인에 의해서도 영향을 받는다. 제도적 요인의 보기로는 거래수수료, 가격제한폭 등이 있다. 단기간에 많은 기업의 증권이 공개되거나 유상증자 물량이 갑자기 많아지면서 시장수급에 영향을 미치기도 한다. 증권회사, 자산운용사, 보험회사, 연금기금 등과 같은 기관투자가의 경우, 자금사정 등이나 증권당국의 시장관리정책도 증권가격 형성에 적지 않은 영향을 줄 때가 있다.

(2) 시장효율성과 효율적시장

이상에서 살펴본 '증권가격의 결정과정'에서 가격형성기능이 제대로 발휘되기 위해서는 증권시장의 효율성이 유지되어야 한다. 증권시장의 효율성은 여러 가지 의미로 쓰이나 배분효율성, 정보효율성, 운영효율성이 유지될 때 적정가격형성기능을 기대할 수 있다.

❑ 배분효율성

배분효율성(allocational efficiency)이란 증권에 대한 수요와 공급이 원활히 이루어져 균형가격이 형성되고 이 가격이 경제 전체로는 자원의 효율적 배분을 가능하게 하는 것을 말한다. 이를테면 투자에 따른 불확실성(위험과 비용)을 고려한 후 가장 높은 한계수익을 얻을 수 있는 기업들에 자금이 공급되고, 비효율적으로 기업활동을 하는 기업들은 시장에서 도태되도록 증권가격이 형성되면 자원의 효율적 배분을 기대할 수 있다. 이와 같은 배분효율성이 유지되기 위해서는 다음에 설명하는 두 가지의 효율성, 즉 운영효율성과 정보효율성이 뒷받침되어야 한다.

❑ 운영효율성

운영효율성(operational efficiency)이란 증권시장 운영의 제도적 측면에서 마찰이 적어 거래 또는 자원의 이전이 원활하게 이루어지는 내부효율성(internal efficiency)을 말한다. 원활한 거래가 이루어지기 위해서는 거래비용(transaction cost)이 최소화되어야 하고, 원하는 시점에 적정가격에 신속히 사고팔 수 있는 유동성(liquidity)이 좋아야 한다.

❑ 정보효율성

정보효율성(informational efficiency)이란 증권가격에 이용가능한 모든 정보가 신속하고 정확히 그리고 충분하게 반영되고 있는 것을 말한다. 증권의 투자가치에 영향을 주는 기업경영의 효율성에 관한 정보 등이 즉각적으로 완전히 증권가격에 반영되는 가격효율성(pricing efficiency)이 발휘될 때만이 증권시장의 가격형성기능이 제 기능을 발휘할 수 있다.

자본시장이론에서 설명하는 '시장효율성'은 이상의 세 개념 중에서 정보효율성을 가리킨다. 즉 증권가격이 이용가능한 정보를 신속·정확·충분히 반영하는 시장을 '효율적시장'의 의미로 사용하고 있다. 따라서 시장에서 거래비용 등 마찰적 요인이나 독점적 요인이 존재하더라도 정보효율적시장이 될 수 있다.

2. 효율적시장의 특성

시장이 효율적시장이라면 다음과 같은 행태적 특성을 보일 것이다. 연구자들은 이러한 특성을 중심으로 시장이 효율적인지 검증을 하고 있다.

(1) 주가의 무작위적 변화(random walk)

효율적시장에서의 연속적인 증권가격 변동은 무작위적(random)이어야 한다. 즉, 과거시점의 가격변화와 현재시점의 변화는 상관관계가 없어야 한다.

이는 다음과 같은 이유 때문이다. 우선 과거의 정보는 증권가격에 이미 반영되어 있다. 미래의 주식가격은 미래의 새로운 정보에 따라 달라진다. 그 새로운 정보는 예측불가능 · 무작위적(random) · 독립적(independent)으로 발생되고, 발생되면 수많은 증권분석가들의 경쟁적인 활동에 의해서 즉각적으로 평가되어 가격에 반영되기 때문이다. 따라서 증권시장이 효율적이라면 오늘의 증권가격 변화는 과거에 발생한 주가변화와 완전히 무관하다.

(2) 새로운 정보에 대한 신속 · 정확한 주가반응

효율적시장에서의 증권가격은 증권의 가치평가에 관련된 새로운 정보가 발생하면 이에 대해 신속하고 정확하게 반응한다.

증권시장에는 매일 수많은 정보가 유입된다. 증권시장이 효율적이라면 시장에 정보가 전파되자마자 증권가격은 이들 정보에 신속하게 반응한다. 효율적시장에서는 정보수집처리과정이 신속하기 때문이다.

또한 시장가격이 새로운 정보에 편의 없이(unbiased) 반응해야 한다. 즉 [그림 7-2]의 ①의 경우처럼 새로운 정보에 대한 가격반응은 그 정보가 증권가치에 대해 지니는 진정한 의미에 대해 신속하고 정확해야 한다. ②의 경우처럼 지연된 반응(delayed reaction)을 보인다든지, ③의 경우처럼 과잉반응(overreaction)을 보인 다음에 추후 수정되는 형태를 보인다면 효율적시장이라고 볼 수 없다.

[그림 7-2] 새로운 정보발생에 대한 주가반응의 형태

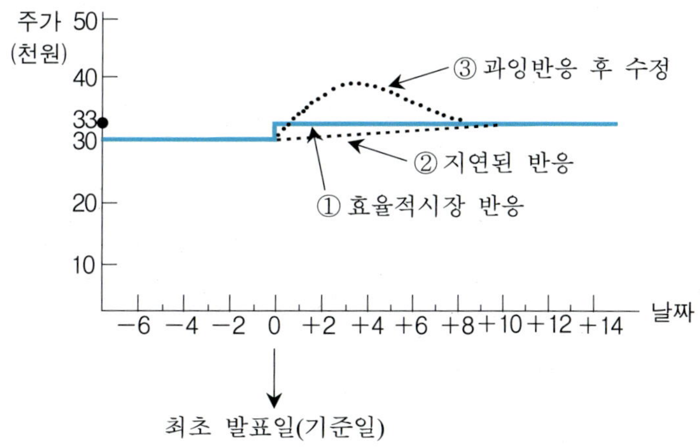

(3) 성공적인 투자전략의 부재

효율적시장에서는 어느 시점에서 이용가능한 정보에 기초한 투자전략이나 거래규칙을 수립하여 미래 투자에 적용했을 때 평균투자수익률 이상의 투자성과를 지속적으로 획득할 수 없다.

시장이 효율적이라면 이용가능한 특정정보에 기초한 투자전략이 세워졌을 때 그 투자전략은 한순간은 유효할지 모른다. 그러나 이 투자전략의 내용과 정보가치가 신속하게 알려지고, 모든 투자자들이 이를 모방하게 되므로 곧 이 투자전략의 정보가치와 초과수익이 사라진다. 지속적으로 평균 이상의 투자수익을 얻는 것이 불가능해지는 것이다.

(4) 전문투자자의 보통수준의 투자성과

효율적시장에서는 특정정보를 알고 있는 전문투자자들과 모르고 있는 일반투자자들의 평균적인 투자성과 사이에는 의미 있는 차이가 없다. 만약 성과차이가 존재한다면 그것은 우연적인 것이며, 주가에 반영되지 않은 정보를 발견하는 능력 면에서도 체계적이고 영속적인 차이를 보일 수 없다.

효율적시장에서는 일반투자자보다도 더 많은 사적 정보나 내부정보를 가지고 있더라도 평균 이상의 투자성과를 지속적으로 얻을 수 없다. 왜냐하면 효율적시장에서는 주가에 영향을 미칠 사적 정보라도 사전에 시장에서 평가될 것이므로 아직 주가에 반영되지 않는 어떠한 정보를 근거로 투자해도 초과수익을 얻을 수 없다. 예를 들어 투자신탁과 같은 전문투자자 그룹이 다양한 정보원과 탁월한 증권분석능력으로 때로는 아직 주가에 반영되지 않은 정보를 근거로 투자하더라도 지속적으로 초과수익을 얻을 수 없다.

3. 효율적시장에서의 증권분석

현실의 증권시장이 효율적시장이라고 믿는 입장에서 보면, 과소·과대 평가된 증권을 식별해내려는 증권분석가의 노력과 투자자들이 이에 대한 대가(정보이용료, 수수료 등)를 지불하는 행동은 무의미할 수 있다. 초과수익을 얻고자 하는 여러 가지 형태의 투자분석기법(기본적 분석, 기술적 분석 등 포함)이나 투자전략이 아무런 쓸모가 없다고도 주장할 수 있다. 이미 모든 정보가 증권가격에 반영되어 있기 때문이다.

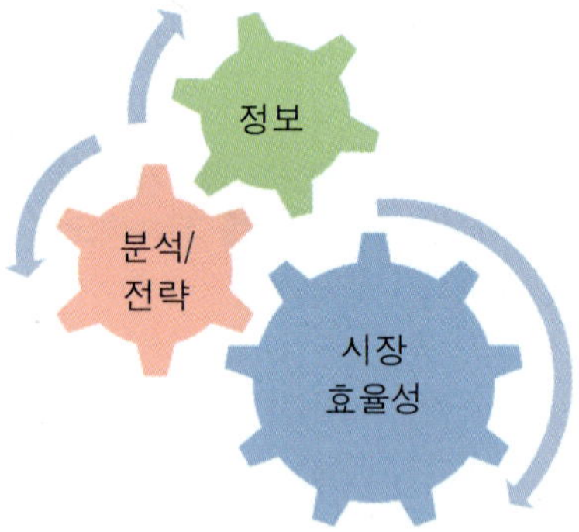

그렇다면 현실의 세계에서 과대·과소 평가된 증권을 발견하려는 노력이나 이를 자문하는 증권분석가 또는 투자금융회사, 자산운용회사가 성업하고 있는 현실을 어떻게 설명할 것인가?[1] 효율적시장 이론과 증권분석이론은 서로 모순되는 것인가?

증권분석의 유용성을 믿는 입장에서는 나름대로의 반론을 제시하고 있다.

효율적시장과 증권분석의 유용성의 관계는 서로 맞물려 있다. 시장이 비효율적이라고 믿고 다양하고 깊이 있는 증권분석이 경쟁적으로 시도될수록 결과적으로 증권가격에 관련 정보가 신속하게 반영되어 효율적시장이 되어가는 것이다. 사실 증권분석은 시장이 효율적으로 되어가는 데 유용할 뿐만 아니라, 시장효율성 유지에 핵심적인 역할을 한다는 하나의 역설(paradox)이 존재한다.

---

1) 비록 효율적시장이더라도 증권전문기관이 대행하는 포트폴리오 관리는 필요하다. 분산투자가 이루어지더라도 남는 비체계적 위험에 대한 투자관리가 필요하기 때문이다. 뿐만 아니라 투자자에게 적용되는 소득세율, 개인별 위험선호도, 노후생활계획 등이 다르므로 개인별 필요에 맞춘 포트폴리오 관리가 필요한 것이다.

때문에 현실의 증권시장이 효율적시장으로 판명이 되더라도 증권분석가의 기능, 즉 잘못 평가된 증권을 식별해내는 기능, 일반에게 알려지지 않은 정보의 발굴 및 새로운 분석기법의 개발기능 등이 필요하다. 오히려 독창성·민첩성을 살려 다른 사람들이 분석하지 못한 가치를 발견해 나가는 증권분석의 질적 향상 노력이 성공할수록 시장은 효율적이게 된다.

제2절 효율적시장 가설과 검증

1. 효율적시장 가설의 형태

정보효율적시장은 증권가격에 이용가능 정보가 신속하고 정확히 그리고 충분하게 반영되는 시장을 말한다. 이처럼 증권가격이 '이용가능한 모든 정보'를 신속·정확·충분하게 반영하고 있어 그 정보로는 초과수익을 얻을 수 없다는 주장을 효율적시장 가설(EMH : efficient market hypothesis)이라고 한다.

이때 '이용가능한 정보'의 범위는 [그림 7-3]과 같이 구분해 볼 수 있다.

[그림 7-3] 특정증권에 관련된 이용가능한 세 가지 정보집합

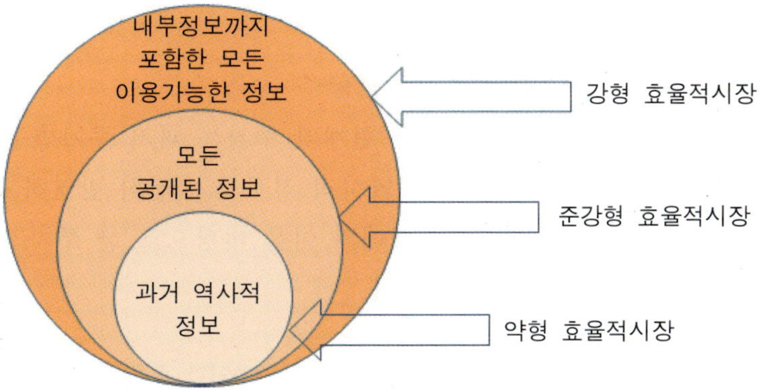

- **가장 작은 원**: 증권가격이나 거래량의 추세 등의 과거 역사적 정보집합
- **두 번째 큰 원**: 특정기업의 이익이나 합병발표와 같은 공개적으로 이용가능한 정보집합
- **가장 큰 원**: 투자자들이 현재 확보할 수 있는 것으로서 내부정보까지 포함한 모든 이용가능한 정보. 이 정보집합에는 특정기업과 당해산업, 국내외경제에 관한 공개적으로 이용가능한 정보뿐만 아니라 특정 투자자들에 의해서만 사적으로 수집된 비공개 내부정보까지도 포함된다.

효율적시장 가설(EMH)은 세 가지 종류의 정보집합 중에서 어떤 정보가 증권가격에 반영되었는지, 환언하면 투자자가 어떤 정보를 이용하여 초과수익을 얻을 수 있는지에 따라 증권시장의 효율성에 상대적 차이가 있다고 보고, 차례로 약형, 준강형, 강형 효율적시장 가설의 세 가지로 구분된다.[2)]

2. 효율적시장 가설의 검증

현실의 증권시장이 과연 얼마나 효율적인지를 알아보기 위해 그동안 수많은 실증적 분석이 행해져 왔다. 시장효율성을 지지하는 연구결과도 많은 반면에, 효율적시장 가설에 반하는 시장의 이례적 현상(market anomalies)도 제시되고 있다. 지금부터는 주요 실증적 연구결과를 효율적시장 가설의 형태(약형, 준강형, 강형 EMH)별로 구분하여 살펴본다.

(1) 약형 EMH에 대한 검증

❑ 약형 EMH의 의의와 검증방향

약형 EMH(weak-form EMH)란 현재의 주가는 과거 주가변동의 양상, 거래량 추세에 관한 정보 등 과거의 역사적 정보를 완전히 반영하고 있으므로 어떤 투자자도 과거 주가변동의 행태와 이를 바탕으로 한 투자전략으로는 초과수익을 얻을 수 없다는 주장이다.

2) 효율적시장 가설의 세 가지 형태를 처음 제시한 사람은 Fama(1970)이다. E.F. Fama, "Efficient Capital Markets: A Review of Theory and Empirical Work," *Journal of Finance*(May 1970).

그래서 이 가설은 여러 기간에 걸친 일련의 연속적인 주가는 독립적으로, 무작위적인 행태를 보임을 뜻한다. 따라서 현실의 증권시장이 약형 효율적시장인지를 보기 위해 과거 시계열상의 연속적인 주가변동에 상관관계가 있는지의 여부를 밝히는 데 초점이 모아지고 있다.

이 분야에 대한 많은 실증연구결과들은 EMH를 지지하는 증거들을 제시하고 있지만, 이와는 반대의 이례적 현상으로서 1월효과, 주말효과 등이 제시되고 있다.

❑ 주요 연구결과

1) 단기수익률의 시계열 상관관계

일일이나 주간 변동과 같은 단기수익률 자료의 연속적 움직임은 대체적으로 시계열 상관성이 낮은 것으로 보고되고 있다.

대표적인 연구로, 파마(E.F. Fama)는 다우존스 산업평균지수에 사용되는 30개 주식에 대하여 1957년부터 1962년까지 1,400개의 일일 주가변동자료를 가지고 단기간의 시계열 상관계수를 측정한 바 있다. 그 결과 연속적인 주가변동에는 독립성이 존재한다고 결론짓고 시장의 효율성을 주장하였다.[3)]

2) 장기수익률의 시계열 상관관계, 과잉반응

단기수익률의 상관관계분석 결과와는 다르게 다년간에 걸친 장기수익률의 상관관계에 대한 연구는 음(−)의 시계열 상관관계를 지니는 것으로 분석되고 있다.[4)]

이러한 연구결과는 새로운 뉴스에 주가가 과잉반응한다는 '과잉반응가설(overreaction hypothesis)'에 기초하고 있다. 호재에 대한 과잉반응으로 인하여 일정기간 주가가 상승하여 양(+)의 상관관계를 보였다면, 그 다음의 일정기간은 이 과잉반응에 대한 수정으로 주가가 일정기간 하락하여 음(−)의 상관관계를 보이는 것이다. 결과적으로 장기간에 걸친 투자수익률의 움직임은 음(−)의 시계열 상관관계를 보인다는 것이다. 대표적으로 포터바 · 서머즈(J. Poterba & L. Summers)의 연구가 있다.[5)]

---

3) Eugene F. Fama, "The Behavior of Stock Market Prices," *Journal of Business*, Vo1. 38, No. 1(Jan. 1965), pp.34~80.
4) Eugene F. Fama & Keneth R. French, "Permanent and Temporary Components of Stock Prices," *Journal of Political Economy* 96(Apr. 1988), pp.246~273.

3) 주말효과

주말효과(weekend effect)란 요일에 따라 주가수익률에 차이가 있어 월요일의 평균수익률이 낮고, 주말인 금요일의 수익률이 이례적으로 높게 나타난다는 주장이다. 주말효과현상은 프렌치(K.R. French)와 기본 · 헤스(M.R. Gibbon & P. Hess)에 의해서 검증되었다.[6]

[그림 7-4]는 기본 · 헤스의 연구결과를 나타낸 것인데 S&P 500지수의 평균(%) 변동을 요일별로 표시한 것이다. 이 그림에서 보는 것처럼 월요일의 주가변동은 음(연율 −33.5%)으로 나타나고, 수요일과 금요일의 수익률 상승이 목요일과 화요일보다 크게 나타나고 있다. 주말효과가 검증되고 있다는 점은 주식의 매입과 매각 시점을 결정할 때 주말효과를 고려해 볼 수 있음을 뜻하기도 한다.

4) 1월효과

로제프 · 키니(M.S. Rozeff & W.R. Kinney)는 1월의 평균투자수익률이 다른 달보다 높은 1월효과(January effect)를 발견하고, 이를 시장 비효율성의 증거로

[그림 7-4] 요일별 주가변동(Gibbon & Hess의 연구)

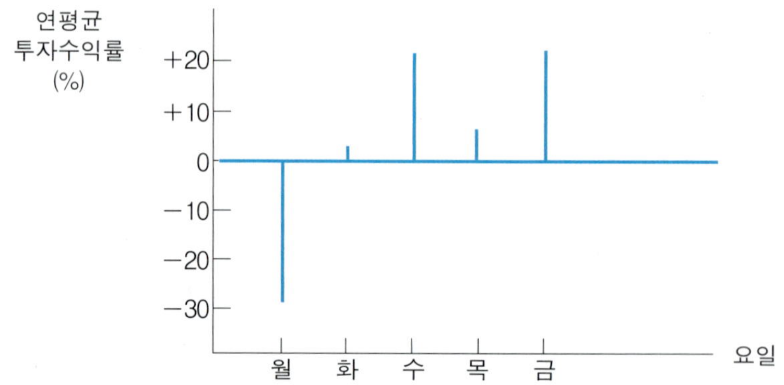

5) James M. Poterba & Lawrence H. Summers, "Mean Reversion in Stock Prices: Evidence and Implications," *Journal of Financial Economics*, 22(1988), pp.27～59.

6) K.R. French, "Stock Returns and the Weekend Effect," *Journal of Financial Economics*(March 1980) ; M.R. Gibbon & P. Hess, "Day of the Week Effects and Asset Returns," *Journal of Business*(Oct. 1981).

제시한 바 있다.[7] 이 연구에 의하면 1904년부터 1974년까지 주식시장의 1월 평균수익률은 3.48%였다. 그러나 다른 월의 평균수익률은 0.68%에 불과했다.[8]

1월효과에 관한 연구결과 중 특기할 만한 또 한 가지는 1월효과가 소규모기업에 두드러지게 나타나는 경향이 있다는 점이다. [그림 7-5]에서 보는 것처럼 1월 효과와 기업규모효과(size effect)가 동시에 나타나고 있다. 여기서 소규모기업이 보다 높은 투자수익률을 나타내는 경향이 있고, 이 경향은 1월에 두드러지게 나타난다. 이와 같은 결과는 1월초에 주식시장에 대규모 자금이 유입되면 이 자금유입이 거래가 활발한 대규모기업에 의해서는 쉽게 흡수되나, 발행주식이 적은 소규모기업의 주가는 크게 영향받기 때문인 것으로 설명하고 있다.

[그림 7-5] 월별 · 기업규모별 포트폴리오의 평균비정상초과수익[9]

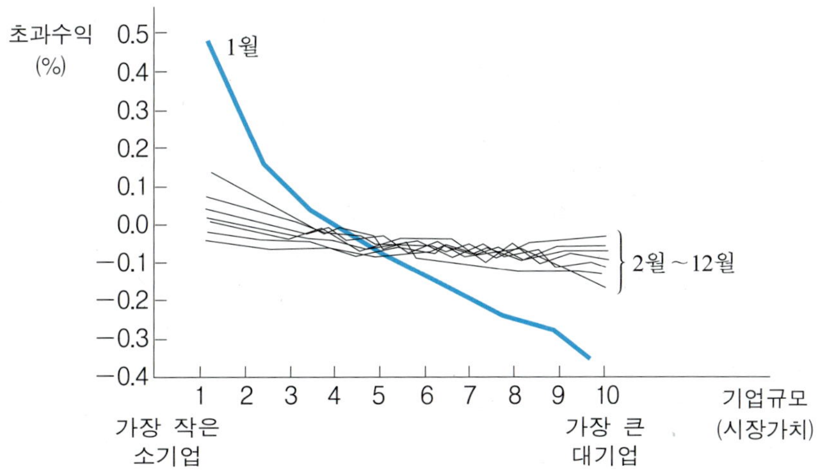

7) M.S. Rozeff & W.R. Kinney, "Capital Market Seasonality : The Case of Stock Returns," *Journal of Financial Economics*(Nov. 1976).

8) 이 밖에도 월별효과에 대한 실증연구로 월 전반부 수익률이 월 후반부 수익률보다 크다는 '월중효과', 월말과 월초에 주가가 상승하는 '월전환효과'에 대한 실증분석도 있다.

9) M.N. Gultekin & B.N. Gultekin, "Stock Market Seasonality : International Evidence," *Journal of Financial Economics*(Dec. 1983).

(2) 준강형 EMH에 대한 검증

❑ 준강형 EMH의 의의와 검증방향

준강형 EMH(semi-strong form EMH)란 현재의 주가는 공개적으로 이용가능한 모든 정보(all publicly available information)를 완전히 반영하고 있으므로 투자자들은 공표된 어떠한 정보나 이에 바탕을 둔 투자전략으로는 초과수익을 달성할 수 없다는 주장이다. 여기서 공개적으로 이용가능한 정보(공표정보)란 과거의 주가나 거래량 같은 역사적 정보뿐만 아니라 기업의 회계정보(순이익 등) 발표, 공표된 정부의 경제정책, 경쟁업체의 공시사항, 기업의 배당이나 유·무상증자 또는 합병계획과 같은 사건 발표 등의 정보가 포함된다.

이 가설에 의하면 투자자는 어떤 정보가 공표된 다음에는 그 정보를 활용해도 평균 이상의 수익을 올릴 수 없게 된다는 것이다. 또한 공개된 투자전략이나 규칙을 사용했을 때에도 남보다 우월한 투자성과를 얻을 수 없다고 본다.

❑ 주요 연구결과

1) 공시정보에 대한 주가반응

공시정보에 대한 주가반응을 체계적으로 제시한 연구로는 파마·피셔·젠센·롤(FFJR : E.F. Fama, L. Fisher, M.C. Jensen, & R. Roll)의 주식분할에 대한 주가반응 연구를 들 수 있다.[10] 이들은 1929~1959년 사이 뉴욕증권거래소(NYSE)에서 주식분할한 주식들의 월별 수익률자료를 이용하여 주가반응을 검증했다.[11]

주식분할을 한 전체표본의 주가반응을 보면, [그림 7-6]과 같이 누적평균초과수익이 주식분할 발표시점 29개월 전부터 상승하나, 발표 후에는 거의 변화가 없었다. 주식분할 발표에 주가가 효율적으로 반응한다는 결과로 해석할 수 있다.

---

10) E.F. Fama, L. Fisher, M.C. Jensen, & R. Roll, "The Adjustment of Stock Prices to New Information," *International Economic Review*(Feb. 1969).

11) 본래 주식분할이라는 것은 발행주식수만을 증가시키는 사건이기 때문에 분할 후의 주가는 이론적으로 볼 때 분할비율에 따라 감소하여 총시장가치에는 영향을 주지 않는다. 그러나 주식분할한 주식의 80% 정도가 사후적으로 배당성향을 증가시키고, 또 배당성향의 증가는 기업의 미래 이익발생능력이 개선되었음을 암시하므로 주식분할의 발표는 주가에 긍정적인 영향을 미칠 정보내용(information content)을 담고 있다고 할 수 있다.

[그림 7-6] 주식분할에 대한 주가반응(전체표본대상)

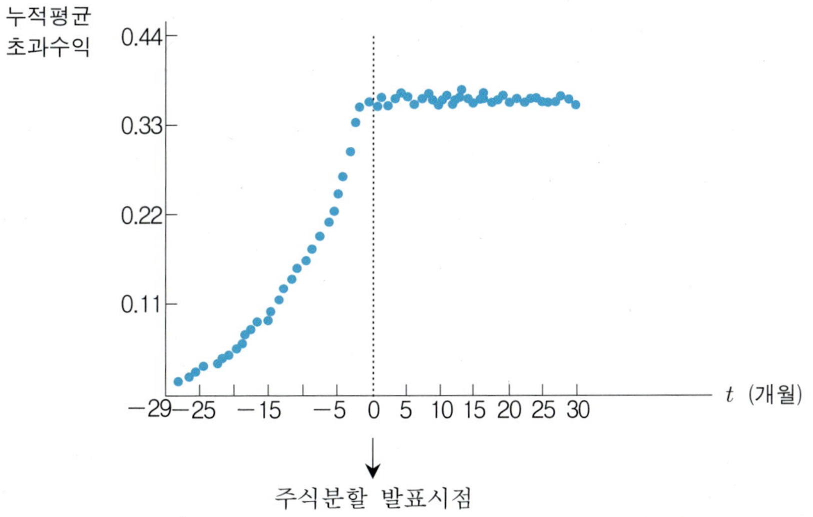

2) 저*PER* 효과, 저*PBR* 효과

저*PER*주식이 고*PER*주식보다 투자수익률이 높다는, 이른바 *PER*효과(*PER* effect)에 기초한 저*PER*포트폴리오 구성전략이 증권실무계에서 시도되어 왔다.

저*PER*주식에 대한 투자전략이 상대적으로 높은 투자성과를 가져오는지를 가장 체계적으로 실증분석한 작업으로 바수(S. Basu)의 연구를 들 수 있다.[12] 바수는 1957년 4월부터 1971년 3월까지의 기간에 표본주식들을 *PER* 크기에 따라 5그룹으로 나누어 투자수익률을 비교하였다. 그 결과, 고*PER* 주식에서 저*PER*주식으로 갈수록 투자수익률이 증가하는 것을 발견하였다. 이는 저*PER*주식의 투자전략(거래규칙)이 성립함을 뜻하고 따라서 준강형 효율적시장 가설이 부정된다고 보고 있다.

한편 주식의 시장가격을 주당순자산(장부가치)으로 나눈 *PBR*(주당순자산배율)에 기초하여 저*PBR*포트폴리오를 구성하면 지속적으로 초과수익을 얻을 수 있다는 이른바 *PBR*효과에 대한 실증연구도 있다.[13]

---

12) S. Basu, "The Investment Performance of Common Stocks in Relation to Their Price-Earning Ratios," *Journal of Finance*(June 1977).

3) 기업규모효과, 소외기업효과

반츠(R.W. Banz)와 레인가눔(Reinganum)은 소규모기업 주식의 초과수익률이 높은, 이른바 기업규모효과(size effect)를 주장하였다. 소형주는 위험이 더 크기 때문에 투자자들이 추가적인 위험보상을 요구한다는 것이다. 또한 소형주는 거래물량이 적은 탓으로 상대적으로 높은 거래비용이 소요되는 면이 있다고 본다. 따라서 소형주는 보다 높은 투자수익률을 요구하게 된다.

한편 대형 기관투자가들이 관심을 갖지 않는 소형주는 이용정보가 많지 않기 때문에 위험도가 높아지므로 더 높은 투자수익률을 요구하게 된다는 주장이 있다. 이를 소외기업효과(neglected-firm effect)라고 한다.[14)]

참고로 기업규모효과와 소외기업효과는 PER효과, 1월효과와 혼합되어서 다소 복잡한 연구의 대상이 되어왔다.

(3) 강형 EMH에 대한 검증

❑ 강형 EMH의 의의와 검증방향

강형 EMH(strong-form EMH)란 일반에게 공개된 정보뿐만 아니라 공개되지 않은 내부정보까지도 주가에 반영되어 있으므로 투자자는 어떠한 정보에 의해서도 초과수익을 얻을 수 없다는 주장이다.

이에 대한 실증적 검증은 내부정보를 사전에 밝히는 것이 불가능하므로 일반적으로 주가에 충분히 반영되지 않은 정보에 접근할 수 있는 개인이나 집단(예를 들어, 자산운용회사 등의 전문투자자 그룹)의 초과수익 달성 여부를 조사하고 있다. 내부정보의 독점적 이용이 비교적 용이한 전문가그룹의 투자성과가 일반투자자의 평균투자수익률을 상회하면 강형 EMH가 부정되는 것으로 볼 수 있고, 그렇지 못하면 지지되는 것으로 판단할 수 있을 것이다.

---

13) Eugene F. Fama & K.R. French, "The Cross Section of Expected Stock Returns." *Journal of Finance*(June 1992); "Size and Book-to-Market Factors in Earnings and Returns," *Journal of Finance*(Mar. 1995), pp.131～155; Josef Lakonishok, Audrei Schleifer & Robert W. Vishny, "Contrarian Investment, Extrapolation, and Risk," *Journal of Finance*(Dec. 1994), pp.1541～1578.

14) Avner Arbel & Paul Strebel, "Pay Attention to Neglected firms!," *Journal of Portfolio Management*(Winter 1983).

❑ 주요 연구결과

1) 내부자의 소유지분 변동

내부자정보를 이용하여 초과수익의 획득이 가능한지에 대한 최초의 실증연구의 하나로 재페(J. Jaffe)는 대주주의 소유지분 변동 전후의 투자수익률의 변동을 조사한 바 있다.[15] 이 연구는 직접 미국 SEC로부터 1960년대 861개의 내부거래자(대주주) 거래자료를 수집하여, 내부자의 집중적인 주식 매입 · 매각 이후의 주가 상승 · 하락의 경향을 확인하고 있다.

2) 뮤추얼펀드의 투자성과

젠센(M. Jensen)은 1955년부터 1964년까지의 뮤추얼펀드의 115개의 투자성과를 평가하였다.[16] 그 결과, 전문투자자 그룹인 뮤추얼펀드가 아무런 정보를 이용하지 않는 일반투자자의 단순 매입 · 보유전략보다 투자성과가 나을 바가 없는 것으로 나타났다.

그러나 이와 같은 결과는 평균적으로 보아 뮤추얼펀드 전체의 투자성과가 일반투자자보다 못함을 의미할지는 몰라도 투자성과가 계속적으로 탁월한 뮤추얼펀드산업 내의 개별 펀드매니저마저 존재할 수 없음을 뜻하는 것은 아니라는 점에 유의할 필요는 있다.

---

15) Jeffrey R. Jaffe, "Special Information and Insider Trading," *Journal of Business* 47(July 1974).
16) M.C. Jensen, "The Performance of Mutual Funds in the Period 1945～64," *Journal of Finance*(May 1968).

제3절 행동재무학

생활속에서 ▸▸▸

미국 시골의 한 샌드위치 가게가 시가총액 1억 1,300만달러(약 1,260억원)의 가치로 거래되는 일이 발생했다. 뉴욕타임스(NYT)는 미국 장외주식시장인 OTC와 소수 투자자들의 사기적 행태를 조명했다.

델리는 미 뉴저지주의 가정식 샌드위치 전문점이다. NYT는 "델리의 최고경영자(CEO)는 근처 고등학교 교장이자 레슬링 코치고, 수학교사가 부사장으로 등재돼 있다"며 "고속성장이 가능한 혁신 사업모델처럼 보이지 않는 이 식당은 2019년 기업공개(IPO) 이후 주식이 1,200% 급등해 1주당 13달러에 거래되고 있다"고 꼬집었다.

델리 주식이 상장된 OTC 주식은 통상 3등급으로 분류할 수 있다. 1등급으로는 아디다스, 하이네켄 등 우량기업 주식이 거래된다. 그 밑에는 호텔체인들의 주식이 있다. 최저등급에는 껍데기 기업이나 사기성 기업이 자리잡고 있다. OTC의 제이슨 국장은 "매우 엄격한 요건으로 관리하고 있다"면서도 "1만 1,000개 주식 가운데 2~3%는 나쁜 주식이라 볼 수 있다"고 설명했다. 델리의 주식은 시중에 유통되는 거래량이 미미한데도 폭등했다. 수요가 없는데 가격이 올랐다는 얘기다. NYT는 "2019년 델리가 OTC에 주당 1달러로 상장한 뒤 대주주가 트라이온 캐피털의 전무인 피터 코커의 아들로 바뀌면서 델리는 소수 투자자들의 놀이터가 됐다"고 주장했다.

(KVINA, 2021.6.3 편집)

#사기적행태 #소수투자자 #거래량미미

1. 행동재무학의 관점

전통적인 재무이론(standard finance theory)은 시장참여자들이 합리적 기대에 따라 행동한다는 합리적 기대가설과 이윤극대화 목표의 가정에 기초하고 있다. 앞에서 설명한 효율적시장 이론도 이 연장선에서 제시되고 있는 자본시장이론이다.

하지만 전통적 재무이론으로는 설명할 수 없는 시장의 이례적 현상들을 설명하기 위한 재무학자들의 견해가 1990년 이후 새롭게 대두되었다. 이는 인간이 가진 비합리성(irrationality)의 가정에 기초한 심리학적 접근 모형으로 이례적 현상을 설명하려는 시도로 행동재무학이라고 한다.

행동재무학 또는 행태재무학(behavioral finance)[17]은 인간의 여러 가지 심리적 특성이 투자자들의 의사결정에 영향을 미친다고 보고, 자본시장에서 투자자산의 초과수익을 보이는 이례적 현상(anomalies)을 설명하고 있다. 전통적 재무이론은 인간의 심리적 행태에 대한 고려가 없기 때문에 불완전한 이론이라고 보는 것이다.

2. 행동재무학에서의 주요 투자편의

행동재무학에서는 투자자들은 여러 가지 심리적 특성 때문에 투자성과에 부정적인 영향을 미칠 수 있는 여러 가지 투자편의(investment bias)를 지닌다고 보고 있다. 다음에서는 이러한 것 중 몇 가지를 살펴보자.

❑ 과대확신(overconfidence)의 오류

자신의 분석능력은 평균 이상이라고 믿는 오류를 말한다. 대부분의 운전자들은 자신이 평균 이상의 운전을 하는 것으로 과신한다는 통계처럼, 투자자들은 자신을 과대확신하는 오류를 범한다.

❑ 확증편의(confirmation bias)의 오류

자신들의 주장을 뒷받침하는 정보만을 찾는 오류를 말한다. 세프린(H. Shefrin)은 "애널리스트들은 성장회사의 성장률을 과대추정하고, 이들 회사의 희소식은 과장하며, 나쁜 소식은 축소하거나 무시하는 경향이 있다"고 인간의 확증편의의 행태를 설명하고 있다.[18]

---

17) 이러한 이론을 경제 전반 분야에 적용하는 경우에는 행동경제학, 행태경제학이라고 한다. 상대적으로 재무분야에 한정할 경우에 행동재무학 또는 행태재무학이라고 칭하는 것이다.

18) H. Shefrin, "Behavioral Corporate Finance," *Journal of Applied Corporate Finance* 14, no. 3(Fall 2001), pp.113~124.

❑ 예측오류, 보수주의적 오류(conservatism bias)

카너먼 · 트버스키(D. Kahneman & A. Tversky)에 의하면, 투자자들은 미래예측시 이전 기간보다는 최근의 경험에 더 높은 가중치를 주는 예측오류(forecasting error)를 범하는 경우가 많다.[19)]

이와 관련하여 투자자들은 자신의 예측과 다른 상황이 전개될 경우 이에 대한 늦은 반응(수정)이나 바꾸지 않으려는 보수주의적 오류(conservatism bias)를 범하는 심리적 편견이 있다고 설명한다.

❑ 손실 · 후회 회피(loss, regret avoidance)의 오류

스콧 · 스텀프 · 엑수(J. Scott, Stumpp & P. Xu) 등에 의하면, 투자자들은 손실을 본 '패자' 종목은 장기간 보유하고, 반대로 시세차익을 내는 '승자' 종목은 너무 쉽게 이익을 실현하는 경향(mental accounting bias)이 있다.[20)] 이는 사람들이 손실을 확정하는 것을 피하려는 성향 때문이다. 또한 투자자들은 후회를 최소화하는 방향으로 의사결정을 내리는 오류의 성향이 있어, 이득 볼 가능성에 기뻐하는 것보다도 손실가능성에 더 큰 심리적 부담(distressed)을 느낀다고 보는 것이다.

❑ 쏠림현상(herd mentality), 군중심리의 오류

대다수 사람들의 심리변화에 쉽게 편승하여 잘못된 투자결정을 하게 되는 오류를 말한다. 시장에는 군중심리에 쉽게 뇌동하거나, 특정보도나 대다수 사람들의 심리변화에 편승하여 잘못된 투자결정을 하게 되는 다수의 노이즈 트레이더(noise traders : 특정정보가 없는 비전문가)들이 있는데, 브라운(Brown)과 클라크 · 스타트맨(Clark & Stattman)은 이들의 쏠림현상 때문에 시장의 변동성이 커진다고 본다.

군중심리로 인해 많은 투자자들이 특정주식에 몰리거나 주식시장에 한꺼번에 참여하는 경우 특별한 이유 없이 주가 폭등으로 이어져 거품(bubble) 현상을 낳는다. 반대로 특별히 나쁜 뉴스가 없음에도 불구하고 이유 없이 가격이 폭락하는 현상도 생기곤 한다.

---

19) D. Kahneman & A. Tversky, "On the Psychology of Prediction," *Psychology Review* 80(1973), pp.237～251.

20) J. Scott, M. Stumpp, and P. Xu, "Behavioral Bias Valuation and Active Management," *Financial Analysts Journal* 55, no. 4(July-August 1999), pp.49～57.

❑ 통제착각(illusion of control)의 오류

실제로 존재하지 않는 상황을 통제가능하다고 착각하는 오류를 말한다. 분산투자보다 집중투자하는 성향의 투자자들은 통제불능 위험조차도 통제할 수 있다고 믿는 경향이 있다. 또 많은 온라인 데이트레이더들이 빈번한 거래를 하는 것도 비슷한 심리적 배경을 가지고 있다.

하나 더 ▸▸▸ 전망이론(Prospect theory)

1979년에 대니얼 카너먼(Daniel Kahneman)과 아모스 트버스키(Amos Tversky)가 주장한 이론이다. 행동경제학의 본격화 계기가 된 이론으로, 인간은 합리적임을 전제로 한 기존의 경제학 이론, 특히 기대효용이론을 부정한 획기적인 이론이었고 기존의 수학적 접근이 아닌 실험적 접근으로 이론을 정립한 것으로도 유명하다. 카너먼은 이 이론으로 노벨경제학상을 수상했다.

기존의 기대효용이론에서는 효용극대화 원리에 따라 의사결정을 한다고 본다. 즉 기대수익과 위험이 주어진 여러 대안이 있을 때 인간은 기대값이 큰 쪽을 선택하지만 위험이 클수록 위험을 회피하는 쪽으로 의사결정한다고 보았다. 그러나 전망이론은 인간의 의사결정이 일관되지 않고 자신의 기준점을 고려하여 상황에 따라서 편향된 결정을 한다고 본다. 대표적으로 인간은 의사결정을 내릴 때, 이익을 보는 쪽이라면 위험이 적은 방향을 선택하지만 손실을 보는 쪽이라면 상대적으로 위험을 더 많이 감수하는 성향을 보인다고 한다.

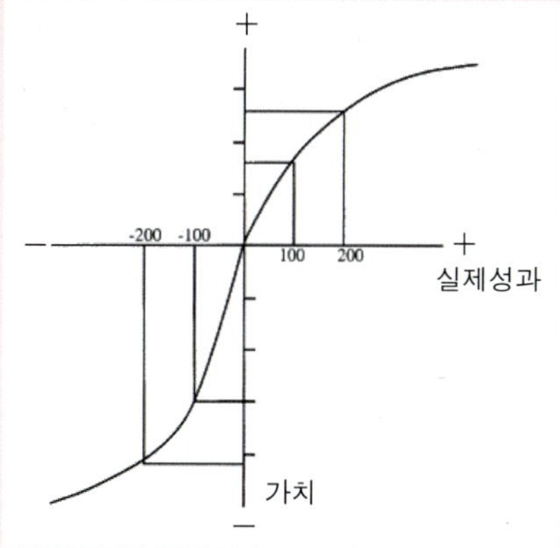

전망이론의 효용곡선은 S자 모양이고 이 중에서 손실영역의 기울기가 더욱 심하다. 이는 같은 금액이라도 이익영역에서보다 손실영역에서 더 큰 영향을 미친다는 것을 보여준다. 즉 100만원을 잃었을 때의 손실감이 100만원의 이익이 생겼을 때의 만족감보다 더 큰 영향을 미친다는 것이다.

전망이론은 사람들의 효용수준이 이익보다 손실에 더 민감하며 특히 이익구간에서는 안전한 선택을, 손실구간에서는 위험한 선택을 선호하게 된다고 한다. 또한 S자 모양의 효용곡선에서 볼 수 있는 것처럼 여기에서 효용은 '기준점'을 기반으로 하므로, 이득이나 손실의 수준이 똑같더라도 어떤 기준점에서 측정하는가에 따라 느끼는 효용은 다르다는 것이다. 예컨대, 동일한 100만원의 이익에 대해서 연봉이 2,000만원인 사람과 1억원인 사람이 느끼는 만족감 정도는 다르다. 즉 두 사람의 기준점이 달라서 만족감도 다르다는 것이다.

실제로 그동안 설명하지 못했던 많은 현상을 이 이론으로 설명할 수 있다. 예컨대, 주식시장에서 기관은 이익을 보고, 개인은 손실을 보는 경우가 많은데 이 현상도 전망이론으로 설명할 수 있다. 개인은 보유 주식의 주가가 오를 때에는 혹시나 가격이 하락 반전될까 하는 위험을 회피하고자 약간의 이익이 나도 빨리 익절(매도해서 이익을 확정)하는 반면, 주가가 떨어질 때에는 빨리 손절매를 하지 않고 상승 반전을 기대하면서 주가가 더 떨어지는 위험을 감수하고서라도 계속 보유하는 경우가 많다. 결과적으로 적게 벌고 손실은 크게 나게 되는 것이다. 기관은 이러한 편향을 막기 위하여 의사결정에 규칙과 시스템이 갖춰져 있다.

3. "시장효율성"에 대한 제 논쟁의 요약과 결론

본장에서는 현실의 증권시장이 시장효율성에 일치하는 여러 가지 특성을 보이고 있다는 실증연구결과와 그렇지 않을 수 있다는 이례적 현상을 소개하였다. 이는 약형 EMH, 준강형 EMH, 강형 EMH 모두에서 공통적으로 나타나고 있다.

전반적으로 이와 같은 여러 가지 상반되는 증거를 놓고 보면 증권시장은 엄격한 의미에서는 효율적이라고 할 수 없지만, 상당히 효율적이라고 결론지을 수 있다. 현실의 증권시장에서 비정상적 초과수익을 획득하는 일이 불가능한 것은 아니지만, 결코 쉽지는 않다는 증거로 해석할 수 있을 것이다. 남다른 민첩성이나 창의성 없이는 초과수익의 여지가 매우 적음을 시사한다고 말할 수 있다.

한편 이례적 현상이 나타나는 것을 행동재무학에서는 인간이 지니는 심리적 편의나 오류 때문인 것으로 설명한다. 시장에서는 이러한 비이성적인 거래로 인한 가격에러가 지속되거나 증폭되는 위험이 상존하게 되고, 투자자들은 이러한 위험을 피할 수 없는 위험으로 인식할 수밖에 없기 때문에 자산가격의 에러가 상당기간 지속될 수 있다고 본다.

현장에선 ▸▸▸ 증시를 비이성적으로 만드는 요인들을 알면, 투자수익은 따라온다

워런 버핏은 "주식시장이 효율적이었다면, 나는 거리에 부랑자가 되었을 것이요"라고 주식시장의 현실을 표현하기도 하였습니다. 학술적으로는 주식시장이 이성적이고 합리적이라고 하지만, 현실 속 주식시장은 이성적이기는 하지만 한편 비합리적이고 비이성적인 부분이 많이 있습니다.

과거에 비하여 투자자들의 합리적인 판단이 늘긴 하였지만, 우리는 인간이기 때문에 어쩔 수 없이 비이성적인 투자결정을 내리는 일이 다반사입니다. 그런데 그런 비이성적인 행위들을 오히려 역이용한다면 투자수익은 저절로 여러분들의 것이 될 것입니다.

▷ 시장을 비이성적으로 만드는 원인 1. 감정이 만드는 결정들

주식시장을 비이성적으로 만드는 가장 큰 원인은 바로 투자심리입니다. 아무리 천재적인 두뇌를 가지고 냉정하고 이성적인 분석을 한다고 하더라도, 우리의 감정은 합리적인 분석과 다른 결정을 내리곤 합니다. 너무 자주 언급해 드렸던 천재 과학자 아이작 뉴턴도 300년 전 사우스 씨 컴퍼니 버블 속에서 군중심리와 투자심리를 이기지 못하고 상투에 큰 재산을 투자하는 우를 범하고 말았을 정도이니, 감정과 심리는 IQ나 지능을 넘어 투자결정에 큰 영향을 주는 원인이 아닐 수 없습니다.

이러한 감정은 변동성이 확대되거나, 인내심을 요구하는 시간이 길어지거나, 다른 투자대상과 비교하는 등 사람들의 만인군상 속에서 여러 가지 이유로 발생합니다. 처음에는 작은 이명처럼 울리던 투자심리가, 어느 순간부터는 공명이 커지면서 마음속에서 매시, 매분 대포 소리처럼 울리게 되지요.

하락장에서는 "빨리 팔아, 이 XX야, 이런 때 융통성을 발휘해야지. 모든 것을 팔아"라는 마음속 메아리가 울릴 것이고, 증시가 너무 강하게 치솟을 때는 "상한가에라도 빨리 추격 매수해!, 지금이 아니면 기회는 없다고!"라는 식의 마음속 울림이 여러분의 판단과 분석을 모두 뒤엎게 만들고 맙니다. 결국 이런 감정적인 판단은 극단적인 매도 또는 극단적인 매수를 발생시키면서 주식시장에 비이성적인 가격을 만들게 되는데 이 순간 군중심리까지 겹친다면 폭락 또는 폭등이 발생하면서 투자심리를 더 요동치게 만듭니다.

▷ 시장을 비이성적으로 만드는 원인 2. 제도적으로 불가피한 매매가 만든 현상

모든 투자자가 감정을 버리고 아무리 합리적으로 투자를 한다고 하더라도, 제도적인 원인으로 발생하는 비이성적인 증시 상황도 무시할 수 없습니다. 주식시장제도가 다양한 만큼 불가피한 상황들 또한 다양하게 존재하지요(그리고 이를 역이용하는 투자자들도 분명 존재합니다).

대표적으로 연말마다 발생하는 '대주주 양도세 회피 매도'를 떠올려 볼 수 있겠습니다. 매년 연말 대주주 양도세 기준에서 회피하기 위하여, 개인투자자 중 1종목당 제법 큰 금액을 가지고 있는 투자자들은 보유 지분을 도망가듯 매도하는 상황이 발생합니다. 이에 따라 개별종목 단위에서는 묻지마 매도 속에 주가 급락이 매년 발생합니다.

또는 MSCI 및 코스피 200과 같은 국내외 주요 주가지수 내 바스켓 종목이 변경될 때마다 해당종목의 합리적인 주가수준은 무시되고, 기준지수를 트래킹하기 위한 대형자금들의 기계적 주식 매도 또는 매수로 인하여 비이성적인 주가가 나타나곤 하지요.

일반적인 개인투자자로서는 빚투 자금 마진콜이 현실 속에서 직접 경험하게 되는 비이성적인 매도 상황일 것입니다. 증시가 급락하게 되면 신용융자 등의 주식 관련 대출을 받는 투자자들의 증거금이 미달하여 발생하는 강제 청산 매물이 주식시장에 쏟아집니다. 작년 약세장 때에도 매시 정각마다 악성 매물이 쏟아지면서 주식시장을 온종일 힘들게 만들었지요. 이런 매도 또한 자비 없는 기계적인 매도이다 보니, 비합리적인 주가의 원인이 되고 맙니다.

그림에서 보는 바와 같이 빚투 강제 청산은 매시 정각 급락을 만들었다.

▷ 비이성적인 시장을 담담하게 이겨낸다면, 수익은 내 것

그 외에도 다양한 이유로 인하여 주식시장은 간헐적으로 비이성적인 상황이 발생합니다. 그런 비이성적인 상황이 발생하면 참으로 견디기 어려운 경우가 대부분이지요. 그런데 주식시장은 잠시 비합리적이고 비이성적으로 움직일 수 있지만, 결국 다시 자기 가치를 찾아 돌아옵니다. 따라서 여러분들의 투자 분석과 전략이 합리적이고 이성적이라 판단되면 일시적인 증시 부침에 휘둘리지 마시고, 주식시장 노이즈에 매몰되지 마시고, 담담하게 여러분의 전략을 지켜가십시오.

그러다 보면 비이성적으로 던진 주식을 좋은 가격에 사거나 혹은 비이성적으로 폭등한 주식을 좋은 가격에 팔 수 있을 것입니다. 그리고 이런 과정을 반복하다 보면, 높은 승률과 손익비율 속에 여러분의 투자수익은 차근차근 높아져 갈 것입니다. (인베스팅, 2023.2.22)

주요 용어

시장효율성	배분효율성	운영효율성
정보효율성	효율적시장	효율적시장 가설(EMH)
약형 EMH	준강형 EMH	강형 EMH
주말효과	1월효과	*PER*효과
*PBR*효과	기업규모효과	소외기업효과
행동재무학	과대확신의 오류	손실·후회 회피의 오류
전망이론		

연습문제

1. 증권시장과 관련된 세 가지의 효율성 개념을 설명하시오.

2. 효율적 증권시장의 특성을 설명하시오.

3. 효율적시장 가설을 수립하는 데 근거가 되는 정보집합에 대해 설명하시오.

4. 세 가지의 효율적시장 가설을 검증하는 방법에 대해서 설명하시오.

5. 증권시장에서 모든 투자자가 동일하게 방어적 투자전략을 시도한다면 증권시장의 효율성에는 어떤 일이 벌어지는가?

6. 효율적시장 가설에 대한 실증분석 결과에서 지적되고 있는 '시장의 이례적 현상'에는 어떤 것이 있는가?

7. 행동재무학에서는 '시장의 이례적 현상'을 어떻게 설명하는가?

CHAPTER

8

채권의 가치평가와 투자전략

채권은 개인투자자들에게는 익숙하지 않을 수 있지만 기관투자가들의 포트폴리오 구성에서 매우 높은 비중을 차지하고 있다.

다음은 본장에서 배울 것들이다.

- 채권의 이론가격은 어떻게 평가하는가?
- 채권가격과 채권수익률은 어떤 관계에 있는가?
- 채권투자와 관련된 수익률에는 어떤 것들이 있는가?
- 기간구조와 위험구조란 무엇인가?
- 이자율변동위험이 채권가격에 미치는 영향은 어떻게 측정하는가?
- 채권투자전략에는 어떤 것들이 있는가?

제1절 채권가격평가모형

생활속에서 ▸▸▸

오늘 새벽 미국 연준(연방준비제도, Fed)이 또 한 차례 금리를 올리면서 미국의 기준금리가 2001년 이후 최고치를 기록했다. 제롬 파월 연준 의장은 기자회견에서 "연내 금리인하는 없다"고 선을 긋는 한편 "2023년 9월 FOMC 전까지 발표되는 경제지표를 확인하고 향후 금리인상 여부를 결정하겠다"며 중립을 지켰다. 파월 의장의 모호한 답변에 미국 증시는 혼조세로 마감했고, 장단기 국채금리는 소폭 하락했다.

이런 가운데 월가에서는 주식 대신 채권 투자를 고려할 때라는 목소리가 나왔다. 경제 전문 매체 CNBC는 "월가 큰손들이 7월 FOMC와 어닝 시즌을 앞두고 대형주와 기술주를 대거 매도했다"며 "미국의 기준금리가 정점에 도달해 이제는 장기채에 투자할 때"라고 전했다. 실제로 지난해부터 고금리가 이어지면서 미국의 장단기 국채금리는 지난 2008년 7월 이후 최고치를 기록하고 있다.

채권가격은 채권금리와 반대로 움직이는데, 금리가 치솟은 만큼 현재 채권가격이 바닥에 도달했다는 것이다. 파라메트릭 포트폴리오의 조나단 로카포트 수석전략가는 "연준의 금리인상 사이클이 끝나면 경기침체 우려가 나올 것으로 전망되는데 이때 장기채로 자금이 몰려 큰 수익이 기대된다"고 내다봤다.

(블루밍비트, 2023.7.27 편집)

#금리인상 #금리인하 #국채금리 #채권투자 #기준금리정점 #채권가격 #채권금리

1. 채권가격평가의 이해

제2장에서 이미 배운 바와 같이 채권의 종류는 매우 다양하다. 그중 대표적인 채권은 크게 두 가지로 이표채(coupon rate bond)와 순수할인채(pure discount bond)이다. 두 채권은 다음과 같은 전형적인 현금흐름 패턴을 보인다.

(1) 이표채의 경우

먼저 이표채 사례로 채권에 투자했을 때 투자자의 현금흐름, 수익률 등을 알아보고, 채권의 가격은 어떻게 결정되는지 알아보자.

❑ 채권발행조건

발행회사 A사, 액면가(F로 표시, face value의 약자) 10,000원, 만기 3년, 액면이자율(coupon rate) 10%, 이자(C로 표기, coupon의 약자) 연 1회 후급, 현재 시장에서 9,500원에 발행(판매)

❑ 현금흐름

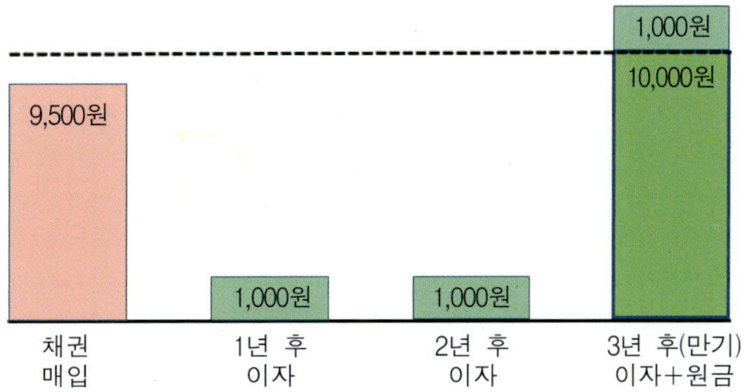

❑ 채권투자자의 투자수익률은?

위 채권은 현재 시장에서 9,500원에 발행되어 판매되고 있다. 채권을 구입하면 액면이자율이 10%이므로 이자는 10,000원×0.1=1,000원을 매년 말에 지급받는다. 이자를 3년 동안 세 번 받으며, 만기가 되는 3년 후에는 액면가 10,000원을 돌려받는다. 이 채권을 구입한 투자자의 수익률은 어떻게 될까? 이를 수식으로 나타내면 다음과 같다.

$$9{,}500=\frac{1{,}000}{(1+r)^1}+\frac{1{,}000}{(1+r)^2}+\frac{1{,}000}{(1+r)^3}+\frac{10{,}000}{(1+r)^3} \tag{8.1}$$

위 식을 만족시키는 r값이 이 채권투자자의 수익률이다. 이 값을 시행착오법이나 엑셀의 함수를 이용하여 계산하면 약 12%(정확한 값은 12.0848%)이다. 즉 이 채권을 구입하여 만기까지 보유하면 투자수익률은 12%가 된다.

❑ 채권투자에 있어서 액면이자율과 채권수익률은 다르다

위의 사례에서 액면이자율은 10%였다. 그러나 예상 채권수익률은 12%였다. 이 둘은 서로 다르다. 액면이자율은 채권이 일단 발행되면 변동이 없다. 그러나 채권수익률은 계속 달라진다.

❑ 채권수익률과 채권가격의 관계

구입하는 채권가격이 비싸면 수익률은 떨어진다. 즉 위의 채권을 9,500원이 아닌 9,900원에 샀다면 수익률은 10.4%로 떨어진다. 비싸게 샀기 때문에 이는 당연한 것이다. 만일 9,000원에 샀다면 채권수익률은 14.3%까지 오른다. 이처럼 채권수익률과 채권가격은 반대로 움직인다.

다음 그림에서 보듯이 시중이자율이 오르면 당연히 채권에 투자하는 투자자들의 요구수익률이 오를 것이다. 이에 따라 채권수익률이 오르게 되는데, 이는 식 (8.1)의 할인율 r값이 커진다는 의미이다. 그렇게 되면 채권가격은 떨어지게 된다.

만일 시중이자율이 상승했는데도 채권투자수익률이 낮으면 사람들은 채권에 투자하지 않을 것이다. 채권발행으로 자금을 조달해야 하는 채권발행자

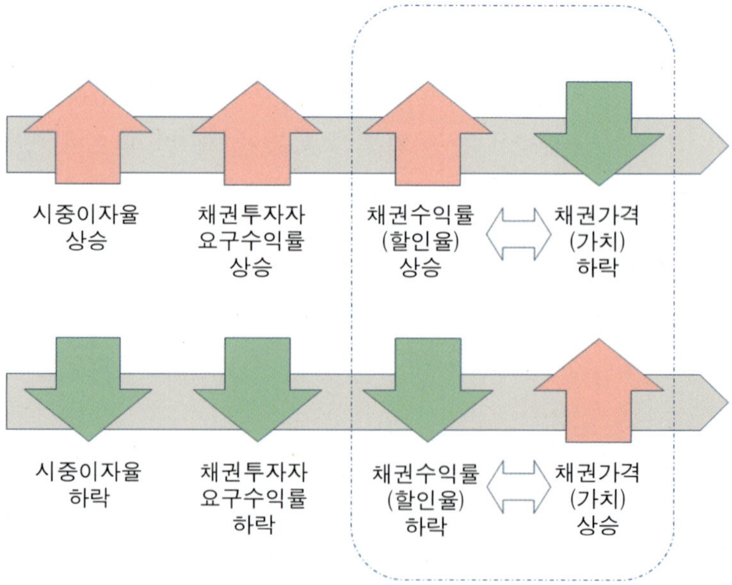

채권가격과 수익률의 관계

(기업이나 정부 등)는 채권가격을 낮출 수밖에 없다. 그러면 당연히 채권수익률은 오르게 된다. 이자수입과 만기에 돌려받는 원금에는 변화가 없지만 낮아진 가격으로 채권을 구입할 수 있기 때문이다.

❑ 채권의 가격(가치)는 어떻게 계산되는가?

그렇다면 위 사례의 채권가격 9,500원은 어떻게 결정되었을까? 경제학적으로 접근하면 채권의 가격은 기본적으로 수요와 공급에 의해서 결정된다고 할 수 있을 것이다.[1] 이러한 수요와 공급이 반영된 최종적인 가격은 결국 채권수익률과의 관계로 정리된다.

다음 식은 식 (8.1)에서 r값에 채권수익률 12%를 대입하여 계산한 것이다(정확한 값은 9,520원이다). 식을 보면 채권수익률과 채권가격은 반비례 관계에 있음을 알 수 있다. 정리하면 채권가격(가치)은 ① 채권수익률이 낮을수록 높아지고 그 외에 ② 이자금액이 많을수록, ③ 상환받는 액면가가 클수록, ④ 이자받는 횟수가 많을수록 높아진다.

$$\frac{1,000}{(1+0.12)^1}+\frac{1,000}{(1+0.12)^2}+\frac{1,000}{(1+0.12)^3}+\frac{10,000}{(1+0.12)^3}\fallingdotseq 9,500$$

(2) 순수할인채의 경우

순수할인채권의 경우엔 투자자의 현금흐름에 약간의 차이가 있을 뿐, 수익률 계산방법이나 채권의 가격결정과정은 이표채와 거의 같다.

❑ 채권발행조건

정부가 발행한 국채, 액면가 10,000원, 만기 3년, 중도에 이자지급 없이 만기에 10,000원을 돌려받음. 현재 시장에서 7,000원에 발행(판매)

---

1) 수요공급의 원리는 다음과 같이 설명할 수 있다. 본문에서 예로 든 것처럼 채권이 9,500원에 거래되고 있었는데, 이제 시중은행의 이자율이 오르면 사람들은 굳이 이 채권을 사지 않고 은행에 예금하려 할 수도 있다. 그러면 채권의 수요가 줄어서 가격이 떨어진다. 반대로 시중이자율이 낮아지면 이 채권은 상대적으로 매력이 커지게 된다. 왜냐하면 3년 동안 1,000원의 이자지급은 확정되어 있기 때문이다. 수요가 늘게 되고 채권의 가격은 오르게 된다.

❑ 할인채 현금흐름

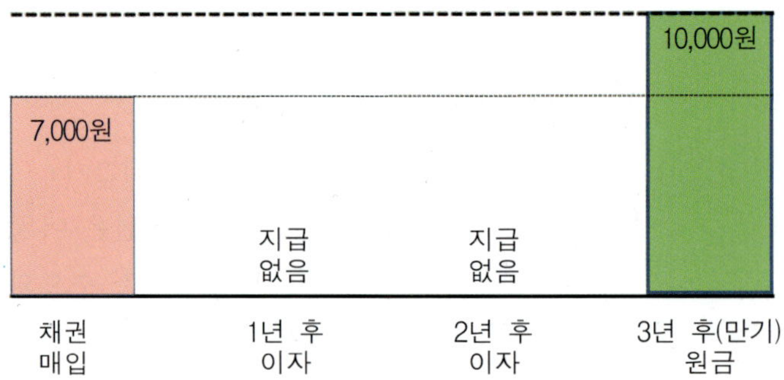

위 할인채권은 현재 시장에서 7,000원에 발행되어 판매되고 있다. 흔히 국공채는 이와 같은 할인채권으로 발행된다. 이 채권을 구입하는 투자자는 7,000원을 투자하면 중간에 이자수취 없이 3년 뒤에 10,000원을 돌려받는다.

❑ 할인채 채권투자자의 투자수익률은?

이 채권을 구입한 투자자의 수익률은 어떻게 될까? 이를 수식으로 나타내면 다음과 같다.

$$7{,}000 = \frac{10{,}000}{(1+r)^3} \tag{8.2}$$

위 식을 만족시키는 r값이 이 채권투자자의 수익률이다. 이 값을 시행착오법이나 엑셀의 함수를 이용하여 계산하면 약 12.6%(정확한 값은 12.6248%)이다. 즉 이 채권을 구입하여 만기까지 보유하면 투자수익률은 12.6%가 된다.

❑ 할인채 가격(가치)은 어떻게 계산되는가?

그렇다면 위 사례의 채권가격 7,000원은 어떻게 결정되었을까? 다음 식은 식(8.2)에서 r값에 채권수익률 12.6%를 대입하여 계산한 것이다(정확한 값은 7,005원이다). 할인채 역시 채권수익률이 낮아질수록 가격(가치)은 올라간다.

$$\frac{10,000}{(1+0.126)^3} \fallingdotseq 7,000$$

이상에서 배운 채권수익률의 가격구조를 참고로 하여 좀더 자세히 살펴보자.

2. 채권의 이론가격

모든 투자안의 가치는 다음 식과 같이 구해진다고 제5장에서 배운 바 있다. 이는 식 (5.1)인데 현재시점의 가치를 계산하기 위하여 1기 이후부터의 현금흐름으로 표기하고 있다.

$$V = \sum_{t=1}^{n} \frac{CF_t}{(1+k)^t} \tag{5.1}$$

단, V : 가치(value)
CF_t : t기(0에서 n기까지)에서의 현금흐름(Cash Flow)
k : 현금흐름의 위험도를 고려한 할인율

채권투자로 인한 현금흐름(CF)은 크게 이자수입(C)과 만기시에 상환받는 액면가(F)이다. 또한 채권투자이므로 할인율 k를 r로 바꾸면 현재시점의 채권가치(B_0, 채권을 의미하는 bond의 약어 B로 표시)는 다음과 같이 표시할 수 있다.

채권의 가치＝이자수입의 현재가치 합계＋액면가(원금)의 현재가치

$$B_0 = \left[\frac{C}{(1+r)^1} + \frac{C}{(1+r)^2} + \cdots\cdots + \frac{C}{(1+r)^n}\right] + \frac{F}{(1+r)^n}$$
$$= \sum_{t=1}^{n} \frac{C}{(1+r)^t} + \frac{F}{(1+r)^n} \tag{8.3}$$

단, B : 채권의 이론가격, C : 이자지급액＝액면가×액면이자율
F : 액면가액, n : 만기
r : 채권투자자의 요구수익률

위 식에서 보는 것처럼 채권의 가치는 일차적으로 액면이자율(C), 액면가액(F), 만기(n), 채권의 요구수익률(r)에 의해서 결정된다. 이 중 액면이자율과 액면가액은 원금이 상환될 때까지 고정불변인 반면에, 만기와 채권수익률은 가변적이다. 만기는 시간이 흐름에 따라서 발행 이후 점차 짧아지고, 채권수익률은 공금리수준, 만기차이 혹은 원리금 지급불능의 위험 정도에 따라 변하기 때문이다.

보기 1

회사채 A는 액면가 10,000원, 액면이자율 연 5% 이자후급, 만기 5년이다. 유사한 채권에 대한 채권수익률은 6%로 회사채 A에 대한 투자자들의 요구수익률도 6% 수준이다. 이 채권의 가격은?

풀이

$$B_0 = \frac{500}{(1.06)} + \frac{500}{(1.06)^2} + \cdots\cdots + \frac{500}{(1.06)^5} + \frac{10{,}000}{(1.06)^5}$$

$$= 500(4.2124) + 10{,}000(0.7473) = 9{,}579\text{원}$$

보기 2

국채 B는 액면가 100,000원, 만기 5년의 할인채이다. 유사한 국채에 대한 채권수익률은 5%이다. 이 국채의 가격은?

풀이

$$B_0 = \frac{100{,}000}{(1.05)^5} = 100{,}000(0.7835) = 78{,}350\text{원}$$

3. 채권가격과 채권수익률의 관계

채권의 이론적 가치를 결정짓는 요소들 중에서 가장 중요한 것은 채권수익률(r)이다. 그러면 채권수익률과 채권가격은 어떤 관계를 지니는가? 채권수익률과 채권가격은 반비례 관계에 있음을 앞에서 보았다. 이제 그 반비례 관계에 대해서 좀더 자세히 알아보자.

(1) 채권수익률 하락/상승에 따른 채권가치 변동폭의 비교

액면가 10,000원, 연 10% 이자후급, 만기 3년인 채권이 있다. 이 채권의 채권수익률이 10%인 경우와, 이후 수익률이 ±3% 변동한 경우의 채권의 이론적 가격을 비교해 보자.[2)]

상황 1 채권수익률이 10%일 경우

$$B_0 = \frac{1,000}{(1.\mathbf{10})^1} + \frac{1,000}{(1.\mathbf{10})^2} + \frac{1,000}{(1.\mathbf{10})^3} + \frac{10,000}{(1.\mathbf{10})^3}$$
$$= 1,000(2.4868) + 10,000(0.7513)$$
$$= 10,000\text{원}$$

상황 2 채권수익률이 7%일 경우 : −3% (하락)

$$B_0 = \frac{1,000}{(1.\mathbf{07})^1} + \frac{1,000}{(1.\mathbf{07})^2} + \frac{1,000}{(1.\mathbf{07})^3} + \frac{10,000}{(1.\mathbf{07})^3}$$
$$= 1,000(2.6243) + 10,000(0.8163)$$
$$= 10,787\text{원}$$

상황 1에 비해서 채권의 이론적 가격이 787원 상승했다.

상황 3 채권수익률이 13%일 경우 : +3% (상승)

$$B_0 = \frac{1,000}{(1.\mathbf{13})^1} + \frac{1,000}{(1.\mathbf{13})^2} + \frac{1,000}{(1.\mathbf{13})^3} + \frac{10,000}{(1.\mathbf{13})^3}$$
$$= 1,000(2.3612) + 10,000(0.6931)$$
$$= 9,292\text{원}$$

상황 1에 비해서 채권의 이론적 가격이 708원 하락했다.

---

2) 이 예에서 보듯이 채권수익률과 액면이자율 중 어느 쪽이 큰가에 따라 다음과 같이 결정됨을 볼 수 있으며 각각을 구분하여 부른다.

- 채권수익률(r)=액면이자율(c) : 액면가 수준의 채권가격(at par), 이를 액면채(par bond)라고 함.
- 채권수익률(r)<액면이자율(c) : 액면가보다 높은 채권가격(at premium), 이를 할증채(premium bond)라고 함.
- 채권수익률(r)>액면이자율(c) : 액면가보다 낮은 채권가격(at discount), 이를 할인채(discount bond)라고 함.

위의 상황을 정리하면 〈표 8-1〉과 같다.

〈표 8-1〉 채권수익률 변동에 따른 채권의 이론적 가격의 변화

채권수익률	채권의 이론적 가격	가격변동폭
r=10%일 때	10,000원	–
r=7%로 하락 (−3%)	10,787원	+787원 상승
r=13%로 상승 (+3%)	9,292원	−708원 하락

(2) 만기에 따른 채권가치 변동폭의 비교

이제 만기를 3년에서 5년으로 바꿔 동일한 계산을 해보자. 즉 액면가 10,000원, 연 10% 이자후급, 만기 5년인 채권을 대상으로 채권수익률이 10%인 경우와, 이후 수익률이 ±3% 변동한 경우의 채권의 이론적 가격을 비교해 보자.

앞서 한번 계산해 봤으므로 채권수익률이 10%인 경우만을 식으로 보여주고자 한다. 채권수익률이 각각 7%인 경우와 13%인 경우는 직접 계산해 보기를 권한다.

$$B_0 = \frac{1,000}{(1.\mathbf{10})^1} + \frac{1,000}{(1.\mathbf{10})^2} + \frac{1,000}{(1.\mathbf{10})^3} + \frac{1,000}{(1.\mathbf{10})^4} + \frac{1,000}{(1.\mathbf{10})^5} + \frac{10,000}{(1.\mathbf{10})^5}$$
$$= 10,000\text{원}$$

채권수익률이 7%로 하락하면 채권의 이론적 가격은 11,230원으로 상승한다. 채권수익률이 13%로 상승하면 채권의 이론적 가격은 8,945원으로 하락한다.

이상의 상황을 요약하면 [그림 8-1], 〈표 8-2〉와 같다.

[그림 8-1] 채권수익률과 채권가격, 만기의 관계

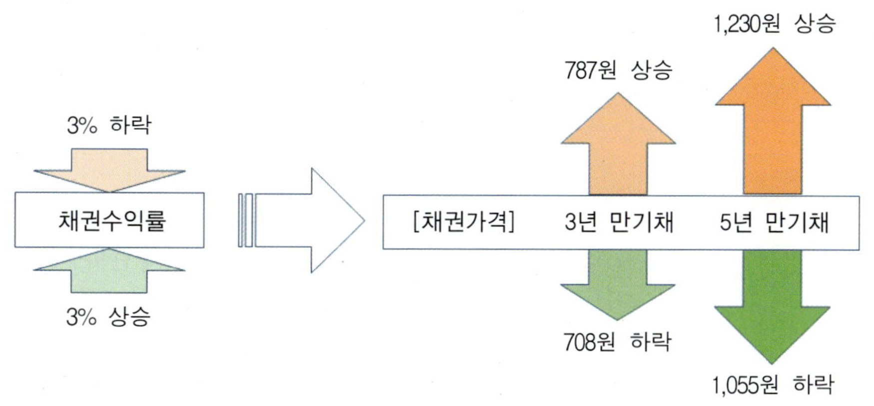

〈표 8-2〉 채권수익률과 채권가격, 만기의 관계

채권수익률	만기 3년 채권		만기 5년 채권	
	채권가격	가격변동폭	채권가격	가격변동폭
r=10%일 때	10,000원	−	10,000원	−
r=7%로 하락 (−3%)	10,787원	+787원 (상승)	11,230원	+1,230원 (상승)
r=13%로 상승 (+3%)	9,292원	−708원 (하락)	8,945원	−1,055원 (하락)

(3) 채권가격정리와 채권투자전략에의 시사점

이상에서 설명한 채권가격에 관하여 정리하면 다음과 같다. 각각의 정리[3]는 채권투자전략을 수립할 때 반드시 알아야 할 내용이다.

① 기본관계 : 채권가격은 이자율(채권의 만기수익률, 즉 채권의 수익률)에 반비례한다. 이자율이 오르면 채권투자자의 요구수익률(채권에 대한 할인율)이 높아지므로 채권의 현재가치는 하락하게 된다.

☞ 이 관계는 투자전략적 의미에서 이자율이 하락될 것으로 전망되

---

3) 이것을 말킬(B. Malkiel)의 채권가격정리라고 한다.

면 채권투자(매입)를 늘리고, 상승할 것 같으면 공매의 방법을 사용하는 것이 유리함을 뜻한다.

② 만기의 영향 Ⅰ : 만기가 긴 채권일수록 일정한 이자율변동에 대한 가격변동이 크다. 3%의 이자율 증감이 있을 때 3년채보다 5년채의 경우가 가격변동폭이 크다.

☞ 이를 위의 정리 ①과 함께 투자전략적으로 고려하면 이자율 하락시에는 장기채권에 대한 투자를 증가시켜 시세차익을 극대화시키고, 이자율 상승시에는 단기채권의 잦은 교체를 통해 직접이율을 높이는 것이 유리함을 뜻한다.

③ 만기의 영향 Ⅱ : 이자율변동에 따른 채권가격변동폭은 만기가 길수록 증가하나 그 증감률은 체감한다.

[그림 8-2]에서 보는 것처럼, 만기가 길어질수록 일정한 이자율변동에 대한 가격변동의 절대폭은 커지지만 그 증감률은 체감한다.

☞ 이것은 투자전략적으로 시세차익을 높이는 데 있어서 만기가 너무 긴 장기채권의 효익은 적어짐을 뜻한다.

[그림 8-2] 채권가격, 이자율, 만기의 관계

(액면가=10,000원, 액면이자율=10%)

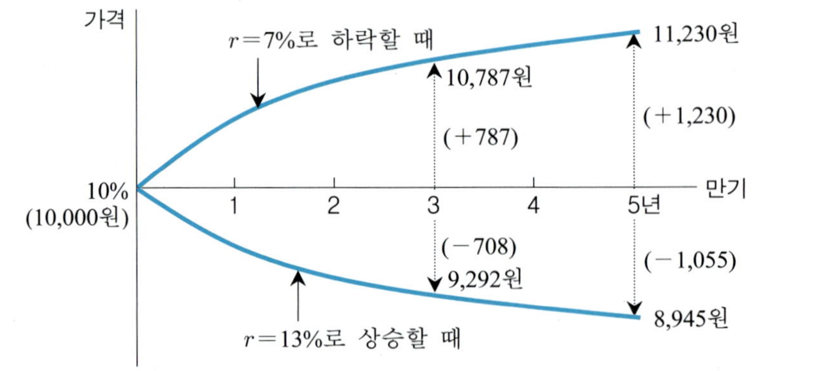

④ 이자율변동률의 영향 : 이자율의 하락으로 인한 가격상승률이 같은 폭의 이자율 상승으로 인한 가격하락률보다도 크다. 이러한 변동은 이자율의 절대수준이 낮을 경우가 높은 경우보다도 일정한 이자율변동

에 대한 가격변동률이 더욱 크다. 앞의 예에서 3년채의 경우 이자율이 10%에서 3%만큼 하락하여 채권가격이 상승한 폭 787원은 이자율이 10%에서 똑같은 3%만큼 상승하여 채권가격이 하락한 폭 708원보다도 크다.

☞ 이는 이자율 하락시에 채권투자성과가 더욱 크게 나타나고 더욱 많은 양의 채권을 매입함이 유리함을 뜻한다.

⑤ 액면이자율의 영향 : 액면이자율이 낮은 채권일수록 일정한 이자율변동에 따른 채권가격변동률이 크다. 예컨대, 3%의 이자율변동이 있었을 경우 액면이자율이 10%일 때보다 액면이자율이 5%일 때 3% 이자율변동에 따른 가격변동률이 더 커진다.[4] 중도이자지급이 없는 순수할인채권(pure discount bond)의 경우가 가격변동률이 제일 크다.

☞ 투자전략적으로 액면이자율이 낮은 채권일수록 투자위험은 높지만, 높은 매매차익을 얻을 수 있음을 뜻한다.

요약하면, 채권가격은 이자율변동에 반비례하는데, 채권의 만기가 길어질수록 그리고 액면이자율이 낮을수록 가격이 크게 변동한다. 즉 일정한 조건하에서는 이자율이 변동할 때 장기할인채의 채권가격변동이 가장 크다.

채권이 주식보다는 상대적으로 투자위험이 적긴 하지만 당연히 투자위험이 존재한다. 바로 이러한 이자율변동에 따라 가격이 변동될 위험이 있는 것이다. 이것이 채권투자의 가격위험(price risk)이다.

4) 이는 독자가 직접 계산해 보기를 권한다. 한편 이러한 현상에 대해 직관적으로 설명할 수도 있다. 예컨대 액면이자율 10%인 채권과 5%인 채권이 있다고 가정하자. 3%의 이자율(수익률) 변화가 있을 때, 전자에 대한 영향의 크기는 10%에 대해 3%이지만 후자에 대한 영향의 크기는 5%에 대해 3%이다. 당연히 후자에 대한 영향이 더 크다.

제2절 채권수익률

1. 채권수익률과 채권투자결정

앞의 절에서는 채권의 지급이자율, 만기, 액면가 그리고 채권수익률이 주어지면 채권의 이론가격을 구하는 방법을 살펴보았다. 이 이론적 채권가격과 실제가격을 비교하면 과소 혹은 과대 평가여부를 평가할 수 있다.

채권투자결정의 다른 방법은 채권가격 기준이 아닌 채권수익률 기준으로 하는 방법이다. 즉, 채권수익률을 구하여 이를 적정 채권수익률과 비교하여 과소 혹은 과대 평가여부를 판단하는 방법이다. 실제 채권매매거래에서의 호가도 현재 시장에서 형성되어 있는 채권가격으로부터 역으로 계산된 채권수익률을 채권투자결정의 기준으로 삼고 있다.

2. 채권수익률의 계산과 의미

채권수익률은 금융시장에서 그 채권에 대한 수요·공급에 의해서 결정되는 유통금리체계이다. 채권수익률은 투자성과를 평가할 때 사후적으로 기준으로 삼는 실현수익률과 매입 당시 사전적으로 예상하는 약정수익률로 나누어 볼 수 있다.

(1) 사후적 실현수익률과 약정수익률

사후적 실현(복리)수익률(realized return)은 모든 투자의 경우와 마찬가지로, 매도 n시점에서의 누적된 부(w_n)를 매입 0시점의 투자액(w_0)으로 나눈 값을 n제곱근하면 계산된다. 예를 들어 3년 전에 1,000만원 투자한 채권투자액이 현재 1,600만원의 부로 증식되었다면 실현수익률은 연 17.0%가 된다.

$$r = \sqrt[n]{w_n / w_0} - 1 = \sqrt[3]{1,600/1,000} - 1 = 17.0\%$$

그러나 채권투자에서 호가기준으로 사용되는 것은 사전적으로 예상되는 약정수익률(promised yield)로서, 다음 (4)에서 설명하는 만기수익률을 채권수익률로 사용하고 있다. 또 만기수익률 이외에도 다음과 같은 여러 가지 수익률 개념이 사용되고 있으므로 이들의 차이를 엄격히 구분하여 사용해야 한다. 이하에서는 여러 가지 수익률에 대해서 알아보기로 한다.

(2) 명목수익률

명목수익률(nominal yield)은 이자지급액을 액면가로 나눈 것으로, 결국 액면(coupon)이자율과 같은 것이다. 기업이 액면가 기준으로 채권을 발행한 경우에는 기업의 타인자본비용을 구성하게 되는데, 이러한 의미에서 발행자수익률이라고도 한다. 이것은 인플레이션을 고려하지 않은 명목상의 투자수익률(nominal return)과 구분해야 한다.

(3) 직접이율

이자지급액을 시장가격으로 나눈 것을 직접이율, 직접수익률(current yield), 경상수익률, 단순수익률이라고도 한다. 채권투자시의 경상수입인 이자지급액을 투자액인 매입가격으로 나눈 것인데, 채권투자수익률 중에서 시세차익수익률을 제외하고 이자수입 부분의 투자수익률을 계산한 것이다. 단기채권 투자자의 투자수익률을 계산할 때 사용되기도 한다. 채권이 액면가 이상으로 할증발행되었거나 액면가 이하로 할인발행된 경우 발행주체의 자본비용계산의 기준이 되기도 한다.

$$\text{직접이율} = \frac{\text{1년간 지급이자(액면이자)}}{\text{채권가격}} \times 100 \tag{8.4}$$

(4) 만기수익률

❑ 만기수익률의 의의

만기수익률(YTM : Yield to Maturity)은 채권을 현재가격으로 매입하여 만기일까지 보유한다고 가정할 경우 기대되는 약정수익률(promised yield)을 의미한다. 채권을 현재가격으로 매입하여 만기일까지 계속 보유하면, 만기일까지의 현금흐름은 정기적으로 지급받는 이자수입과 만기일에서의 원금상환으로 구성된다. 만기수익률은 이들 현금흐름에 대하여 화폐의 시간가치를 고려하여 계산되는 기대(예상)수익률을 말한다. 따라서 만기수익률은 다음 식 (8.5)로 표시되는 것처럼 채권투자로부터의 현금흐름의 현재가치와 현재의 채권시장가격을 일치시켜 주는 할인율이다. 즉, 채권투자에서의 내부수익률(IRR : internal rate of return)이 된다.[5)]

$$P_0 = \frac{C}{(1+r)} + \frac{C}{(1+r)^2} + \cdots\cdots + \frac{C}{(1+r)^n} + \frac{F}{(1+r)^n} \qquad (8.5)$$

단, P_0 : 채권의 현재시장가격
r : 내부수익률＝만기수익률(YTM)

채권시장에서 가장 보편적으로 이용하는 채권수익률은 이 내부수익률인 만기수익률을 지칭한다. 만기수익률은 채권의 만기까지의 이자수입뿐 아니라 시세차익(차손)의 크기와 발생시점까지 고려한, 현재가치 기준으로 측정된 예상수익률이다. 유통수익률, 유통금리, 시장수익률이라고도 한다.

❑ 만기수익률의 계산방법

만기수익률을 계산하는 데에는 다음 방법을 사용할 수 있다.[6)]

---

5) 내부수익률은 현금유출액의 현재가치와 현금유입액의 현재가치를 일치시켜 주는 할인율로서, 다음 식과 같이 서로 상이한 시점에서 발생하는 현금흐름의 크기와 화폐의 시간가치가 고려된 평균투자수익률이다.

$$\frac{CI_1}{(1+r)} + \frac{CI_2}{(1+r)^2} + \cdots + \frac{CI_n}{(1+r)^n} = \frac{CO_1}{(1+r)} + \frac{CO_2}{(1+r)^2} + \cdots + \frac{CO_n}{(1+r)^n}$$

단, r : 내부수익률(IRR), CI_n : n시점의 현금유입액, CO_n : n시점의 현금유출액

6) 채권수익률표와 EXCEL 함수를 이용하는 방법도 있다.
① 채권은 발행될 때부터 원금과 정기적인 이자지급액의 크기가 확정되어 있으므로 사전적으로 채권수익률을 계산한 표로 만들어 채권시장에서 사용한다. 이를 **채권수익률표**(bond yield tables)라고 한다. 따라서 발

① 시행착오법 : 만기수익률은 그 채권의 내부수익률이므로 식 (8.5)에서 우변의 현재가치가 좌변의 시장가격과 같게 되는 할인율을 시행착오법(trial and error method)에 의해서 구한다.

② 근사법 : 만기수익률을 구하는 데 시행착오법을 사용하면 시간이 많이 소요되고 번거롭다는 단점을 지닌다. 근사법은 식 (8.6)과 같이 연평균 투자수입을 평균투자액으로 나누어 구하는 방법이다. 즉, 평균투자액은 채권가격과 원금의 합을 2로 나눈 금액만큼 채권에 평균적으로 투자되어 있는 것으로 간주하고, 연평균 투자수입은 연평균 이자수입과 연평균 매매차익의 합으로 보고 계산한다.

$$r = \frac{\text{연평균 투자수입}}{\text{평균투자액}} = \frac{C + (F - P_0)/n}{(P_0 + F) \div 2} \tag{8.6}$$

보기 3

액면가(F)=10,000원, 액면이자율(c)=연 18%, 만기 3년인 회사채가 있는데, 현재의 시장가격은 9,230원이다. (1) 명목수익률, (2) 경상수익률, (3) 만기수익률을 구하시오.

풀이 (1) 명목수익률 : 1,800/10,000=18%

(2) 경상수익률 : 1,800/9,230=19.5%

(3) 만기수익률

① 시행착오법

아래 식에서 우변의 현재가치가 9,230원이 되는 할인율(내부수익률)을 시행착오법에 의하여 구하면 r=21.75%이다.

$$9{,}230 = \frac{1{,}800}{(1+r)} + \frac{1{,}800}{(1+r)^2} + \frac{1{,}800}{(1+r)^3} + \frac{10{,}000}{(1+r)^3}$$

r =21.75%

② 근사법

$$r = \frac{1{,}800 + (10{,}000 - 9{,}230) \div 3}{(9{,}230 + 10{,}000) \div 2} = \frac{1{,}800 + 257}{9{,}615} \fallingdotseq 21.4\%$$

시행착오법에 의해서 정확히 구하는 것과 큰 차이가 없음을 볼 수 있다. 시행착오법에 의하여 내부수익률을 구할 때에도 먼저 근사법에 의해서 개략치를 구하게 되면 근접한 내부수익률이 어느 범위인지를 파악할 수 있으므로 많은 시간이 절약된다.

행이자율과 만기, 현재가격만 확인되면 이 표로부터 만기수익률을 구할 수 있다.

② EXCEL의 IRR 또는 RATE 함수를 이용할 수 있다.

(5) 만기수익률의 재투자가정과 채권투자의 위험

❑ 채권의 재투자가정

채권투자시에 이용되는 만기수익률은 그 수익률이 확실히 얻어지거나 실현되는 실현수익률(realized return)이 아니고 약정수익률(promised yield)이라는 점에 유의해야 한다. 만기수익률은 중도에 발생하는 현금흐름(이자수입)이 만기수익률과 동일한 수준으로 재투자된다는 재투자가정(reinvestment assumption)을 충족해야 달성가능하다.

위의 [보기 3]에서 계산된 만기수익률 21.75%는 중도의 이자수입이 21.75%로 재투자되어야 만기에 실현수익률이 된다. 만일 도중에 시중이자율이 하락하면 재투자수익률은 하락할 수밖에 없다. 투자기간 도중에 시중이자율이 변동하면 최종적인 실제 실현수익률은 채권매입 당시의 약정수익률인 만기수익률과 차이가 생기는 것이다.

❑ 채권투자의 위험

채권투자성과를 구성하는 요소는 〈표 8-3〉에서 보는 것처럼 이자수입, 이자에 대한 재투자수입, 처분가격(시세차익)으로 구분할 수 있다. 이 가운데 이자수입은 액면이자율로 확정되어 있기 때문에 시중이자율변동과 무관하다.

그러나 이자율(그냥 이자율이라고 칭하면 액면이자율이 아닌 시중이자율을 의미한다)이 변동하면 이자의 재투자수입과 채권가격(처분가격=시세차익)이 변동한다. 이자율이 오르면 이자의 재투자수입은 증가하나 채권가격은 하락한다. 반대로 이자율이 내리면 이자의 재투자수입은 감소하나 채권가격은 상승한다. 이자율과 이자수입은 양(+)의 방향으로 움직이고, 이자율과 채권가격은 음(−)의 방향으로 움직인다.

이자율변동이 이자의 재투자수입에 미치는 효과를 재투자수입효과(income

〈표 8-3〉 약정수익률과 실현수익률이 차이나는 원인

채권투자성과	이자율 증가시	이자율 하락시	투자위험
이자수입	불변	불변	
이자에 대한 재투자수입	+ (증가)	− (감소)	재투자위험
처분가격(시세차익)	− (감소)	+ (증가)	가격위험

effect)라고 하고, 이자율변동으로 인하여 재투자수입이 달라지는 투자위험을 재투자위험(reinvestment risk)이라고 한다. 반면에 이자율변동이 채권가격에 미치는 효과를 자본효과(capital effect)라고 하고, 이자율변동으로 인하여 채권가격이 변동하는 투자위험을 가격위험(price risk)이라고 한다.

이자율변동에 따라서 이자수입의 재투자수입효과와 자본효과는 서로 상반되는 방향으로 나타나며 그 크기가 같을 수도 있고 다를 수도 있다. 일반적으로는 같지 않으며 이 때문에 약정수익률과 실현수익률은 차이가 나게 된다. 다만, 중도이자지급이 없는 할인채의 경우, 만기까지 보유할 때에는 재투자위험이 없다.

3. 채권수익률의 결정요인

채권수익률은 어떤 요인들에 의해서 결정되는 것일까? 크게 시중금리와 같은 기업외적 요인과 채권의 만기, 발행주체의 지급불능위험과 같은 기업내적 요인 등 두 가지 요인에 의해서 결정된다.

(1) 기업외적 요인 : 시중이자율(금리)

채권수익률에 가장 큰 영향을 미치는 기업외적 요인은 시중금리이다. 시중금리에 영향을 미치는 것은 정부의 재정금융정책, 투자자들의 소비에 대한 시차선호도, 총국민생산 등 다양한 요인이 있는데, 이들 요인이 자금 수요와 공급을 결정하게 되고 이에 따라 금리가 결정된다.

(2) 기업내적 요인

❑ 채권의 만기

앞서 설명한 것처럼 장기채권일수록 채권가격변동위험이 크고 유동성위험이 커진다. 채권의 만기, 즉 장기채권인지 단기채권인지에 따라 채권수익률은 달라지는 것이다. 또한 미래 이자율이 상승할 것으로 예상되면 장기수익률에 이러한 예상이 반영될 것이므로 만기 차이에 따라 채권수익률에 차이가 있을 수 있다. 채권분석에서는 채권의 만기와 채권수익률의 관계를 기간구조라고 부르고 있는데, 이에 대해서는 바로 이어서 상술하기로 한다.

❑ 발행주체의 위험

채권의 발행주체인 기업의 원리금 지급능력이 의문시되고, 현금흐름의 변동성이 크면 채권투자자의 요구수익률은 높아질 것이다. 이 밖에도 채권의 면세조건, 수의상환조건, 전환조건 등 채권의 발행조건과 환금성에 따라 투자자의 요구수익률이 달라지므로 이들 요인 또한 채권수익률에 영향을 주게 된다. 채권분석에서는 채권의 발행조건, 발행주체가 지니는 위험수준에 따라 수익률에 체계적 차이가 나는 것을 위험구조라고 부르는데, 이에 대해서도 후술하기로 한다.

숫자로 본 세계 ▸▸▸ 채권수익률 현황

(단위 : %, %포인트)

채 권	수익률	전일 대비	연중최고	연중최저
국고채권(1년)	3.523	▲0.002	3.769	3.217
국고채권(2년)	3.714	▲0.039	3.976	3.240
국고채권(3년)	3.681	▲0.046	3.878	3.110
국고채권(5년)	3.697	▲0.054	3.907	3.096
국고채권(10년)	3.761	▲0.033	3.863	3.148
국고채권(20년)	3.690	▽0.013	3.778	3.176
국고채권(30년)	3.678	▽0.018	3.770	3.187
국고채권(50년)	3.657	▽0.014	3.748	3.140
국민주택1종(5년)	3.945	▲0.054	4.126	3.233
통안증권(91일)	3.582	–	3.627	3.228
통안증권(1년)	3.608	▲0.014	3.784	3.222
통안증권(2년)	3.726	▲0.031	3.947	3.226
한전채(3년)	4.196	▲0.038	4.669	3.646
산금채(1년)	3.812	▲0.010	4.159	3.452
회사채(무보증3년) AA−	4.467	▲0.044	5.262	3.928
회사채(무보증3년) BBB−	10.867	▲0.044	11.201	10.323
CD(91일)	3.74	–	3.98	3.43
CP(91일)	3.99	–	5.18	3.97
콜금리(1일물)	3.56	▲0.05	–	–

(자료 : 금융투자협회, 2023.7.31 기준)

제 3 절 채권수익률의 기간구조와 위험구조

생활속에서 ▸▸▸

국내외 통화긴축 영향으로 장기금리가 빠르게 오르면서 신용스프레드가 13년 만에 최고 수준으로 치솟았다. 한국은행에 따르면 지난 14일 기준 신용스프레드 수준은 114bp(1bp는 0.01%포인트)로 2009년 9월 이후 13년 만에 최고치다. 2012~2021년 중 장기평균치 43bp를 훌쩍 넘었을 뿐만 아니라 코로나19 위기 당시 나타났던 고점(78bp)보다도 높다.

신용스프레드는 신용채권 금리와 국고채 금리의 차이다. 신용스프레드가 확대될수록 신용채권 가격이 하락한다는 의미로 볼 수 있다. 그만큼 일반기업이나 금융기관이 시장성 차입을 통해 자금을 조달할 때 들어가는 비용 부담이 커졌다는 것이다.

한국은행에 따르면, 먼저 수요 측면에서는 금융시장 불확실성이 커지면서 신용도와 유동성이 낮은 신용채권에 대한 위험프리미엄이 커졌다. 지난 6월 이후 기업의 부도확률이 경기위축 우려 등으로 우량·비우량 등급 모두 상당 폭 상승하는 등 시장 전반의 신용위험에 대한 경계감이 고조된 영향이라는 설명이다. 또 주요국 통화긴축 가속화로 유동성 선호가 강화되면서 시장 불안시 환금성이 제약되는 신용물에 대한 투자 유인이 약화됐다.

(서울경제, 2022.10.20 편집)

#신용스프레드 #채권시장 #위험프리미엄 #부도확률

본절에서는 채권의 만기와 채권수익률의 관계를 설명하는 이론, 채권의 위험과 채권수익률의 관계에 관한 이론을 설명한다.

1. 채권수익률의 기간구조

(1) 기간구조의 의의와 수익률곡선

채권수익률의 기간구조(term structure of bond yield)란 어느 일정시점에서 채권의 다른 조건(발행조건, 과세조건, 위험 등)은 모두 동일하고 만기만 상이한 채권들의 채권수익률과 만기의 관계를 말한다.

예를 들어 한국산업은행에서 발행하는 금융채권에는 만기가 각기 다른 채권들이 많은데, 이들 채권들은 발행주체가 동일하고 발행조건이 같지만, 채권수익률이 같지 않다. 만기 이외의 다른 조건은 동일하므로 채권수익률에 차이가 나는 이유는 만기의 차이 때문이라고 볼 수 있다.

기간구조는 흔히 그림으로 표현하여 분석하는데, 채권들의 만기와 채권수익률의 관계를 그림으로 나타낸 것을 수익률곡선(yield curve)이라고 한다. 일반적으로 횡축에 만기를 표시하고 종축에 만기수익률을 표시하여 특정시점을 기준으로 만기까지의 기간의 차이에 따라 달라지는 채권수익률의 차이를 분석하고 있다.

[그림 8-3]은 수익률곡선의 예를 보여주고 있다. 수익률곡선은 어느 시점에서 분석되느냐에 따라 우상향형, 우하향형, 수평형, 낙타형 등 상이한 패턴으로 표시된다. 역사적으로 볼 때 수익률곡선은 이자율이 낮을 때 우상향하고, 이자율이 높을 때 우하향하는 경향이 많았는데, 우상향의 모양을 보일 때가 두 배 정도 많았다.

[그림 8-3] 수익률곡선

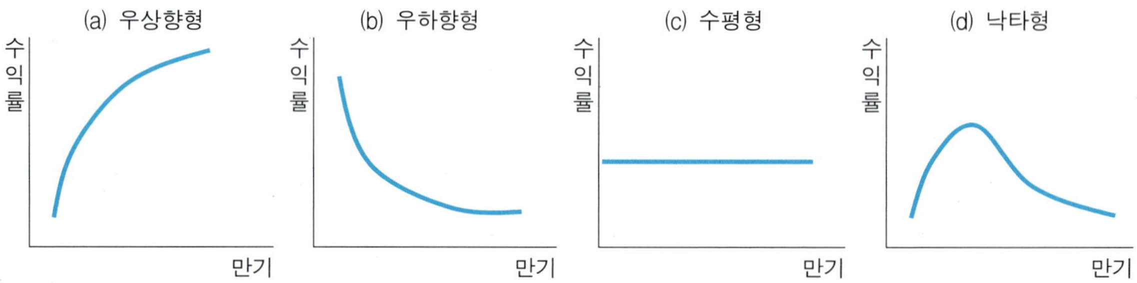

하나 더 ▸▸▸ 일드 커브, 커브 스티프닝, 커브 플래트닝

현장에서는 채권 용어를 영어 단어 그대로 사용하는 경우도 많다. 일드 커브는 yield curve, 즉 수익률곡선을 말한다. 커브 스티프닝(curve steepening)은 채권수익률곡선의 경사가 가팔라진 것을 뜻한다. 반대로 수익률곡선이 평평해진 상황은 커브 플래트닝(curve flattening)이라고 부른다. 미래 경기가 개선될 것이라는 기대가 있을 땐 단기물 수요가 늘고 장기물 수요가 줄면서 장 · 단기 금리 차가 커지는 커브 스티프닝이 나타난다. 반대로 경기가 둔화할 것이라고 예상되면 장 · 단기 금리 차가 작아지면서 커브 플래트닝이 나타난다.

(2) 기간구조 설명이론

만기만 상이할 뿐인데 채권수익률이 차이를 보이는 현상에 대한 설명으로 다음과 같은 세 가지의 기간구조이론이 제시되고 있다.

❑ 기대이론

장기채의 만기수익률은 투자자(시장)의 미래 기간별 단기수익률(이자율)에 대한 기대에 의해서 결정된다는 것이 기대이론(expectation theory)이다. 즉 수익률곡선은 시장에서 앞으로 기간별 단기이자율이 상승할 것으로 기대될 때에는 만기가 길수록 상승세를 보이고, 반대로 기간별 이자율이 하락할 것으로 예상될 때에는 만기가 길수록 낮은 수익률을 보일 것이다.

❑ 유동성프리미엄이론

기대이론에서는 투자자는 위험중립적이라고 가정하고, 단기채와 장기채 간에 완전대체관계가 있어 기대수익률에 차이가 없다고 본다. 그러나 장기채일수록 이자율변동으로 인한 가격변동폭이 크고 원리금 지급불능위험이 높아지게 된다. 또한 일반적인 투자자는 위험중립적이 아니고 위험회피형이므로 장기채가 갖는 더 높은 불확실성에 대하여 적정한 위험보상을 요구할 것이다.

[그림 8-4] 유동성프리미엄이론

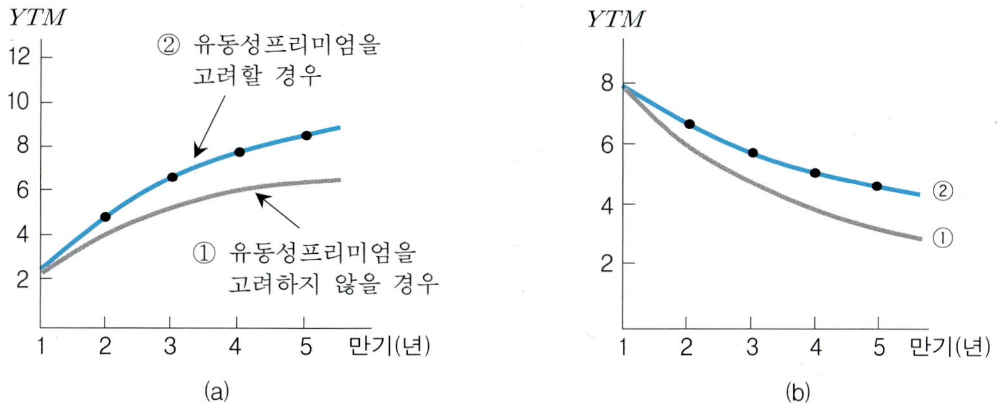

유동성프리미엄이론(liquidity premium theory)은 장기채일수록 미래수익의 불확실성이 커지므로 투자자는 유동성프리미엄을 요구하게 되어 장기채의 수익률이 단기채의 수익률보다 높아진다는 이론이다. 투자자는 위험을 회피하고 유동성을 선호하므로 단기채에 대한 초과수요가 존재하고, 자금을 조달하는 기업은 장기자금을 원하므로 장기채의 초과공급이 있게 되어 유동성프리미엄은 장기로 갈수록 커진다고 보고 있다.

❑ 시장분할이론

채권시장의 많은 투자자들은 영업특성, 관계법규, 만기선호도 때문에 수익률에 차이가 나더라도 만기가 다른 채권으로 쉽게 이동하지 못하는 구조적 경직성을 가질 수 있다. 시장분할이론(market segmentation theory)은 구조적으로 경직되어 있는 채권시장이 채권만기에 대한 선호도에 따라 서로 다른 몇 개의 하부시장으로 구성되는데, 채권수익률은 이들 각 하부시장에서의 수요공급의 원리에 의해서 결정된다는 주장이다. 이 이론은 완전한 위험회피형 투자자를 가정하고 시장의 불완전성을 전제하고 있다는 점에서 기대이론과는 극단적인 대조를 이루고 있다.

[그림 8-5] 시장분할이론

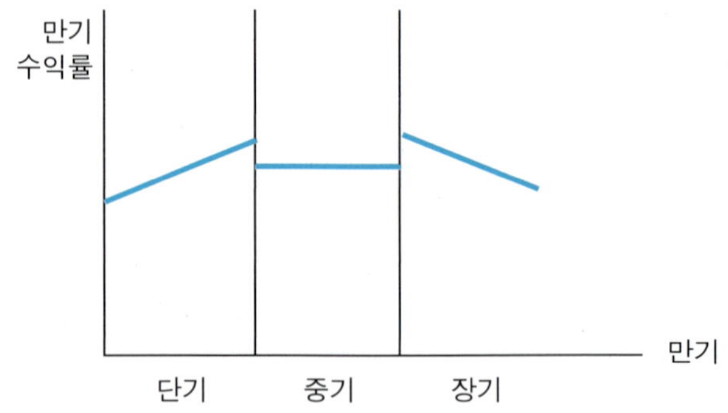

(3) 기간구조이론의 채권투자 전략적 시사점

기간구조이론은 실제의 채권포트폴리오의 만기구성시에 참고가 되는 몇 가지 투자전략적 시사점을 지니고 있다.

첫째, 적절한 만기구성을 위해서 미래 기간별 이자율 동향을 고려해야 한다는 점이다. 이를 근간으로 장기채수익률 움직임의 방향을 예측할 수 있기 때문이다.

둘째, 장기채일수록 가격변동위험 등 투자위험이 증가하므로 만기 증가에 따른 위험보상률을 적절히 고려해야 한다는 점이다.

셋째, 만기가 다른 채권들의 각 시장에서의 수요와 공급 동향을 고려해야 한다는 점이다.

2. 채권수익률의 위험구조

(1) 위험구조의 의의와 수익률 스프레드

채권은 만기까지의 이자지급과 원금상환액이 계약에 의해 확정되어 있지만, 투자위험이 없는 것은 아니다. 정부가 발행한 국공채는 채무불이행의 가능성이 거의 없지만, 회사채의 경우는 채권발행기업의 신용도에 따라서 원리금 지급불능의 상황이 나타날 수 있다.

채권의 발행조건이나 발행주체가 지니고 있는 위험수준 때문에 채권수익률에 체계적 차이가 나타나는 것을 채권수익률의 위험구조(risk structure)라고 한다. 또 채권의 위험에 따라 생기는 채권수익률의 차이를 수익률 차 또는 수익률 스프레드(yield spread), 신용스프레드라고 부른다.

수익률 스프레드는 만기가 같은 채권들간의 수익률 차이로 측정된다. 예를 들어, 3년 만기 국공채의 수익률이 5%이고 3년 만기 C카드(주) 발행의 회사채 수익률이 11%라면 수익률 차이 6%는 발행주체인 C카드(주)의 위험수준이 수익률에 반영된 것으로 볼 수 있다. 이 차이 6%가 수익률 스프레드이다.

수익률 스프레드는 구체적으로 살펴보면 [그림 8-6]에서 보는 것처럼 지급불능프리미엄과 위험프리미엄으로 나눌 수 있다. 전자는 채무불이행의 가능성에 대한 위험프리미엄이고, 후자는 기대수익의 불확실성에 대한 위험프리미엄이다. 수익률 스프레드를 구성하는 위험프리미엄 중 지급불능프리미엄(default premium)은 해당채권의 발행주체가 채무이행을 다할 경우의 약정수익

[그림 8-6] **채권수익률의 위험구조**

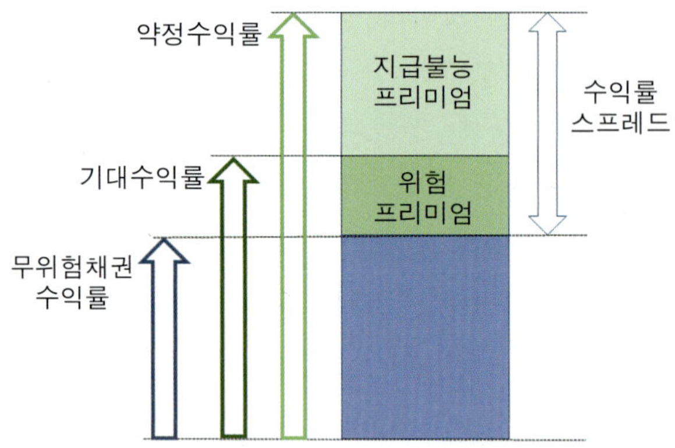

률(promised yield)에서 채무불이행의 가능성을 고려한 경우의 기대수익률(expcted yield)의 차이로 측정될 수 있다.

한편 위험프리미엄(risk premium)은 지급불능위험을 지닌 채권의 기대수익의 변동성에 대한 프리미엄을 말한다. 위험채권의 기대수익률과 동일한 만기의 무위험채권의 채권수익률의 차로 측정된다. 앞서의 C카드(주)의 예를 들어 채무불이행의 가능성을 고려한 기대수익률이 7%라면, 무위험채권(국공채)의 수익률이 5%였으므로 위험프리미엄은 2%가 된다. 그리고 지급불능프리미엄은 4%가 되는 것이다.

(2) 수익률 스프레드의 원인

이와 같은 수익률 차(스프레드)를 가져오는 위험의 구체적인 원인에는 어떤 것이 있는가? 채권의 위험을 구성하는 요인들 중에서 채권의 발행주체 혹은 발행조건과 관련된 것으로는 다음에 설명하는 것들이 있다.

❑ 지급불능위험(default risk)

채권의 발행기업이 원금이나 이자를 약속대로 지급하지 못하게 될 가능성을 말한다. 채무와 관련하여 담보나 보증 여하에 따라서 채무불이행으로 인한 손실가능성은 달라진다. 채무불이행의 가능성이 높아지면 채권의 기대수익률은 약속수익률보다도 낮게 된다.

❑ 미래현금흐름의 불확실성

비록 발행기업이 지급불능의 상황까지 가지 않더라도 경기변동에 취약하거나 계절성을 띠는 기업이라면 현금흐름의 변동성이 높아져 채무자로서의 신용도는 낮아진다.

❑ 수의상환위험

채권의 발행조건에는 발행회사(기관)가 채권의 만기가 도래하기 전에 일정한 가격으로 원금을 상환할 수 있는 권리를 갖는 수의상환조건(call provision)을 명시할 수 있다. 채권에 수의상환조건이 부여되면 채권소유자에게는 원래의 채권계약에 따라 예상되는 투자수익을 실현하지 못할 가능성이 있으므로 실현될 기대수익률과 약속수익률 사이에는 차이가 있게 된다.

❑ 유동성위험

시장성이 낮아 채권을 적절한 가격으로 단시일에 매각할 수 없는 위험으로 환금성위험을 말한다. 우리나라의 도로채권 등 국공채 가운데는 환금성이 낮아 적정가격 이하로 팔리고 있는 채권이 많은데, 이와 같이 유동성위험 때문에 기대수익률이 낮아지는 경우가 있다.

❑ 과세조건

채권수익률은 만기가 같더라도 세금과 관련된 조건의 차이 때문에 수익률에 차이가 있게 된다. 이를테면 이표채 이자소득에 대해서는 높은 이자소득세가 부과되나 할인채의 경우는 면세(또는 낮은 자본소득세 부과)되므로 투자수익률의 차이가 날 수 있다. 이러한 과세조건의 차이가 수익률 스프레드를 가져오기도 한다.

제4절 이자율변동위험의 관리와 듀레이션

1. 이자율변동위험 관리의 필요성

채권투자에서 위험관리의 핵심은 이자율변동위험을 관리하는 것이다. 이자율변동과 채권가격변동의 관계는 앞에서 설명한 채권가격정리에서 개념적으로 이해될 수 있지만, 보다 정교한 채권포트폴리오 관리에는 한계가 있다. 예를 들어 이자율변동이 1% 있을 때 채권시장의 수많은 채권가격은 어떻게 변동할 것인가? 이러한 물음에 정확하게 답을 할 수 있어야 채권투자관리가 가능할 것이다. 이러한 목적에 사용할 수 있는 수단이 듀레이션이다. 듀레이션은 채권투자의 가격변동위험을 계량적으로 측정할 수 있게 해준다. 채권에 있어서 매우 중요한 개념 중 하나이다.

2. 듀레이션과 채권가격변동의 측정

(1) 채권의 만기와 듀레이션

채권의 만기는 단순히 채권의 액면금액이 상환되는 경과시점을 말한다. 예를 들어 3년 만기의 회사채 A, B가 있으며 둘 다 10,000원에 거래되고 있다. A의 액면이자율은 10%이고, B의 액면이자율은 5%라고 한다. 그런데 많은 투자자들은 투자금을 회수하는 데 걸리는 기간에 관심이 있다. A, B 두 채권 모두 만기는 3년이지만 중간에 받는 이자가 다르기 때문에 투자금액을 회수하는 데 걸리는 기간은 다를 수밖에 없다. 또한 1년 후의 이자수입과 2년 후의 이자수입은 시간가치가 다르다. 그렇다면 도중의 이자수입을 포함한 후, 이를 현재가치로 환산하여 투자금액이 회수되는 데 걸리는 기간은 얼마나 될까? 이 개념이 듀레이션이다.

듀레이션(duration)이란 채권투자의 투자수입(액면상환액 및 기간중 이자수입액)의 현재가치와 그 현금흐름의 유입시기를 고려한, 투자원금의 가중평균회수기간을 말한다. 채권의 원금뿐만 아니라 이자수입의 현금흐름까지 고려한 상환기간을 현재가치로 표시한 것이 듀레이션이다. 이러한 의미에서 평균상환기간이라고도 부른다.

듀레이션은 채권의 시장가격(채권투자액)의 현재가치 1원이 상환되는 데 걸리는 '평균기간'을 의미하는 것이다. 어떤 채권의 만기는 3년인 데 듀레이션이 2.7년이라면 이는 투자자가 채권에 투자한 자금을 회수하는 데 실질적으로 소요되는 기간이 2.7년이라는 의미이다.

듀레이션은 1938년 맥콜리(F.R. Macaulay)가 개발한 개념인데 다음 식 (8.7)과 같이 만기까지의 각 기간에, 채권만기 내의 각 기간에 들어오는 현금흐름의 현재가치가 채권가격에 대하여 차지하는 비율(가중치)을 곱하여 구한 가중평균만기(평균상환기간)를 계산한 것이다.[7)]

$$
\begin{aligned}
dur &= \sum(\text{기간}) \cdot \frac{\text{기간별 현금흐름의 현재가치}}{\text{채권가격}} \\
&= 1 \times \frac{C_1/(1+r)}{P} + 2 \times \frac{C_2/(1+r)^2}{P} + \cdots + n \times \frac{(C_n + P_n)/(1+r)^n}{P} \\
&= \sum_{t=1}^{n}(t) \cdot \frac{C_t/(1+r)^t}{P} \qquad (8.7)
\end{aligned}
$$

단, dur : 채권의 듀레이션(평균상환기간)

n : 만기

t : 이자나 원금의 현금흐름이 있는 시점

r : 채권수익률

C_t : t시점에서의 현금흐름

P : 채권의 현재가치(가격)

식이 다소 복잡하다고 느낄 수 있으나 다음 [보기 4]를 보면 쉽게 이해할 수 있을 것이다. [보기 4]에서의 채권은 표면적 만기가 3년인 채권이지만 기간중의 이자지급까지 포함한 현금흐름을 현재가치로 계산하여 투자액이 회수되는 평균상환기간을 구하면 약 2.7년인 채권이다.

7) 듀레이션을 EXCEL로 구하는 함수식은 [=DURATION(채권매입일, 만기일, 액면이자율, 시장이자율, 연간이자지급횟수, 일자계산 기준)]이다.

보기 4

액면가(F)=10,000원, 액면이자율(c)=12%, 만기(n)=3년, 수익률(r)=8%인 채권이 있다. 이 채권의 듀레이션을 계산하시오.

풀이

① 기간(년)	② C_t	③ 현재가치계수	④ 현재가치	⑤ 구성비(가중치)	①×⑤
1	1,200	0.926	1,111.20	0.10071	0.10071
2	1,200	0.857	1,028.40	0.09318	0.18636
3	11,200	0.794	8,892.80	0.80611	2.41833
			11,032.40	1.0	Σ=2.70

또는 $dur = (1\text{년}) \times \frac{1{,}200/(1.08)}{11{,}032} + (2\text{년}) \times \frac{1{,}200/(1.08)^2}{11{,}032} + (3\text{년}) \times \frac{11{,}200/(1.08)^3}{11{,}032}$

≒2.70(년)

(2) 채권가격변동의 측정

채권의 듀레이션이 구해지면 일정한 이자율의 변동에 대한 가격변동폭을 측정할 수 있다. 채권가격변동폭 ΔP는 듀레이션 dur, 이자율변동폭 Δr, 채권투자금액 P_0와 다음 관계에 있다.

$$\Delta P = -dur_{it}\left(\frac{\Delta r}{1+r}\right) \cdot P_0 \tag{8.8}$$

한편 식 (8.7)로 구한 dur을 $1+r$로 나눈 값을 수정듀레이션(dur^m으로 표시)이라고 한다(앞의 보기에서의 채권은 수정듀레이션 dur^m이 2.5년이 된다). 따라서 채권의 가격변동폭을 수정듀레이션을 사용하여 표시하면 다음과 같다.

$$\Delta P = -dur^m \cdot \Delta r \cdot P_0 \tag{8.9}$$

보기 5

[보기 4]의 채권에 100억원을 투자했는데, 이자율이 8%에서 10%로 인상되었다면 이 채권의 가치는 어떻게 변하는가?

풀이 dur=2.7년이고 이자율변동이 2%이므로 다음과 같이 계산된다.

$$\Delta P = -(2.7)\left(\frac{0.02}{1.08}\right)(100\text{억}) \fallingdotseq -5\text{억}(\text{원})$$

이 채권의 가치는 5억원 하락한다.

(3) 듀레이션의 특성

지금까지 살펴본 듀레이션은 다음과 같은 특성들을 가지고 있다.

- 듀레이션이 클수록, 이자율변동에 따른 채권의 가격변동폭은 증가한다.
- 잔존기간(또는 만기)이 길수록, 듀레이션은 커진다.
- 액면이자율이 높을수록, 듀레이션은 짧아진다.
- 만기수익률이 높을수록, 듀레이션은 짧아진다.
- 순수할인채권의 듀레이션은 만기와 동일하다.

우리가 관심을 갖고 있는 것은 이자율변동위험에 관한 것이다. 듀레이션은 이자율의 변동에 따른 채권가격의 변화 정도를 측정하게 해주는데, 그렇다면 이자율의 변동에 따른 듀레이션의 변화 정도를 알아보는 것은 없을까? 이 개념이 채권의 볼록성이다.

채권의 볼록성(convexity)이란 채권금리의 변동에 따른 듀레이션의 변화 정도를 말한다. [그림 8-7]에서 X축인 채권수익률이 작아질수록 가격의 변화율은 커지고, 채권수익률이 커질수록 가격의 변화율은 작아지는 것을 볼 수 있다. 즉, 이자율이 상승할수록 채권의 가격변동률인 듀레이션은 감소하고, 금리가 하락할수록 듀레이션은 증가한다.

[그림 8-7] 채권의 듀레이션과 볼록성

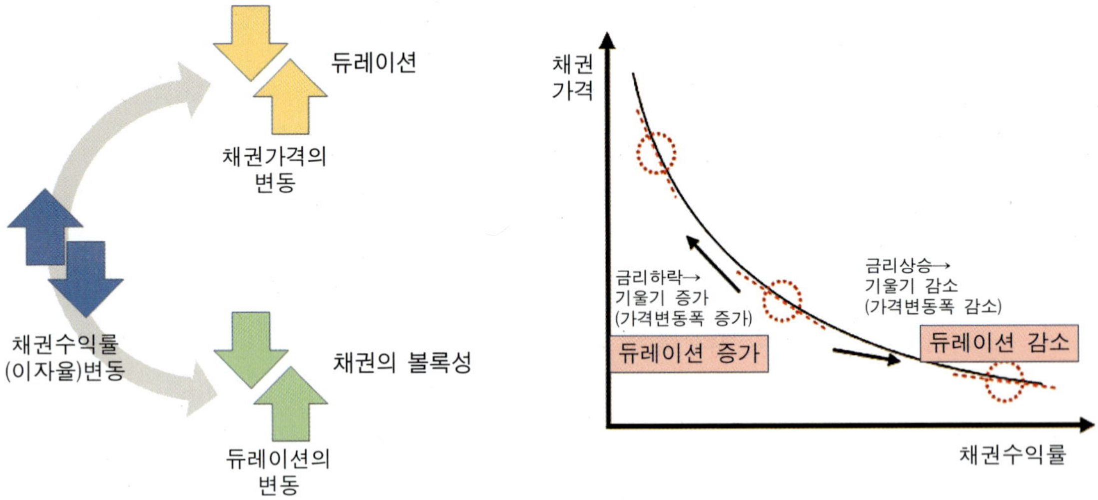

(4) 듀레이션의 채권투자전략에의 활용

듀레이션을 이용하면 다양한 채권투자전략을 수립할 수 있다. 이는 바로 이어서 살펴보자.

제 5 절 채권투자전략

생활속에서 ▸▸▸

미국이 긴축기조를 장기간 유지한다면 채권투자시 장기물보다는 단기채 위주의 접근이 유리하다. 장기채는 금리 변화에 따른 가격변동이 큰 만큼 금리가 떨어지면 높은 수익을 올릴 수 있다. 하지만 금리가 쉽게 떨어지지 않는다고 하면 장기채에 투자한 자금이 오랫동안 묶이는 일이 벌어질 수도 있다.

마경환 GB투자자문 대표는 “현재 미국 단기채는 기준금리 추가 인상을 거의 반영했기 때문에 금리가 더 오르긴 어렵다”며 “현시점에서 미국 단기채는 매수, 미국 장기채는 3.5~4% 사이에서 박스권 플레이를 하는 것이 좋다”고 말했다.

한국 국채의 경우 수익률 커브가 미국과는 달리 우상향을 유지하고 있어 장기채 투자도 매력적이라는 분석이다. 마 대표는 “한국 장기채 수익률은 기준금리보다 높기 때문에 지금은 좋은 매수 타이밍”이라며 “반면 회사채는 지난해 레고랜드 사태에 이어 이번에 새마을금고 사태로 신용위기에 직면할 수 있어 투자에 유의해야 한다”고 설명했다. (머니투데이, 2023.7.11 편집)

#단기채 #장기채 #수익률커브우상향

1. 방어적 채권투자전략

(1) 채권면역전략

❑ 채권면역전략의 의의

채권면역전략(bond immunization strategy)은 이자율변동으로 인하여 상반되게 나타나는 이자수입의 재투자수입효과(재투자위험)와 채권가격이 변동하는 자본효과(가격위험)를 동일하게 중화시켜 이자율변동위험을 제거하는 방어적 채권투자전략을 말한다. 결국 시장이자율의 불리한 변동이 있더라도 채권매입 당시의 예상 또는 목표 수익률을 실현시키는 투자방법이다.

❑ 채권면역의 방법

1) 캐시매칭

채권면역의 가장 원시적인 방법인 캐시매칭(cash matching)은 목표시점에서 원하는 부(현금)를 틀림없이 회수할 수 있도록 순수할인채권이나 복리채에 투자하는 것이다. 예를 들어 2년 후 1억원, 3년 후 1.5억원의 자금이 필요하면 지금 각각 2년 후 1억원을, 3년 후 1.5억원을 돌려받을 수 있는 할인채나 복리채에 투자하는 것이다.

캐시매칭방법의 한계점은 자금스케줄에 꼭 맞는 할인채가 많이 존재하지 않기 때문에 현실적으로 이용하기 어렵다는 점이다.

2) 듀레이션을 이용한 채권면역전략

듀레이션을 이용하여 이자율변동위험을 제거시키는 채권면역전략은 구체적으로 투자자가 정해 놓은 **목표투자기간과 동일한 듀레이션을 가진 채권에 투자**하는 것이다. 예를 들어, 어느 채권투자자가 2.7년 후에 자금이 필요한데 그때까지 이자율변동위험을 제거하고 싶으면 듀레이션이 2.7년인 채권에 투자하면 된다.

투자자의 목표투자기간과 동일한 듀레이션을 가진 채권에 투자하게 되면 [이자수입의 재투자수입효과(재투자위험)]와 [채권가격이 변동하는 자본효과(가격위험)]가 정확하게 상쇄된다. 따라서 시장이자율이 어떻게 변하더라도 목표투자기간에 가서 채권을 처분하게 될 때 당초의 목표수익률을 그대로 확보할 수 있게 된다.

(2) 그 밖의 방어적 채권투자전략

듀레이션을 이용한 채권면역전략과는 다르게 전통적으로 간편하게 이용되어 온 채권투자전략으로서 사다리형 만기구성전략과 바벨형 만기구성전략, 인덱싱전략이 있다.

❑ 사다리형 만기구성전략

사다리형 만기(laddered maturity)구성전략은 보유채권의 최장만기를 정해두고 이 기간 안에 각 만기별 채권을 균등하게 보유하는 전략을 말한다. 예를 들어,

최장만기로 10년이 설정되었다면 1년, 2년… 10년 만기의 채권을 모두 균등하게 보유하는 전략이다. 이자율변동이 단기채와 장기채에 미치는 영향이 대조적이므로, 이 전략은 각 만기별 채권을 균등하게 보유함으로써 채권투자의 위험을 평준화시키는 전략이라고 말할 수 있다.

❑ 바벨형 만기구성전략

바벨형 만기(barbell maturity)구성전략은 아령 모양처럼 채권포트폴리오에서 중기채는 제외시키고 단기채와 장기채 두 가지만으로 만기를 구성하는 전략이다. 만약 10억원을 투자한다면 단기채권과 장기채권에 각각 5억원씩 투자하는 식이다. 투자특성이 모호한 중기채를 포트폴리오에서 제외시키고 단기채와 장기채만으로 구성하면, 수익성은 낮지만 유동성이 높고 위험이 낮은 단기채의 장점과, 반대로 위험은 높지만 수익률이 높은 장기채의 장점이 더 잘 중화되어 유동성과 수익성이 동시에 확보될 수 있는 이점이 있다.

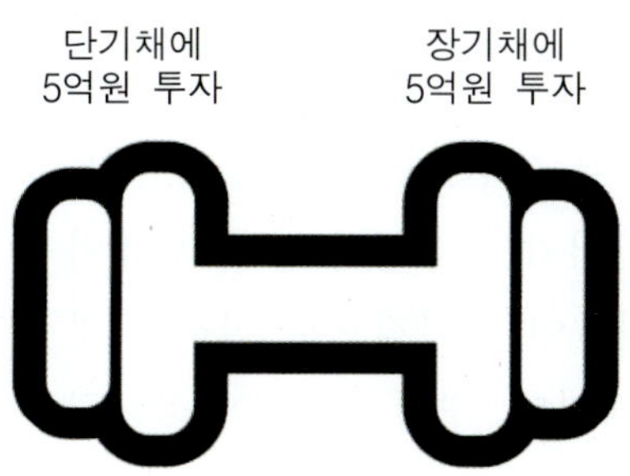

2. 적극적 채권투자전략

적극적 투자전략은 채권시장이 효율적이지 못하다는 가정하에서 위험부담을 하더라도 초과수익의 여지가 큰 종목에 투자하거나 이자율변동을 유리하게 이용할 수 있는 투자시점을 포착하여 채권투자수익을 극대화시키고자 하는 전략이다. 가장 많이 사용되는 전략은 이자율예측에 의한 채권포트폴리오 구성전략이다. 이 외에도 수익률곡선타기전략, 상황적합적 면역전략, 채권스왑을 적용하기도 한다.

(1) 이자율예측에 의한 채권포트폴리오 구성전략

이자율예측에 의한 채권포트폴리오 구성전략은 미래의 이자율을 예측하여 적극적으로 대응하는 전략이다. 장기채일수록 그리고 액면이자율이 낮을수록 일정한 이자율변동에 대한 채권가격변동이 커지므로, 투자전략적으로 이자율의 하락이 예상되면 장기채 또는 할인채에 대한 투자가 위험부담이 커지지만 보다 큰 시세차익을 기대할 수 있다.

반대로 이자율 상승이 예상되면 채권가격이 하락할 것이므로 단기채권으로 자주 교체하여 수익률 상승의 위험부담을 줄이며 직접이율을 높여 나가는 방법이 유리하다. 이와 같은 전략은 미래이자율 예측의 정확성 여부에 따라 투자성과가 달라진다. 만약 미래이자율 예측이 빗나가 반대의 상황이 되면 오히려 투자손실이 커지게 된다.

(2) 수익률곡선타기전략

수익률곡선타기전략은 수익률곡선(yield curve)상에서 채권의 잔존기간이 짧아지면서 시간경과효과로 발생하는 수익률 하락으로 인한 채권가격상승을 유리하게 이용하는 전략이다. 이 전략은 채권의 만기가 시간경과에 따라 짧아질 때 이 기간 동안의 이자수입뿐만 아니라 수익률이 낮아짐으로 인하여 발생하는 가격상승효과까지 얻고자 하는 전략인 셈인데, 수익률곡선이 상승하는 모양을 보일 때 유효하다.

(3) 상황적합적 면역전략

상황적합적 면역(contingent immunization)전략은 이자율변동의 상황이 유리하지 않으면 면역전략을 사용하지만, 초과수익을 얻을 수 있는 유리한 상황으로 전개되면 적극적으로 채권포트폴리오를 관리해 나가는 전략을 말한다. 따라서 방어적 전략과 적극적 전략이 혼합된 전략이라고 할 수 있다.

다만 전형적 채권면역전략에서는 목표투자수익률과 목표투자기간이 고정되어 있으나, 상황적합적 면역전략에서는 최초의 목표수익률에서 약간 낮은 투자수익률을 허용하고, 투자자금을 회수하는 목표투자기간 설정에서도 일정기간의 범위 내에서 약간의 융통성을 부여하게 된다.

(4) 채권스왑

채권스왑(bond swap)은 채권의 수익률, 만기, 세금관계, 앞으로의 시장이자율변동 등 채권가격에 영향을 주는 요인들을 고려하여 현재 보유하고 있는 채권을 수익성이 더 좋다고 판단되는 새로운 채권으로 교체하는 것을 말한다. 채권스왑은 초과수익을 가능하게 하는 특별한 정보를 근거로 하여 위험을 감수하면서 일종의 투기적 목적으로 시도된다.

채권스왑은 단기매매차익을 얻을 목적으로 빈번한 교체매매가 이루어지기 때문에 거래비용이 증대되는 문제점이 있다. 따라서 스왑거래로부터 매매차익이 거래비용을 상회하는지를 검토해야 한다.

현장에선 ▸▸▸ 금리 빠지면 매매차익, 머물면 이자수익… 채권 '꽃놀이패' 기회

개인투자자, 이른바 '개미'들의 채권 사들이기 열풍이 뜨겁습니다. 장외시장 기준 순매수 금액이 올들어 상반기에만 19조 2,371억원까지 부풀며 벌써 지난해 전체 규모(20조 6,113억원)에 육박했다(금융투자협회)고 하네요. 특히 4월 투자액(4조 2,479억원)은 사상 최대입니다. 월별 개인 채권 순매수액이 4조원을 넘은 것은 2006년 통계 작성 시작 이래 처음이라고 합니다. 채권 개미들은 어떤 기회를 본 것일까요.

▷ 저금리 장기채 인기

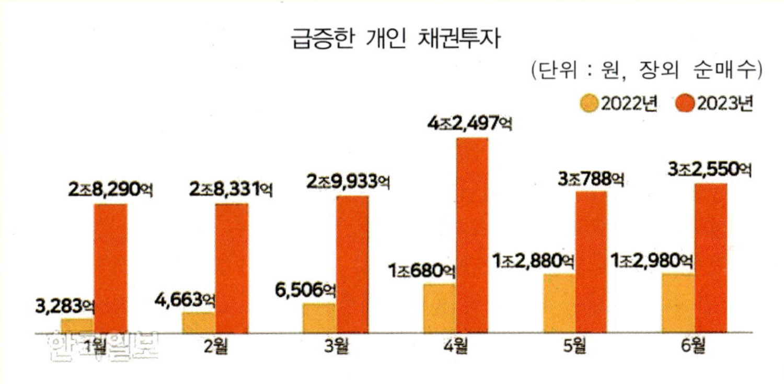

(자료 : 금융투자협회)

올해 개인 채권 매수세는 저금리 장기채 투자수요가 견인하고 있다는 것이 금융투자업계 얘기입니다. 상반기 개인투자자가 가장 선호한 채권 종류는 국채였습니다. 순매수액이 7조 418억원에 이릅니다. 특히 만기가 20, 30년인 초장기물이 선두권이었습니다. 매매차익을 노린다면 요즘 같은 채권투자 적기도 없는 것 같습니다. 물가동향이나 시장의 경기침체 우려를 감안할 때 고공행진이 얼마나 길어지느냐가 문제지 금리가 거의 정점에 도달했고 그래서 사실상 내려올 일만 남았다는 데에 이견이 별로 없어 보이기 때문입니다.

채권가격이 움직이는 방향은 금리와 반대입니다. 금리가 떨어지면 채권가격이 올라가는 식입니다. 여기에 채권값은 잔존만기가 길수록 금리에 민감합니다. 향후 금리가 내려갈 경우 장기채 가격이 단기채보다 더 큰 폭으로 올라가리라 기대할 수 있는 이유입니다. 채권값이 오르고 매매차익이 만기이자수익률을 능가한다면 굳이 만기를 기다릴 필요가 없을 터입니다.

안개를 완전히 걷어낼 수는 없습니다. 아직 금리인상이 끝나지 않았다는 미국 중앙은행 연방준비제도(Fed · 연준)의 공식 입장은 여전합니다. 얼마간 위험을 감수해야 합니다. 다만 베팅 성패의 관건은 확률입니다.

▷ 위험 감수하면 큰 이익

단기채가 매력이 없는 것이 아닙니다. 금리가 언제 떨어질지 아직 애매한 상황에서 고금리가 보장되기 때문입니다. 특히 단기 우량등급 회사채의 경우 사실상 원금이 보장되는 만큼 주식보다 안정적일 뿐 아니라 예금과 비교해서도 상대적으로 수익률이 높다는 장점이 있습니다. 주식과 채권 두 투자처의 단점이 보완되는 셈이죠. 예컨대 우량 공기업 채권이나 디폴트 가능성이 작은 초우량 금융지주회사의 신종자본증권(주식 · 채권 성격을 동시에 지닌 하이브리드 채권) 등이 전문가 사이에서 투자할 만한 자산으로 꼽힙니다.

어느 정도 위험을 감수할 의향이 있다면 비우량 회사채도 선택지가 될 수 있습니다. 실제 연 3%대에 머물고 있는 시중은행 금리와 비우량 회사채 이자율 간 격차는 요즘에도 상당합니다. 각각 '우량'과 '투자 적격'의 기준선인 3년 만기 회사채 신용등급 AA-와 BBB-의 금리가 지난달 30일 기준으로 각각 4.473%, 10.860%에 이릅니다. 상반기 개인의 회사채 순매수액이 작년의 1.8배, 재작년의 4배 수준인 4조 8,535억원까지 불어난 데에는 비우량채의 기여도 적지 않았으리라는 게 업계 진단입니다.

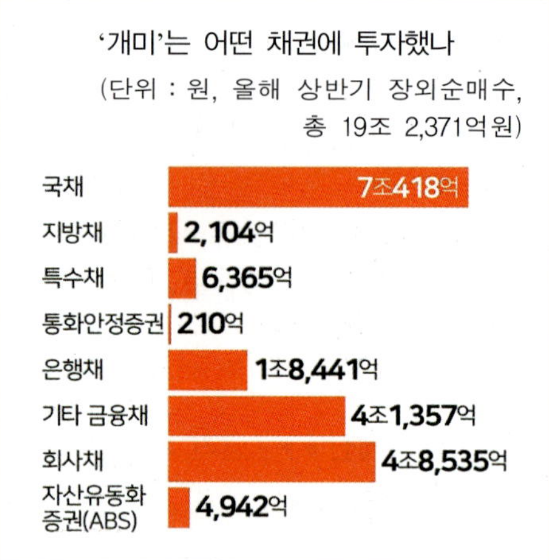

(자료 : 금융투자협회)

▷ 20년 뒤 노후 대비한다면

노후 대비나 자녀 학자금 마련 등을 위한 안정적 장기투자를 계획하고 있는 개인투자자가 눈여겨볼 만한 채권 상품도 있습니다. 이르면 올 하반기, 늦어도 내년 상반기 발행을 목표로 정부가 준비 중인 '개인투자용 국채'입니다. 애초 서민장기저축을 돕겠다는 목적을 갖고 국가가 개발한 데다 매입자격을 개인으로 한정한 만큼 명실상부 국가대표 '개미 전용' 금융상품인 셈입니다.

정부 소개는 이렇습니다. 일단 만기에 원금이자를 일괄 수령하는 원금보장형 저축성 상품입니다. 국민 중장기 자산 형성 지원 취지에 걸맞도록 만기가 10년 또는 20년인 장기물로 구성됩니다. 정부가 야심 차게 내놓는 상품답게 혜택이 파격적입니다. 만기까지 보유하면 최고 세율이 49.5%인 종합과세를 피할 수 있도록 이자소득에 대해 14% 세율로 분리과세할 뿐 아니라 기본이자의 30%에 달하는 가산금리까지 얹어 준다고 합니다.

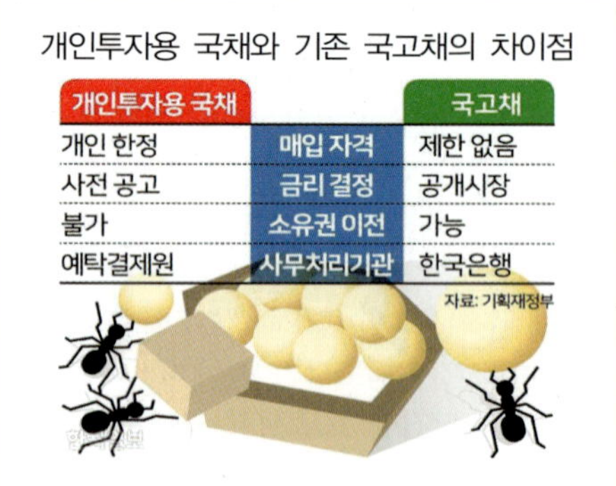

(자료 : 기획재정부)

금리는 고정됩니다. 기획재정부 장관이 사전에 공고한 이자율(표면금리)로 발행한다는 게 정부 계획입니다. 공개시장에서 입찰을 통해 금리가 결정되는 일반 국고채와 다릅니다. 일단 제1금융권 평균인 3%대 초반 기본금리에 30% 가산금리를 더해 4%대 초중반에서 금리를 결정하는 쪽으로 정부가 가닥을 잡았다는 얘기가 들립니다. 3월말 정부가 보도자료에 사례를 실을 때 가정한 금리는 3.5%입니다. 40세부터 20년물을 매월 50만원씩 매입할 경우 60세부터 달마다 약 100만원을 수령할 수 있게 되고, 자녀가 네 살이 될 때까지 4년간 20년물에 다달이 30만원씩 투자하면 아이가 대학에 다닐 20~24세 시기에 매달 약 60만원으로 꼬박꼬박 돌아오리라는 게 정부 예상입니다.

다만 한계가 없을 수는 없죠. 개인간 거래가 금지되고 10년 이상 장기물로만 발행된다는 점입니다. 추가 가산금리나 복리 혜택 같은 더 강한 유인책을 기재부가 고민하고 있다고 합니다. (한국일보, 2023.7.9 편집)

주요 용어

채권가격평가모형	채권가격정리	채권수익률
실현수익률	약정수익률	직접이율(경상수익률)
만기수익률	재투자가정	재투자위험
가격위험	기간구조	수익률곡선
기대이론	유동성프리미엄이론	시장분할이론
위험구조	수익률(신용) 스프레드	지급불능프리미엄
이자율변동위험	듀레이션	수정듀레이션
볼록성	방어적 채권투자전략	채권면역전략
캐시매칭	적극적 채권투자전략	수익률곡선타기전략
상황적합적 면역전략	채권스왑	

연습문제

1. 채권가격정리 각각을 설명하고, 투자전략적으로 어떤 의미가 있는지 설명하시오.

2. 채권과 관련된 각종 수익률 개념을 설명하시오.

3. 만기수익률의 재투자가정과 채권투자의 위험에 대해서 설명하시오.

4. 채권수익률의 결정요인에 대해서 설명하시오.

5. 채권의 기간구조란 무엇이며 이를 설명하는 이론들을 정리하시오.

6. 채권의 위험구조에 대해서 설명하시오.

7. 듀레이션의 개념과 계산방법을 설명하고, 활용방법에 대해서 설명하시오.

8. 듀레이션의 특성을 채권의 볼록성과 연관지어 설명하시오.

9. 채권의 방어적 투자전략과 적극적 투자전략을 정리하시오.

10. 액면가 100,000원, 액면이자율 연 10% 이자후급, 만기 5년의 채권이 있다. 만기수익률이 12%라면 이 채권의 이론적 가격은 얼마인가?

PART III

포트폴리오 관리

CHAPTER

9

포트폴리오 구성과 효율적 분산투자

단일종목에 집중투자하지 않고, 다수종목에 분산투자하여 포트폴리오를 구성하면 투자위험을 얼마나 많이 줄일 수 있을까? 효율적 분산투자방법은 무엇일까?

현대 포트폴리오 이론을 중심으로 다음의 질문에 답을 찾아본다.

- 포트폴리오 분석방법의 특징은 무엇인가?
- 포트폴리오 이론에서 제시하고 있는 최적투자결정 체계는 어떤 것인가?
- 투자위험 감소의 원리는?
- 시장모형의 유용성은?

제1절 포트폴리오 분석의 의의와 최적투자결정의 체계

생활속에서 ▸▸▸

SC제일은행이 주식시장의 높은 불확실성에 대응할 수 있는 투자전략을 제시했다. SC제일은행과 모기업인 스탠다드차타드(SC)그룹의 투자전략 전문가들이 작성한 자산관리(WM) 고객을 위한 '2023년 하반기 글로벌 금융시장 전망 및 투자전략 보고서'를 통해서다.

SC제일은행은 2023년 상반기 금융시장은 긴축 불확실성과 미국 중소형 은행들의 파산 등으로 단기간 투자심리를 위축시키기도 했지만 주요국의 견조한 경제지표 및 기술주 성장 기대를 바탕으로 양호한 흐름을 이어갔다고 분석했다. 하반기로 접어들면서는 금융시장에는 연초부터 이어진 주식시장에 대한 낙관론과 심각한 경기침체 진입을 바라보는 비관론이 공존하고 있다고 바라봤다.

SC제일은행은 이럴 때일수록 포트폴리오 다각화와 균형 잡힌 투자가 중요하다고 강조했다. 세부 투자전략으로 포트폴리오 내 우량 국공채 비중 확대 및 핵심 주식 보유, 집중투자가 아닌 분산을 통한 다각화, 아시아 주식 및 채권의 상대적 가치 부각 가능성 주시, 단기적인 기회모색 관점에서 주식시장의 변동성을 적극적으로 활용 등이 제시됐다. (비즈니스포스트, 2023.7.4 편집)

#투자전략 #포트폴리오 #불확실성 #분산

1. 포트폴리오 분석의 의의

앞서 배운 기본적 분석은 주식이나 채권 각각의 개별자산에 대한 분석이었다. 각 증권의 내재가치를 구하여 현재 시장가격과 비교함으로써 적절한 투자대상을 찾는 방법이었다. 그러나 포트폴리오 분석은 이와는 접근방법이 다르다.

두 분석방법의 차이는 [그림 9-1]과 같이 설명할 수 있다. 기본적 분석과 달리 포트폴리오 분석은 복수의 증권을 동시에 분석하는데, 주 목적이 포트폴리오의 위험을 통제하는 것이다.

포트폴리오(portfolio)는 "하나 이상 다수의 자산이나 증권의 결합"의 의미로 사용된다. 포트폴리오 관리(portfolio management)란 이처럼 다수의 투자자산

[그림 9-1] 기본적 분석과 포트폴리오 분석의 비교

	기본적 분석	포트폴리오 분석
분석단위	개별증권	복수의 증권
분석목표	내재가치 분석	투자위험 통제
발전단계	전통적 접근	현대 투자이론

에 분산투자하는 활동을 체계적으로 계획하고 실행하며 사후통제하는 것을 말한다. 포트폴리오 관리의 일차적 목표는 분산투자를 통한 투자위험의 감소에 있다. 그러나 투자수익과 투자위험은 상반관계(trade off)에 있으므로, 일정한 기대수익에 대해서 위험을 최소화시키거나, 일정한 위험에 대해서 기대수익을 최대화시키는 효율적 분산투자를 하는 것이 포트폴리오 관리의 궁극적 목표가 된다.

투자대상을 개별적으로 분석하는 것과 다수 증권의 포트폴리오 구성의 관점에서 분석하는 것에는 큰 차이가 있다. 비록 개별주식으로는 최우량증권이 아니더라도 성격이 다른 두 증권에 분산투자하면 일정한 투자수익을 얻으면서 투자위험을 줄이는 효율적 분산투자방법이 가능하다.

1960년대 이전의 전통적 투자론에서는 단일자산의 평가에 초점이 맞추어졌지만, 현대 포트폴리오 이론에서는 둘 이상의 자산에 분산투자했을 때의 투자수익과 투자위험에 주는 영향을 중심으로 투자결정 문제를 다룬다. 즉 투자위험 통제(risk control)에 역점을 두는 방어적 투자관리에 이용되는 경우가 많다.

2. 최적투자결정의 체계

여러 투자대안 중에서 최적 투자대상을 선택하는 방법은 다음 세 단계로 요약할 수 있다.

(1) 1단계 : 기대수익률과 위험의 측정

투자자산의 가치는 그 투자자산으로부터 예상되는 기대수익과 위험의 두 가지 요인에 의해서 결정된다고 할 수 있다.

$$V(\text{투자안의 가치}) = f(\text{기대수익, 위험})$$

기대수익이 높으면 투자가치가 높지만, 그 기대수익이 미래에 실현되지 않을 가능성, 즉 위험이 높으면 투자가치는 하락한다. 기대수익률과 위험을 측정하는 구체적인 방법은 다음 항에서 설명한다.

(2) 2단계 : (지배원리에 따른) 효율적 증권의 선택

기대수익률과 위험(표준편차)이 계산된 여러 투자안(투자대상) 가운데 어떻게 최적투자안을 선택하는가? 최적 투자대상을 선정해 나가는 두 번째 단계는 지배원리를 적용하여 효율적 증권을 선택하는 것이다.

[그림 9-2]를 보자. 이 그림은 가상의 투자대상 다섯 개 X, Y, P, Q, R의 기대수익률과 표준편차로 측정된 위험을 나타낸 것이다.

[그림 9-2] 지배원리에 의한 효율적 증권의 선택

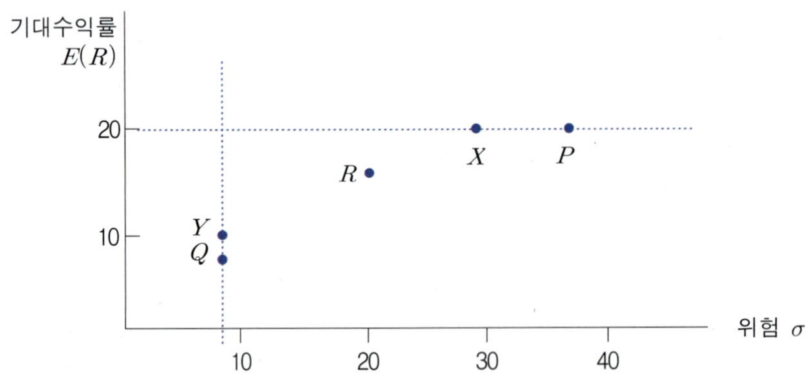

두 개씩 조합을 만들어 투자 우월도를 비교하면 다음과 같다.

- X 대 P : 기대수익률은 동일. 위험은 X가 작음
  ☞ X가 P 지배 ☞ X 선택
- Y 대 Q : 위험은 동일. 기대수익률은 Y가 높음
  ☞ Y가 Q 지배 ☞ Y 선택
  ⇒ P, Q는 투자안에서 제외되고 X, Y가 남음
- X, Y, R : 기대수익률이 높은 것이 위험도 큼
  ☞ 지배(우월)관계가 성립하지 않음

이와 같이 위험이 동일한 투자대상들 중에서는 기대수익이 높은 것을 선택(기대수익이 낮은 것을 지배)하고, 기대수익이 동일한 투자대상들 중에서는 위험이 작은 투자대상을 선택(위험이 큰 것을 지배)하게 되는데 이를 지배원리(dominance principle)라고 한다.

지배원리에 의한 증권선택방법은 개별주식이든 포트폴리오이든 동일하게 적용된다. 지배원리를 만족하는 자산을 효율적 자산(efficient assets)이라고 하며, 그 자산이 포트폴리오일 경우엔 효율적 포트폴리오(efficient portfolio)라고 부른다.

(3) 3단계 : (투자자의 위험에 대한 태도에 의한) 최적증권의 선택

효율적 자산 X, Y, R 중에서 어떤 것을 선택할 것인가는 투자자의 위험에 대한 태도에 따라 달라진다. 위험회피도가 낮은 공격적 투자자 유형은 X를 선호할 것이고, 위험회피도가 높은 보수적 투자자 유형은 Y를 선호할 것이다. 투자자의 위험에 대한 태도가 반영되어 최종적으로 선택된 자산을 최적자산이라고 하며, 이때 그 자산이 포트폴리오인 경우에는 최적 포트폴리오(optimal portfolio)라고 한다.

제2절 포트폴리오의 기대수익률과 위험

포트폴리오의 기대수익률과 위험 계산방법은 개별자산과 크게 다르지 않다. 참고로 이들의 계산식은 통계학에서 가져와서 사용하는 것들이다. 다음에서는 먼저 개별자산의 경우를 보고 이어서 포트폴리오의 경우를 알아보자.

1. 개별자산의 기대수익률과 위험

❑ 기대수익률의 계산식

기대수익률(expected rate of return)은 식 (9.1)과 같이 '각 상황별 수익률'과 '해당상황의 발생확률'을 곱한 후 합산하여 계산한다.

$$E(R) = \sum_{i=1}^{m} r_i p_i \tag{9.1}$$

단, $E(R)$: 개별자산의 기대수익률
p_i : 상황 i가 발생할 확률(일어날 상황은 m 가지)
r_i : 상황 i가 발생할 때의 수익률

❑ 위험의 계산식

투자위험(risk)은 미래 불확실한 상황에서의 수익률의 변동성(variability), 즉 기대수익률이 실현되지 않을 가능성이라고 정의할 수 있는데, 이 위험의 크기는 다음 식 (9.2) 및 식 (9.3)과 같이 분산(variance) 혹은 표준편차(standard deviation)로 추정한다.

$$\sigma^2 = E[r - E(R)]^2 = \sum_{i=1}^{m} [r_i - E(R)]^2 \cdot p_i \tag{9.2}$$

$$\sigma = \sqrt{\sum_{i=1}^{m}[r_i - E(R)]^2 \cdot p_i} \qquad (9.3)$$

단, σ^2 : 수익률의 분산
σ : 수익률의 표준편차

❑ 계산 예시

이제 〈표 9-1〉의 두 주식 X, Y의 기대수익률과 위험을 구해보자. 미래의 경제상황은 크게 비관, 중립, 낙관의 세 경우가 예상되고 있으며 각각의 상황이 발생할 확률은 25%, 50%, 25%이다. 주식 X의 경우, 경제가 비관적일 때에는 수익률이 −20%로 예상되고, 낙관적일 때에는 60%의 수익률이 예상되고 있음을 알 수 있다. 주식 Y는 경제상황과 반대인 수익률 패턴을 갖는다. 즉 경제가 나쁠 때 수익률이 좋은 주식이다.[1)]

〈표 9-1〉 주식 X, Y의 수익률의 확률분포

미래상황	확 률	예상수익률(r_i)	
		주식 X	주식 Y
비관	0.25	−0.2	0.2
중립	0.50	0.2	0.1
낙관	0.25	0.6	0.0

◉ 기대수익률의 계산

X, Y의 기대수익률을 식 (9.1)에 의하여 구하면 다음과 같다.

$$E(R_X) = (-0.2)(0.25) + (0.2)(0.50) + (0.6)(0.25)$$
$$= 0.2(20\%)$$
$$E(R_Y) = (0.2)(0.25) + (0.1)(0.50) + (0.0)(0.25)$$
$$= 0.1(10\%)$$

---

1) 실제로 이러한 상품들이 있다. 미국 타임지에 따르면 로맨스 소설, 저가 간식, 복권, 씨앗 산업 등이 대표적이다.

〈표 9-2〉 주식 X의 기대수익률 계산과정

주어진 값			기대수익률 계산과정
미래상황	확 률	예상수익률(r_i)	예상수익률(r_i)×확률
비관	0.25	−0.2	−0.2×0.25=(−0.05)
중립	0.50	0.2	0.2×0.50=0.1
낙관	0.25	0.6	0.6×0.25=0.15
			합계=기대수익률=0.2

◉ 위험(표준편차)의 계산

$$\sigma_X^2 = \sum[r_i - E(R)]^2 \cdot p_i$$

$$= (-0.2-0.2)^2\, 0.25 + (0.2-0.2)^2\, 0.50 + (0.6-0.2)^2\, 0.25 = 0.08$$

$$\therefore\ \sigma_X = \sqrt{0.08} = 28.28\%$$

$$\sigma_Y^2 = (0.2-0.1)^2\, 0.25 + (0.1-0.1)^2\, 0.50 + (0.0-0.1)^2\, 0.25 = 0.0050$$

$$\therefore\ \sigma_Z = \sqrt{0.0050} = 7.07\%$$

〈표 9-3〉 주식 X의 분산 계산과정

주어진 값			분산 계산과정		
미래상황	확 률	예상수익률(r_i)	편차 $[(r_i - E(R_i)]$	편차 곱	편차 곱×확률
비관	0.25	−0.2	(−0.2)−0.2=(−0.4)	$(-0.4)^2=0.16$	0.16×0.25=0.04
중립	0.50	0.2	0.2−0.2=0.0	$0.0^2=0.0$	0.0×0.50=0.0
낙관	0.25	0.6	0.6−0.2=0.4	$0.4^2=0.16$	0.16×0.25=0.04
기대수익률=0.2(20%)					합계=분산=0.08

◉ 정 리

두 주식 X, Y의 기대수익률과 위험을 정리하면 〈표 9-4〉와 같다. 주식 X가 Y보다 기대수익률이 높은 반면 위험도 크다. 그래서 두 증권간에는 지배원리가 성립하지는 않는다.

〈표 9-4〉 주식 X, Y의 기대수익률과 표준편차

	주식 X	주식 Y
기대수익률 $E(R)$	20%	10%
표준편차 σ	28.28%	7.07%

2. 포트폴리오의 기대수익률과 위험

❑ 기대수익률의 계산식

포트폴리오 기대수익률은 식 (9.1)과 같은 개별자산 기대수익률을 구하는 방법을 원용할 수 있다. 그러나 다음 식 (9.4)와 같은 간단한 방법이 더 많이 이용된다. 이 방법은 '개별증권의 기대수익률'을 '투자금액의 비율'로 가중평균하여 구하는 것이다. 예를 들어 증권 X와 Y로 구성되는 두 종목 포트폴리오 기대수익률은 식 (9.5)와 같이 구한다.

$$E(R_p) = \sum_{j=1}^{n} w_j \cdot E(R_j) \tag{9.4}$$

$$E(R_p) = w_X \cdot E(R_X) + w_Y \cdot E(R_Y) \tag{9.5}$$

단, w_j : 개별증권 j에 대한 투자비율
$E(R_j)$: 개별증권 j에 대한 기대수익률

❑ 위험의 계산식

포트폴리오 분산(portfolio's variance)은 식 (9.2)와 같은 본래 분산을 구하는 방법을 원용해서 구할 수 있다. 포트폴리오 분산을 구하는 또 다른 방법은 포트폴리오를 구성하는 개별증권들간의 수익률이 움직이는 서로의 관계를 모두 고려한 변동성을 측정하는 다음 공식(증권 X와 Y로 구성된 포트폴리오)을 이용하는 것이다.

$$\sigma_p^2 = w_X^2 \sigma_X^2 + w_Y^2 \sigma_Y^2 + 2 w_X w_Y \sigma_{XY} \tag{9.6}$$

단, w_X : 증권 X에 대한 투자비율
w_Y : 증권 Y에 대한 투자비율
σ_X^2 : 증권 X의 분산
σ_Y^2 : 증권 Y의 분산
σ_{XY} : 증권 X와 증권 Y 간의 공분산

◉ 공분산

식 (9.6)에서 중요한 것은 공분산 σ_{XY}이다. 포트폴리오를 구성할 때, 구성증권 수익률의 움직임이 어느 정도 같은 방향인지 반대방향인지를 측정한

것이 공분산이다. 구체적으로 공분산(covariance)은 식 (9.7)과 같이 정의되는데, 포트폴리오를 구성하는 각 증권수익률과 기대수익률 간의 편차와 편차의 곱의 기대치로 측정된다.

$$\sigma_{XY} = E[(r_X - E(R_X))(r_Y - E(R_Y))] \tag{9.7}$$

만약 수익률의 움직임이 같은 방향이면 두 편차의 곱은 양(+)의 값을 지니고, 반대방향이면 두 편차의 곱은 음(−)의 값을 갖게 된다. 이렇게 하면 포트폴리오로 결합될 때 수익률의 변동성이 어떻게 달라지는지가 측정된다.

◉ 상관계수

두 종목간의 수익률 움직임의 상관관계는 상관계수(correlation coefficient)로도 측정되고 있다. 이를 측정하는 상관계수 ρ_{XY}는 다음과 같이 정의된다.

$$\rho_{XY} = \frac{\sigma_{XY}}{\sigma_X \cdot \sigma_Y} \tag{9.8}$$

단, ρ_{XY} : 증권 X와 Y 사이의 상관계수
σ_{XY} : 증권 X와 Y 사이의 공분산
σ_X : 증권 X의 표준편차
σ_Y : 증권 Y의 표준편차

구성종목들간의 수익률의 움직임을 공분산으로 계산하면 그 값의 범위에 제한이 없지만, 상관계수는 $-1 \leq \rho_{XY} \leq +1$의 값을 갖는다. $\rho_{XY} = +1$인 경우를 완전 양(+)의 상관관계, $\rho_{XY} = -1$인 경우를 완전 음(−)의 상관관계를 갖는다고 말한다.

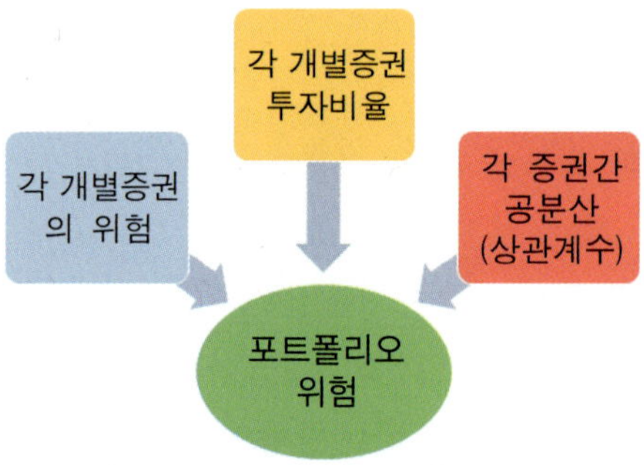

식 (9.8)을 변형하면 $\sigma_{XY} = \sigma_X \cdot \sigma_Y \cdot \rho_{XY}$가 된다. 식 (9.6)에 이를 적용하여 포트폴리오 위험(분산) 계산시, 상관계수를 포함하는 경우엔 다음 식 (9.9)와 같이 변형할 수 있다.

$$\sigma_p^2 = w_X^2 \sigma_X^2 + w_Y^2 \sigma_Y^2 + 2 w_X w_Y \sigma_X \sigma_Y \rho_{XY} \tag{9.9}$$

식 (9.6)과 (9.9)에서 보면, 포트폴리오 위험(분산)은 ① 개별증권의 위험(σ_X^2, σ_Y^2), ② 각 증권에 대한 투자금액의 비율(w_X, w_Y), ③ 구성증권간의 공분산(σ_{XY}) 또는 상관계수(ρ_{XY})에 의해서 결정됨을 확인할 수 있다. 포트폴리오 이론에 있어서 이 내용은 매우 중요한 것이다.

❑ 계산 예시

다음 〈표 9-5〉는 〈표 9-1〉과 〈표 9-4〉를 합한 것이다. 이 표를 이용하여 포트폴리오 기대수익률과 위험을 계산해 보자. 단 X, Y 두 주식에 대한 투자비율은 각각 50%씩이다.

〈표 9-5〉 주식 X, Y의 수익률의 확률분포와 기대수익률, 위험

미래상황	확 률	예상수익률(r_i)	
		주식 X	주식 Y
비관	0.25	−0.2	0.2
중립	0.50	0.2	0.1
낙관	0.25	0.6	0.0
기대수익률		20%	10%
표준편차		28.28%	7.07%

● **포트폴리오 기대수익률의 계산(주식 X(50%)와 주식 Y(50%)로 구성)**

기대수익률을 식 (9.5)에 의하여 구하면 다음과 같다.

$$E(R_p)=\sum_{j=1}^{n} w_j \cdot E(R_j)=w_X \cdot E(R_X)+w_Y \cdot E(R_Y)$$
$$=(0.5\times 0.2)+(0.5\times 0.1)$$
$$=15.0\%$$

● **포트폴리오 위험의 계산(주식 X(50%)와 주식 Y(50%)로 구성)**

포트폴리오 위험을 식 (9.6)에 의해서 구하면 다음과 같다.

$$\sigma_p^2=w_X^2\sigma_X^2+w_Y^2\sigma_Y^2+2w_X w_Y \sigma_{XY}$$
$$=(0.5)^2(0.2828)^2+(0.5)^2(0.0707)^2+2(0.5)(0.5)\cdot\sigma_{XY}$$

여기에서 식 (9.7)을 이용하여 공분산 σ_{XY}을 계산해 보자.

$$\sigma_{XY} = E[(r_X - E(R_X))(r_Y - E(R_Y))]$$

$$\begin{aligned}\sigma_{XY} &= 0.25(-0.20-0.20)(0.20-0.10)\\ &\quad +0.50(0.20-0.20)(0.10-0.10)\\ &\quad +0.25(0.60-0.20)(0.00-0.10)\\ &=(-0.02)\end{aligned}$$

〈표 9-6〉 **주식 X, Y의 공분산 계산과정**

주어진 값				공분산 계산과정			
미래상황	확률	예상수익률(r_i)		편차$[(r_i - E(R_i))]$		두 편차 곱 (③=①×②)	확률×③
		주식X	주식Y	주식 X (①)	주식 Y(②)		
비관	0.25	−0.2	0.2	(−0.2)−0.2=(−0.4)	0.2−0.1=0.1	(−0.4)×0.1=(−0.04)	0.25×(−0.04)=(−0.01)
중립	0.50	0.2	0.1	0.2−0.2 =0.0	0.1−0.1=0.0	0.0×0.0 =0.0	0.50×0.0 =0.0
낙관	0.25	0.6	0.0	0.6−0.2 =0.4	0.0−0.1=(−0.1)	0.4×(−0.1)=(−0.04)	0.25×(−0.04)=(−0.01)
기대수익률		20%	10%				합계=공분산=(−0.02)
표준편차		28.28%	7.07%				

이제 이 공분산 값을 대입하면 포트폴리오의 분산이 다음과 같이 계산된다.

$$\begin{aligned}\sigma_p^2 &= (0.5)^2(0.2828)^2 + (0.5)^2(0.0707)^2 + 2(0.5)(0.5)\cdot\sigma_{XY}\\ &= (0.5)^2(0.2828)^2 + (0.5)^2(0.0707)^2 + 2(0.5)(0.5)\cdot(-0.02)\\ &= 0.01124\\ \therefore\ \sigma_p &= \sqrt{0.01124} = 0.1060 = 10.6\%\end{aligned}$$

이 계산식에서 눈여겨볼 부분은 공분산항이다. 공분산이 음수(−) 값이 되면서 오른쪽 항의 세 번째 항 전체값이 음수가 되었다. 즉 공분산으로 인하여 앞의 두 항의 합계보다 오히려 포트폴리오 전체 위험이 감소하고 있는 것이다. 만약 공분산이 양(+)의 값이면서 그 값이 커진다면 마지막 항은 포트폴리오 위험을 더욱 증가시킨다.

한편, 두 주식 X, Y의 상관의 정도를 명확하게 보기 위하여 식 (9.8)을 이용하여 X, Y 상관계수를 구하면 다음과 같다.

$$\rho_{XY} = \frac{\sigma_{XY}}{\sigma_X \cdot \sigma_Y} = \frac{-0.02}{0.2828 \times 0.0707} = (-1.0)$$

상관계수가 -1이라는 것은 두 주식의 수익률 움직임이 정반대라는 의미이다.

제3절 투자위험 감소의 원리

생활속에서 ▶▶▶

미래에셋자산운용은 주식과 채권 등 전통자산과 대표적 안전자산인 '금'에 분산투자하는 '미래에셋글로벌자산배분밸런스형 펀드'를 출시한다고 3일 밝혔다. 이 펀드는 주식에 50% 투자하고 주식과 상관관계가 낮아 위험분산효과를 기대할 수 있는 채권과 금에 총 50% 투자해 리스크를 최소화한다.

2007년부터 올해 1분기까지 주요 자산의 평균수익률을 살펴보면, 주식 상승(+5.6%) 시기 채권은 0.9%, 금은 1.6% 상승했다. 주식 하락기(−8.3%)의 경우 금은 3.0%의 수익률을 보였다. '미래에셋글로벌자산배분밸런스형 펀드'는 자산별 대표지수를 추종하는 상장지수펀드(ETF)를 편입하는 상품이다. 주식은 미국과 유럽, 일본, 신흥국 등 글로벌 주요 주가지수를 추종하는 ETF, 채권은 글로벌 주요 채권지수와 미 국채, 투자등급 회사채 지수를 추종하는 ETF, 금의 경우 금 실물에 투자하는 ETF에 투자한다.

또한 향후 3~12개월 글로벌 금융시장 전망에 따라 주식과 채권, 금의 비중을 20% 내외로 조절한다. 황영진 미래에셋 본부장은 "주식에 위험자산 헤지 성격이 강한 채권과 금을 더한 균형 있는 투자를 통해 리스크를 관리한다"며 "장단기 효율적인 자산배분을 통해 글로벌 금융시장 부침에도 꾸준하고 안정적인 장기성과를 낼 수 있도록 노력하겠다"고 말했다. (이투데이, 2023.7.3 편집)

#분산투자 #상관관계 #분산효과 #비중조정 #리스크관리 #장기성과

앞절에서 포트폴리오 위험은 세 가지, 즉 (1) 각 개별자산의 위험, (2) 각 개별자산에 대한 투자금액 비중, (3) 구성자산간의 공분산 또는 상관관계임을 강조하였다. 포트폴리오를 구성하면서 투자자가 위험을 관리할 수 있는 방안으로 활용가능한 (2)번 항목과 (3)번 항목에 대해서 설명한다. 먼저 이해가 쉬운 '상관관계'부터 보자.

1. 구성종목간의 상관관계

상관계수 ρ_{XY}값에 따라서 포트폴리오 위험이 어떻게 변하는지를 살펴보기로 하자. 다음 식은 앞서 설명한 상관계수값이 포함된 포트폴리오 위험 계산식이다.

$$\sigma_p^2 = w_X^2\sigma_X^2 + w_Y^2\sigma_Y^2 + 2w_X w_Y \sigma_X \sigma_Y \rho_{XY} \tag{9.9}$$

상관계수는 $-1 \leq \rho_{XY} \leq +1$의 값을 취하는데, 두 증권수익률의 상관관계의 정도에 따라 [그림 9-3]과 같은 몇 가지 형태로 나누어 생각할 수 있다.

- ①의 경우($\rho_{XY}=+1$) : 완전 양(+)의 상관관계인 경우이다. 한 증권(X)의 수익률 변동이 있을 때 다른 증권(Y)의 수익률이 같은 방향으로 비례적으로 변동하는 관계이다.
- ②의 경우($0 < \rho_{XY} < +1$) : 양자가 같은 방향으로 움직이는 양(+)의 상관관계이나, 양자가 완전하게 직선적인 관계가 아닌 경우이다.
- ③의 경우($\rho_{XY}=0$) : 두 증권간에 아무런 상관성이 없는 경우이다.
- ④의 경우($-1 < \rho_{XY} < 0$) : 음(−)의 상관관계를 가지나, 양자가 완전한 반비례적인 관계가 아닌 경우이다.
- ⑤의 경우($\rho_{XY}=-1$) : 완전한 반비례적, 완전 음(−)의 상관관계인 경우를 나타낸 것이다.

위의 각 경우를 식 (9.9)에 대입시킨다고 가정하면 상관계수가 포트폴리

[그림 9-3] 구성증권간의 상관관계

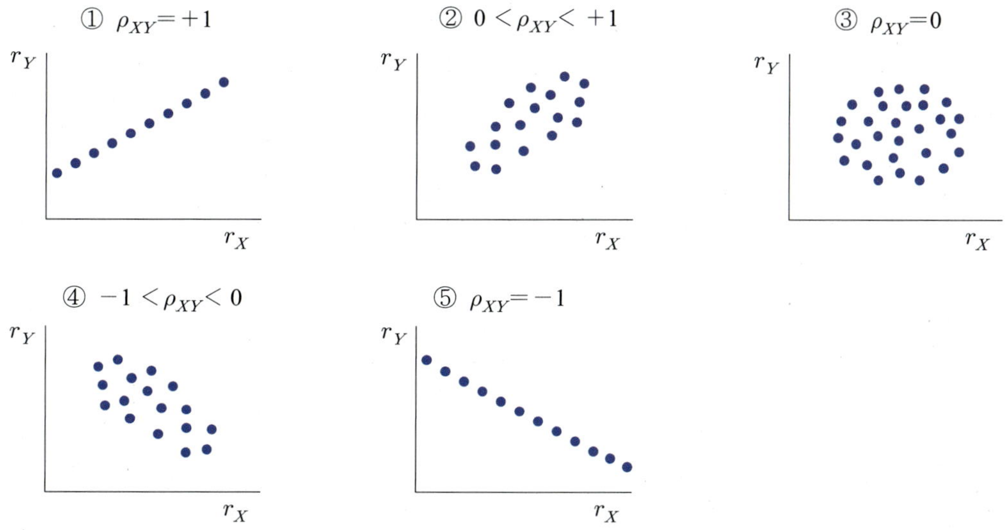

오 위험에 어떻게 기여하는지 쉽게 이해할 수 있다. 즉 위험이 가장 크게 감소하는 순서부터 나열하면 다음과 같다.

> 포트폴리오 위험 감소에 더 크게 기여하는 순서 : ⑤ > ④ > ③ > ② > ①

2. 투자비율의 조정

(1) 주식 X와 Y의 사례

앞서의 포트폴리오 보기에서는 주식 X와 Y에 각각 50%씩 투자하는 포트폴리오였다. 이제 투자비중을 바꾸면 어떻게 될까? 즉 앞서 배운 식 (9.5)와 (9.9)에서 w_X, w_Y값을 조정해가면서 포트폴리오 기대수익률과 위험을 계산해 보는 것이다.

$$E(R_p) = w_X \cdot E(R_X) + w_Y \cdot E(R_Y) \tag{9.5}$$

$$\sigma_p^2 = w_X^2 \sigma_X^2 + w_Y^2 \sigma_Y^2 + 2 w_X w_Y \sigma_X \sigma_Y \rho_{XY} \tag{9.9}$$

투자금액의 비중을 100 : 0에서 시작하여 80 : 20, 50 : 50, 20 : 80, 0 : 100으로 조정해서 계산한 결과는 〈표 9-7〉, [그림 9-4]와 같다.

표와 그림을 보면 주식 X에 대한 투자비율이 줄어들고 대신 Y에 대한 투자비율이 높아질수록 포트폴리오 기대수익률과 위험이 동시에 감소함을 볼 수 있다. 그런데 특기할 만한 점은 X에 20%, Y에 80% 투자하여 얻게 되는 포트폴리오 수익률의 위험(σ_p)은 영(0)이 된다는 점이다. 어떤 상황이 벌어지든 항상 기대수익률은 12%이면서 수익률의 변동성은 없게 되어 분산투자의 효과가 가장 크게 나타난다. 위험자산인 두 증권으로 포트폴리오를 구성했을 뿐인데 위험이 완전히 제거된 것이다. 얼마나 극적인가? 이것이 바로 포트폴리오를 만들어서 투자하는 이유이다. X의 투자비중이 20% 미만으로 감소하면 기대수익률은 감소하면서 위험은 다시 커진다.

〈표 9-7〉 포트폴리오 기대수익률과 위험 : 투자비율 조정

투자금액의 비율		$\rho_{XY} = -1$	
w_X	w_Y	$E(R_p)$	σ_p
100%	0%	20.0%	28.2%
80	20	18.0	21.2
50	50	15.0	10.6
20	80	12.0	0.0
0	100	10.0	7.0

한편 [그림 9-4]에서, 가는 선의 범위는 동일한 위험수준에서 수익률이 더 높은 구간(굵은 선 구간)이 있다. 투자금액 비중으로 보면 주식 X에의 비중이 20% 이하 이후부터이다. 가는 선 부분은 굵은 선에 의해서 지배된다. 굵은 선 부분이 효율적 포트폴리오인 것이다.

[그림 9-4] 포트폴리오 기대수익률과 위험 : 투자비율 조정

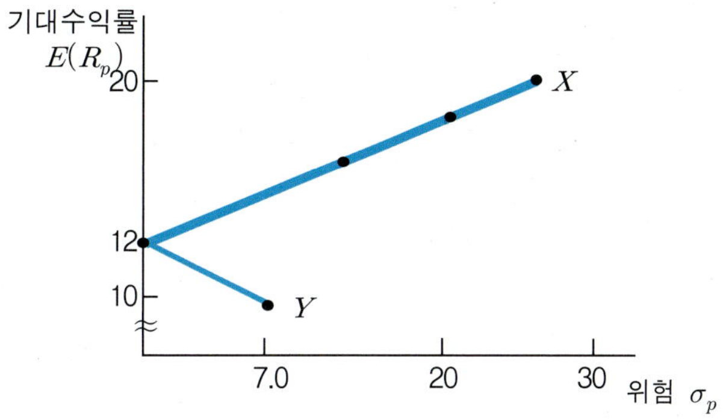

(2) 일반적인 경우

증권시장에는 수많은 증권이 존재한다. 그중 두 개의 증권으로 포트폴리오를 구성했을 때, 두 증권 수익률의 상관관계는 매우 다양하게 나타날 것이다. 다음 [그림 9-5]는 두 주식 X, Y의 상관계수 값에 따라 두 주식의 투자비중을 조정해갈 때 그 포트폴리오의 기대수익률과 위험이 어떻게 달라지는 지를 보여준다(앞에서 계산한 두 주식 X, Y의 상관계수 값은 -1이었다. 만약 상관계수가 $+1$부터 -1까지 범위에서 다른 값이었다면 어떻게 달라지는지를 보는 것임).

[그림 9-5] 두 증권의 포트폴리오 결합선과 효율적 포트폴리오

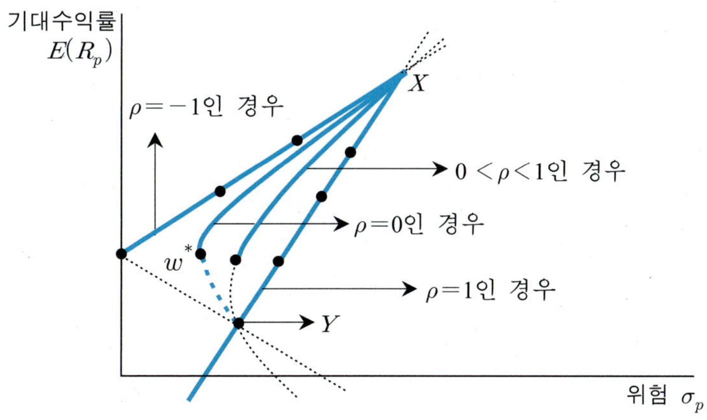

파란 실선은 해당 포트폴리오 결합선에서 효율적 포트폴리오를 의미한다. 두 증권의 상관계수(ρ)가 1이면 위험감소효과가 없다. 투자비중에 정비례할 뿐이다. 상관계수가 1 미만이면 위험감소효과가 나타나기 시작한다. 상관계수가 -1일 때 그 효과는 가장 극대화된다.

현실의 자본시장에서 거래되는 대부분 증권들간에는 $0 \leq \rho_{XY} \leq +1$의 상관관계를 보인다. 이와 같은 경우는 호(弧) XY처럼 표시된다. 투자비율이 달라질 때 기대수익률과 위험이 이제는 선형의 형태로 변화하지 않고 곡선의 형태로 변화하게 되는데, w^*시점에서 위험이 최소가 된다. 투자비율이 이 w^*수준을 넘어서면 기대수익률은 감소하더라도 위험은 다시 증가하므로 비효율적 포트폴리오가 된다.

이처럼 포트폴리오 결합선상에서 위험이 최소가 되는 포트폴리오를 최소분산 포트폴리오(MVP : minimum variance portfolio)라고 한다. 주식 X와 Y의 두 주식으로 이루어지는 최소분산 포트폴리오는 다음 식 (9.10)에 의해서 구해진다.

$$w_X^* = \frac{\sigma_Y^2 - \sigma_{XY}}{\sigma_X^2 + \sigma_Y^2 - 2\sigma_{XY}} = \frac{\sigma_Y^2 - \sigma_X\sigma_Y\rho_{XY}}{\sigma_X^2 + \sigma_Y^2 - 2\sigma_X\sigma_Y\rho_{XY}} \tag{9.10}$$

주식 X에 w^*만큼 투자할 때 위험이 가장 적은 포트폴리오를 얻게 되는 것이다. 만약, 상관계수가 -1인 두 주식 X와 $Y(\rho_{XY}=-1)$가 있고 이 두 주식으로 포트폴리오를 구성한다면 최소분산 포트폴리오는 $w^*=20\%$일 때, 즉 주식 X에 20%, 주식 Z에 80%($=1-w^*$) 투자함으로써 최소분산 포트폴리오를 얻게 된다. 이는 앞서 〈표 9-7〉, [그림 9-4]에서 살펴본 결과와 같음을 알 수 있다.

$$w_X^* = \frac{(0.0707)^2 - (-0.02)}{(0.2828)^2 + (0.0707)^2 - 2(-0.02)} = 0.20$$

식 (9.10)에 의해서 추정되는 최소분산 포트폴리오 구성방법은 실제의 위험관리와 자산배분결정에 함축하는 바가 크다. 최소분산 포트폴리오가 도출될 수 있음은, 상관관계/투자비율 여하에 따라서는 기존의 투자자산(포트폴리오)보다 기대수익이 높고 투자위험이 높은 투자자산(포트폴리오)을 추가시켰을 때, 포트폴리오 기대수익이 높아지면서 투자위험은 감소하는 투자성과를 창출할 수 있음을 의미한다.

예를 들어 기존에 기대수익이 낮고 투자위험도 낮은 우량주 P펀드에 투자하고 있는 투자자가 기대수익이 높고 투자위험도 매우 높은 해외 Q펀드에 추가적으로 투자할 경우, 기존펀드보다 기대수익은 높이고 투자위험은 낮추는 방법이 가능함을 뜻한다. 이들 두 펀드에 투자할 경우의 최소분산 포트폴리오는 기존펀드보다 기대수익은 높아지고 투자위험은 낮기 때문이다.

제 4 절 n종목의 효율적 포트폴리오와 최적 포트폴리오

지금까지는 두 개의 주식으로 결합된 포트폴리오의 기대수익률과 위험을 분석하였다. 그렇다면 세 개 이상 다수(n종목)의 주식들을 결합할 때 포트폴리오 기대수익률과 위험은 어떻게 측정되고, 분산투자효과는 어떻게 나타날까?

1. n종목 포트폴리오 결합선의 개념

포트폴리오를 구성하는 주식수가 늘어가면 분석이 복잡해지지만, 기본적으로 두 개 주식의 결합관계의 연장으로 생각할 수 있다. 이 원리를 [그림 9-6]에 표시되어 있는 세 주식 X, Y, Z의 결합관계를 예로 들어 살펴보기로 하자. 먼저 주식 X와 Y를 결합하면 그 투자비율의 변화에 따라 두 종목의 포트폴리오 결합선은 곡선 XEY를 따라 나타날 것이다. 또 주식 Y와 Z를 결합하면 투자비율의 변화에 따라 곡선 YFZ의 포트폴리오 결합선을 얻는다.

이제 X와 Y의 결합 중에서 E포트폴리오 그리고 Y와 Z의 결합 중에서 F포트폴리오를 결합하면 새로운 포트폴리오 결합선 EGF를 얻는데, 곡선

[그림 9-6] 다수 주식을 결합할 때의 포트폴리오 결합선과 최소분산 포트폴리오

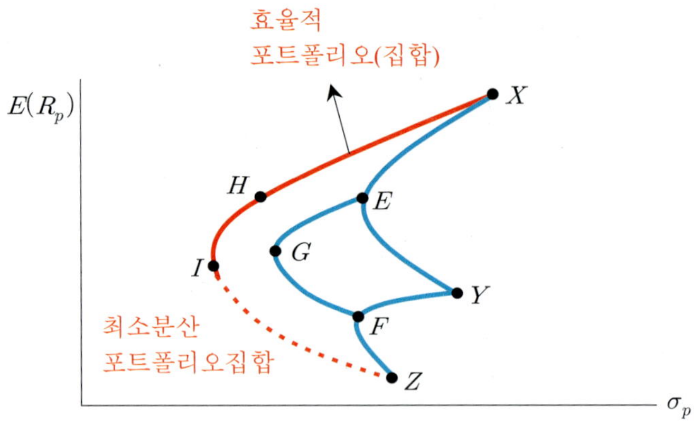

EGF선상의 포트폴리오는 E와 F를 결합한 것이므로 두 종목의 결합 포트폴리오로 볼 수 있지만, 실제로는 개별주식 X, Y, Z 세 주식을 모두 결합한 셈이 된다. 이와 같은 원리로 X, Y, Z를 동시에 결합하면 곡선 $XHIZ$와 같은 포트폴리오 결합선을 얻을 수 있다. 결합방법에 따라서는 곡선 EGF선상의 포트폴리오보다 우월한 포트폴리오를 얻을 수 있게 된다.

결론적으로 곡선 $XHIZ$선상의 주식결합(적색 실선과 점선)은 주식 X, Y, Z를 결합할 때 얻을 수 있는 포트폴리오 중에서는 일정한 기대수익률하에서 위험이 가장 적은 포트폴리오군이 된다. 이처럼 일정한 기대수익률에서 위험이 가장 적은 포트폴리오군을 최소분산 포트폴리오 집합(minimum variance portfolio set)이라고 부른다.

그러나 이 최소분산 포트폴리오 집합(곡선 $XHIZ$) 중에서 곡선 XHI부분만이 일정한 위험(표준편차)에서 기대수익률이 보다 높은데, 이처럼 최소분산 포트폴리오 집합 중에서 곡선 XHI부분처럼 동일한 위험수준에서 기대수익률이 보다 높은 포트폴리오 집합을 효율적 포트폴리오 집합(efficient portfolio set) 또는 단순히 효율적 포트폴리오 또는 효율적 투자선(efficient frontier)이라고 부른다. 반면에 곡선 IZ부분은 비효율적 포트폴리오 집합이 된다.

2. 투자종목수와 위험분산효과

포트폴리오를 구성하는 종목의 수가 증가함에 따라서 위험감소효과는 어떻게 나타나는가? 지금까지 설명한 포트폴리오의 위험은 식 (9.11)처럼 간단히 표시할 수 있다.

$$\text{포트폴리오 위험} = \text{개별주식고유위험} + \text{타주식과의 공분산위험} \quad (9.11)$$

이제 포트폴리오에 포함되는 종목수를 계속 늘리면 개별주식고유위험은 영(0)에 가까워지고, 결과적으로 포트폴리오 위험은 각 종목들간의 공분산의 평균에 접근해 간다. 즉 개별주식의 고유위험은 없어지고 공분산위험만 남는 것이다.

분산투자의 구성종목의 수 n을 무한대로 증가시켜도 줄어들지 않는 이러한 위험은 결국 주식시장 전반의 공통적 요인에 의해서 야기되는 위험으로 분산불능위험(non-diversifiable risk), 체계적 위험(systematic risk)이라고 부른다. 반면에 종목수가 증가함에 따라 감소하는 위험은 기업고유요인에 의해서 야기되는 기업고유위험(firm-specific risk)으로서, 분산가능위험(diversifiable risk), 비체계적 위험(non-systematic risk)이라고 부른다.

$$\begin{aligned}\text{포트폴리오 위험} &= \text{개별주식고유위험} + \text{타주식과의 공분산위험} \\ &= \text{기업고유위험} + \text{주식시장 공통요인 위험} \\ &= \text{분산가능위험} + \text{분산불가능위험} \\ &= \text{비체계적 위험} + \text{체계적 위험} \quad (9.12)\end{aligned}$$

투자종목의 수가 증가될 때 투자위험이 감소하는 모습은 여러 가지 실증적 자료에서도 확인할 수 있다. [그림 9-7]은 미국 뉴욕증권거래소에 상장된 주식들에 대해 동일한 비율로 포트폴리오를 구성하였을 때, 구성주식의 수에 따라 포트폴리오 분산이 어느 정도 감소되는지를 나타낸 것이다. 다섯 종목 정도까지는 위험분산효과가 현격함을 볼 수 있는데, 네 종목의 경우는 단일종목의 경우보다 위험이 64% 정도 감소하고, 구성주식수가 15종목 정도로 증가하면 분산가능위험의 95% 정도까지 감소시킬 수 있게 된다.

[그림 9-7] 구성종목수가 포트폴리오 위험에 미치는 영향(미국의 경우)

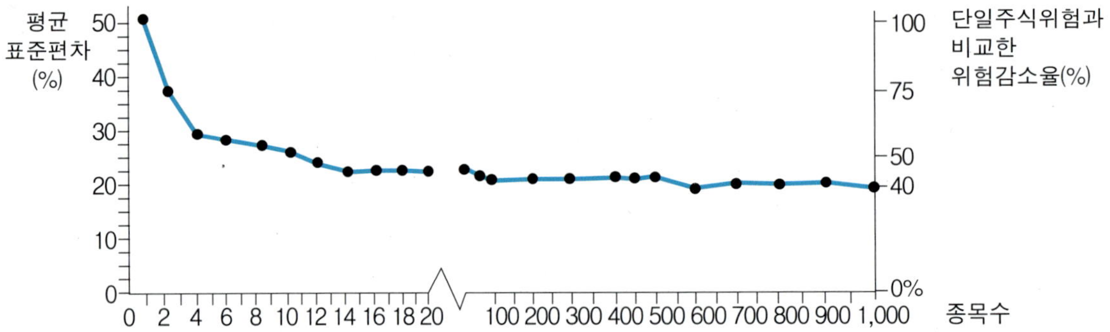

(자료 : Meir Statman, "How Many Stock Make a Diversified Portfolio," *Journal of Financial and Quantitative Analysis* 22(Sept. 1987).)

3. n종목의 효율적 포트폴리오와 최적 포트폴리오

(1) 효율적 포트폴리오

구성종목수를 n까지 무한히 늘린 포트폴리오의 효율적 포트폴리오는 어떻게 될까? 이는 [그림 9-6]의 확장판이라고 생각하면 이해하기 쉽다.

[그림 9-8] 위험자산의 효율적 포트폴리오와 최적 포트폴리오

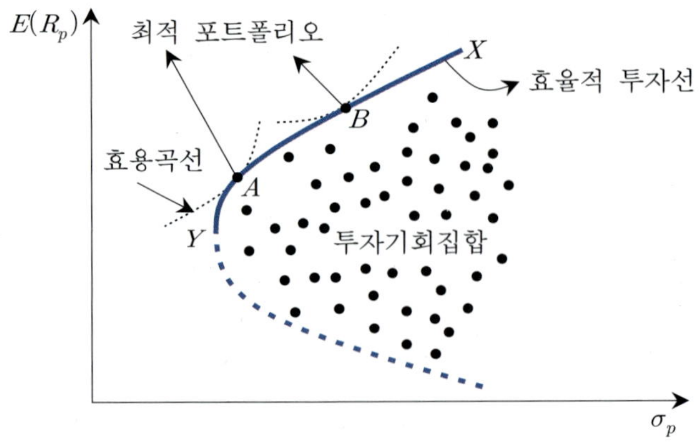

[그림 9-8]은 이를 보여준다. 무수히 많은 자산을 포트폴리오에 포함시키다보면 파란색 선이 도출된다. 이 선 중에서 지배원리를 충족하는 실선 부분, XY선상의 포트폴리오가 효율적 투자선(efficient frontier) 또는 효율적 포트폴리오선인 것이다.

(2) 최적 포트폴리오의 선택

효율적 포트폴리오는 객관적으로는 우열이 가려지지 않는 포트폴리오이다. 따라서 이들 가운데 어떤 포트폴리오를 최종적으로 선택하느냐는 결국 투자자의 주관적 위험에 대한 태도에 달려 있다.

투자자의 주관적 위험에 대한 태도를 측정, 표시하는 한 방법으로 무차별효용곡선이 있다. 효용(utility)이란 투자자가 기대수익과 위험을 동시에 고려한 후 주관적으로 느끼는 만족도를 말한다. 효용을 동일하게 느끼는 수준을 선으로 표시한 것이 무차별효용곡선(indifferent utility curve)이다. [그림 9-8]에서는 A, B 두 개의 접점에 각각의 무차별효용곡선이 표시되어 있다. 두 위치 중에서는 A가 더 위험회피적이다. 무차별곡선의 기울기가 더 가파르기 때문이다. 기울기가 크다는 것은 동일한 위험에 대해 더 큰 기대수익률을 요구한다는 뜻이다. 결국 보수적인 투자자에게는 A가 최적 포트폴리오가 될 것이고 공격적인 투자자에게는 B가 최적 포트폴리오가 된다.

제 5 절 시장모형

1. 단일지표모형의 필요성

지금까지 설명한 분산투자방법은 마코위츠(H. Markowitz)가 제시한 방법이다. 그래서 마코위츠모형이라고 한다. 이 모형은 완전공분산모형이라고도 하는데,

그 이유는 포트폴리오 위험 계산시 "모든 구성 증권을 짝지어서 공분산"을 계산하기 때문이다. 더욱이 투자비율도 조정해야 하기 때문에 무수한 결합의 포트폴리오가 생기게 되어 그 계산량이 매우 방대하다. [그림 9-9]는 불과 5개사 주식으로 투자비중만을 바꿔가면서 포트폴리오를 구성한 투자기회집합의 한 사례이다. 만일 증권수가 1,000개가 되면 어떻게 되겠는가? 그래서 현실적으로 적용가능한 단순한 다른 방법이 필요하여 제시된 것이 바로 샤프의 단일지표모형이다.

단일지표모형(single index model)은 n 종목의 개별종목들간의 모든 공분산을 고려하는 대신에 어느 특정 개별종목과 시장 전체의 움직임을 나타내는 단일시장지표 사이의 공분산만을 고려한 단순화된 모형이다. 이러한 의미에서 단순시장모형(simplified market model) 또는 시장모형(market model)이라고도 부른다.

[그림 9-9] 5개사(CenterPoint Energy, Facebook, Walmart, General Electric, Tesla)로 구성한 포트폴리오 5,000개의 투자집합

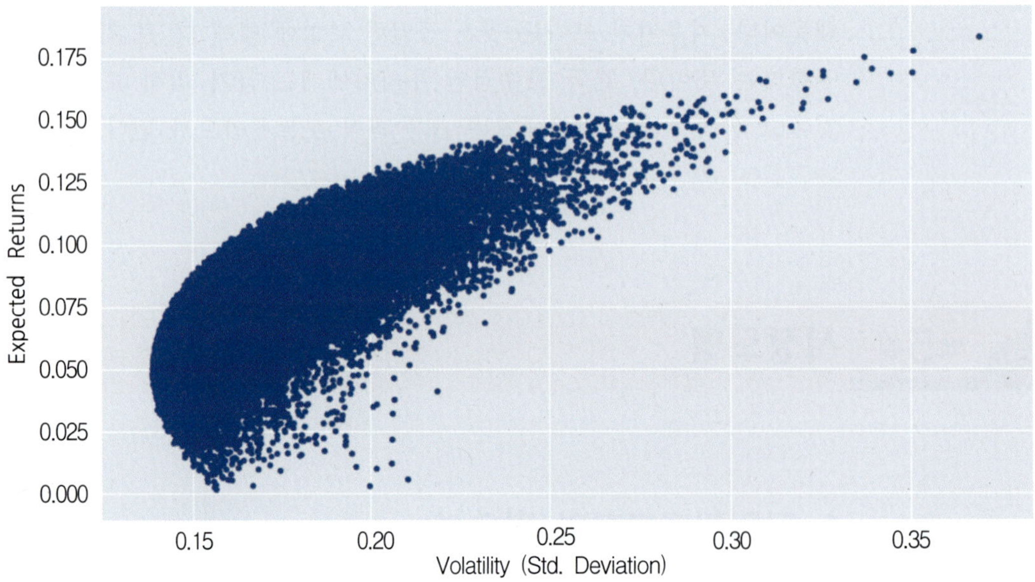

(자료 : medium.com/phyton-data)

2. 투자수익률 변동의 원천

단일지표모형에서는 자산의 투자수익 변동이 기본적으로 두 가지 원천에 의해서 발생된다는 것을 전제로 하고 있다. 그 하나는 시장 전체와 무관한 개별기업 특유요인(company specific factor)에 의해서 발생되는 부분이고, 다른 하나는 시장 전체 공통요인(market common factor)의 변동에 연관된 부분이라는 것이다.

개별자산 가격변동 = 개별기업 특유요인에 연관된 가격변동
+ 시장 전체 공통요인에 연관된 가격변동 (9.13)

전자의 예로는 특정기업의 신제품개발 성공, 노사분규 등과 같은 미시적 사건(micro event)이 있고 후자의 예로는 공금리의 변화, 정국의 불안정 등과 같은 거시적 사건(macro event)이 있다. 후자는 정도의 차이만 있을 뿐 거의 모든 자산에 영향을 미친다. 이처럼 자산수익률 변동의 원천을 두 가지로 구분할 수 있고, 시장공통요인은 종합주가지수와 같은 시장지표(market index)로 나타낼 수 있다고 가정하여, 직선식으로 표시한 것이 단일지표모형 또는 시장모형이다.

3. 증권특성선

이제 식 (9.13)의 개념을 근거로 주식 j의 수익률이 단 하나의 공통요인인 시장수익률과 선형적인 관계임을 표시하면 식 (9.14)와 같은 직선식으로 표시할 수 있다.

$$R_{jt} = \alpha_j + \beta_j R_{mt} + \epsilon_{jt} \tag{9.14}$$

단, R_{jt} : 주식 j의 t시점에서의 수익률
R_{mt} : 시장지표의 t시점에서의 수익률
α_j : 회귀계수 절편
β_j : 회귀계수 기울기
ϵ_{jt} : 잔차항

여기서 R_j를 R_m에 관하여 회귀분석(최소자승법에 의해 절편, 기울기를 추정)하면 다음 식이 구해진다.

$$R_j = \hat{\alpha}_j + \hat{\beta}_j R_m \tag{9.15}$$

단, ^는 회귀계수 추정치

식 (9.15)에서 기울기 베타계수(β_j)는 시장수익률의 변동에 대한 주식 j의 수익률의 평균적인 민감도(average sensitivity to market movement)를 나타낸다.

$$\hat{\beta}_j = \frac{\sigma_{jm}}{\sigma_m^2} \tag{9.16}$$

이 값은 투자이론에서 매우 중요하다. 만약 어느 주식의 기울기 베타(β_j)가 1.5라면, 시장수익률 R_m이 10% 증감할 때 그 주식의 수익률은 평균적으로 15% 증감하게 됨을 의미한다. 개별증권 베타의 크기는 다음과 같은 의미가 있다.

- $\beta_j < 1$: 시장평균보다 적게 수익률 변동. 방어적 주식
- $\beta_j = 1$: 시장평균 수준으로 수익률 변동
- $\beta_j > 1$: 시장평균보다 크게 수익률 변동. 공격적 주식

아래 그림을 보면 삼성전자 주식은 방어적 성격의 주식이고 카카오 주

시세 및 주주현황

종가(원)/전일대비/수익률	71,100 / +1,300 / +1.86%
52주 최고/최저(원)	73,600 / 51,800
액면가(원)	100
거래량/거래대금(억원)	12,299,300 / 8,697
시가총액(억원)	4,244,515
52주베타	0.97

시세 및 주주현황

종가(원)/전일대비/수익률	54,900 / +3,600 / +7.02%
52주 최고/최저(원)	84,300 / 46,500
액면가(원)	100
거래량/거래대금(억원)	7,074,120 / 3,848
시가총액(억원)	243,901
52주베타	1.41

삼성전자(왼쪽)와 카카오(오른쪽)의 베타값. 베타는 시가총액 다음에 표시할 정도로 중요한 투자정보이다. '52주베타'라고 표기되어 있는데, 52주는 1년에 해당되는 기간으로, 베타값 계산에 필요한 데이터 수집기간으로 이해하면 된다.
(자료 : 다음증권, 2023.8.2 기준)

식은 공격적 주식임을 알 수 있다. 이러한 베타계수는 다음 장의 CAPM 설명에서도 매우 중요하게 다룬다. 한편 절편 알파(α_j)는 시장수익률이 0일 때의 초과수익률을 나타낸다.

이러한 과정을 거쳐 추정되는 회귀계수 β_j, α_j, ϵ_j는 개별증권의 수익률과 위험에 관한 특성을 나타내므로 식 (9.15)를 증권특성선(CL : characteristic line)이라고 부른다.

이를 그림으로 나타내면 [그림 9-10]과 같다.

[그림 9-10] 증권특성선

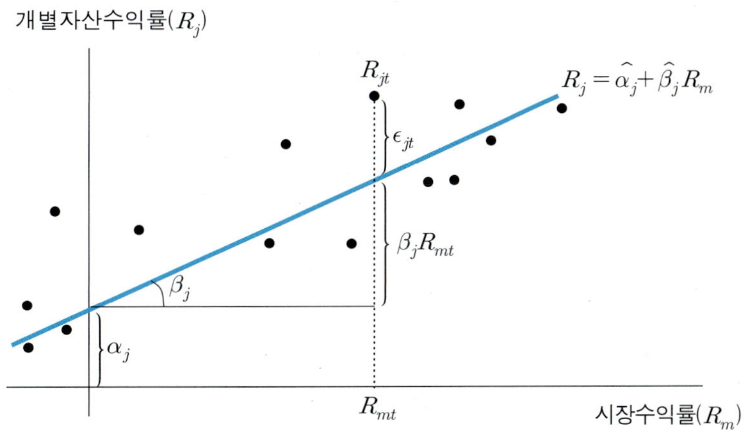

4. 시장모형에 의한 위험의 측정

단일지표모형인 시장모형이 완전공분산모형의 대안으로 제시된 이유는 포트폴리오 선택을 위한 위험 계산시의 간단함 때문이었다. 그렇다면 어떻게 위험을 계산할까?

식 (9.13)에서 개별자산의 가격변동은 [개별기업 특유요인에 연관된 가격변동]과 [시장 전체 공통요인에 연관된 가격변동] 두 가지로 구성됨을 보았다. 실용적인 면에서 시장모형이 마코위츠모형의 대안이 되는 것은 가격변동 원인 중 후자인 시장 전체 공통요인에 대한 측정의 간편성 때문이다.

포트폴리오를 구성하고 그 포트폴리오의 체계적 위험(분산불가능위험)을 측정하기 위해서 마코위츠모형에서는 완전공분산모형으로 계산해야 하지만 시장모형은 다음과 같이 간단하게 계산할 수 있다.

$$\text{시장모형에 의한 포트폴리오의 체계적 위험} = \beta_p^2\ \sigma_m^2 \tag{9.17}$$

이때 포트폴리오 베타(β_p)는 다음과 같이 구한다. 구체적인 계산 사례는 이어지는 설명을 참고한다.

$$\beta_p = \sum_{j=1}^{n} w_j \cdot \beta_j \tag{9.18}$$

5. 시장모형의 활용

시장모형을 실무에 적용하는 대표적인 보기로 인덱스펀드가 있다. 인덱스펀드(index fund)는 시장 전체의 평균적 수익률을 얻는 것을 목표로 하는 펀드를 말한다. 예를 들어 KOSPI(한국종합주가지수) 변동폭만큼의 수익률을 올리는 펀드를 말한다. 이를 위해서는 유가증권시장의 모든 주식을 포트폴리오에 담아야 한다. 그러나 이는 현실적으로 쉽지 않다. 이때 사용할 수 있는 방법이 시장모형에서 계산된 베타(β_p)를 이용하는 것이다. 포트폴리오의 베타가 1이 되도록 하면 된다. 투자비중을 조정해가면서 할 수 있다. 앞의 삼성전자와 카카오의 자료를 이용해 만들어보면 다음 〈표 9-8〉과 같다.

〈표 9-8〉 포트폴리오 베타를 1로 만드는 과정

주 식	베타계수	투자비율	베타계수×투자비율
삼성전자	0.97	93.16%	0.9036
카카오	1.41	6.84%	0.0964
포트폴리오 베타		100%	1.0000

삼성전자에 93.16%, 카카오에 6.84%를 투자하여 포트폴리오를 구성하면 베타가 1이 되어 단 두 개의 주식만으로 시장평균적인 수익률을 낼 수 있다. 물론 이는 현재 상태에서의 계산상의 이론적 결과임에 주의할 필요는 있다. 각 기업의 베타값은 계속 변하며, 또한 소수의 증권만으로 포트폴리오를 구성하면 각 기업의 비체계적 위험이 완전히 제거되지는 않기 때문이다.

인덱스펀드와 같이 시장평균수익률을 확보하는 다른 투자방법은 ETF투자이다. ETF(exchange traded fund, 상장지수펀드)는 지수를 구성하는 종목(주식 바스켓)에 대한 직접투자상품으로 설계되어 거래세가 면제되고 거래비용이 저렴하다는 장점이 있다.

현장에선 ▸▸▸ 세계 최대 헤지펀드 설립자가 ChatGPT의 질문에 답한 '최고의 투자 팁'은?

(사진 : SK하이닉스 뉴스룸)

"경력을 통해 투자에 대해 배운 가장 중요한 교훈은 무엇입니까?"

OpenAI의 ChatGPT는 세계 최대 헤지펀드인 브릿지워터 어소시에이츠(Bridgewater Associates)의 억만장자 창업자인 레이 달리오(Ray Dalio)에게 지난 주말 유튜브 채널에서 질문을 했다. 달리오의 반응은 상당히 단순했다. 그는 "분산투자"라고 말했다. 그 억만장자는 광범위한 관련 없는 자산에 투자함으로써 포트폴리오 위험을 줄이려는 전략을 투자자들에게 '성배'라고 불렀다. 그는 또 "많은 사람들이 돈을 많이 버는 방법은 최고의 하나 혹은 소수에 베팅하는 것이라고 생각한다. 틀렸다"고 말했다. 이어 "위험 대비 수익률을 높이기 위해 어떻게 분산투자를 잘하는가? 그것이 가장 중요한 원칙이다"고 답했다.

1975년 브릿지워터 어소시에이츠를 설립한 달리오는 "투자자들이 항상 겸손해야 하고 '당신이 아는 것보다 모르는 것이 더 많다'는 것을 기억해야 한다"고 주장하면서 비디오에서 그가 가장 좋아하는 대사 중 하나를 반복했다.

이러한 불확실성은 부동산, 상품, 주식, 채권과 같은 다양한 자산 등급으로 다양화하는 것이 의미가 있다는 것을 의미한다. 달리오는 "부를 쌓는 데 위험 감소가 정말 중요하다"며 투자자들은 "10개 또는 15개의 좋고 상관없는 투자로 분산함으로써 수익을 희생하지 않고도 위험을 최대 80%까지 줄일 수 있다"고 강조했다. 억만장자 투자자가 이런 종류의 기본적인 조언을 하는 것은 드문 일이다. (포춘코리아, 2023.4.19 편집)

보론 효율적 포트폴리오 도출 연습의 실제적 사례

1. 사례를 이용하기에 앞서

본문에서의 투자분석은 사실 각 개별증권의 미래수익률 확률분포(〈표 9-1〉을 말한다)가 예측가능하다는 가정하에서 이루어진다. 그러나 현실적으로 이는 매우 어렵다. 그래서 과거자료가 미래 예측에 활용될 수 있다는 전제에서 과거자료를 이용하여 다음과 같이 효율적 포트폴리오 분석을 하곤 한다.

2. 자 료

자료는 네 개 회사와 KOSPI 40개월간의 실제 월별 주식투자수익률의 자료이다. 이 주식들의 미래수익률이 과거자료와 유사한 패턴을 보일 것이라 가정하자.

3. 과 제

① 네 주식에 대하여 기대수익률과 표준편차를 구하시오.
② 네 주식 서로의 상관계수를 추정하시오.
③ 두 종목으로 분산투자할 경우 위험감소효과가 가장 크게 나타나는 포트폴리오와 가장 작게 나타나는 포트폴리오를 제시하시오.[2]

4. 참고사항 : 기대수익률과 평균수익률

'기대수익률'과 달리 '평균수익률'은 이미 발생한 과거의 자료로부터 계산한다. 과거 수익률 패턴이 미래에도 반복될 것으로 가정했으므로 평균수익률을 계산하여 기대수익률로 갈음하는 것이다. 평균수익률은 용어 그대로 수익률의 평균이다. 나머지 계산도 통계학에서 일반적으로 사용하는 평균, 분산, 표준편차, 상관계수를 구하는 것이 본 사례라고 말할 수도 있겠다.

---

2) 여기서 제시되고 있는 종목별 수익률은 주가자료에서 연속(continuous)복리수익률을 계산한 것이다. 기간별 이산(discrete)수익률 r_d는 $[(t+1$기 주식가격$/t$기 주식가격$)-1]$을 계산하여 추정하지만, 연속복리수익률 r_c는 $ln[t+1$기 주식가격$/t$기 주식가격$]$을 계산하여 추정한다.

일 자	A전자	B화장품	C음료	D반도체	KOSPI
D+0 월말	0.0453	−0.0497	−0.1389	0.2015	0.0688
D+1 월말	0.0857	0.0247	−0.0150	0.1176	0.0374
D+2 월말	0.0556	0.1558	−0.0324	−0.0320	−0.0080
D+3 월말	0.0864	−0.0999	0.0497	−0.0419	−0.0160
D+4 월말	−0.1379	−0.0009	0.0570	−0.1942	−0.0725
D+5 월말	−0.0083	−0.0186	0.0809	0.0320	0.0057
D+6 월말	0.0861	−0.0383	−0.1155	−0.0945	0.0150
D+7 월말	−0.0598	0.1324	0.0673	−0.0233	0.0122
D+8 월말	0.0877	0.0094	−0.0137	0.0706	0.0467
D+9 월말	−0.0271	0.0496	0.0328	0.0883	−0.0431
D+10 월말	0.0707	−0.0114	−0.0035	−0.0183	0.0108
D+11 월말	0.0793	−0.0098	0.0648	0.0539	0.0326
D+12 월말	−0.0498	−0.1032	−0.0397	−0.0539	−0.0177
D+13 월말	0.0642	−0.0670	−0.0083	0.0826	0.0324
D+14 월말	−0.0111	−0.0470	0.0293	0.0815	−0.0107
D+15 월말	−0.0046	−0.0821	0.1450	0.0392	−0.0206
D+16 월말	0.0118	0.0242	−0.1296	0.0741	0.0187
D+17 월말	−0.1363	−0.0076	−0.0900	−0.0315	−0.0713
D+18 월말	−0.0473	0.0354	0.0652	−0.1372	0.0269
D+19 월말	0.0665	−0.0520	−0.0566	0.0379	0.0064
D+20 월말	−0.0007	0.0055	0.1981	0.0684	0.0360
D+21 월말	0.0692	−0.0394	−0.0746	0.0547	0.0165
D+22 월말	0.0196	0.0953	−0.0251	0.1025	0.0073
D+23 월말	−0.0852	0.0440	−0.0072	0.0388	−0.0165
D+24 월말	−0.0694	0.0119	0.0604	0.0281	−0.0355
D+25 월말	0.0525	0.1485	−0.0637	0.0235	0.0198
D+26 월말	−0.0045	0.0707	−0.0186	−0.0736	0.0028
D+27 월말	0.0000	0.0578	0.0465	0.1091	−0.0121
D+28 월말	0.0718	0.0819	0.0171	0.0950	0.0168
D+29 월말	−0.0876	0.0505	0.1004	0.0950	0.0036
D+30 월말	0.0158	0.1496	0.0526	−0.0660	0.0362
D+31 월말	−0.0846	0.1757	0.1069	−0.0011	−0.0037
D+32 월말	−0.0414	0.1254	0.0524	0.0293	−0.0237
D+33 월말	0.0494	−0.0392	−0.2472	0.0149	−0.0279
D+34 월말	0.0340	0.0834	−0.0342	0.0126	0.0083
D+35 월말	0.0306	−0.1188	−0.0993	−0.0063	−0.0335
D+36 월말	0.0282	0.1774	0.1150	−0.0021	0.0174
D+37 월말	−0.0059	0.0741	0.0566	−0.0223	0.0186
D+38 월말	0.0601	0.1614	−0.0229	−0.0228	0.0274
D+39 월말	−0.0217	0.1464	0.3222	0.0131	0.0413

● 기대수익률과 표준편차(월간 수익률)

	A전자	B화장품	C음료	D반도체	KOSPI
기대수익률	0.00718	0.03265	0.01211	0.01858	0.00382
표준편차	0.06148	0.08276	0.09774	0.07339	0.02992

● 상관계수행렬

	A전자	B화장품	C음료	D반도체
A전자	1			
B화장품	−0.1496	1		
C음료	−0.3178	0.3336	1	
D반도체	0.2984	−0.0861	−0.0685	1

● 위험감소효과가 가장 큰 경우 : A전자+C음료
위험감소효과가 가장 작은 경우 : B화장품+C음료

주요 용어

포트폴리오 관리	최적투자결정의 체계	지배원리
최소분산 포트폴리오	효율적 포트폴리오	최적 포트폴리오
포트폴리오 기대수익률	포트폴리오 분산	공분산
상관계수	투자비율	투자위험 감소의 원리
체계적 위험	비체계적 위험	완전공분산모형
단일지표모형	증권특성선	베타계수
포트폴리오 베타	인덱스펀드	ETF(상장지수펀드)

연습문제

1. 최적투자결정 체계의 각 단계를 설명하시오.

2. 포트폴리오 구성증권수가 늘어나면 위험이 감소하는 원리에 대해서 설명하시오.

3. 투자기회로서 다음과 같은 수익률의 확률분포를 가지는 주식 1, 2, 3이 있다.

시장여건	확 률	주식 1	주식 2	주식 3
양호	1/4	16%	4%	20%
정상	1/2	12	6	14
불량	1/4	8	8	8

(1) 각 주식의 기대수익률과 표준편차 그리고 두 주식으로 포트폴리오를 구성할 경우의 공분산(σ_{12}, σ_{23}, σ_{13})과 상관관계(ρ_{12}, ρ_{23}, ρ_{13})를 구하시오.

(2) 각 주식에 대한 투자금액의 비율을 다음과 같이 조정할 때의 포트폴리오 기대수익률과 위험(분산)을 구하시오.

① 포트폴리오 A : 1/2(주식 1)+1/2(주식 2)

② 포트폴리오 B : 1/2(주식 1)+1/2(주식 3)

③ 포트폴리오 C : 1/2(주식 2)+1/2(주식 3)

4. 두 주식 X, Y에 관한 자료가 다음과 같다.

	$E(R)$	$\sigma(R)$	상관계수
X	10%	12%	$\rho_{XY}=0.2$
Y	18%	14%	

(1) 투자비중을 100 : 0부터 10%씩 조정해가면서 10개의 포트폴리오를 만들고, 각각의 기대수익률과 위험을 계산한 후 이를 그림으로 그리시오.

(2) 최소분산 포트폴리오 집합, 효율적 포트폴리오를 표시하시오.

(3) 최적 포트폴리오는 어떻게 결정되는가?

CHAPTER

10

자본자산가격결정모형(CAPM)

투자론에서 다루어지는 주요 주제의 하나는 적정가격 추정의 문제이다. 본장에서는 투자위험을 반영하여 균형가격이 어떻게 결정되는지를 다루는 모형인 CAPM에 대하여 설명한다. 다음은 본장의 학습목표로서 이해해야 할 주요 사항들이다.

- 자본자산가격결정모형(CAPM)이란 무엇인가?
- 자본시장선(CML)에서의 위험과 기대수익의 관계는 어떠한가?
- 증권시장선(SML)에서의 위험과 기대수익의 관계는 어떠한가?
- CML과 SML의 관계와 차이점은?
- CAPM은 실제 투자결정에 어떻게 활용되는가?

제 1 절 자본자산가격결정모형의 의의와 가정

생활속에서 ▸▸▸

한국투자신탁운용은 16일 연금사업자와 기관투자자 등을 대상으로 하는 '2023년도 장기자본시장가정 리포트'를 발간했다고 밝혔다. '장기자본시장가정'이라는 것은 최적의 자산배분을 도출할 때 사용되는 도구로, 지난 40년 이상의 경기사이클을 분석해 나온 결과물이다.

해당 리포트에 따르면, 한국투자신탁운용이 강조하는 투자철학은 크게 세 가지이다. 수익 추구뿐만 아니라 위험관리의 중요성도 강조하는 위험조정수익률을 최우선시하는 운용, 최적화기법을 활용한 분산투자, 장기 저비용 투자 추구 등이다.

이 리포트의 포트폴리오 분석에 따르면, 원화 투자자의 최적 포트폴리오는 '환노출한 해외주식+국내채권' 조합이 꼽힌다. 성과지표 분석 결과 해당조합의 포트폴리오가 가장 우수했는데, 이는 포트폴리오 전체 변동성(위험)이 다른 조합 대비 감소해 해외주식의 비중을 높게 가져갈 수 있기 때문으로 풀이된다.

이 같은 투자철학이 녹아 있는 대표적인 상품은 '한국투자TDF알아서ETF포커스펀드'이다. 이 펀드는 미국 성장주와 국내 채권의 조합으로 구성돼 분산투자 효과를 극대화했으며, 환노출형으로 설계돼 장기투자시 위험 대비 기대수익률을 높인 것이 특징이다. (그린포스트코리아, 2023.1.16 편집)

#최적자산배분 #자본시장 #위험관리 #포트폴리오 #분산투자효과 #위험대비기대수익률

1. 자본자산가격결정모형의 의의

자본자산가격결정모형(CAPM : capital asset pricing model)은 자본시장이 균형상태를 이룰 때 자본자산의 위험과 기대수익의 관계를 예측하는 모형이다.

자본자산가격결정모형이란?

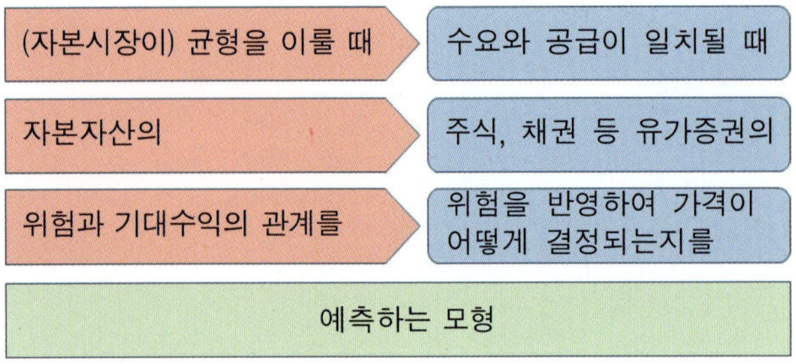

여기서 자본자산(capital asset)이란 미래 수익에 대해 청구권(claim)을 가지는 자산을 말하는데, 주로 주식, 회사채 등의 유가증권을 가리킨다. 또한 균형상태(equilibrium condition)라는 것은 거래되는 자본자산에 대한 수요와 공급이 일치되도록 가격이 형성된 상태를 말

한다. 그러므로 CAPM은 개별투자자들이 앞장에서 설명한 효율적 분산투자를 하고, 시장 전체가 수요와 공급이 일치되는 균형상태에 있을 때 증권과 같은 자본자산의 균형가격이 위험을 반영하여 어떻게 결정되는가를 예측하는 모형이라고 할 수 있다.

CAPM은 샤프(W.F. Sharpe, 1964), 린트너(J. Lintner, 1965), 모신(J. Mossin, 1965)에 의해서 거의 같은 시기에 독자적으로 제시되었다. 자본자산의 위험과 수익률 사이에 존재하는 균형관계를 설명하는 이들 이론모형은 최근까지 현실의 증권시장에서 증권의 가격결정구조를 설명하는 데 있어서 매우 유용한 것으로 평가되고 있다.

2. CAPM의 가정

먼저 CAPM을 이해하는 데에는 이 모형의 도출에 필요한 여러 가지 가정에 주의할 필요가 있다. CAPM의 가정을 요약하면 다음과 같다.

① [가정 1] 평균 · 분산기준의 가정 : 포트폴리오를 선택하고 투자결정을 내릴 때 유일한 투자기준은 기대수익(평균)과 분산, 두 가지 요소만이다.

② [가정 2] 동질적 미래예측의 가정 : 모든 투자자는 투자기간이 같고 미래증권수익률의 확률분포에 대하여 동질적으로 예측을 한다.

③ [가정 3] 완전시장의 가정 : 개인투자자는 자본시장에서 가격순응자이고, 자본과 정보의 흐름에 마찰이 없으며, 거래비용과 세금이 존재하지 않는다.

④ [가정 4] 무위험자산의 존재 가정 : 투자위험이 전혀 없는 무위험자산(risk-free asset)이 존재하며 모든 투자자들은 무위험이자율 수준으로 얼마든지 자금을 차입하거나 빌려줄 수 있다.

⑤ [가정 5] 균형시장의 가정 : 자본시장이 수요와 공급이 일치하는 균형상태에 있다.

이들 가정은 비현실적이지만 이와 같은 가정들을 내세우는 것은 일차적으로 위험이 기대수익에 미치는 영향을 정확히 파악하기 위한 것이다. 다행스러운 것은 현실적 측면을 감안하여 이들 가정을 완화하더라도 CAPM이 성립한다는 점이다. 자본시장이 균형상태를 이룰 때 자본자산의 기대수익과 위험의 관계를 밝히는 CAPM에는 자본시장선(CML)과 증권시장선(SML)이 있다.

제2절 자본시장선

1. 위험자산 효율적 포트폴리오에 무위험자산의 도입

제9장에서는 효율적 포트폴리오에 대해서 배웠다. [그림 10-1]의 파란색 호 XA가 그것이었다. 이 포트폴리오는 위험자산만으로 구성된 효율적 포트폴리오이다. 이제 무위험자산을 도입해 보자. 무위험자산(risk-free)수익률은 그림에서 R_f로 표시되어 있다. 대표적인 무위험자산은 국공채나 은행의 정기예금이 있다.

[그림 10-1] 자본시장선(CML)

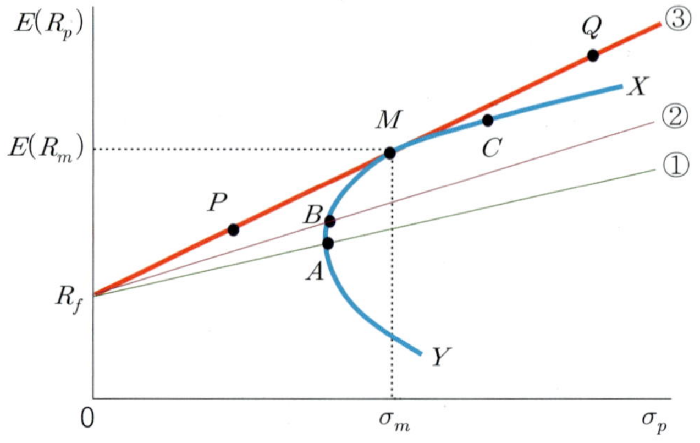

이제 효율적 포트폴리오 중의 하나인 A와 무위험자산 R_f에 투자하는 포트폴리오를 구성해 보자. 그 포트폴리오의 궤적은 그림에서 녹색선 ①과 같게 된다. 이번에는 B와 무위험자산 R_f에 투자하는 포트폴리오를 구성해 보자. 그 포트폴리오의 궤적은 그림에서 보라색 선 ②와 같다. 선 ①과 선 ②를 비교하면 지배원리에 의해 선 ②가 더 우월하다. 그러나 아직까지도 효율적 포트폴리오는 R_fBMCX 궤적이 된다. 즉 호 AB 구간만 새롭게 지배받는 구간이 되었다. 이런 식으로 점차 위로 올라가면서 접선을 그으면 M을 통과하는(③번 선으로 표시된 것) 새로운 포트폴리오가 만들어진다. 이 포트폴리오가 새로운 효율적 포트폴리오가 된다.

위험자산만으로 포트폴리오가 구성될 때에는 호 XY상의 A, B, C 등이 모두 효율적 포트폴리오이지만, 무위험자산도 포함되면 이들은 더 이상 효율적인 투자대상이 되지 못하는 것이다. 이들 새로운 효율적 포트폴리오 R_fPMQ는 구성상 무위험자산에 일부 투자하고 나머지 자금은 위험자산에 투자하는 것을 나타낸다. 이 ③번 선을 자본시장선이라고 하고, M포트폴리오를 시장포트폴리오(market portfolio)라고 한다.

- 위험자산만으로 포트폴리오 구성시의 효율적 포트폴리오 ⇒ 호 AX
- 무위험자산까지 포함하여 포트폴리오 구성시의 효율적 포트폴리오 ⇒ 선 ③ ⇒ 자본시장선

2. 자본시장선

자본시장선(CML : capital market line)은 개인투자자들이 투자대상으로서 위험자산과 무위험자산으로 효율적 분산투자를 할 경우, 균형상태의 자본시장에서 효율적 포트폴리오의 기대수익과 위험의 선형관계([그림 10-1]에서 직선 ③)를 표시한 것이다. 여기에서 위험자산이란 완전분산투자된 위험자산의 효율적 M포트폴리오를 말한다.

자본시장선은 다음 식 (10.1)과 같이 표현된다.

$$E(R_p) = R_f + \frac{E(R_m) - R_f}{\sigma_m}\sigma_p \tag{10.1}$$

단, $E(R_m)$: 시장포트폴리오의 기대수익률

σ_m : 시장포트폴리오의 표준편차

식을 보면 효율적 포트폴리오의 기대수익률 $E(R_p)$이 표준편차 σ_p에 선형적으로 비례함을 보여주고 있다. 기울기 $[E(R_m) - R_f]/\sigma_m$ 은 시장에서 위험 1단위에 대한 위험보상률(risk premium)의 정도를 나타낸 것으로서 위험의 균형가격(equilibrium price of risk)이라고 부른다. 균형시장에서는 어느 투자자들에게나 이 위험보상률이 동일하다.

여기서 잠깐

식 (10.1) 자본시장선 식이 일견 복잡해 보일 수 있지만 이 식은 사실 우리가 중학교 1학년 때 배운 1차 방정식과 같은 것이다.

즉, $y = a + bx$ 와 같은 형식으로, 오른쪽 위의 그림을 보면 이 1차 방정식의 기울기 b는 $\frac{q-a}{p}$이다. 따라서 이 1차 방정식은 다음과 같다.

$$y = a + bx = a + \frac{q-a}{p}x$$

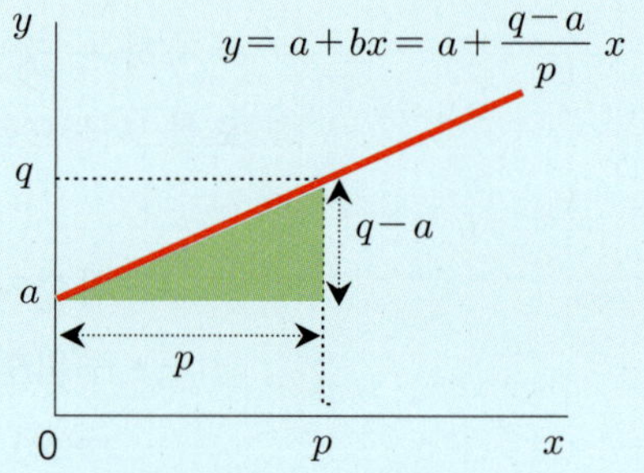

이해를 돕기 위하여 실제 숫자 예시를 보이면 오른쪽 아래 그림과 같다. 이 1차 방정식의 절편은 2, 기울기는 (4-2)/5이다. 그래서 이 1차 방정식은 다음과 같다. 이 식은 CML식과 형식이 같다. 이어서 배우는 증권시장선(SML)식의 형식과도 같다.

$$y = 2 + \frac{4-2}{5}x = 2 + \frac{2}{5}x$$

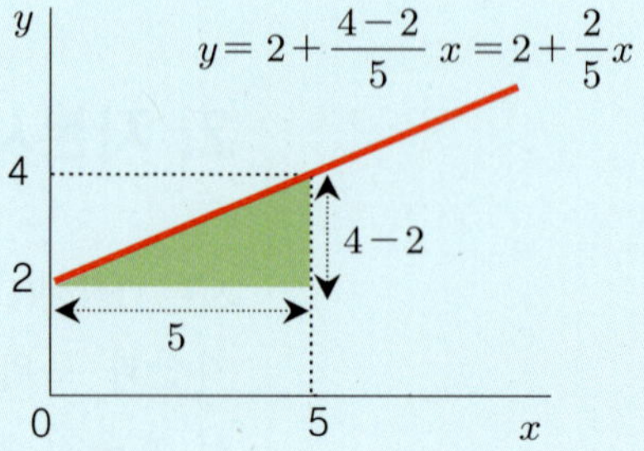

3. 시장포트폴리오

[그림 10-1]에서 유일한 위험 포트폴리오인 M포트폴리오, 즉 시장포트폴리오는 어떤 특성을 지녔을까? 시장포트폴리오 M의 성격은 다음과 같이 요약할 수 있다.

첫째, 시장포트폴리오는 위험 있는 주식포트폴리오(마코위츠의 효율적 프론티어) 중에서 유일하게 효율적인 포트폴리오이다.

둘째, 시장포트폴리오가 유일한 효율적 포트폴리오라면 이성적 투자자들은 자신들의 위험선호도와 관계없이 모두 동일하게 시장포트폴리오를 선택하게 된다. 위험자산들의 효율적 결합은 개별투자자들의 위험선호도에 관계없이 항상 일정하며, 위험선호도에 따라 변하는 것은 무위험자산과 시장포트폴리오 M에의 투자비율뿐이다. 이를 토빈의 분리정리(Tobin's separation theorem)라고 한다.

셋째, 시장포트폴리오는 결국 모든 위험자산을 포함하는 완전분산투자된 포트폴리오이다.

넷째, 시장포트폴리오의 특성을 가장 잘 나타내는 현실적인 대용물로서 종합주가지수를 들 수 있다. 이러한 특성의 시장포트폴리오는 엄격한 의미에서 볼 때 현실의 자본시장에서는 발견하기가 어렵기 때문이다.

제3절 증권시장선

1. 자본시장선의 한계와 증권시장선의 의의

자본시장선(CML)은 무위험자산을 포함하여 완전분산투자했을 때 효율적 포트폴리오들의 기대수익률과 위험(표준편차)의 선형적 관계를 나타낸 것이다. 즉 자본시장선은 '완전히 분산투자가 되지 않은 비효율적 포트폴리오'나 '개별주식'에 있어서 기대수익률과 위험의 관계는 설명하지 못하고 있다. 이를

테면 [그림 10-2]의 M, L과 같은 비효율적 투자대상의 기대수익률과 위험의 관계는 자본시장선으로 설명되지 못한다.

[그림 10-2] **비효율적 투자대상의 예**

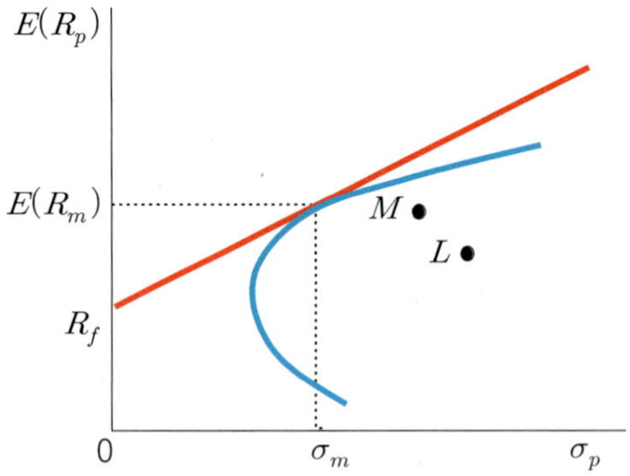

비효율적인 투자대상까지 포함한 모든 투자자산의 기대수익과 위험의 관계를 보여주는 것은 없을까? 그것이 바로 증권시장선이다.

2. 증권시장선

(1) 모 형

증권시장선(SML : security market line)은 비효율적인 투자대상까지 포함한 모든 투자자산의 기대수익과 위험의 관계를 나타낸 것이다. 증권시장선은 식 (10.2)와 같이 표현된다.

$$E(R_j) = R_f + [E(R_m) - R_f] \cdot \beta_j \qquad (10.2)$$

단, $E(R_j)$: 주식 j의 기대수익률
R_f : 무위험자산의 수익률
$E(R_m)$: 시장포트폴리오의 기대수익률
β_j : 주식 j의 베타계수$(=\sigma_{jm}/\sigma_m^2)$

(2) β계수의 의미

이 식에서 β계수는 앞서 배운 시장모형의 β계수와 같은 것이다. 투자위험은 체계적 위험과 비체계적 위험으로 나눌 수 있는데, 투자자에게 중요한 위험은 β계수로 대표되는 체계적 위험이다. 비체계적 위험은 분산투자의 종목수가 많아지면 사라지기 때문에, 오로지 체계적 위험을 나타내는 β계수만이 가격결정에 반영되어야 한다. 피할 수 있는 비체계적 위험에 대해서 위험보상을 해줄 이유가 없기 때문이다. 이 때문에 좁은 의미의 자본자산가격결정모형(CAPM)은 증권시장선(SML)을 의미한다.

(3) 증권시장선이 투자결정에 의미하는 것

- 균형상태의 자본시장에서 자본자산의 기대수익(가격)을 결정짓는 적절한 위험요인은 β계수로 대표되는 체계적 위험이다.
- 이 체계적 위험이 높으면 기대수익률도 높고, 체계적 위험이 낮으면 기대수익률도 낮은 선형관계가 성립한다.
- 위험보상률(risk premium)은 다음과 같이 구성된다.

$$E(R_j) = R_f + \underbrace{\underbrace{[E(R_m) - R_f]}_{\text{시장위험보상률}} \cdot \beta_j}_{\text{개별자산 위험보상률}}$$

시장위험보상률(market risk premium)은 모든 종목에 공통적으로 적용되는 시장 전체에 대한 평균적인 위험보상률이다. 이는 $[E(R_m) - R_f]$ 부분으로, 시장기대수익률 $E(R_m)$이 무위험이자율 R_f를 초과하는 크기이다. 개별자산의 위험보상률(risk premium)은 시장위험보상률 $[E(R_m) - R_f]$에 베타계수 β를 곱한 값으로 결정된다.

3. 증권시장선의 유도 : 자본시장선과의 관계

증권시장선은 자본시장선과 어떤 관계에 있을까? [그림 10-3]의 (a)는 앞서 설명한 자본시장선(CML)이고 그림의 (b)는 증권시장선(SML)이다.

[그림 10-3] 증권시장선의 도출

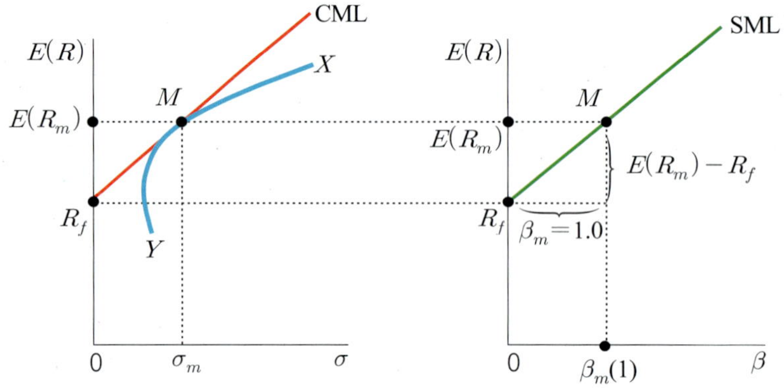

(a) 자본시장선　　　(b) 증권시장선

CML은 가장 효율적인 시장포트폴리오 M과 무위험자산의 결합으로 이루어지는 효율적 투자선을 나타낸 것이다. CML은 기대수익률 $E(R)$과 표준편차 σ의 공간에서 양자의 선형관계로 표시된다. 완전분산투자된 효율적 포트폴리오만 CML상에 존재한다.

반면에 증권시장선(SML)([그림 10-3]의 (b))상에 위치하는 것은 효율적이든 비효율적이든 모든 자산(포트폴리오, 개별주식 등)들이 표시된다. 체계적 위험만이 기대수익률에 영향을 미칠 뿐이다.

	자본시장선 (CML)	증권시장선 (SML)
표현 공간	기대수익률($E(R)$) 표준편차(σ)	기대수익률($E(R)$) 베타(β)
관계	총위험 vs. 기대수익률	체계적 위험 vs. 기대수익률
적용대상	효율적 자산	모든 자산

[그림 10-3]의 (b)를 이용하여 SML식을 직관적으로 유도해 보자. 앞서 설명한 CML과 방법은 동일하다.

CML과 SML 모두 Y축은 기대수익률 $E(R)$이고, 절편은 무위험이자율 R_f이다. 그러나 X축은 CML에서는 총위험 σ인 반면

SML에서는 체계적 위험 β이다. 따라서 두 선의 기울기 표현식에 차이가 난다. 높이는 둘 다 $[E(R_m)-R_f]$인데, X축의 값이 CML은 시장포트폴리오의 총위험 σ_m이지만 SML은 시장포트폴리오의 체계적 위험 β_m이다.

그런데 시장포트폴리오의 베타(β_m)는 시장의 전체 움직임 그 자체이기 때문에 1의 값을 갖는다. 결국 기울기는 $E(R_m)-R_f$가 된다. 결과적으로 증권시장선의 식 (10.2)가 도출되는 것이다.[1)]

〈표 10-1〉 CML과 SML의 비교

구 분	y축	절 편	기울기	x축	관계식
CML	$E(R)$	R_f	$\frac{E(R_m)-R_f}{\sigma_m}$	σ	$E(R_p)=R_f+\frac{E(R_m)-R_f}{\sigma_m}\sigma_p$
SML	$E(R)$	R_f	$\frac{E(R_m)-R_f}{\beta_m}=\frac{E(R_m)-R_f}{1}$	β	$E(R)=R_f+[E(R_m)-R_f]\cdot\beta$

4. 포트폴리오의 SML

개별주식의 기대수익률이 그 주식의 베타계수에 선형으로 비례한다는 식 (10.2)의 SML식은 비단 개별주식뿐 아니라 포트폴리오에도 그대로 적용된다. 따라서 포트폴리오의 기대수익률은 다음과 같이 표시할 수 있다.

$$E(R_p)=R_f+[E(R_m)-R_f]\cdot\beta_p \qquad (10.3)$$

단, β_p : 포트폴리오 베타계수$(=\sum_{j=1}^{n} w_j\beta_j)$

시장포트폴리오처럼 모든 주식에 대한 베타의 가중평균은 1이 된다. 따라서 어느 주식이 평균적인 위험 정도만 지니고 있다면 베타(β)계수는 1이 될 것이고 위험보상률 또한 평균적인 위험보상률 수준이 될 것이다.

1) 여기에서는 이해하기 쉬운 방법으로 설명하였다. 본격적인 증명은 다음 문헌을 참조한다.
W.F. Sharpe, "Capital Asset Prices : A Theory of Market Equilibrium under Conditions of Risk," *Journal of Finance* 19(September 1964), pp.425~442.

보기 1

시장포트폴리오의 기대수익률과 표준편차는 각각 18%와 22%이고, 무위험이자율은 10%이다. 지금 베타계수가 1.10인 주식 A와 베타계수가 1.25인 주식 B에 각각 25 : 75로 투자하여 포트폴리오를 구성하고자 한다. 시장은 균형상태임을 가정한다.

① 이 자료에 근거할 때 증권시장선은 어떻게 표시되는가?
② 주식 A와 B로 구성되는 포트폴리오에 대한 위험보상률은 얼마인가?

풀이 ① 증권시장선 : $E(R_j)=R_f+[E(R_m)-R_f]\cdot\beta_j=0.10+0.08\beta_j$

② 포트폴리오의 위험보상률

- 포트폴리오의 베타 $\beta_p=\sum_{j=1}^{n}w_j\beta_j=1.10(0.25)+1.25(0.75)=1.2125$
- 위험보상률$=[E(R_m)-R_f]\cdot\beta_p=0.08(1.2125)=9.7\%$

제4절 CAPM의 투자결정에의 이용

생활속에서 ▸▸▸

6월 들어 2,600선을 돌파한 코스피가 강세장의 문턱에서 잠시 주춤한 모습이다. 기준금리 인상 사이클 종료를 둘러싼 불확실성, 글로벌 경기 침체 가능성 등 주식시장의 기회와 위기 요인이 복잡하게 얽혀 있지만, 하반기로 갈수록 주가가 상승세를 탈 것이라는 기대감은 여전하다. 특히 그동안 저평가된 종목들이 지수 레벨업(level-up)을 주도할 것이란 전망이 나온다. 목표가(적정주가) 대비 현재 주가 간 차이를 뜻하는 괴리율이 높은 종목 위주로 포트폴리오를 구성하는 것이 한 방법으로 제안된다.

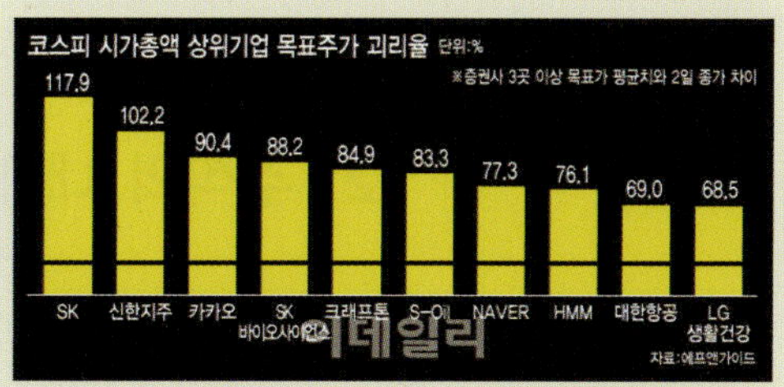

저평가 종목을 찾기 위해선 괴리율이 큰 종목 위주로 포트폴리오를 구성하는 것도 한 방법이다. 괴리율은 상장사의 12개월 후 예상 목표주가와 현재 주가의 차이를 백분율로 나타내는 지표로, 괴리율이 클수록 주가가 저평가된 것으로 해석될 수 있다. 예컨대 증권사가 평가한 목표가가 1만원, 현재 주가가 5,000원일 경우 괴리율은 100%다. (이데일리, 2023.6.9 편집)

#저평가 #적정주가(목표주가)

이상에서 설명한 것처럼 SML상의 기대수익률은 균형상태에서 투자위험이 감안된 적정수익률이므로 주식과 같은 위험투자자산에 대한 투자결정문제에 활용될 수 있다. 구체적으로는 특정증권의 요구수익률 추정, 증권의 과대·과소 여부의 평가, 자기자본비용의 추정, 투자성과평정 등에 이용되고 있다.

1. 요구수익률 및 자기자본비용의 추정

증권시장선(SML)은 투자위험 가운데 체계적 위험만이 위험보상에 반영되어야 하고 균형시장에서의 투자자산의 기대수익률은 이 체계적 위험척도인 β의 크기에 따라 선형적으로 결정된다는 것을 나타낸다. 따라서 식 (10.2)의 SML을 위험자산에 대한 요구수익률(RRR : required rate of return) 추정에 이용할 수 있다.

$$k_j(RRR_j) = R_f + [E(R_m) - R_f)] \cdot \beta_j \tag{10.4}$$

단, $k_j(RRR_j)$: 주식 j에 대한 요구수익률(required rate of return)

주식투자자의 요구수익률은 균형시장에서 주주의 기회투자수익률을 의미한다. 따라서 SML식에서 계산된 $k_j(RRR_j)$를 자기자본비용(k_e)으로 그대로 이용할 수 있다.

2. 주식의 내재가치 추정

제5장에서 주식의 내재가치를 추정하는 방법으로 다음의 배당평가모형이 있음을 배웠다. 이때 분모의 자기자본비용(k_e)에 SML식에서 구한 값을 대입하면 주식의 내재가치를 평가할 수 있다.

$$S_0 = \frac{d_1}{k_e - g}$$

단, S_0 : 주식의 내재가치
d_1 : 차기의 주당배당금
k_e : 주주의 기회투자수익률(자기자본비용)
g : 이익 · 배당의 성장률(매년 정률적으로 성장한다고 가정)

3. 증권의 과대 · 과소 여부의 평가

SML상의 균형수익률은 체계적 위험을 감안한 적정균형수익률을 의미하므로 특정자산의 과소 · 과대 평가 여부를 판단하는 기준으로 쓰일 수 있다. 이를테면 다음 식에서 표시된 것처럼 SML상의 요구수익률(k)과 해당자산에 대한 증권분석이나 과거 시계열자료의 분석으로부터 기대수익률($E(R_j)$)을 추정한 다음, 양자의 차이, 초과수익 알파(α)를 구하면 과소평가 혹은 과대평가 여부를 판단할 수 있다. 이 α가 양(+)이면 과소평가, 음(−)이면 과대평가된 자산이다.

$$\alpha = E(R_j) - k_j \tag{10.5}$$

단, α : 초과수익, 과소평가(+) 과대평가(−)의 크기
$E(R_j)$: 증권분석이나 시계열 분석결과 추정된 예상 기대수익률
k_j : SML상에서 추정된 요구수익률(RRR)

[그림 10-4]를 보면 과대평가 또는 과소평가 여부를 쉽게 이해할 수 있다. 시장이 균형상태에 있으면 자산의 기대수익률은 체계적 위험에 선형적으로 비례하도록 정확히 SML상에 있어야 한다. 그러나 그렇지 않은 자산이 있을 수 있다.

❑ 자산 U의 경우

[그림 10-4]에서 U와 같은 주식이 존재한다면 이 자산은 과소평가(underpriced)된 것이다. 왜냐하면 주식 U의 체계적 위험(β_U) 수준에서는 U'수준의 수익률이 적절하기 때문이다. 이때 U'는 SML로 계산한다. 그런데 실제 수익률이 U로 균형수익률 U'보다 높기 때문에 이성적인 투자자라면 이러한 주식을 매입하려고 할 것이다. 매입하고자 하는 수요가 많아지면 가격은 상승하고 기대수익률은 하락하여 U'수준이 될 것이다.

[그림 10-4] 증권시장선과 균형가격의 형성

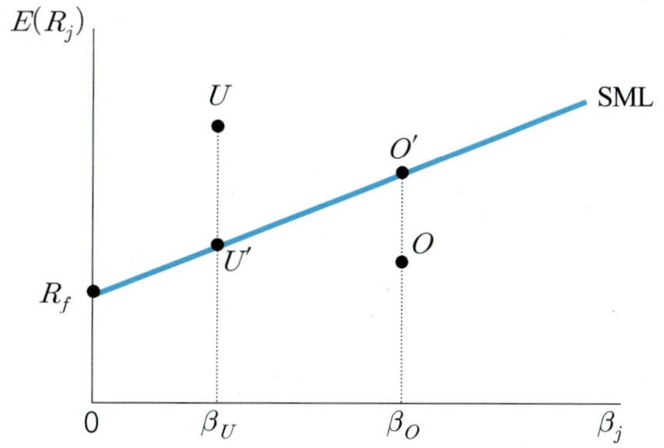

❑ 자산 O의 경우

주식 O는 반대로 이는 과대평가(over-priced)된 주식이다. 이성적 투자자는 이러한 주식을 팔려고 할 것이다. 매도하고자 하는 사람이 많아지면 가격은 하락하고 기대수익률은 O'수준으로 상승 회복하게 될 것이다.

결과적으로 자산가격의 상승을 야기하는 수요 증가나, 하락을 가져오는 공급의 증가가 해소되어 균형상태가 되면, 자산의 균형가격은 SML선상을 따라 체계적 위험(베타계수)에 선형적으로 비례하는 관계로 형성될 것이다.

보기 2

다음은 증권분석의 결과 얻은 A주식의 수익률(R_A)과 시장수익률(R_m)에 대한 예상자료이다. 한편 무위험이자율(R_f)은 6%이다.

- 시장포트폴리오 기대수익률 : 14.6%
- A주식의 베타계수(β)는 1.044
- A주식의 수익률 확률분포

상 황	확 률	R_A
Ⅰ	0.2	0.30
Ⅱ	0.4	0.10
Ⅲ	0.3	0.25
Ⅳ	0.1	−0.05

이 자료로부터 ① 증권시장선(SML)을 도출하고, ② A주식에 대한 기대수익률과 요구수익률(RRR)을 구하시오. 또 ③ A주식이 과소평가되었는지, 과대평가되었는지를 평가하시오.

풀이 ① 시장기대수익률 : $E(R_m)=0.146$

증권시장선의 도출 : $E(R_j)=R_f+[E(R_m)-R_f]\cdot\beta_j$

$=0.06+[0.146-0.06]\cdot\beta_j=0.06+0.086\beta_j$

② i) A주식의 기대수익률

$E(R_A)=0.30(0.2)+0.10(0.4)+0.25(0.3)-0.05(0.1)=0.17$

ii) A주식에 대한 요구수익률 $k_A(RRR)=0.06+0.086\beta_j$

β_j가 1.044이므로

A주식에 대한 요구수익률 $k=0.06+0.086(1.044)=0.14979$

③ $\alpha=E(R_A)-k_A=0.17-0.14979=0.0202$

[결론] 요구수익률이 14.979%로서 기대수익률 17%보다 낮으므로 과소평가

4. 투자성과평정

자본시장선과 증권시장선은 투자성과를 평가할 때 활용된다. 이에 대해서는 마지막 장인 제13장에서 다룬다.

현장에서 ▸▸▸ 증시 변동성 리스크 줄이려면… '주식+채권' 적절한 배분

글로벌 주식시장은 경기침체에도 불구하고 상승세를 유지하고 있다.

주식시장은 모든 조건이 완벽해질 때까지 기다리기보다 지속적으로 참여하는 게 유리할 때가 종종 있다. S&P 500지수는 최근 저점인 2022년 10월 12일 이후 9개월간 25% 올랐다. 시장상황에 구애받지 않고 묵묵히 투자하면 수익률이 따라온다는 얘기다.

어떻게 하면 투자손실에 대한 두려움을 줄이고 시장에 오래 머무를 수 있을까. 정답은 '분산투자'다. 예를 들어 투자금을 채권 50%, 주식 50%로 나눠 투자한다면 어떨까. 글로벌 증시 변동성에 대한 두려움이 절반으로 줄어든다.

(그래픽 : Forbes)

음식도 단백질만 섭취하면 탈이 난다. 섬유질이 풍부한 채소와 함께 먹는 게 건강한 식단이다. 자산관리도 마찬가지다. 변동성이 큰 주식이 단백질이라면, 섬유질이 풍부한 채소는 채권이라고 할 수 있다. 자신의 성향에 맞는 주식과 채권을 적절하게 조합하는 지혜가 필요하다. 변동성은 낮추고 수익률은 높이는 건강한 포트폴리오 유지하기, 이것이 장기투자의 비결이다.

최근 글로벌 상장지수펀드(ETF) 자금흐름을 보면 '자산배분형(주식+채권)' 상품에 자금유입이 늘고 있다. 주식과 채권의 상관관계가 음(−)으로 돌아서면서 분산투자 효과가 살아났기 때문이다. 미국 경제는 물가 안정세가 이어질 경우 '골디락스'(고물가 없는 경제 성장) 현상이 나타날 가능성이 크다. 과거에도 경기회복 국면에서 주식과 채권 등 대부분의 자산가격은 대체로 양(+)의 성과를 보였다.

내년부터는 미국에 이어 글로벌 경제 회복세도 본격화할 전망이다. 자산배분 펀드를 중심으로 투자자 성향에 맞는 자산 포트폴리오를 구성해 수익률과 안정성을 모두 확보하는 게 중요하다. (한국경제, 2023.7.30)

보론 차익거래가격결정이론(APT)

자본자산가격결정모형(CAPM)은 기대수익률이 단일공통요인인 시장포트폴리오의 민감도로 측정되는 체계적 위험척도(β계수)에 선형으로 비례함을 나타내는 시장균형모형이다. 반면 차익거래가격결정이론(APT : arbitrage pricing theory)은 CAPM과는 달리 다수의 공통요인(지수)과의 선형함수로 표시됨을 나타내는 보다 일반화된 시장균형모형이다.

APT의 주요 특징의 하나는 기대수익과 위험의 관계를 설명함에 있어서 CAPM에서처럼 관찰이 가능하지 않은 시장포트폴리오 대신에 관찰이 가능한 충분히 분산된 포트폴리오(well-diversified portfolio)의 구성에 기초하고 있다는 점이다. 그리고 또 다른 특징은 자산수익률의 움직임이 단일공통요인이 아니라 다수공통요인(multi-factor)의 선형함수로 표시될 수 있음을 전제한다는 점이다. 따라서 자산 j의 균형기대수익률은 다음과 같이 무위험이자율(R_f)에 더하여 여러 공통요인에 대한 위험보상률에, 자산 j의 각 공통요인의 베타계수를 곱한 것을 모두 합한 것이 된다. 이것이 APT이다.

$$\begin{aligned} E(R_j) &= R_f + [E(R_{F1}) - R_f]\beta_{j1} + [E(R_{F2}) - R_f]\beta_{j2} + \cdots + [E(R_{Fk}) - R_f]\beta_{jk} \\ &= R_f + \lambda_1\beta_{j1} + \lambda_2\beta_{j2} + \cdots\cdots + \lambda_k\beta_{jk} \end{aligned}$$

단, λ_k : 요인 k에 대한 위험보상초과이익률($= E(R_{Fk}) - R_f$), 요인가격
$E(R_{Fk})$: 요인 k에 대한 체계적 위험이 1이고, 그 이외의 요인에 대한 체계적 위험은 0인 요인포트폴리오의 기대수익률
β_k : 자산 j의 k공통요인에 대한 민감도(다지표모형에서의 기울기)

CAPM은 사실상 APT에서 공통요인이 하나인 경우에 해당하는 시장균형모형인 반면에, APT는 다수의 공통요인으로 자산의 기대수익률을 설명하려는 보다 일반화된 시장균형모형이다. 다만 APT에 대한 실증분석 결과 얻게 되는 몇 개의 공통요인을 찾을 때 그것의 경제적 의미에 대한 설명이 어렵고, 실제의 투자결정에 대한 적용가능성이 CAPM보다 떨어진다는 문제점이 지적되고 있다.

주요 용어

자본자산가격결정모형	CAPM의 가정	자본시장선(CML)
위험의 균형가격	시장포트폴리오	토빈의 분리정리
증권시장선(SML)	시장위험보상률	적정균형수익률
초과수익 알파(α)		

연습문제

1. 자본자산가격결정모형이란 무엇인가?

2. 자본자산가격결정모형의 가정에 대해 설명하시오.

3. 증권시장선과 자본시장선을 비교하여 설명하시오.

4. 증권시장선이 어떻게 활용될 수 있는지 설명하시오.

5. 자산 A와 시장수익률(R_m) 자료는 다음과 같다. 그리고 무위험이자율(R_f)은 6%이다.

자 산	기대수익률	위험(σ)	상관계수
A	14%	12%	$\rho_{Am}=0.8$
시장지수수익률	12%	10%	

(1) 자산 A의 베타는 얼마인가?
(2) 자산 A의 요구수익률은 얼마인가?

6. 자산 A의 수익률(R_A)과 시장수익률(R_m)이 다음과 같이 예상되었다. 무위험이자율(R_f)은 4%이다.

상 황	확률(p_i)	R_A	R_m
Ⅰ	0.2	0.30	0.18
Ⅱ	0.4	0.10	0.15
Ⅲ	0.3	0.25	0.10
Ⅳ	0.1	−0.05	−0.10

(1) 자본시장선(CML)의 관계식을 도출하시오.
(2) 증권시장선(SML)의 관계식을 도출하고 이를 그림으로 나타내시오.
(3) 자산 A의 베타(β_A)를 계산하고, 자산 A에 대한 요구수익률을 추정하시오.
(4) 자산 A가 과대평가되었는지 과소평가되었는지를 평가하시오.

PART Ⅳ

파생상품과 위험관리

CHAPTER

11

선물거래와 위험헤징

선물거래는 포트폴리오 관리의 측면에서 볼 때 체계적 위험까지 줄여줄 수 있는 수단을 제공해 줄 뿐 아니라 포트폴리오의 투자수익과 위험의 특성을 효과적으로 조정할 수 있는 방편이 된다.

본장에서는 선물거래를 이용한 투자관리방법에 대하여 다룬다. 다음은 본장의 학습목표로서 이해해야 할 주요 사항들이다.

- 선물거래제도의 특징은 무엇인가?
- 우리나라의 선물제도는 어떻게 만들어져 있는가?
- 선물거래를 이용한 위험헤징방법과 베이시스 위험은 무엇인가?
- 선물투기전략에는 어떤 것이 있는가?

제 1 절 선물거래의 의의와 종류

생활속에서 ▸▸▸

미국 시카고 상품거래소 기준으로, 현지시간 2023년 7월 25일 밀 선물가격이 2.6% 올랐습니다. 다섯달 만에 최고치를 기록했습니다.

곡물가격 상승세가 시작된 건 지난 17일 이후입니다. 러시아는 흑해를 통한 우크라이나 곡물의 수출을 보장해온 협정을 중단한다고 발표했던 그날이죠. 직후에 밀 선물이 3%, 옥수수와 콩이 1% 이상 올랐고 이후 가격 상승세가 계속되고 있습니다.

흑해곡물협정에 대해 말씀드리자면, 지난해 러시아의 침공 이후 유럽의 손꼽히는 농업국인 우크라이나가 곡물을 수출하지 못하면서 국제가격이 크게 올랐는데요. 그래서 유엔이 나서고 튀르키예도 중재해서 지난해 7월 흑해 운송의 안전을 보장하는 합의서가 마련됐었습니다.

그런데 크림반도와 러시아 본토를 잇는 크림대교에서 폭발이 일어나자 러시아가 지난 17일 전격적으로 협정을 중단시킨 거죠. 그간 우크라이나는 약 3천3백만톤의 곡물을 흑해 항로를 통해 아프리카와 중동에 수출해왔는데요. 이제는 이들 지역의 식량 확보가 불투명하게 됐습니다. (KBS, 2023.7.27 편집)

#시카고상품거래소 #선물가격 #옥수수선물 #밀선물

1. 선물거래의 역사

선물거래는 언제 시작되었을까? 여러 의견이 분분하지만 가장 정설로 인정되는 것은 미국 시카고 지역에서 시작된 선도거래이다.

과거 농민들은 매년 비슷한 시기에 농산물을 출하해왔다. 농산물은 수확시기를 인위적으로 조절할 수 없었기 때문이다. 한꺼번에 출하가 몰리면 가격이 하락할 수밖에 없다. 1800년 초기의 미국도 마찬가지였다. 특히 5대호가 가까이 있고 일리노이 등의 곡창지대 중심지였던 시카고에서 이러한 현상이 더욱 심했다. 그런가 하면 재고가 바닥나고 수요가 늘어나면 가격이 크게 오르곤 했다. 이러한 상황은 농민이나 제분업자 모두를 힘들게 했으며 이러한

당시의 시카고 운하의 모습
(자료 : mahajanchicago.weebly.com)

악순환은 계속 반복되었다.

한편, 1848년에 새로운 운하와 철도망이 시카고를 중심으로 완공되어 농산물의 집산지 역할이 더욱 커지게 되었다. 이때 시카고에 세계 최초로 상품거래소(CBOT : Chicago Board of Trade)가 설립되었고, 오늘날에도 전 세계 곡물 중 가장 많은 양이 거래되고 있다. CBOT는 1865년에 표준화된 선물계약을 도입하게 된다.

2. 선물거래의 의의

(1) 현물거래와 선물거래

상거래는 기본적으로 거래 쌍방 중 어느 일방이 상품(서비스)을 제공하면 다른 일방은 그 대금을 결제하는 식으로 이루어진다. 이때 두 행위가 시간적으로 동시에 이루어지는지, 아니면 시간적 차이를 두고 이루어지는지에 따라 현금거래와 선물거래로 구분된다.

[그림 11-1] 현물거래와 선물거래의 비교

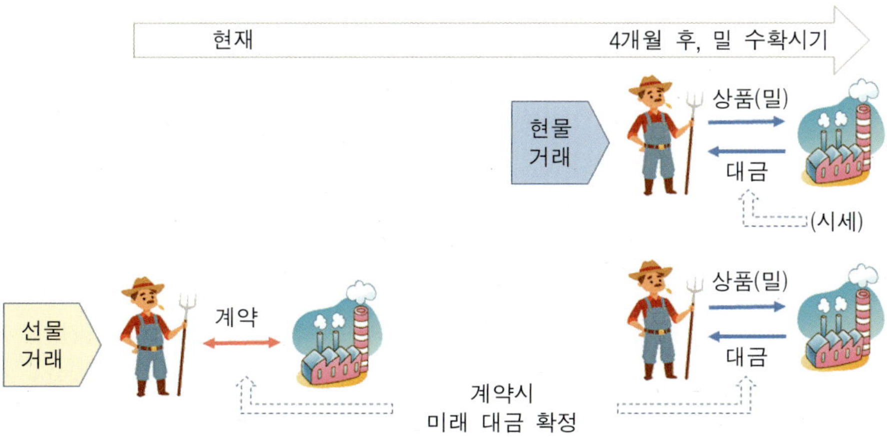

현금거래, 현물거래, 즉시거래(cash 또는 spot trade)는 현장에서 상품을 건네주고 받으면서 동시에 현금으로 결제하는 거래이다. 반면에, 선물거래는 상품을 사고팔기로 하는 계약은 지금 체결하고, 실제로 상품의 인수도와 현금결제는 미래 특정시점에서 하는 거래이다. 예를 들어 4개월 후 밀을 수확하게 되는 밀 농가와 이를 원료로 사용하고자 하는 농산물 가공업자가 4개월 후에 밀을 인수도하면서 대금을 결제하기로 하고, 그 계약을 오늘 체결하는 것은 선물거래의 한 형태이다.

이처럼 선물계약거래(futures contract)는 특정자산을 미래 특정시점에서 약정된 가격과 조건으로 사거나 팔기로 약속하는 의무화된(obliged) 계약거래를 말한다.

(2) 선물거래의 위험회피 기능

선물거래가 없다면 현재시점에서 볼 때 농가와 가공업자 쌍방은 모두 가격변동위험을 안게 된다. 밀 농가는 미래의 가격하락위험을, 농산물 가공업자는 가격상승위험을 염려한다. 4개월 후 밀의 가격이 급락하면 밀 농가의 수입은 크게 감소하고, 밀의 시장가격이 오르면 농산물 가공업자의 비용이 크게 늘어나는 위험이 있다.

	노출된 위험	현 재	미래 특정시점
밀 농가	가격하락위험	매도계약 (매도가격 오늘 확정)	현물(밀) 인도
농산물 가공업자	가격상승위험	매수계약 (매수가격 오늘 확정)	대금지급 결제

그런데 4개월 후에 현물 인수도와 대금결제할 것을 오늘 계약하면서 매수가격 및 매도가격을 미리 정하면, 미래의 가격을 오늘 고정(lock-in)하는 결과가 되므로 관련된 위험을 부분적으로 줄이는 효과가 생긴다. 거래 쌍방 모두가 가격이 불리한 방향으로 움직이는 데서 오는 위험을 줄일 수 있게 된다.

이러한 거래에서는 상품의 인수도와 대금결제과정에서 분쟁의 소지가 발생할 수 있다. 따라서 그 계약사항이 반드시 이행되도록 의무화시키는 거래가 되어야 한다. 선물계약거래의 중요한 특징은 **의무화된 계약거래**라는 점에 있다. 어떠한 상황이 되든지, 밀 농가는 미래 약정시점에서 약정된 조건(가격)으로 밀(현물)을 인도해야 하는 의무를 지니며, 농산물 가공업자는 밀을 받고 현금을 지급해야 하는 의무를 지닌다. 선물거래제도에는 이러한 의무를 강제하는 제도가 마련되어 있다.

3. 선도거래와 선물거래

선물계약거래는 역사적으로 보면, 선도계약거래의 형태로부터 시작되었다.[1] 본래 선도거래(forward contract)는 **계약자 쌍방**의 사적 합의에 의해서, **비표준화된** 거래절차와 매매 쌍방의 개인신용도에 근거하여, **비공개적**인 점두거래(over-the-counter market)방식으로, 그리고 무엇보다 **만기일에만 결제가 허용**되는 거래로 시작되었다. 이 때문에 선도거래는 항상 계약의무의 불이행과 그로 인한 분쟁의 소지 가능성이 있게 된다. 더욱이 **만기일**이 되어야 결제가 이루어지기 때문에 기회손실 등 추가적인 가격변동위험을 회피할 수 없다. 예를 들어 만기일 이전에 가격이 크게 오를 경우, 매도자(밀 농가와 같은 입장)는 이미 해놓은 계약을 다른 사람에게 비싸게 팔 수 있는 기회를 얻는 것이 사실상 쉽지 않다. 물론 반대 입장인 매수자(농산물 가공업자와 같은 입장) 역시 마찬가지다.

이러한 선도거래의 문제점을 해결하는 제도로서 만들어진 것이 선물거래이다. 선물거래(futures contract)는 **조직화된 거래소**를 통하여 **표준화된 거래절차**에 따라 이루어지도록 하고, 계약의 **만기일 이전이라도 반대매매**(reverse trading)를 하여 가격차이만큼의 금액만 결제함으로써 그 계약을 이행하게 되는 거래형태이다.

따라서 〈표 11-1〉의 양자의 차이점 비교에서 보듯이 선물거래의 장점은 ① 조직화된 공식거래소를 통한 표준화된 거래절차에 의해서 그리고 계약의 이행을 청산소가 보증함으로써 분쟁의 소지나 계약 불이행위험이 없다는

1) 선도거래나 선물거래는 현물거래처럼 당장 현물이 오고 가는 거래가 아니라 특정자산을 미래 특정시점에서 약정된 가격과 조건으로 사거나 팔기로 약속하는 의무화된 계약거래라는 특징을 지닌다. '계약'을 사고파는 거래인 것이다. 엄격한 의미에서 선도계약거래, 선물계약거래라고 표현해야 하나 여기서는 간단히 줄여 선도거래, 선물거래로 표현한다.

〈표 11-1〉 선도거래와 선물거래의 차이점

구 분	선도거래	선물거래
거래의 표준화 여부	계약자 쌍방의 사적 합의에 의해서 계약조건을 임의로 정하는 비표준화된 계약	공식거래소에서만 거래되며 거래절차(주문방법, 매매성립, 가격표시방법, 결제방법)가 명시되어 있는 표준화된 계약
계약의무이행의 보증 여부	계약자 쌍방의 직접거래로, 계약당사자의 신용에 의존	계약의 이행이 청산소에 의해 보증되므로 계약 불이행위험이 없음
청산방법	만기일에만 결제	일일정산결제*
계약이행시점과 위험관리의 유효성	만기일에 현물인수도하고 대금결제. 따라서 기회손실 등 추가적인 가격변동위험을 회피할 수 없음	만기일 이전이라도 반대매매에 의해서 청산할 수 있음. 따라서 선물계약은 자신이 원하는 시기에 가격변동위험을 헤징할 수 있는 수단이 보다 다양함
가격결정방법과 규제 여부	점두거래에 의존. 매매당사자간의 직접 가격결정. 가격결정시 하한·상한의 제한이 없음	공개적인 호가방식(open outcry)에 의해 이루어져 가격결정이 경쟁적이고 효율적임. 시장의 유동성이 상대적으로 높음. 투기적 요소에 대한 가격변동제한과 각종 규제가 뒤따름

* 이에 대해서는 '제2절 선물거래제도와 기능'에서 상세히 설명

점, ② 공개적인 호가방식으로 거래가 이루어져 경쟁적·효율적인 가격결정이 이루어지고 유동성이 높다는 점, ③ 만기 이전에라도 결제하여 위험회피가 수시로 이루어질 수 있다는 점이다.

4. 선물거래의 종류

선물거래는 〈표 11-2〉에서 보는 바와 같이 선물거래의 대상에 따라 상품선물거래와 금융선물거래로 나눌 수 있다.

상품선물거래(commodity futures)는 옥수수·밀·콩 등의 농축산물, 동·알루미늄 등의 금속, 원유·천연가스 등의 에너지를 거래대상으로 하는 선물거래이다.

금융선물거래(financial futures)는 채권, 주요국 통화, 주가지수 등 금융상품을 거래대상으로 하는 선물거래이다.

역사적으로 보면, 초기에는 농축산물을 대상으로 하는 선도거래가 주를 이루었다. 선물거래 형태로 조직화된 거래가 이루어지기 시작한 것은 1848년

부터이며 1970년대 이전까지는 주로 농산물, 금속, 에너지 등 상품선물에 국한되었다. 그러나 1970년대 이후 급격한 환율변동과 금리변동을 경험하면서 금융선물거래가 발달하게 되었다. 1982년 이후에는 주가지수를 대상으로 하는 선물거래로 확장되었다.

〈표 11-2〉 선물거래의 종류

선물거래	상품선물거래	농축산물	밀, 대두, 옥수수, 커피, 코코아, 면, 설탕, 쌀, 소, 돈육 등
		금　속	동, 알루미늄, 금, 은, 플래티늄 등
		에 너 지	원유, 벙커시유, 천연가스, 가솔린, 프로판가스, CRB지수(농축산물, 금속, 에너지 종합지수), 날씨 등
	금융선물거래	금리선물	유로달러, T-Bond, T-Note, T-Bill, CD, LIBOR, EULIBOR
		통화선물	미국 「달러」, 영국 「파운드」, 일본 「엔」, 유럽 「유로」 등
		주가지수	S&P 500, NYSE지수, DJ산업지수, Nasdaq 100지수, FTSE지수, 일본 Nikkei 225지수, 한국 KOSPI 200 등
		선물옵션	

제2절 선물거래제도와 기능

생활속에서 ▸▸▸

한국거래소에 따르면 2023년 3월 31일 오후 6시부터 야간선물시장 거래가 일부 중단됐다. 국내 야간선물시장은 독일 유렉스(EUREX) 야간시장에 연계돼 운영 중이다. 이날 거래중단은 한화솔루션이 한화갤러리아와 인적분할하면서 재상장했는데 장 마감 이후 관련 내용이 유렉스 측으로 제대로 넘어가지 못하면서 관련 거래들이 모두 지연됐다고 거래소 측은 설명했다. 이 때문에 종목별 증거금 산정에 필요한 이론과 데이터가 누락됐다.

거래소 관계자는 "기존 포지션 청산은 가능했지만, 신규 설정이 안 되는 문제가 있었다"며 "증거금이 필요한 거래들에서만 주문이 지연됐는데 오류로 인한 금전적 피해는 없는 것으로 보인다"고 해명했다.

(서울경제, 2023.4.3 편집)

#선물거래 #상장 #증거금 #포지션 #청산

1. 선물시장의 구성

선물시장은 크게 보면 투자자, 선물거래소, 선물중개회사(선물거래소 회원, 청산소 회원), 청산소로 구성되어 있다.

(1) 투자자

❑ 투자자의 구분

투자자는 헤저와 투기자 그리고 차익거래자로 구분되어 참여하게 된다.

- 헤저(hedger) : 현물보유자나 실수요자 입장처럼 불리한 가격변동의 위험으로부터 기초자산의 가치를 보호하려는 목적에서 선물시장을 이용하는 투자자들이다.
- 투기자(speculator) : 실수요자가 아닌 입장에서 현물시장에서의 포지션에 관계없이 위험부담을 안으면서 선물가격변동 그 자체를 유리하게 이용하려는 투자자들이다.
- 차익거래자(arbitragers) : 현물시장과 선물시장에서의 가격차이를 노리고 무위험이익(arbitrage profit)을 달성하려는 투자자들이다.

이러한 헤저와 투기자 그리고 차익거래자에 의하여 선물계약에 대한 수요와 공급이 발생하기 때문에 투자자 입장에 따라서 선물계약은 투자위험을 회피하는 수단이 되기도 하고, 그 과정에서 적극적으로 이익을 얻을 수 있는 투기의 수단이 되기도 한다.

❑ 선물투자자의 포지션

선물거래는 계약을 사고파는 거래이다. 어떤 형태의 투자자이든 매수자(수요자)와 매도자(공급자)가 있게 되는데, 선물거래에서는 선물계약의 매수포지션을 long position, 선물계약의 매도포지션을 short position이라고 부른다.

(2) 조직화된 거래소와 선물청산소

❑ 선물거래소

주식거래는 장외거래가 인정되지만 선물거래는 지정된 장내 거래소에서만 거래가 가능하다. 선물거래소는 조직화된 거래소로서 독자적인 거래규칙하에 시장참여자간의 공정하고 질서 있는 거래를 보장해 준다. 선물거래소 내에서 선물거래를 성립시켜 주는 역할은 거래소 회원에 의해서 수행된다.

미국에서는 시카고상업거래소(CME : Chicago Mercantile Exchange) 내에서 선물거래가 이루어지고 있으며 우리나라에서는 한국거래소(KRX)를 통하여 선물거래가 이루어지고 있다.

❑ 선물청산소

선물거래가 지니는 중요한 특성의 하나는 선물계약의 결제방식인 청산거래제도(clearing mechanism)이다. 청산기능은 선물청산소에 의해 수행되는데, 선물청산소(clearing house)는 선물계약의 이행을 보증하기 위하여 매매 쌍방을 대신하여 실질적인 거래당사자가 되어 청산기능을 수행하는 기관이다. 청산소는 모든 매도측 청산회원에 대해서는 매수측이 되고, 모든 매수측 청산회원에 대해서는 매도측이 되어 상품과 현금의 인수도를 보증하는 청산기능을 수행함으로써 안전기구로서의 역할을 수행한다. 외국의 경우 거래소와 별도의 청산소를 설치하여 운영하고 있지만 우리나라는 청산소를 별도로 두지 않고 한국거래소가 청산소의 역할을 하고 있다.

[그림 11-2] 선물거래소, 청산소의 기능

2. 증거금 및 일일정산제도

증거금(margin)제도와 일일정산제도는 선물거래에서 매우 중요한 제도이다. 이 제도의 수행은 청산소에서 하고 있다.

(1) 증거금

일반 선물투자자는 먼저 계좌를 개설하고 정해진 예탁금을 납입한다. 선물거래는 미래 인수도 시점이 되어야 손익을 알 수 있고 손실을 보는 상황이 발생할 수 있으므로 반드시 결제를 이행하겠다는 계약금 성격의 증거금(선물계약금액의 일정 %)을 내야 한다.

계약이행보증의 역할을 하는 일반투자자의 위탁증거금에는 개시증거금, 유지증거금, 추가증거금이 있다.

- 개시(주문)증거금(initial margin) : 거래 개시 때 납부하는 최초증거금이다. 거래계약액의 일정비율(일반적으로 5~15%, KOSPI 200선물의 경우는 7.8%)의 해당금액을 개시 때 예치한다.
- 유지증거금(maintenance margin) : 개시 이후 선물거래하는 동안 선물거래의 이행을 보증하는 데 필요한 최소수준의 증거금이다. 유지증거금은 보통 개시증거금의 60~70% 수준에서 결정된다. KOSPI 200선물의 경우 유지증거금은 개시증거금의 2/3(계약금액의 5.2%)로 정하고 있다.[2)]
- 증거금요구와 추가(변동)증거금 : 투자자의 증거금 잔고가 유지증거금 수준 이하로 내려가면 추가증거금 납부를 요구받는데, 이 요구를 증거금요구(margin call)라 하고, 증거금요구에 의해 납부되는 증거금을 추가(변동)증거금(variation margin)이라 한다.

2) KRX에서는 고객이 증권회사/선물회사에 납부하는 증거금에 대하여 개시(주문)증거금은 '위탁증거금', 유지증거금은 '유지위탁증거금'으로 규정하고 있다. 그리고 회원사가 거래소에 내는 증거금은 '거래증거금'으로 구분하고 있다. 증거금률은 선물상품의 거래가격과 변동성을 감안하여 차등화시키고 있다(〈표 11-3〉 참조).

[그림 11-3] 일일정산과 증거금 납부 및 인출

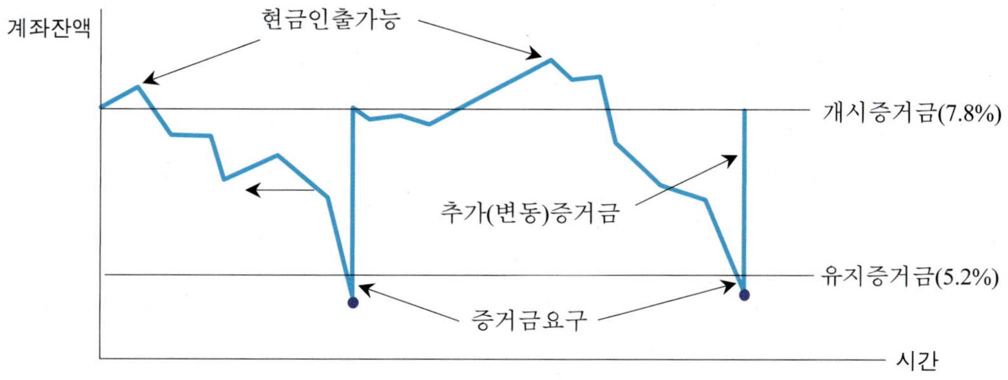

(2) 일일정산제도

일일정산제도(daily settlement)란 매일매일의 손익이 발생할 때마다 이를 증거금 증감에 반영(marking to market)하여 증거금계정을 정산하는 것을 말한다. 다음과 같은 규칙에 의해 정산이 이루어진다.

- [현금증거금 납부액+미청산 포지션 이익] > 개시증거금
  ⇒ 현금인출 가능
- [현금증거금 납부액+미청산 포지션 이익] < 개시증거금
  ⇒ 부족액 추가(변동)증거금으로 현금 납부([그림 11-3] 참조).

3. 선물거래 종결방법

선물포지션을 종결하는 방법(closing out positions)에는 두 가지가 있다. 한 방법은 만기시에 실물인수도 또는 현금결제를 하여 계약의무의 이행을 다하는 것이다. 다른 방법은 실물인수도일 이전이라도 언제든지 반대매매(offset 혹은 reversing trades)를 통해 본인의 선물포지션을 청산(마감)하는 것이다. 즉, 선물계약매수자의 입장에 있는 투자자가 중도에 실물인수의 의무에서 벗어나고

싶으면 선물계약을 매도(short position)하고, 선물계약매도자의 입장에 있었다면 선물계약을 매수(long position)하면 된다. 우리나라 시장에서는 전자를 '환매', 후자를 '전매'라고 부르기도 한다. 반대매매를 하게 되면 양쪽의 의무가 상쇄되므로 이행할 의무가 사라지고, 양자의 차익 또는 차손만 결제하면 청산된다.

선물계약에서 반대매매를 하지 않고 매수포지션(선물계약 매수 입장)이나 매도포지션(선물계약 매도 입장) 어느 한쪽 포지션을 계속 견지하고 있는 계약의 수를 미결제약정수량(open interest)이라고 한다. 어느 매매 일방의 매수포지션은 상대방이 매도포지션에 있음을 전제로 하기 때문에 매수포지션과 매도포지션 한 쌍이 미결제약정수량 한 개가 된다. 일반적으로 계약만기일이 다가오면 반대매매가 대부분 이루어지므로 미결제약정수량은 크게 감소한다. 실제의 선물거래에서 만기일에 상품인수도(주가지수선물은 현금인도)로 이어지는 예는 전체의 3% 미만인 것으로 알려져 있다.

[그림 11-4] 포지션 종결방법

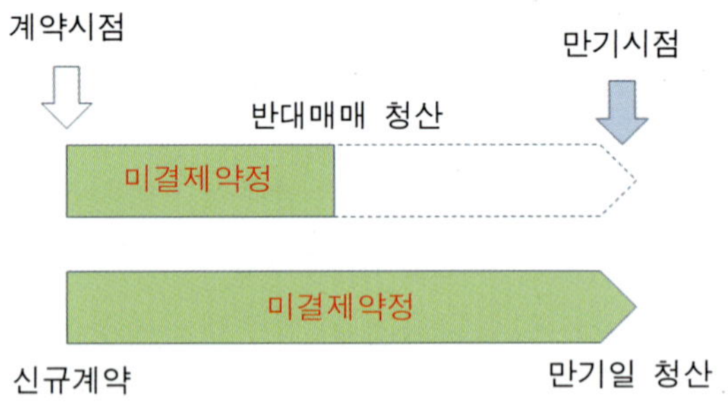

[그림 11-5] 반대매매를 통한 청산방법

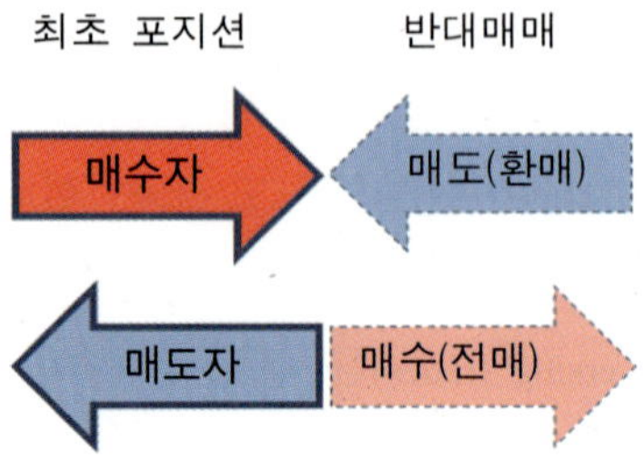

4. 선물시장의 경제적 기능

선물거래는 기본적으로 투자위험의 헤징과 투기의 기능을 수행하는데, 경제적 기능을 정리하면 다음과 같다.

첫째, 자산가격 변동으로 인한 위험을 헤징(hedging)하거나 위험을 다른 사람에게 이전시키는 위험이전(risk transfer)기능이다. 이러한 기능이 가능한 것은 투기자가 있기 때문이다.

둘째, 미래의 자산가격에 관한 정보제공기능, 즉 가격예시(price discovery) 기능이다.

셋째, 자금의 효율적 관리, 즉 유동성 증가기능이다. 선물거래시 소요자금은 통상 현물가격의 약 7～15% 정도면 가능하며, 선물시장을 이용하면 재고유지가 필요하지 않고, 미래시점에서 필요한 원자재 등을 유리하게 확보할 수 있으므로 경영관리의 효율성을 높인다.

넷째, 적은 투자자금으로 높은 투자수익을 거둘 수 있는 레버리지 기능이다. 선물거래시 필요한 위탁증거금률은 현물거래보다 매우 낮으므로 높은 투자수익률을 거둘 수 있다. KOSPI 200선물의 경우 위탁증거금률이 7.8%이므로 현물거래보다도 약 13배가량 손익이 확대되어 나타난다.[3)]

5. 우리나라 KRX의 선물거래제도

우리나라에서의 선물거래는 1996년 5월 3일 KOSPI 200선물이 개설되면서 시작되어 현재 모든 선물거래는 한국거래소(KRX) 내의 선물시장에서 거래되고 있다. 현재 거래되고 있는 주요 선물상품은 다음과 같다. 〈표 11-3〉은 이 가운데 주요 금융선물의 현황과 제도를 요약한 것이다.

3) 선물거래에서 투자액은 실질적으로 영이라고 할 수 있다. 비록 예치하는 초기증거금에 대해 이자지급이 거의 이루어지지 않지만, 현금 대신 T-bill과 같은 증권예치도 허용하므로 예치한 증권에 지급되는 이자수익을 올릴 수 있기 때문이다. 거래비용 면에서도 주식현물의 거래비용보다 훨씬 저렴하다.

〈표 11-3〉 우리나라 금융선물 관련 주요 상품의 현황과 제도

상품 구분	선 물	기초자산	결제월	최종 거래일	개시 증거금	유지 증거금	호가 가격	거래승수 (1계약금액)
주가 지수	KOSPI 200*	KOSPI 200	분기월 4개	두 번째 목요일	7.8%**	5.2%**	0.05P	지수×25만원**
주권	192개 주식	주권	분기월 4개 및 그 밖의 2개월	지수선물과 동일	차등***	차등***	1원~1,000원	주식선물가격 ×10(거래승수)
금리	장기 3년국채 장기 5년국채 장기 10년국채	국고채	분기월 4개	결제월 세 번째 화요일	0.990% 1.620% 2.895%	0.66% 1.08% 1.93%	0.01P	액면 1억원
통화	미국 달러 일본 엔 유로 위안	미국 달러 일본 엔 유로 중국 위안	달러 : 분기월 12개, 그 밖의 8개(총 20개) 엔, 유로, 위안 : 분기월 4개, 그 밖의 4개(총 8개)	결제월 세 번째 월요일	4.755% 4.920% 4.185% 4.230%	3.17% 3.28% 2.79% 2.82%	0.1원 (위안 0.01원)	US $10,000 JP ¥1,000,000 EU €10,000 CNH ¥100,000

* KOSPI 200선물 외에 다양한 지수선물이 더 있음
** 지수선물 종류에 따라 상이함
*** 각 주식의 변동성을 감안하여 증거금률이 차등화되어 있음
(자료 : www.krx.co.kr)

- **주가지수 상품**: KOSPI 200선물, 미니KOSPI 200선물, 코스닥 150선물, KRX 300선물, 유로스톡스 50선물, KOSPI 200 변동성지수선물, KOSPI 200 에너지화학섹터지수선물, KOSPI 200 정보기술섹터지수선물, KOSPI 200 금융섹터지수선물 외 10여개 지수선물
- **금리상품**: 3년국채선물, 5년국채선물, 10년국채선물
- **통화상품**: 미국달러선물, 엔선물, 유로선물, 위안선물
- **일반상품선물**: 금선물, 미니금선물, 돈육선물
- **기초주권상품(주식)선물**: 삼성전자, SK하이닉스, 현대차, 기아차, LG전자, LG디스플레이, POSCO, 한국전력, KB금융지주, 하나금융지주 등 192개 주식

이 가운데 가장 활성화되고 있는 선물거래는 KOSPI 200선물이다. 거래종목은 3개월 단위의 3월, 6월, 9월, 12월물의 4종목이다. 만기일은 각 결제월의 두 번째 목요일이고, 1계약의 크기는 [KOSPI 200×25만원]이다. 만약 지수가 230이라면 1계약금액은 5,750만원(=230×25)이다. 개시증거금은 위탁금액(주문가격×주문수량×25만원)의 7.8%, 유지증거금은 위탁금액의 5.2%이다.

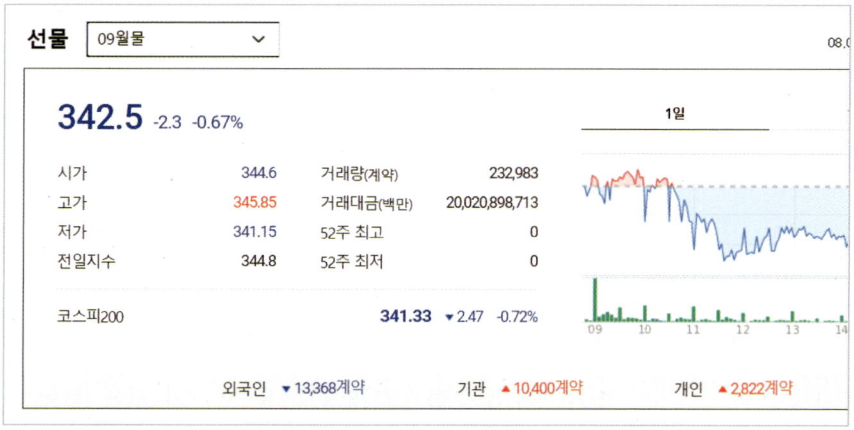

KOSPI선물 기본 정보 (자료 : 다음증권, 2023.8.3 기준)

최소 호가단위(tick)는 0.05포인트(금액으로 환산하면 0.05×25만원=12,500원)이어서 지수가 230.00, 230.05, 230.10처럼 호가가 제시된다. 거래시간은 08:45~15:45이고, 투자자 보호제도로서는 가격제한폭제도(전일 종가±30%)와 사이드카(side car)제도(제3장 참조)가 운영되고 있다.

제3절 선물거래전략

생활속에서 ▸▸▸

대신증권은 장기투자자를 위해 '대신KOSPI200인덱스펀드'를 추천했다. 이 상품은 균형 잡힌 코스피 200 포트폴리오를 구성하기 위해 각종 투자전략을 활용한다. 업종 배분과 기업 규모를 고려한 투자로 코스피지수와의 추적오차를 줄였다. 통계적으로 검증된 퀀트운용 전략 등 알파 운용전략을 활용해 안정적인 초과수익을 추구한다. 가치, 성장 등 다양한 변수를 전략에 활용하고 현물 및 선물의 베이시스 차이를 이용한 차익거래전략을 구사한다. 10여년간 펀드매니저 교체 없이 지속적으로 장기운용한 것도 장점이다. 패시브 중심의 회사 정책적 방향과 우수한 장기근속 팀원들의 인력풀로 일관성 있는 전략을 수행한다. (한국경제, 2023.7.5 편집)

#선물 #현물 #베이시스 #차익거래전략

선물시장에서의 투자전략은 그 목적에 따라서 크게 **헤징전략**, **투기전략**, **차익거래전략**으로 구분해 볼 수 있다. 본절에서는 먼저 선물거래로 인하여 기대할 수 있는 이득에 대하여 살펴본 다음 투자전략에 대해서 살펴본다.

1. 선물거래의 이득

선물가격도 수요와 공급의 법칙에 따라 결정된다. 선물계약 매수는 앞으로 상품가격이 상승함으로써 이득을 보고자 하는 투자자에 의해서 이루어지며, 선물계약 매도는 반대로 상품가격이 하락함으로써 이득을 보고자 하는 투자자에 의해서 이루어진다. 따라서 선물거래로 인한 이득은 전적으로 미래 특정 시점(상품 인도·인수시점)에서의 상품의 현물가격(spot price at maturity) 수준에 달려 있다. 이제 현재시점에서의 선물계약가격(약정가격)을 F_0라고 하고, 만기시점에서의 현물가격을 S_T라고 하면 선물거래 두 포지션의 이득은 다음과 같게 된다.

$$\text{선물계약 매수이득} = \text{만기시의 현물가격} - \text{선물계약가격} = S_T - F_0 \tag{11.1}$$

$$\text{선물계약 매도이득} = \text{선물계약가격} - \text{만기시의 현물가격} = F_0 - S_T \tag{11.2}$$

[그림 11-6] 선물계약거래의 손익구조

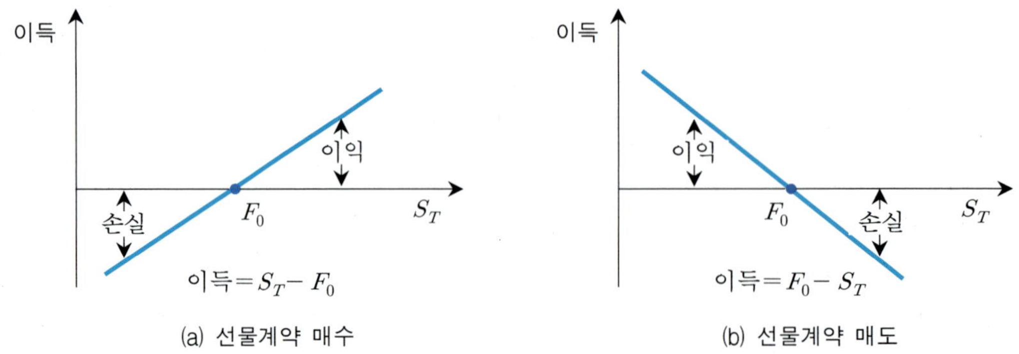

따라서 [그림 11-6]에서 보는 것처럼 만기가 되었을 때 $S_T > F_0$의 상황이 되면 선물계약 매수자는 이익을 실현하지만, 선물계약 매도자는 손실을 경험하게 된다. 만약 $S_T < F_0$의 상황이 되면 반대의 입장이 된다. 이때 선물거래로 인하여 매수자와 매도자가 얻게 되는 이익과 손실의 크기는 정확히 똑같으므로 선물계약거래는 제로 섬(zero sum)게임이라고 할 수 있다. 결국 양자의 이익과 손실이 상쇄되므로 선물시장은 이론적으로는 현물시장에 영향을 주지 않게 된다.

2. 헤징전략

(1) 헤징의 의의와 일반적 방법

헤징(hedging)은 본래 가격변동위험으로부터 투자자산의 가치를 보전하는 것을 말한다. 선물거래는 미래의 가격을 현재시점에서 고정(lock-in)시키는 계약거래이므로, 기초자산의 가격이 상승 또는 하락 어느 방향으로 움직이든지 방향성에 관계없이 가격변동위험을 제거하는 헤징방법으로 이용될 수 있다.

선물계약거래를 이용하는 전통적 헤징방법(traditional hedging)은 현물시장에서의 포지션과 반대되는 포지션을 선물시장에서 취하는 것이다. 구체적으로 선물거래에 의한 헤징은 선물시장의 포지션에 따라서 매수헤징과 매도헤징으로 구분된다.

❑ 매수헤징(long hedging)

선물계약을 매수하여 현물의 포트폴리오 가치를 보전하는 것을 말한다. 매수헤징이 필요한 투자자는 가격상승위험을 염려하는 투자자들이다. 제분업자처럼 현물시장에서 현물가격(밀)의 상승이 예상되지만 사정상 당장 매수할 수 없다면 그는 가격상승으로 인한 기회손실을 보게 된다. 이 기회손실을 막는 방법은 현물을 매수하는 대신 선물시장에서 선물계약을 매수하는 매수헤징전략을 사용하는 것이다.

예상대로 현물가격이 상승할 경우, 현물이 없어서 기회손실이 발생하지만, 선물가격의 상승으로 이익이 발생되어 서로의 손익이 상쇄된다. 예상과는 반대로 현물가격이 하락할 경우, 선물가격도 하락하므로 선물거래에서는 손실을 보지만, 현물시장에서의 가격하락으로 기회이익이 있게 된다.

이처럼 현물시장의 포지션과 반대방향으로 선물시장에서 포지션을 취하면 현물시장에서의 손실(이득)과 선물시장에서의 이득(손실)이 상쇄되어 가격변동위험에 대한 헤지가 가능해진다.

❏ 매도헤징(short hedging)

선물계약을 매도하여 가격변동위험을 제거하는 것을 말한다. 매도헤징이 필요한 투자자는 가격하락위험을 염려하는 현물보유자 혹은 보유예정자들(앞의 예에서 밀 농가)인데, 현물시장에서 가격하락이 예상되는데도 당장 매도할 수 없는 경우이다. 이러한 상황에서는 현재시점에서 선물시장에서 선물계약을 매도하고 미래 원하는 시점에서 현물을 계획대로 매도하면 가격변동의 방향에 관계없이 투자가치가 보전된다.

예상대로 가격이 하락하면 현물시장에서는 기회손실을 보겠지만 선물시장에서는 현재보다는 비싼 가격으로 매도할 수 있게 되므로 이익을 보게 된다. 만약 예상과 반대로 가격이 상승하면 현물시장에서의 기회이익은 선물시장에서의 손실을 보전하게 된다.

[그림 11-7] 매수헤징과 매도헤징

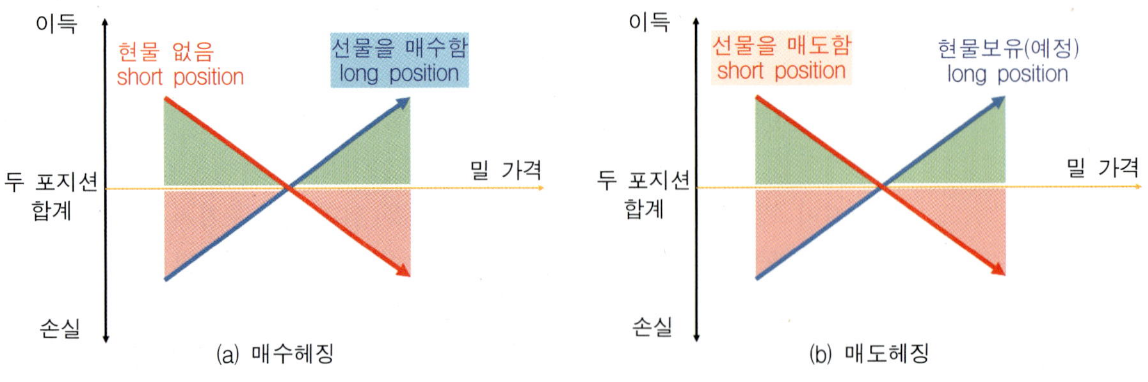

(2) 상품선물의 매수헤징전략 예

이제 상품선물거래의 한 예로서 밀 농가와 밀 가공업자(제분업자)가 밀 가격 변동위험을 헤징하기 위해서 선물거래를 어떻게 활용할 수 있는지를 보기로 하자. 여기에서는 매수헤징의 경우를 제시한다(〈표 11-4〉 참조). 매도헤징의 경우는 반대로 생각하면 된다.

〈표 11-4〉 상품선물 매수헤징의 예

(단위 : 만원)

시 장	12월 20일		4월 20일			
	포지션	각 시장가격	① 가격상승시		② 가격하락시	
			현물가격, 청산	이익/손실	현물가격, 청산	이익/손실
현물 시장	4개월 후 “밀” 구입예정	8.0/kg	8.2/kg 밀 매수	−0.2/kg 20 손실	7.6/kg 밀 매수	+0.4/kg 40 이익
선물 시장	“밀”선물계약 매수	8.1/kg	8.3/kg 계약매도	+0.2/kg 20 이익	7.6/kg 계약매도	−0.5/kg 50 손실
베이시스		0.1	0.1	순효과=0	0.0	순효과=(−10)

❑ 현재 상황

- 제분업자는 원료가 되는 밀 가격의 상승을 염려한다.
- 12월 20일 현재 밀의 현물시장 가격은 kg당 8만원이다.4)
- 4개월 후(다음해 4월 20일) 밀 100kg을 매수할 계획을 가지고 있다.

❑ 헤징방법

현재 현물이 없으므로 헤징방법은 선물시장에서 밀 선물계약을 매수(kg당 8만 1천원)하는 매수헤징을 한다.

❑ 4개월 후

◉ 예상대로 가격이 상승한 경우(현물가격이 8만 2천원, 선물가격은 8만 3천원으로 상승하여 현물 및 선물 가격 상승폭이 2천원으로 같은 경우)

4) 실제 선물거래서 밀의 거래단위는 부셸(bushel)이며, 호가는 8^{00} 식으로 이루어진다. 본문에서는 이해를 쉽게 하기 위하여 이를 kg과 원 단위로 바꾸었다.

- 현물시장에서는 : kg당 2천원 비싸게 매수해야 하므로 총 20만원의 기회손실을 입게 된다.
- 선물시장에서는 : kg당 2천원 비싼 가격으로 선물매도계약을 하여 청산(동일한 상품에 대해 매수포지션과 매도포지션을 가지고 있으므로 차액만 결제)할 수 있으므로 총 20만원의 이익이 발생한다.
- 현물시장과 선물시장의 거래를 합하면 : 현물시장에서의 기회손실을 선물시장에서 같은 크기의 이익으로 보전하여 가격변동위험을 피할 수 있게 된다.

◉ 예상과 반대로 가격이 내린 경우(현물가격은 7만 6천으로 4천원 내리고, 선물가격은 7만 6천원으로 5천원 하락한 경우)

- 현물시장에서는 : 내린 가격으로 현물을 살 수 있어서 총 40만원(kg당 4천원)의 기회이익이 발생한다.
- 선물시장에서는 : 내린 가격으로 선물매도계약을 하여 청산하게 되므로 총 50만원(kg당 5천원)의 손실이 발생한다.
- 현물시장과 선물시장의 거래를 합하면 : 합계 10만원의 손실이 있다. 이는 당초 예상과 반대로 가격이 하락해서가 아니라 가격하락폭이 현물(4천원 하락)과 선물(5천원 하락)에 차이가 있기 때문이다. 하락폭이 동일하다면 예상과 달리 가격이 하락하더라도 손실은 발생하지 않는다.

(3) 베이시스 위험

〈표 11-4〉를 보면 가격상승의 경우는 완전헤징이 되고, 가격하락의 경우는 불완전헤징이 되고 있다. 완전헤징 여부는 각 시점에서의 현물가격과 선물가격의 차이가 동일하게 유지되느냐의 여부에 따라 달라진다. 이 선물가격과 현물가격의 차이($F_T - S_T$)를 베이시스(basis)라고 부른다.

$$\text{베이시스} = \text{선물가격} - \text{현물가격}^{5)} \tag{11.3}$$

5) [베이시스=현물가격－선물가격]으로 표기하기도 한다. Hull(*Options, Futures, and Other Derivatives*, 10th Edition, Pearson, 2018)에 의하면 이 식이 정확한 식이며, 금융선물인 경우에는 어느 식을 써도 무방하다고 한다. 일반적으로는 식 (11.3)과 같이 쓴다.

만기일에서 두 가격이 일치되어야 하므로 베이시스는 영(0)이 된다(이를 수렴정리(convergence property)라고 한다). 만약 그렇지 못하면 동일 날짜인 만기일 당일 차익거래가 발생할 것이기 때문이다. 그러나 만기일 이전에는 두 가격에 차이가 존재하여 베이시스가 영(0)이 되지 않는다.

완전헤징(perfect hedging)이 되기 위해서는 현시점에서의 베이시스($F_0 - S_0$)와 미래 특정시점(T)에서의 베이시스($F_T - S_T$)가 동일해야 한다.

$$b_0 = F_0 - S_0 \ , \ b_T = F_T - S_T \ \Rightarrow \text{완전헤징 조건} : b_0 = b_T \tag{11.4}$$

그러나 실제의 선물거래시에는 두 시점에서의 베이시스가 동일하게 되지 않을 가능성이 있다. 이를 베이시스 위험(basis risk)이라고 한다. 이 위험으로 인하여 불완전헤징(imperfect hedging)이 된다. 결국 선물거래를 이용하여 위험을 관리하는 방법은 현물의 가격위험(price risk)을 선물의 베이시스 위험(basis risk)으로 대체하는 셈이 된다.

다만 베이시스 위험으로 인한 불완전헤징이 항상 나쁜 것만은 아니다. 위의 '가격하락의 경우'에서는 베이시스가 줄어서 약간의 손실이 발생했다.

[15010] 베이시스 추이(선물) 통계 > 기본 통계 > 파생상품 > 세부안내 > 베이시스 추이(선물)

조회구분 ◉ 상품 ○ 개별종목 조회
상품구분 코스피200 선물 ▼ 상세선택 선택 ▼ ☑ 최근월물
조회기간 20230630 ~ 20230802 1일 1개월 6개월 1년
Close ×

2023.08.03 PM 02:51:29 (20분 지연 정보)

일자	종목코드	종목명	선물가격	현물가격	선물이론가격	시장베이시스	이론베이시스	괴리율
2023/08/02	101T9000	코스피200 F 202309	344.80	343.80	345.31	1.00	1.51	-0.15
2023/08/01	101T9000	코스피200 F 202309	352.35	351.00	352.58	1.35	1.58	-0.07
2023/07/31	101T9000	코스피200 F 202309	347.25	345.62	347.21	1.63	1.59	0.01
2023/07/28	101T9000	코스피200 F 202309	345.25	344.03	345.72	1.22	1.69	-0.14
2023/07/27	101T9000	코스피200 F 202309	346.35	344.76	346.50	1.59	1.74	-0.04
2023/07/26	101T9000	코스피200 F 202309	342.45	340.56	342.31	1.89	1.75	0.04
2023/07/25	101T9000	코스피200 F 202309	346.40	344.92	346.73	1.48	1.81	-0.10
2023/07/24	101T9000	코스피200 F 202309	346.00	344.32	346.16	1.68	1.84	-0.05

2023년 8월 2일 기준 최근의 KOSPI 200선물의 베이시스 변화. 종목명의 'F'는 선물의 영어 표기 Futures의 머릿글자이고 202309는 2023년 9월물이라는 뜻이다. 선물가격은 9월물의 현재 시장가격이고 현물가격은 KOSPI 200 그 자체이다. 선물이론가격은 식 (11.5)로 계산한 이론가격이다. 베이시스는 시장베이시스와 이론베이시스로 구분하여 표기되어 있다. [시장베이시스=선물가격−현물가격], [이론베이시스=선물이론가격−현물가격]으로 계산한 것이고, 괴리율은 [(선물가격−선물이론가격)/선물이론가격]으로 계산한 것이다. (자료 : 한국거래소)

그러나 만약 4개월 후의 선물가격이 현물가격보다 덜 하락(예를 들어 7.8/kg으로 3천원 하락)하여 베이시스가 0.2가 되었다면 선물시장에서의 손실은 30만원이 될 것이고, 결과적으로 전체 손익은 10만원 이득이 된다.

(4) 주가지수선물의 매수헤징전략의 예

주가지수선물계약(stock index futures contract)은 특정 주가지수를 기초자산으로 하여 일정기간 후에 주가지수의 가치에 상당하는 금액을 인수도하기로 약정하는 계약이다. 이 선물거래는 대상물이 실재하지 않는 것이기 때문에 처음부터 실물인도를 전제하지 않은 계약이라는 특징을 지닌다. 만기일이 되면 청산거래나 현금결제로 거래를 종결시킨다. 기본적인 헤징을 하는 방법은 상품선물과 같다.

현물시장에서의 특정주식의 주가상승(하락)으로 인한 위험을 헤지하고자 하면 주가지수선물거래를 이용한 매수(매도)헤징을 통하여 할 수 있다. KOSPI 200을 이용한 매수헤징 사례를 보자. 매수헤징(long hedging)은 주식가격(지수)의 상승을 염려하는 상황에서 현재는 현물(주식)을 매수하지 못하고 일정기간 후에 매수할 수밖에 없다면 현물의 매수 대신 지수선물시장에서 매수포지션을 취하여 헤징하는 것이다.

〈표 11-5〉 주가지수선물 매수(롱)헤징의 예

시 장	5월 3일		7월 3일			
	포지션	각 시장가격	① 가격상승시		② 가격하락시	
			현물가격, 청산	이익/손실	현물가격, 청산	이익/손실
현물시장	2개월 후 매수예정	5만원 (매수했다면 5만원×10,000주=5억원 소요)	6만원×10,000주=6억원어치 매수	−1억원	40,000원×10,000주=4억원어치 매수	+1억원
선물시장	주가지수 선물매수	지수 250에 8단위 매수 (지수 250×25만원×8단위=5억원 매수계약)	지수 300에 8단위 매도 (지수 300×25만원×8단위=6억원 매도계약)	+1억원	지수 200에 8단위 매도 (지수 200×25만원×8단위=4억원 매도계약)	−1억원
			(순효과=0)		(순효과=0)	

예를 들어 〈표 11-5〉에서 보는 것처럼 현물시장에서 특정주식 *A*가 현재 시장가격 5만원에 거래되고 있는데, 2개월 후에 6만원으로 상승할 것으로 예상된다고 하자. 주식 *A*에 10,000주(5억원)를 투자하려는 투자자가 사정상 현재 매수하지 못하고 2개월 후에 예상가격 6만원에 10,000주를 매수(6억원)한다면 기회손실 1억원이 발생한다. 이 상황에서 위험을 헤징하는 방법은 선물시장에서 KOSPI 200선물 8단위를 현재의 지수 250에 매수, 즉 5억원(지수 250×25만원×8단위)어치 매수포지션을 취하면 된다.

2개월 후 지수가 300이 되어 이 지수에 매도, 즉 6억원(지수 300×25만원×8단위)어치를 매도하면 1억원의 이익이 실현된다. 선물시장을 이용한 1억원의 이익은 현물시장에서의 기회손실 1억원을 정확하게 보전해 준다(이러한 완전헤징은 특정주식의 가격상승률과 지수의 상승률이 같기 때문에 나타난 것이다).

만약 이 투자자가 예상했던 것과 반대로 주가와 지수가 모두 하락하더라도 현물시장에서의 기회이익과 선물시장에서의 손실이 같게 되어 위험이 헤징된다.

(5) 금리선물과 통화선물에 의한 헤징

금리선물거래는 금리변동에 따른 금융자산의 가격변동위험을 헤지하고자 하거나 이를 유리하게 이용할 목적으로 각종 채권 등을 대상으로 하는 선물거래이다. 우리나라에서 금리선물거래는 국채선물 중심으로 이루어지고 있다.

통화선물거래는 환율변동으로 인한 위험을 헤지하거나 이를 유리하게 이용할 목적으로 주요국 통화를 대상으로 하는 선물거래이다. 우리나라에서 통화선물거래는 2006년부터 엔선물과 유로선물, 2015년부터는 중국의 통화인 위안선물 거래도 가능해졌지만, 미국달러선물이 가장 중요하게 거래가 이루어지고 있다.

금리선물과 통화선물의 경우도 헤징하는 방법이 주가지수선물과 유사하므로 생략하기로 한다.

3. 선물투기전략

선물거래 투기자(speculator)에게 이용되는 투기전략으로는 포지션 트레이드와 스프레드전략이 있다. 차익거래전략에 대해서도 알아보자.

(1) 포지션 트레이드

전형적인 투기전략은 선물가격이 상승할 것으로 예상하면 매수(롱)포지션을 취하고, 선물가격이 하락할 것으로 예상하면 매도(숏)포지션을 취하는 것이다. 이를 포지션 트레이드(position trade)[6]라고 하는데, 선물가격이 예상대로 상승 또는 하락하면 상당한 거래이익을 얻을 수 있지만, 선물가격이 예상과 반대로 하락 또는 상승하면 큰 손실을 보는 위험을 안게 된다. 주식의 현물투자 역시 가격변동에 따라 손익이 발생하지만 선물에서는 레버리지효과 때문에 손익의 폭이 주식현물보다 13배 이상으로 매우 크다.

이처럼 포지션 트레이드 전략은 예상이 정확히 맞아떨어질 때에는 고수익을 올릴 수 있지만, 예측이 부정확했을 경우에는 큰 손실을 각오해야만 한다.

(2) 스프레드전략

스프레드(spread)란 서로 연관된 선물포지션의 가격차이를 의미한다. 스프레드는 구성방식에 따라 시장내 스프레드와 시장간 스프레드로 나누어진다.

시장내 스프레드란 동일한 현물에 대해서 계약만기가 서로 다른 선물간의 가격차이로서 시간 스프레드(time spread)라고도 한다. 예컨대 밀의 6월 선물과 9월 선물 가격은 밀접하게 연관되어 있는데, 양자의 가격차이가 바로 시장내 스프레드이다. 시장간 스프레드는 대상 현물이 서로 다르지만 연관성이 있는 선물들로서 만기가 같은 선물간의 가격차이이다. 이 가격차이를 이용하여 투자하는 전략이 스프레드전략이다. 다만, 투기자 자신의 예측이 적중했을 경우나 예측이 빗나갔을 경우 모두 단순 포지션 트레이드보다 적은

6) 투기거래시 시간적 차이 면에서 선물포지션 보유기간에 따라 30분 내외의 단기투자자(scalper), 장마감시까지 포지션을 청산하는 당일거래자(day trader) 그리고 익일로 포지션을 이월하는 포지션거래자(position trader)로 분류된다.

이득/손실을 얻는 보수적 투기전략이다.

(3) 차익거래전략

본래 차익거래(arbitrage)전략은 동일한 상품에 대하여 어느 한쪽 가격이 불합리하게 형성된 것으로 간주하고, 과소평가된 것을 매수하고 과대평가된 것을 매도하는 전략을 말한다. 선물거래를 이용한 차익거래전략은 선물가격과 현물가격 간 차이가 적정수준을 초과할 경우 선물과 현물 중 상대적으로 고평가된 것을 매도하고 저평가된 것을 매수한 후 양자간 가격의 차이가 해소 또는 역전되었을 때 청산거래(반대매매)를 함으로써 무위험차익을 얻는 거래전략이다.

차익거래는 현물포지션을 기준으로 매수차익거래 및 매도차익거래로 구분된다. 매수차익거래는 선물가격이 이론가격보다 고평가된 경우 고평가된 선물을 매도함과 동시에 저평가된 현물을 매수하는 거래이며, 매도차익거래는 선물가격이 이론가격 수준보다 저평가된 경우 저평가된 선물을 매수함과 동시에 고평가된 현물을 매도하는 거래이다. 이 때문에 차익거래를 위해서는 선물의 적정가격을 파악할 수 있어야 한다.

제4절 선물가격의 결정이론

1. 현물 · 선물등가이론

현시점에서의 선물가격(F_0)과 현물가격(S_0)은 어떤 관계를 지니는가? 미래 특정시점(T)에서 특정현물을 확보하는 방법은 두 가지이다. 한 가지는 현물을 지금 확보하여 그 특정시점까지 재고로 보관하는 방법이다. 또 한 가지는 선물시장에서 선물계약을 체결하는 것이다.

전자의 경우 발생되는 비용은 특정시점까지 재고로 보관하는 보관비용으로서, 이미 구입하느라 대금을 지불했으므로 지금의 현물가격(S_0)에 이자율(R_f)을 곱한 것만큼의 기회비용이 발생한다. 때로는 기간중 배당수입(D)과 같은 현금유입액이 있게 되면 비용이 절감되므로, 현물보관의 경우 비용은 $S_0(1+R_f)-D$가 된다. 한편 후자(선물 이용)의 경우 보관이 필요없으므로 발생되는 비용은 오로지 선물가격(F_0)만이다. 전자의 경우와 후자의 경우는 그 비용의 크기가 같아야 하므로 다음 식 (11.5)의 관계가 성립하는데, 이를 현물 · 선물등가이론(spot-futures parity theorem)이라고 한다.

선물가격 = 현물구입(S_0) 후 보관비용(기회비용, 즉 이자율(R_f))
−배당수입

$$F_0 = S_0(1+R_f) - D \tag{11.5}$$

한편, 만기일에 가까울수록 선물가격은 현물가격에 수렴해 갈 것이다. 왜냐하면 만기일에서는 그날이 현물거래일이 되기 때문이다.

2. 선물가격과 기대현물가격의 관계

만기 이전에 미래 특정시점에서의 선물가격과 기대현물가격의 관계에 대한 주장에는 기대가설, 콘탱고가설, 정상적 백워데이션 가설 등이 있다.

[그림 11-8] 선물가격과 기대현물가격의 관계

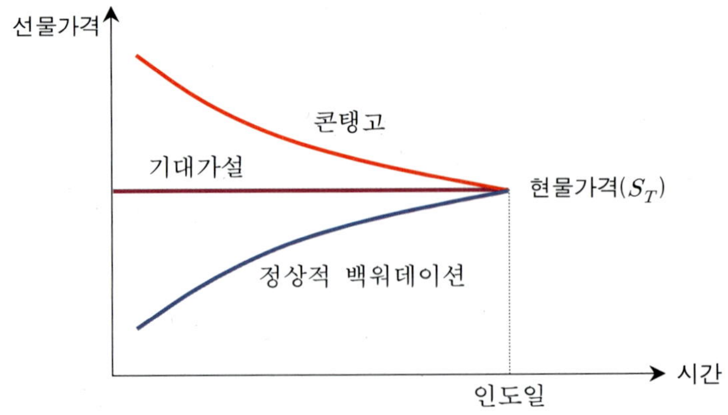

(1) 기대가설(expectations hypothesis)

선물가격은 미래 특정시점의 기대현물가격과 동일하다고 본다. 이 설명은 미래에 불확실성이 없어서 투자자들이 위험중립적이라는 것을 가정하고 있다. 이는 [그림 11-8]에 보라색 선으로 표시되어 있다.

(2) 콘탱고(contango)가설

선물가격은 항상 미래기대현물가격보다도 크다는 주장이다. 이 주장에서는 매수헤저가 위험헤징에 대한 보상을 더 지급하려고 할 것으로 본다. 왜냐하면 위험을 헤징하고자 할 때 밀 농가와 같은 매도헤저보다도 제분업자와 같은 매수헤저가 현재시점에서 미래인수도가격을 고정시키고자 하는 바람이 더 강하기 때문이다. 콘탱고 상태의 시장을 '정상시장'이라고 한다. [그림 11-8]에 적색 선으로 표시되어 있다.

(3) 정상적 백워데이션(normal backwardation) 가설

이 주장은 [그림 11-8]의 파란색 선에서 보는 것처럼 선물가격은 미래의 기대현물가격보다 낮게 형성되었다가 만기인도일에 접근하면서 선물가격과 기대현물가격은 접근해 간다고 보는 것이다.

이 주장은 선물계약을 매수하는 투기자들의 존재 근거에서 출발한다. 투기자들은 미래기대현물가격이 선물가격보다 커야 선물에서 이익이 기대되므로 시장참여의 유인을 갖게 될 것이다. 반면 선물계약매도의 헤저들은 자신들의 위험헤징에 대한 대가지급으로 선물가격이 미래기대현물가격보다 낮은 것을 받아들일 것이라고 본다. '정상적인' 농부의 예를 들면, 그는 미래에 밀 가격이 어떻게 될지 몰라 늘 불안하다. 그래서 그런 농부는 선물을 매도하는 매도헤저가 되게 되는데, 위험을 헤지하는 대가로 음(−)의 기대손실을 수용한다고 본다. 그래서 미래기대현물가격이 선물가격보다 크다고 보는 것이다.

이런 상태의 시장을 현장에서는 역조시장이라고 부른다.

현장에선 ▸▸▸ '도박은 사회의 축소판'… 불법 선물 사이트 일당 검거와 펀드 사기

검찰은 조금 특이한 형태의 사이버 도박 범죄 일당을 기소했다고 밝혔습니다. 정식 선물거래에 필요한 증거금을 없앤 선물거래 사이트를 만들어 한탕의 유혹에 빠진 개미들을 유혹한 뒤, 부정한 방식으로 결과를 조작해 수익을 챙긴 겁니다. 이러한 사기는 종종 있어왔고 앞으로도 또 발생할 가능성이 충분히 있습니다. 어떤 식으로 사람들을 속였는지 살펴볼 필요가 있습니다.

▷ 우연을 조종할 수 있다고 믿은 사람들… 도박판에 들어온 선물시장

레버리지 효과를 통해 엄청난 손익이 오가는 선물·옵션 시장은 흔히 투기장, 도박판에 비유됩니다. 그래도 이 시장이 온전한 도박으로 취급되지 않는 건, 실물시장과 연결고리가 남아 있기 때문입니다. 정식 선물시장 참여자는 500~3,000만원의 증거금을 내고 시장에 진입한 뒤, 선물거래의 대상이 되는 상품의 가격을 나름대로 예측해 투자를 합니다. 물론 '우연'의 요소가 큰 영향을 미치지만, 나름의 분석과 예측 논리에 따라 투자가 이뤄집니다.

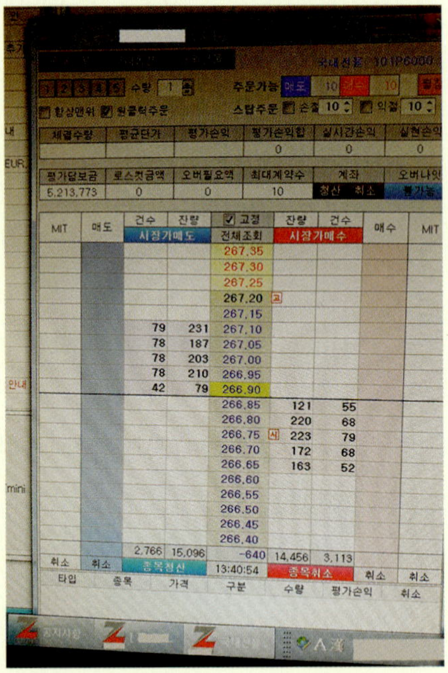
적발된 유사 선물 사이트 거래 화면

이번에 적발된 일당들은 이처럼 '우연'과 '필연' 중간 어디쯤에 있는 선물시장을 범행의 껍데기로 이용했습니다. 이들은 우선 정식 선물시장과 달리, 30만원의 소액 증거금만 있으면 진입할 수 있는 유사 선물 사이트를 개설했습니다. 그리고 이 선물 사이트에서의 투자손익은 정식 선물시장에 연동해 결정된다고 홍보했습니다. 이 말을 믿고 무려 1만 명의 개미 투자자들이 사이트에서 유사 선물거래에 참여했습니다.

여기까지는 여느 사이버 도박 범죄와 유사합니다. 하지만 일당의 범죄엔 다른 점이 있었습니다. 주식과 선물, 옵션 분야 유명 BJ들을 통해 해당 사이트를 홍보하고, 이용자들에게 투자 방향성을 설명하며 투자를 유도한 겁니다. 자신이 참여한 판이 '우연'에 의해 온전히 지배되는 도박판이라기보다는, 논리와 필연의 요소가 개입되는 '투자시장'이라고 믿게끔 한 겁니다.

▷ 손실은 필연… 진화하는 조폭들의 범죄수익 창출

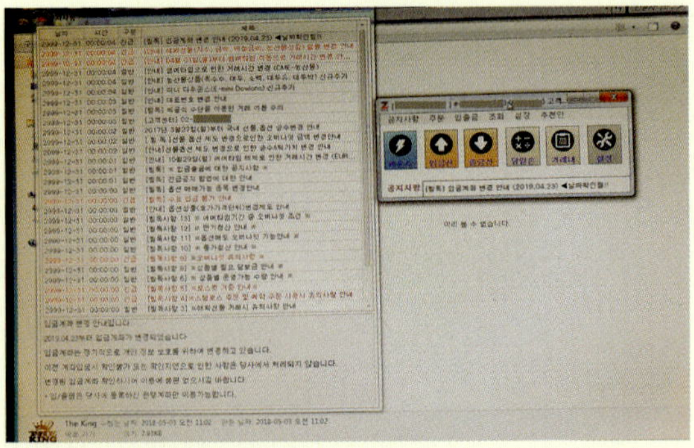
적발된 유사 선물 사이트 거래 화면

조사 결과 해당 유사 선물 사이트의 수익구조는, 이용자들의 거래수수료와 더불어 이용자들의 손실이 사이트의 이익으로 잡히는 형태였습니다. 이용자들이 돈을 넣은 뒤 손실을 보면 볼수록, 사이트를 개설한 범죄 일당들의 수익은 커졌습니다. 이를 위해 운영진은 섭외한 BJ들을 통해 예측되는 선물가격 방향과 반대되는 정보를 이용자들에게 흘렸습니다. 이용자들은 나름의 논리를 가지고 떠드는 BJ들의 방송을 보고 실제 선물시장 방향성과는 반대로 베팅했습니다. 개미들의 손실은 눈덩이처럼 불어났고, 범죄 일당의 수익도 그만큼 커졌습니다.

금융시장 정보와 선물거래 구조를 차용한 이 범죄 일당 뒤에는 조폭 세력이 있었습니다. 해당범죄에 지분을 투자한 것도, 대포 계좌를 마련하고 사이트에서 배당금 등을 공급한 것도 모두 대구 지역 조폭 조직원들이었던 걸로 조사됐습니다. 과거 불법 스포츠토토나 사이버 경마 등 온전한 형태의 '사이버 도박'을 통해 수익을 올리던 조폭들이 이제는 선물 옵션 거래를 가장한, 보다 진화한 형태의 수익모델을 찾아 나선 겁니다.

▷ '도박은 사회의 축소판'… 불법 선물 사이트 일당 검거와 펀드 사기

상시화된 글로벌 경제위기에 날이 갈수록 불확실해지는 현실 세계에서 조금이나마 확실한 수익률을 찾아보려는 사람들을 대상으로 한 사기였습니다. 하루아침에 자산이 종잇조각이 되고, 종잇조각이 황금이 되기도 하는 불확실성의 시대 속에서 이들이 '확실하다'고 약속한 3~5%의 수익률은 강력한 욕망의 자극제였습니다. 그렇게 모집한 조 단위 투자금들은 약속한 곳과는 전혀 다른, 때로는 실물경제와 전혀 관련 없는 곳들에 들어가 이리저리 돌려졌고 결국엔 증발했습니다. 금융'시장'인 것 같았던 그곳은 실은 도박판을 더 닮아있었습니다.

(SBS 뉴스 외, 2020.11.22 편집)

주요 용어

선도거래	선물거래	상품선물거래
금융선물거래	주가지수선물	헤저
롱 및 숏 포지션	선물청산소	선물거래의 증거금제도
일일정산제도	반대매매	미결제약정수량
선물가격	현물가격	매수헤징
매도헤징	베이시스 위험	불완전헤징
포지션 트레이드	현물·선물등가이론	기대가설
콘탱고가설	정상적 백워데이션 가설	

연습문제

1. 선도거래와 선물거래를 비교하여 설명하시오.

2. 배추농가와 김치공장의 예를 들어 두 당사자의 가격 관련 관심사를 정리하고, 선물거래로 어떻게 가격변동위험을 피할 수 있는지 설명하시오.

3. 선물거래에서 청산소가 하는 일에 대해서 설명하시오.

4. 증거금 및 일일정산제도는 어떻게 관련되어 있는가?

5. 선물거래를 종료하는 두 가지 방법에 대해서 비교하여 설명하시오.

6. 선물시장 기능 중 레버리지 기능에 대해서 설명하시오.

7. 헤징전략에 대해서 설명하시오.

8. 콘탱고와 정상적 백워데이션에 대해서 설명하시오.

9. (주)넝심에서는 원료가 되는 밀 가격의 상승을 염려하고 있다. 12월 20일 현재 현물시장에서 밀은 1포대 3kg에 8,000원이지만 4개월 후(다음 해 4월 20일) 밀 100,000포대를 매수할 계획을 가지고 있다. 선물시장에서 밀 선물(4월 만기)은 1포대에 8,100원이다. 4개월 후 현물가격은 8,200원, 선물가격은 8,400원으로 상승하였다. 이 상황에서 (주)넝심이 매수헤징을 했다면 얼마의 순손실 또는 순이익을 보았는가?

CHAPTER

12

옵 션

옵션투자는 불확실한 금융환경하에서 투자위험을 헤징하는 주요 수단으로, 때로는 투자자가 원하는 다양한 투자수익과 위험의 패턴을 창출할 수 있는 좋은 수단이 되기 때문에 효과적인 포트폴리오 관리에 유용하게 이용되고 있다.

다음은 본장의 학습목표로서 이해해야 할 주요 사항들이다.

- 옵션계약의 의의는 무엇이고 어떤 종류가 있는가?
- 옵션거래제도가 갖는 특징은?
- 콜옵션과 풋옵션의 이득패턴은 어떻게 다른가?
- 옵션을 이용한 투기전략과 헤징전략에는 어떤 것이 있는가?
- 풋과 콜의 관계를 밝히는 풋 · 콜 등가이론은 무엇인가?
- 옵션가치 결정요인에는 어떤 것들이 있는가?

제 1 절 옵션계약의 의의와 거래제도

생활속에서 ▸▸▸

최근 뉴욕 금융시장에서 '골디락스가 돌아왔다'는 관측이 확산하고 있다. 미국 경제가 인플레이션 우려 없는 견실한 성장세를 보이는 점이 각종 지표와 증시 랠리를 통해 입증되고 있다는 것이다.

'골디락스(Goldilocks)'라는 말은 영국의 전래동화 '골디락스와 곰 세 마리'에서 유래한 것으로, 주인공 소녀 골디락스가 숲속을 헤매다 우연히 곰 세 마리가 사는 집에 들러 너무 뜨겁지도 차갑지도 않은 먹기 좋은 수프를 먹고, 너무 딱딱하지도 푹신하지도 않은 안락한 침대에 누워 잠이 든다는 얘기다. 투자자들이 미국의 현재 경제 상황을 그런 편안하고, 이상적인 상황으로 본다는 얘기다.

S&P 500지수 추이

뉴욕 증시 대표지수인 S&P 500지수는 연초 이후 20% 가까이 급등했다. 최근 옵션시장에선 특정날짜(만기)까지 특정가격(행사가격)에 주식을 매수할 수 있는 권리인 콜옵션 거래량이 반대 권리인 풋옵션 거래량을 크게 앞질렀다는 소식도 전해진다. (연합인포맥스, 2023.8.1 편집)

#옵션시장 #만기 #행사가격 #콜옵션 #풋옵션

1. 옵션계약의 의의와 종류

(1) 옵션계약의 의의와 특성

❏ 옵션의 의의

옵션계약(option contract)은 옵션의 보유자에게 약정된 가격으로 지정된 날짜 혹은 그 이전에 특정자산을 매수하거나 매도할 수 있는 권리를 부여한 계약이다. 옵션계약에는 기본적으로 콜옵션과 풋옵션 두 가지가 있다.

콜옵션(call option)은 매수할 수 있는 권리를 부여한 것이고, 풋옵션(put

[그림 12-1] **옵션의 의의, 용어, 종류**

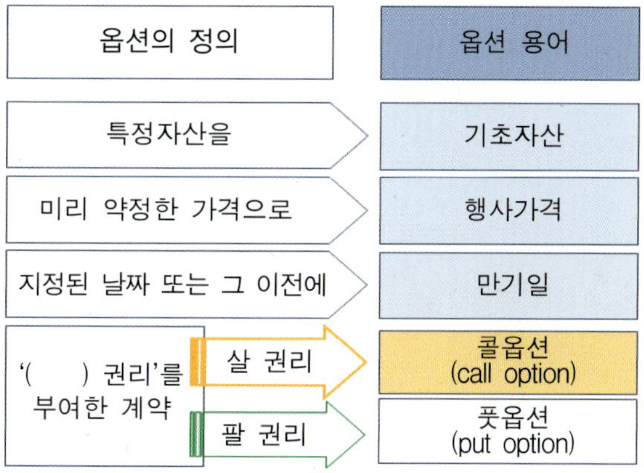

option)은 매도할 수 있는 권리를 부여한 것이다. 옵션계약에서 미리 정해진 약정된 가격을 행사가격(exercise or strike price), 지정된 기간을 만기일(expiration date), 대상이 되는 자산을 기초자산(underlying asset)이라고 부른다.

❑ 옵션의 특징과 가격

옵션의 중요한 특징은 옵션 매수자가 어떠한 투자행위를 할 수 있는 권리를 갖는다는 점이다. 따라서 상황이 유리하면 권리를 행사하겠지만, 상황이 불리하면 행사하지 않아도 된다. 이 권리를 갖기 위해서는 대가, 즉 프리미엄을 지불해야 한다. 이것이 옵션가격(price of the option)이다.

(2) 옵션거래의 구조

옵션거래의 기본구조는 [그림 12-2]와 같다. 옵션거래란 매도자(seller)는 매수자(buyer)에게 권리(살 권리 또는 팔 권리)를 제공하고, 매수자는 그 대가로 프리미엄(옵션가격)을 지급하는 거래이다.

콜옵션의 경우, 매수자는 프리미엄(옵션가격)을 지불하고 기초자산을 특정가격에 살 수 있는 권리를 확보한다. 그는 이후 본인이 유리한 상황이라고 생각하면 살 수 있는 권리를 행사할 것이다. 매도자는 프리미엄(옵션가격)을 받은 대신에 후에 매수자가 기초자산을 사겠다고 권리를 행사하면 의무적으

[그림 12-2] 옵션거래의 구조

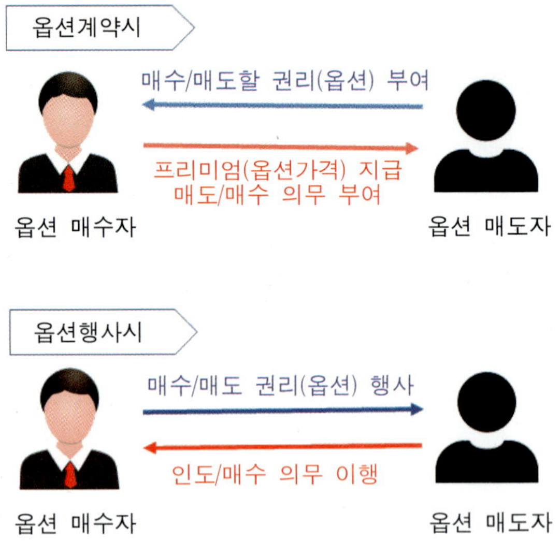

로 정해진 가격에 기초자산을 팔아야 한다.

풋옵션의 경우, 매수자는 프리미엄을 지급하는 대신 기초자산을 특정가격에 매도할 수 있는 권리를 얻게 된다. 반면에 매도자(혹은 발행자)는 매수자가 행사가격으로 매도 권리를 행사하고자 하면 기초자산을 매수해야 하는 의무를 지닌다. 그 의무를 갖는 대가로 프리미엄(옵션가격)을 지급받는다.

(3) 옵션의 가격 상황

옵션과 앞서 설명한 선물계약은 기초자산(본원적 증권)의 가격변화에 따라서 그 가치가 달라지므로 파생증권(derivative securities)이라고 부른다. 특히 옵션은 만기일까지 기초자산의 시장가격 수준에 따라서 권리행사 여부가 결정되므로 상황조건부 청구권계약(contingent claim contracts)이라고도 불린다.

옵션거래에서는 시장가격 수준에 따라서 가격 상황이 세 가지로 나뉜다.

- 내가격(in the money) 옵션 : 당장 옵션행사를 하면 이득이 발생하는 상황을 말한다. 콜옵션의 경우 시장가격이 행사가격보다 비싸면 행사할

것인바, 이런 상황이 내가격 옵션이다.

- 외가격(out of the money) 옵션 : 이득이 발생하지 않으므로 매수나 매도 등의 권리행사를 할 수 없는(않는) 경우를 가리킨다.
- 등가격(at the money) 옵션 : 행사가격과 기초자산의 시장가격이 같은 상황을 가리킨다.

콜옵션과 풋옵션 각각에 대하여 이 세 가지 상황은 〈표 12-1〉과 같이 정리할 수 있다.

〈표 12-1〉 옵션가격의 세 가지 상황

상 황	콜옵션	풋옵션
내가격	행사가격 < (기초자산)시장가격	행사가격 > (기초자산)시장가격
외가격	행사가격 > (기초자산)시장가격	행사가격 < (기초자산)시장가격
등가격	행사가격 = (기초자산)시장가격	행사가격 = (기초자산)시장가격

(4) 옵션거래와 선물거래의 차이점

옵션거래는 선물거래와 비교할 때, 권리·의무, 위험구조, 증거금 납부 등의 면에서 〈표 12-2〉와 같은 차이점을 지니고 있다.

〈표 12-2〉 옵션거래와 선물거래의 차이점

구 분	옵션거래	선물거래
거래대상	대상자산을 매수·매도할 수 있는 권리	대상자산 자체
권리·의무	매수자 : 프리미엄(옵션가격) 지급 후에는 권리만 보유 매도자 : 프리미엄 수령 후에는 의무만 부담	매수자 : 권리(대상물의 수령권)와 의무(대금지급의무) 보유 매도자 : 권리(대금수령권)와 의무(대상물 인도의무) 보유
위험구조	매수자 : 위험이 프리미엄에 한정 매도자 : 위험 무한정(다만, 프리미엄만큼 위험 감소)	매수자 : 위험 무한정 매도자 : 위험 무한정
증거금 납부	의무를 부담하는 매도자만 납부 매수자는 구입비용(프리미엄) 지급	매도자와 매수자 모두 납부 별도의 구입비용이 없음

특기할 사항은 투자위험 면에서 선물계약거래의 경우 매수자와 매도자 모두 무한정의 위험을 부담하지만, 옵션계약거래의 경우 옵션 매수자는 프리미엄에 한정하여 위험을 부담하고, 옵션 매도자는 무한정으로 위험을 부담하게 된다는 점이다.

(5) 옵션계약의 종류

옵션은 분류기준에 따라 여러 가지로 나눌 수 있다.

❑ 권리 종류에 따라

기초자산의 매수 또는 매도 권리 중 어느 것을 거래하느냐에 따라 콜옵션과 풋옵션으로 나뉜다. 이는 앞서 설명했으므로 여기서는 생략한다.

❑ 만기의 확정 여부에 따라

유러피언 옵션(European option)은 만기일이 되어야 옵션의 권리를 행사할 수 있는 반면에 아메리칸 옵션(American option)은 만기일 이전 언제라도 권리행사가 가능한 옵션을 말한다.[1)] 아메리칸 옵션이 유러피언 옵션보다도 권리행사의 폭이 넓으므로 옵션가치가 높다.

❑ 기초자산에 따라

옵션의 기초자산은 여러 가지가 있다. 예를 들면 다음과 같은 종류가 있다.

- 지수옵션(index options) : 주가지수를 기초자산으로 하는 옵션이다. 미국의 S&P 500지수, 우리나라의 KOSPI 200을 기초자산으로 하는 지수옵션 등이 있다.
- 주식옵션(stock option) : 개별주식을 기초자산으로 하는 옵션계약이다. 예를 들어 삼성전자, KB금융지주 등이 있다.
- 주식워런트증권(ELW : equity linked warrants) : 주식옵션이 지닌 문제점인 유동성 부족을 해소하는 제도를 보완한 것으로 상품특성은 주식옵션

1) 유러피언과 아메리칸의 구분이 옵션거래소가 위치한 지역에 따라 명명되는 것이 아니라는 점에 유념할 필요가 있다. 북미의 옵션거래소에서도 유러피언 옵션이 거래된다. 예를 들어 S&P 500 옵션이 유러피언 옵션이다.

과 유사하다.

- 선물옵션(futures options) : 선물을 기초자산으로 하는 옵션이다.
- 통화옵션(currency options) : 통화를 기초자산으로 하는 옵션이다.
- 금리옵션(interest rate options) : 채권을 기초자산으로 하는 옵션이다.

2. 옵션거래제도

옵션거래(options trading)의 대부분은 거래비용이 낮고 원활하며 매매가 보장되어 있는 조직화된 옵션거래소를 통하여 이루어진다. 미국의 시카고 옵션거래소(CBOE : Chicago Board of Options Exchange)가 그 예이며, 우리나라에서는 한국거래소(KRX)를 통하여 이루어진다.

(1) 행사가격과 만기의 표준화

옵션의 행사가격, 만기 등 거래제도는 거래의 원활화를 위하여 표준화되어 있다. 예를 들어 KOSPI 200 옵션을 〈표 12-3〉에서 살펴보면 최근 3개 근월물의 경우 현재지수를 기준으로 상하 2.5포인트 간격으로 ±80포인트가 되도록 상품이 설정된다. 만약 현재의 지수가 341.54이면 이 기준으로 위로는 행사가격이 342.50, 345.00순으로, 아래로는 340.00, 337.50순으로 옵션상품이 제시된다

〈표 12-3〉 KOSPI 200 옵션

구 분	KOSPI 200 옵션(결제월거래 기준)
기초자산	KOSPI 200
거래단위	KOSPI 200 옵션가격×25만원(거래승수)
행사가격의 간격	최근 3개 근원물의 경우, 현재지수 기준으로 ±80포인트까지 2.5포인트 간격
만기일(최종거래일)	각 월의 두 번째 목요일
호가단위(tick)	옵션가격이 10.0포인트 이상 : 0.05P(가격이 10.0 미만은 0.01P)
가격제한폭	1단계 기준가격±8%　2단계 기준가격±15%　3단계 기준가격±20%
위탁증거금	개시증거금률 : 7.8%　유지증거금률 : 5.2%

* KOSPI 200 옵션 결제주거래(KOSPI 200 위클리옵션)는 최종거래일 등 몇 가지 사항에서 상이함.
(자료 : 한국거래소, 2023.8.3 기준)

〈표 12-4〉 KOSPI 200 옵션 시세표 중 일부 (단위 : 포인트, 계약)

콜옵션			행사가격	풋옵션		
미결제약정수량	거래량	현재가		현재가	거래량	미결제약정수량
2,614	168,438.00	9.00	355.00	1,335.00	353.00	1,165
53,385	235,084.00	19.00	352.50	1,110.00	193.00	1,939
44,502	241,416.00	44.00	350.00	869.00	1,632.00	8,652
38,023	211,813.00	90.00	347.50	664.00	5,450.00	15,124
24,589	169,238.00	158.00	345.00	486.00	27,321.00	16,123
22,346	75,878.00	260.00	342.50	340.00	78,241.00	22,466
15,318	26,000.00	399.00	340.00	225.00	145,773.00	31,693
3,872	3,447.00	571.00	337.50	146.00	198,264.00	23,494
2,288	784.00	743.00	335.00	94.00	213,179.00	31,792
774	144.00	969.00	332.50	59.00	137,682.00	40,927
1,058	48.00	1,185.00	330.00	38.00	138,160.00	37,875
180	26.00	1,460.00	327.50	23.00	87,316.00	29,677
738	1.00	1,680.00	325.00	17.00	40,517.00	33,428

(〈표 12-4〉 참조). 1계약단위는 [지수×25만원]이다.

〈표 12-4〉는 만기가 2023년 8월인 KOSPI 200 옵션의 8월 3일 기준의 옵션 시세표 중 일부이다. 표를 보면 콜옵션의 경우는 행사가격이 낮을수록 옵션가격이 높게 형성되어 있는 반면에, 풋옵션의 경우는 행사가격이 높을수록 옵션가격이 높게 형성되어 있음을 볼 수 있다.

(2) 옵션청산소와 증거금제도

옵션거래의 결제는 옵션청산소(OCC : Option Clearing Corporation)를 통하여 이루어진다. 선물계약에서의 선물청산소와 유사한 기능을 수행한다. 즉 옵션계약의 이행을 보장해 주는 기능을 한다.

우리나라 시장에서 옵션거래를 하려면 기본예탁금을 예치하고, 옵션 매수자는 옵션을 구매한 다음날 아침까지 옵션가격 전액을 지불해야 한다. 그러나 증거금은 옵션 매수자에게는 요구되지 않는다. 매수자에게는 계약불이행의 위험이 없고, 옵션 자체에 레버리지효과가 있기 때문이다. 반면에 옵션 매도자는 손실이 무한대로 커질 수도 있으므로 계약이행을 보장하기 위하여 기본예탁금 이외에 옵션청산소에 추가증거금을 거래계좌에 예치·유지해야 한다. 추가증거금의 크기는 지수옵션의 경우 5.2% 정도이다.

제2절 옵션거래의 기능과 이득

옵션계약이 금융상품으로서 선호도가 급격히 증가하는 이유는 그 특성상 적은 투자비용으로 높은 투자수익률을 올릴 수 있고, 투자위험에 대한 좋은 헤징(hedging)수단이 되기도 하며, 원하는 투자이득의 다양한 패턴창출이 가능한 투자전략을 구사할 수 있기 때문이다.

본절에서는 옵션을 이용한 다양한 투자전략이 가져오는 투자이득의 패턴을 이해하기 위한 전 단계로 옵션투자의 기능과 옵션거래이득에 대하여 설명한다.

1. 옵션의 기능

옵션은 다음과 같은 투자대상으로서의 기능을 제공한다.

(1) 레버리지 기능

옵션은 상대적으로 적은 투자비용으로 높은 투자수익률을 올릴 수 있는 레버리지(leverage) 수단으로 활용될 수 있다. 기초자산의 시장가격보다도 옵션프리미엄은 훨씬 낮은 가격 수준이기 때문이다. 다음의 예를 보자.

*A*주식의 금일 종가는 99,000원인데, 행사가격이 100,000원인 콜옵션의 가격(프리미엄)이 10,000원에 형성되었다고 하자. 투자소요 자금면에서 보면

A주식 100주를 매수하는 데에는 9,900,000원(=99,000원×100주)의 자금이 소요되는 반면에 옵션 100계약을 매수하는 데에는 단지 1,000,000원(=10,000원×100계약)이 소요된다. 여기서 A주식의 주가가 만약 120,000원으로 상승했다면 주식매수의 경우와 옵션매수의 경우 투자수익률은 다음과 같이 계산된다(단위 : 천원).

$$\text{주식투자수익률} = \frac{(120{,}000 - 99{,}000)}{99{,}000} = 0.212(21.2\%)$$

$$\text{옵션투자수익률} = \frac{(\text{옵션행사시 주가} - \text{행사가격}) - \text{옵션구입가}}{\text{옵션구입가}}$$

$$= \frac{(120{,}000 - 100{,}000) - 10{,}000}{10{,}000} = 1.0(100\%)$$

[그림 12-3] **콜옵션의 레버리지 기능 예시**

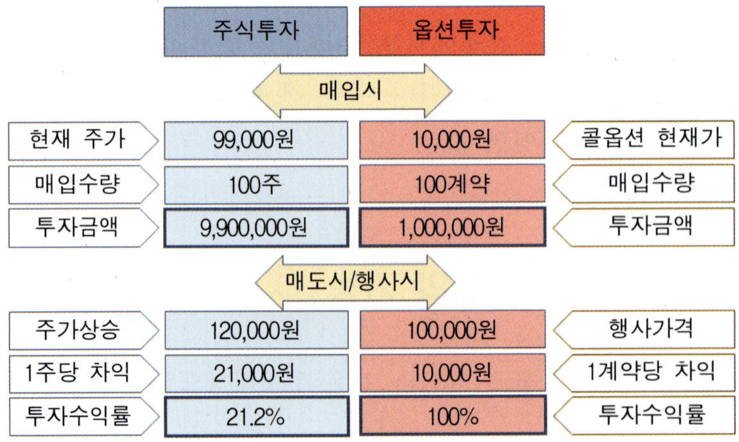

이 예에서 보는 것처럼 옵션거래는 주식투자와 비교할 때 적은 투자자금으로 높은 투자수익률을 올릴 수 있는 레버리지효과를 얻을 수 있다.

(2) 헤징 기능

옵션거래는 불리한 가격변동에 대한 헤징 또는 가격보험수단으로 많이 활용된다. 이는 뒤에서 설명한다.

(3) 다양한 투자전략 수립 기능

옵션은 기초주식과 결합하여 투자가 이루어질 때 다양한 투자이득의 패턴을 제공하므로, 포트폴리오 운용자가 원하는 투자기회 패턴을 창출하는 투자전략을 가능하게 한다. 이 부분 역시 뒤에서 별도로 설명한다.

2. 옵션거래의 손익구조

(1) 콜옵션의 손익구조

❑ 콜옵션 매수의 경우

콜옵션 매수자(call buyer)는 만기일에서의 시장가격(S_T)이 행사가격(X)보다 높게 되면 $S_T - X$의 이득을 얻는다. 주식가격이 상승하면 상승할수록 콜옵션 매수의 가치는 증가한다. 반면에 시장가격이 행사가격보다 낮으면 권리를 행사하지 않을 것이므로 영(0)의 가치를 지니게 된다.

그러므로 콜옵션의 매수자에게 있어서 만기일에서의 이득 또는 가치(payoff)는 다음과 같이 표시할 수 있다.

$$\text{콜옵션 매수의 가치 : 만약 } S_T > X \text{이면 } (S_T - X)$$
$$\text{만약 } S_T \leq X \text{이면 } 0 \qquad (12.1)$$

단, S_T : 만기일 T시점에서의 주식가격
X : 콜옵션의 행사가격

즉, [그림 12-4]에서는 행사가격이 50,000원이므로 이 콜옵션 매수의 가치는 다음과 같다.

[그림 12-4] 콜옵션의 손익구조 (X=50,000원, C=5,000원의 예)

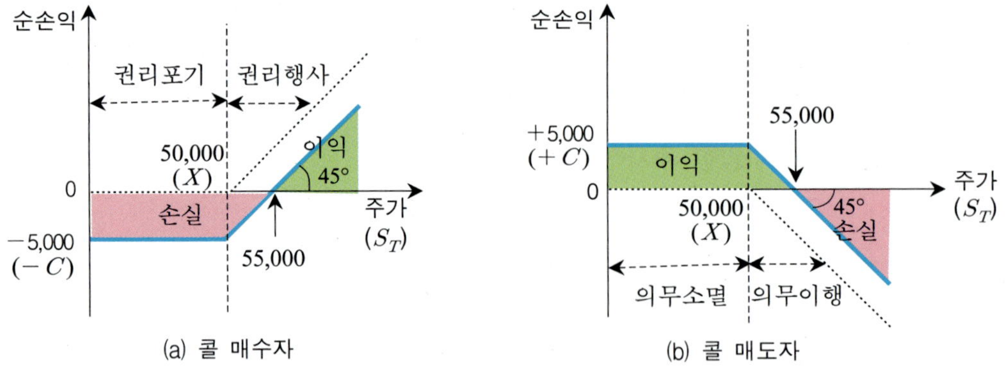

* 그림에서 점선은 포트폴리오(옵션 또는 주식과 옵션의 결합 등)의 만기에서의 이론적 가치(payoff)를 나타낸다. 한편 실선은 이 포트폴리오 가치에서 옵션투자액 또는 옵션 프리미엄 수입을 빼거나 합한 최종적인 순손익(net gain)을 나타낸다.

콜옵션 매수의 가치 : 만약 $S_T > 50{,}000$원이면 $(S_T - 50{,}000)$원
만약 $S_T \le 50{,}000$원이면 0원

그런데 콜옵션 매수자가 이러한 매수권리를 행사하기 위해서는 콜옵션의 매수에 필요한 프리미엄, 즉 콜 가격(C)을 매도자에게 지급해야 하므로 콜옵션 매수자의 순손익(net gain)은 다음과 같이 표시할 수 있다([그림 12-4(a)] 참조).

$$\text{콜옵션 매수의 순손익 : 만약 } S_T > X \text{ 이면 } (S_T - X - C)$$
$$\text{만약 } S_T \le X \text{ 이면 } -C \quad (12.2)$$

즉, [그림 12-4]에서는 콜옵션의 매수가격이 5,000원이므로 순손익은 다음과 같다.

콜옵션 매수의 순손익 : 만약 $S_T > 50{,}000$원이면 $(S_T - 50{,}000 - 5{,}000)$원
만약 $S_T \le 50{,}000$원이면 $-5{,}000$원

❏ 콜옵션 매도의 경우

주식 **콜옵션 매도자**(call writer or seller)는 콜 매수자의 입장과 정반대가 된다. 주식의 시장가격(S_T)이 행사가격(X)보다 낮으면 콜 매수자의 매수권리행사가 없을 것이므로 영(0)의 가치를 지닌다. 그러나 $S_T > X$의 상황이 되면 콜 매수자의 기초주식의 매수요구가 있을 것이므로 주식가격이 상승할수록 낮은 행사가격(X) 수준으로 손실을 보면서 기초주식을 인도하게 되어 $-(S_T - X)$의 손해를 보게 된다. 주가상승 정도가 크면 클수록 더욱 큰 손실을 보게 되는 것이다.

$$\text{콜옵션 매도의 가치 : 만약 } S_T > X \text{이면 } -(S_T - X)$$
$$\text{만약 } S_T \le X \text{이면 } 0 \qquad (12.3)$$

즉, [그림 12-4]에서는 행사가격이 50,000원이므로 이 콜옵션 매도의 가치는 다음과 같다.

$$\text{콜옵션 매도의 가치 : 만약 } S_T > 50{,}000\text{원이면 } -(S_T - 50{,}000)\text{원}$$
$$\text{만약 } S_T \le 50{,}000\text{원이면 } 0\text{원}$$

그런데 콜옵션 매도자는 콜옵션을 매도하면서 프리미엄으로 C만큼의 수입을 얻게 되므로 이 수입을 차감한 순손익은 다음과 같게 된다([그림 12-4(b)] 참조).

$$\text{콜옵션 매도의 순손익 : 만약 } S_T > X \text{이면 } -(S_T - X) + C$$
$$\text{만약 } S_T \le X \text{이면 } C \qquad (12.4)$$

즉, [그림 12-4]에서는 콜옵션의 매도가격이 5,000원이므로 순손익은 다음과 같다.

$$\text{콜옵션 매도의 순손익 : 만약 } S_T > 50{,}000\text{원이면 } -(S_T - 50{,}000) + 5{,}000\text{원}$$
$$\text{만약 } S_T \le 50{,}000\text{원이면 } +5{,}000\text{원}$$

(2) 풋옵션의 손익구조

❑ 풋옵션 매수의 경우

주식의 **풋옵션 매수자**(put buyer)는 만기일에서의 시장가격(S_T)이 행사가격(X)보다 높게 되면 매도할 권리를 행사하지 않을 것이므로 풋옵션은 영(0)의 가치를 지닌다. 그러나 $S_T < X$의 상황이 되면 시장가격보다도 높은 행사가격으로 매도할 수 있게 되므로 $(X - S_T)$만큼의 가치가 있다. 주식가격이 하락할수록 풋옵션 매수의 가치는 커진다.

$$\text{풋옵션 매수의 가치 : 만약 } S_T \geq X \text{이면 } 0 \quad \text{만약 } S_T < X \text{이면 } (X - S_T) \tag{12.5}$$

즉, [그림 12-5]에서는 행사가격이 50,000원이므로 이 풋옵션 매수의 가치는 다음과 같다.

$$\text{풋옵션 매수의 가치 : 만약 } S_T \geq 50{,}000\text{원이면 } 0\text{원} \quad \text{만약 } S_T < 50{,}000\text{원이면 } (50{,}000\text{원} - S_T)\text{원}$$

그런데 풋옵션 매수자가 이처럼 유리하게 매도할 수 있는 권리를 지니

[그림 12-5] 풋옵션의 손익구조 (X=50,000원, P=5,000원의 예)

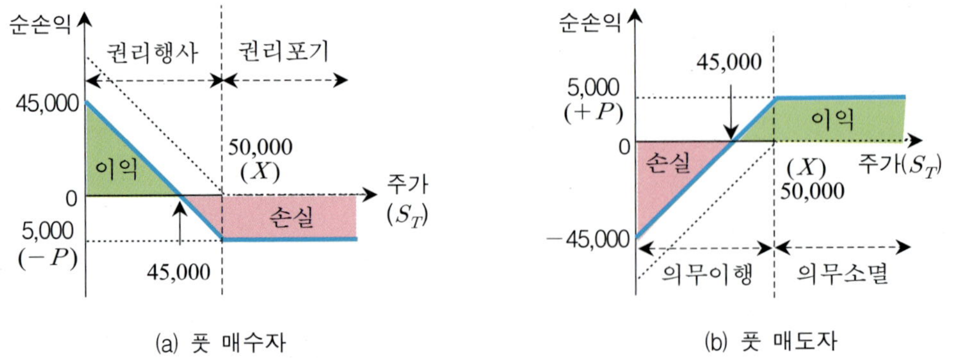

(a) 풋 매수자 (b) 풋 매도자

기 위해서는 먼저 풋옵션의 매수에 필요한 프리미엄, 즉 풋 가격(P)을 지급해야 하므로 이 지급 프리미엄을 감안한 순손익은 다음과 같다([그림 12-5(a)] 참조).

$$\text{풋옵션 매수의 순손익 : 만약 } S_T \geq X \text{ 이면 } -P$$
$$\text{만약 } S_T < X \text{ 이면 } (X - S_T - P) \tag{12.6}$$

단, P : 풋옵션의 매수가격(프리미엄)

즉, [그림 12-5]에서는 풋옵션의 매수가격이 5,000원이므로 순손익은 다음과 같다.

$$\text{풋옵션 매수의 순손익 : 만약 } S_T \geq 50{,}000\text{원이면 } -5{,}000\text{원}$$
$$\text{만약 } S_T < X \text{ 이면 } (50{,}000 - S_T - 5{,}000)\text{원}$$

❑ 풋옵션 매도의 경우

주식 **풋옵션 매도자**(put writer or seller)는 이와 반대로 $S_T \geq X$의 상황이면 풋 매수자의 권리행사가 없을 것이므로 영(0)의 가치를 지닌다. 그러나 $S_T < X$의 상황이 되면 풋 매수자는 권리를 행사할 것이고, 풋매도자는 기초자산 주가보다 높은(비싼) 행사가격에 사들여야 하므로 $-(X - S_T)$의 손실을 보게 된다. 주가하락이 클수록 큰 손실을 본다.

$$\text{풋옵션 매도의 가치 : 만약 } S_T \geq X \text{ 이면 } 0$$
$$\text{만약 } S_T < X \text{ 이면 } -(X - S_T) \tag{12.7}$$

즉, [그림 12-5]에서는 행사가격이 50,000원이므로 이 풋옵션 매도의 가치는 다음과 같다.

$$\text{풋옵션 매도의 가치 : 만약 } S_T \geq 50{,}000\text{원이면 } 0\text{원}$$
$$\text{만약 } S_T < 50{,}000\text{원이면 } -(50{,}000 - S_T)\text{원}$$

그런데 풋옵션 매도자는 이러한 손실가능성에 대한 대가로 풋옵션 프리미엄 P를 수입으로 얻게 되므로 이 수입을 차감한 순손익은 다음과 같게 된다([그림 12-5(b)] 참조).

$$\text{풋옵션 매도의 순손익 : 만약 } S_T \geq X \text{이면 } P$$
$$\text{만약 } S_T < X \text{이면 } -(X - S_T) + P \qquad (12.8)$$

즉, [그림 12-5]에서는 풋옵션의 매도가격이 5,000원이므로 순손익은 다음과 같다.

$$\text{풋옵션 매도의 순손익 : 만약 } S_T \geq 50{,}000\text{원이면 } 5{,}000\text{원}$$
$$\text{만약 } S_T < 50{,}000\text{원이면 } -(50{,}000\text{원} - S_T) + 5{,}000\text{원}$$

(3) 옵션만기와 순손익

이상에서는 만기일에 옵션을 행사하는 경우를 예로 들었다. 하지만 옵션은 중도에 그 권리를 언제든지 매도할 수 있기 때문에 만기일 이전에는 좀처럼 행사되지 않는다. 따라서 위에서 설명한 순손익의 결과는 달라지지 않는다. 옵션 보유자는 본인이 유리한 쪽으로 의사결정할 것이기 때문이다.

제3절 옵션투자전략

옵션투자전략은 투기목적의 기본포지션 전략이 있으며, 2개 이상의 옵션 또는 자산을 조합하여 포트폴리오를 만드는 전략이 있다.

1. 기본포지션 전략

기본포지션(naked position)은 기초자산이나 다른 포지션을 갖지 않고 순수하게 단일의 포지션을 갖는 것을 말한다. 이런 포지션에는 단 네 가지가 있다. 콜 매수 또는 매도, 풋 매수 또는 매도가 그것이다. 각 포지션의 특징을 정리하면 [그림 12-6]과 같다.

[그림 12-6] 기본포지션 네 가지 각 전략의 손익 상황

미래 주가 예상	전략	예상 적중시 이익	예상 실패시 손실
주가상승	콜 매수 $(-C)$	무한대	제한$(-C)$
주가하락	콜 매도 $(+C)$	제한$(+C)$	무한대
주가하락	풋 매수 $(-P)$	무한대	제한$(-P)$
주가상승	풋 매도 $(+P)$	제한$(+P)$	무한대

현장에선 ▸▸▸ 장 막판 급락으로 풋옵션 250.0 투자자 249배 '대박'

※ 아래 현장 사례는 비교적 오래전의 이야기다. 그만큼 이런 사례가 발생하는 것이 쉽지 않다는 반증이기도 하지만 옵션투자의 특성을 잘 보여주기에 소개한다.(저자 주)

장 막판 급락으로 코스피지수 투자자들은 '악' 소리를 냈지만, 풋옵션 투자자들은 동시호가 10분 만에 초대박을 냈다. 11일 옵션 전체 거래량도 사상최대를 기록한 것으로 나타났다.

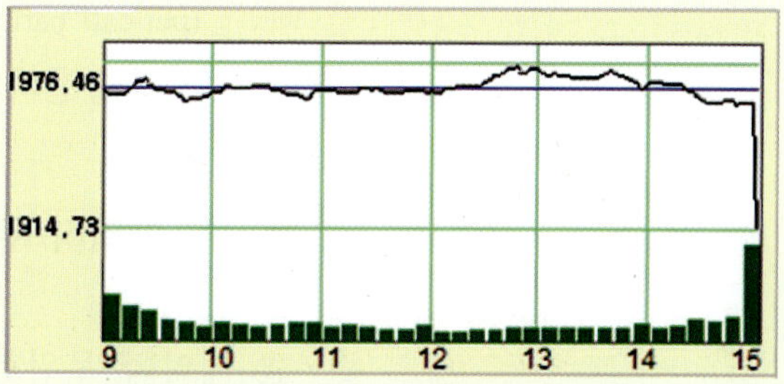

코스피 일중 주가추이. 오른쪽 끝을 자세히 보자.

한국거래소에 따르면 이날 전체 옵션 거래량은 3,932만 4,648계약으로 사상최대다. 특히 장 막판 급락으로 풋옵션 투자자들은 엄청난 수익률을 기록했다. 풋옵션 250의 경우 249배가량 수익을 냈다. 252.5의 경우는 약 100배, 풋옵션 255.0은 46배 수익을 거뒀다.

이날 코스피 200 풋옵션 11월물은 전날보다 7.62포인트 하락한 247.51로 마감했다. 풋옵션 252.5에 투자한 거래량이 무려 608만 계약에 달했고, 풋옵션 255.0에 투자한 거래량도 785만 계약을 기록해 이날 대박을 낸 투자자들이 많을 것으로 추정된다. (관련 자료 종합)

콜옵션은 주가가 상승할 때 그 가치가 상승하므로 콜 매수전략은 강세 주식시장(bull market)이 예상될 때 유효한 전략이다. 반면에 풋옵션은 주가가 하락할 때 그 가치가 상승하므로 풋 매수전략은 약세 주식시장(bear market)이 예상될 때 유효한 전략이다. 또한 콜 매도는 약세시장에서, 풋 매도는 강세시장에서 상대적으로 이득이 큰 투자전략이다.

이러한 기본포지션은 레버리지가 매우 크게 나타나기 때문에 큰 이득을 볼 수도 있지만 막대한 손실을 입을 수도 있다. 콜 매입 또는 풋 매입의 경우엔 손실이 프리미엄지급액(옵션구입금액)으로 한정되지만 매도인 경우엔 손실이 기초자산 매도인 경우와는 비교가 되지 않는 큰 손실을 입을 수 있다.

2. 포트폴리오를 만드는 옵션투자전략의 예 : 풋 · 콜 패리티

옵션이 포함되는 포트폴리오를 구성하면 투자자가 원하는 다양한 투자이득의 패턴을 창출할 수 있다.2) 여기에서는 그중에서 풋·콜 패리티에 대해서 알아보자.

(1) 풋 · 콜 패리티의 의의

옵션을 이용한 위험헤징의 한 방법으로 미래의 주식가격이 어떻게 변동하든지 항상 일정한 투자수익, 즉 무위험투자수익을 얻게 하는 결합방법이 있다. 풋 · 콜 패리티(put-call parity)란 주가변동에 관계없이 무위험포트폴리오를 구성하는 풋옵션과 콜옵션의 균형관계를 말한다.

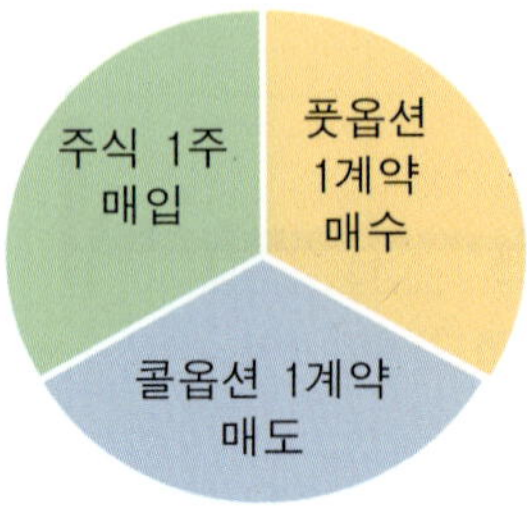

(2) 풋 · 콜 패리티 무위험포트폴리오의 구성

풋·콜 패리티 무위험포트폴리오는 구체적으로 하나의 주식을 매수하고, 또 이 주식에 대한 풋옵션 하나를 매수하는 동시에 동일한 행사가격을 갖는 콜옵션 하나를 매도하게 되면 구성된다.

2) 이러한 방식으로 구사되는 대표적인 옵션투자전략은 본장 [보론] 참조.

미래에 이 포트폴리오의 손익은 어떻게 될까? 미래의 상황은 주식가격(S_T)과 행사가격(X)의 관계면에서 보면 $S \geq X$인 상황과 $S < X$인 상황 두 가지로 나누어 생각할 수 있는데, 〈표 12-5〉, [그림 12-7]에서 보는 것처럼 미래의 주가변동 상황에 관계없이 항상 행사가격(X) 수준의 가치를 얻게 된다.

〈표 12-5〉 풋 · 콜 패리티 : 무위험포트폴리오의 구성

포트폴리오	기초가치	T 만기일에서의 상황과 가치	
		$S_T < X$일 때	$S_T \geq X$일 때
주식매수	$-S_0$	S_T	S_T
풋옵션 매수	$-P$	$X-S_T$	0
콜옵션 매도	C	0	$-(S_T-X)$
포트폴리오 가치	$-(S_0+P-C)$	X	X

[그림 12-7] 무위험포트폴리오의 구성 : 풋 · 콜 패리티

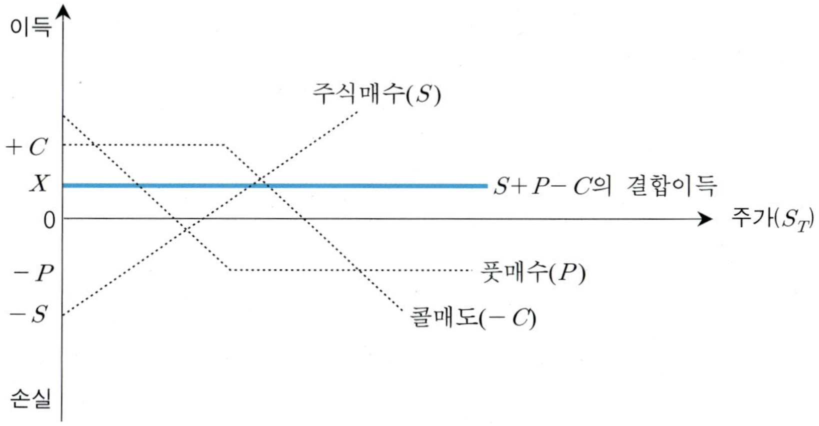

(3) 풋 · 콜 등가이론

이와 같이 얻어지는 포트폴리오의 가치 X는 시장이 균형상태라면 무위험자산에 대한 투자의 미래 T시점에서 수익과 일치해야 할 것이다. 즉, 무위험투자수익 X는 만기일(T)에서의 미래가치이므로 현재가치로 환산(무위험이자율을 R_f로 표시)하면 $X/(1+R_f)^T$가 되는데, 이 가치가 기초의 포트폴리오 가치($=S+P-C$)와 일치해야 할 것이다.

이를 단계적으로 자세히 설명하면 다음과 같다.

- S_0+P-C : 이 투자금액으로 미래에 무위험투자수익 X를 얻는다.
- S_0+P-C는 현재가치이나 X는 미래가치이다.
- S_0+P-C는 무위험포트폴리오이므로 무위험이자율 R_f로 투자하면 미래 X가 얻어진다.
  즉, 미래시점에서 $(S_0+P-C)(1+R_f)^T=X$가 성립한다.
- 위 식을 현재시점으로 바꾸려면 양변을 $(1+R_f)^T$로 나눈다. 즉 무위험투자수익인 X를 현재가치로 바꾸기 위하여 무위험이자율 R_f로 할인하면 다음 식이 얻어진다.

$$S_0+P-C=\frac{X}{(1+R_f)^T} \tag{12.9}$$

이제 식 (12.9)를 P에 관하여 표시하면 다음과 같다.

$$P=C-S_0+X(1+R_f)^{-T} \tag{12.10}$$

식 (12.10)을 풋 · 콜 등가이론(put-call parity theorem)이라고 한다. 풋 · 콜 패리티를 나타내는 식 (12.10)에서 기초주식의 현재가격 S_0, 행사가격 X, 무위험이자율 R_f는 주어지는 변수이므로, 풋옵션가격 P나 콜옵션가격 C 중 어느 한쪽을 알게 되면 나머지 한쪽의 가격을 구할 수 있다. 그래서 이 식을 "풋 · 콜 등가"이론이라고 하는 것이다.

보기 1

S통신(주)의 현재 주가는 22,000원이고, 무위험이자율은 연 10.25%이다. 현재 6개월 후 만기에 행사가격이 21,000원인데, 이 주식에 대한 콜옵션가격(C)은 3,400원이다. 6개월 후 만기에 행사가격이 21,000원인 풋옵션의 적정가격(P)은 얼마인가? 한편 6개월 후 원금 21,000원(옵션의 행사가격과 동일수준)을 찾을 수 있는 무위험할인국공채가 거래되고 있다.

풀이 식 (12.10)을 이용한다.

$$P = C - S_0 + X/(1+R_f)^T$$

$$= 3{,}400 - 22{,}000 + 21{,}000\ /\ (1.1025)^{\frac{1}{2}} = 1{,}400$$

제4절 옵션가치의 결정요인과 모형

1. 옵션가치의 결정요인

(1) 옵션의 내재가치와 시간가치

옵션이 투자대상으로 갖는 독특한 특성 중의 하나는, "옵션가치는 현재와 만기 사이, 어느 시점에서 평가되느냐에 따라서 그 가치가 달라진다"는 점이다. 이로 인하여 다른 투자상품과는 달리 옵션의 가치는 내재가치보다 더 커지게 된다.

주식 콜옵션의 경우로 예를 들어보자. 이 옵션은 약정된 행사가격으로 특정주식을 매수할 수 있는 권리가 부여된 것이기 때문에, 주식의 현재가격(S_0)이 행사가격을 상회하는 내가격(in-the-money) 옵션의 상황이 되면 당장 콜옵션을 행사할 수 있게 된다. 이때의 옵션가치를 옵션의 내재가치(intrinsic value)라고 한다.

그렇다면 내재가치가 외가격(out-of-the-money) 또는 등가격(at-the-money) 상태인 옵션의 가치는 없을까? 그렇지 않다. 왜냐하면 만기시점까지 시간이 흐르면서 주가가 상승할 가능성이 남아 있기 때문이다. 즉 주식가격 변동으로 인하여 옵션가치가 더 커질 수 있는 가능성이 남아 있는 것이다. 그래서 주식 콜옵션의 경우 주식가격이 행사가격보다도 낮은 외가격 옵션의 상황에서도 실제의 콜옵션 가격은 양(+)의 가치를 지닌다. 만기까지 시간이 흐르면서 주가가 상승할 가능성이 남아 있기 때문이다. 이것을 옵션의 시간가치라고 한다.

옵션의 시간가치(time value)란 옵션의 실제가격과 당장 행사될 경우의 내재가치의 차이를 말한다. 만기까지 시간이 흐르면서 유리한 주가변동으로 인하여 가치가 증가할 것으로 기대하는 시간 프리미엄(time premium)의 성격을 지닌다.

$$\text{옵션의 가치} = \text{내재가치} + \text{시간가치}$$

다음에서는 옵션의 가치를 결정하는 구체적인 요인들에 대해서 살펴본다.

(2) 옵션가치의 결정요인

옵션계약은 만기일까지의 기초주식의 시장가격 수준에 따라서 옵션행사 여부가 결정되므로 옵션가치를 결정짓는 가장 중요한 요인은 기초주식의 시장가격(S)이다. 옵션가치는 이 밖에도 행사가격(X), 만기일(T), 기초주식수익률의 분산(σ^2), 시장이자율(r), 기초주식의 배당성향(D) 등의 요인에 의해서도 영향을 받게 된다.

$$C \text{ 또는 } P = f(S,\ X,\ T,\ \sigma^2,\ r,\ D) \tag{12.11}$$

그러면 이러한 요인들은 어느 방향으로 영향을 미치는가? 이를 종합적으로 정리하면 [그림 12-8]과 같다.

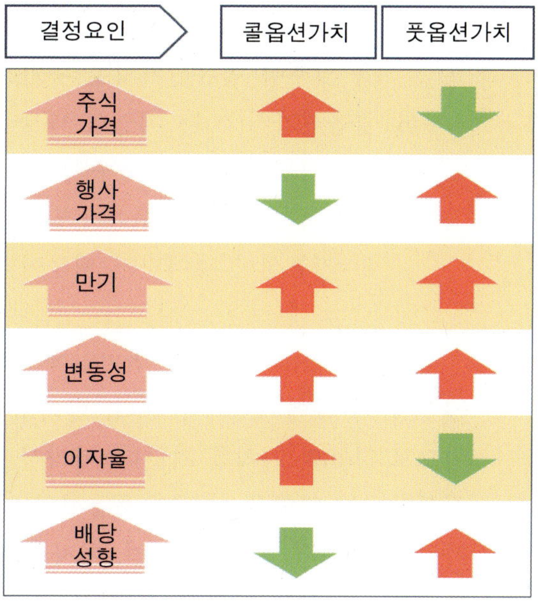

[그림 12-8] **옵션가치의 결정요인과 영향의 방향**

먼저 콜옵션의 가치는 다음과 같이 결정된다.

① 콜옵션가치(C)는 다른 조건이 동일하다면, 현재의 기초주식의 주가(S)가 높으면 높을수록 상승한다.

② 콜옵션가치(C)는 행사가격(X)이 낮을수록 높아진다.

③ 콜옵션가치(C)는 만기일(T)이 길수록 상승한다. 만기일이 길수록 만기일의 주가가 현재 주가보다 높아지고 또한 행사가격의 현재가치가 작아질 가능성, 즉 $S > X$일 확률이 높아지기 때문이다.

④ 콜옵션가치(C)는 기초주식의 수익률분산(σ^2)이 클수록 상승한다. 주식가격의 변동성(volatility)이 크면 주가가 하락할 가능성도 높지만 반대로 크게 상승할 가능성도 높기 때문이다.

⑤ 시장이자율(r)이 상승하면, 일반적으로 콜옵션가치는 증가한다고 볼 수 있다. 주가의 기대상승률은 상승하는 반면, 옵션소유자가 미래에 받게 될 현금흐름의 현재가치는 감소하는데, 전자는 콜옵션가치(C)를 증가시키지만 후자는 감소시킨다. 일반적으로 전자의 효과가 후자

의 효과보다 크다. 즉 이자율이 상승하면 콜의 가격이 증가한다고 할 수 있다.[3] 또한 이자율이 높아질수록 콜 매수자가 만기시에 지불해야 할 행사가격의 현재가치는 낮아진다. 따라서 높은 이자율은 행사가격을 낮추어 콜옵션가치를 증가시킨다.

⑥ 콜옵션가치(C)는 기업의 배당성향(D)이 높을수록 감소한다. 주식투자수익률 중에서 배당수익률이 높으면 상대적으로 시세차익수익률이 낮아지는데, 이는 주식가격의 상승가능성이 둔화됨을 뜻하고 $S>X$의 가능성이 낮아지기 때문이다.

한편 풋옵션의 가치는 만기일에서의 주가(S)가 행사가격(X)보다 낮으면 $[X-S]$의 값이 양(+)이 된다. 반대로 $S>X$이면 권리행사를 하지 않을 것이므로 영(0)의 가치를 지닌다. 따라서 $[X-S]$의 값이 증가하는 방향으로 결정요인들이 영향을 미치면 풋옵션의 가치는 커진다. 이를 염두에 두면 주식가격, 행사가격, 만기, 변동성, 이자율, 배당성향의 요인들은 [그림 12-8]의 풋옵션가치 부분에 나타난 것과 같은 방향으로 풋옵션가치에 영향을 미친다.

2. 옵션가격결정모형

옵션가격결정모형(OPM : option pricing model)은 여러 가지가 제시되고 있지만 이 중에 가장 단순한 형태가 이항분포 접근방법이다. 그리고 보다 정교한 블랙・숄즈의 모형에 대해서 간단히 결론을 중심으로 살펴보기로 하자.

(1) 이항옵션가격결정모형

이는 옵션가격을 결정짓는 기초주식의 주가변동이 일정한 수준의 높은 가격으로 상승하거나 또는 일정한 수준의 낮은 가격으로 하락하는 두 가지 가능성만 있는 것으로 가정하는, 즉 이항분포(binomial distribution)를 따른다고 가정

3) 풋옵션의 경우는 이 두 효과 모두 풋옵션의 가치를 감소시키는 경향이 있다. 따라서 이자율이 상승하면 풋옵션가격은 하락한다.

하는 모형이다.

예를 들어, 기초주식의 주가(S_0)가 현재 30,000원인데, 60,000원으로 상승하거나 15,000원으로 하락할 두 가지 가능성이 있는 상태에서, 이자율이 주어지고 행사가격(X)이 정해진 콜옵션의 현재가치는 얼마가 되는지를 추정하는 식인 것이다.

이항옵션가격결정모형에 의하면 단일기간의 콜옵션가격은 다음과 같이 추정된다.

$$C = \frac{C_\mu \cdot P + C_d \cdot (1-P)}{r} \tag{12.12}$$

단, C_μ : 주가상승시 콜옵션의 가치($\max[0,\ \mu S_0 - X]$), 콜옵션가치 최대값

C_d : 주가하락시 콜옵션의 가치($\max[0,\ d S_0 - X]$), 콜옵션가치 최소값

r : 1+무위험이자율

P : 상승확률, $P = \dfrac{r-d}{\mu-d}$

$1-P$: 하락확률, $1-P = 1 - \dfrac{r-d}{\mu-d} = \dfrac{\mu-r}{\mu-d}$

μ : [1+주가상승률]. 따라서 주가상승 후의 주가$= S_0 \cdot \mu$

d : [1−주가하락률]. 따라서 주가하락 후의 주가$= S_0 \cdot d$

보기 2

K사의 현재 주식가격(S_0)=100,000원이고, 1년 후에는 140,000원 또는 60,000원의 가능성이 있다. 현재 행사가격(X)이 120,000원이고 만기가 1년 후인 콜옵션의 가격을 이항OPM을 이용하여 추정하시오. 단, 무위험이자율은 10%이다.

풀이

$C_\mu = \max[0,\ \mu S_0 - X] = \max[0,\ (140{,}000 - 120{,}000)] = 20{,}000$

$C_d = \max[0,\ d S_0 - X] = \max[0,\ (60{,}000 - 120{,}000)] = 0$

$P = \dfrac{r-d}{\mu-d}$ 에서 $\mu = \dfrac{140{,}000}{100{,}000} = 1.4,\ d = \dfrac{60{,}000}{100{,}000} = 0.6,\ r = 1 + R_f = 1 + 0.1 = 1.1$이므로

$$P = \frac{1.1-0.6}{1.4-0.6} = 0.625$$

$1 - P = 1 - 0.625 = 0.375$

그러므로 $C = \dfrac{C_\mu \cdot P + C_d \cdot (1-P)}{r} = \dfrac{20{,}000 \times 0.625 + 0 \times 0.375}{1.1} = 11{,}363$원

(2) 블랙 · 숄즈의 옵션가격결정모형

블랙 · 숄즈(F. Black & M. Scholes)는 옵션가격을 평가하는 모형을 도출하기 위하여 다음의 가정을 내세우고 있다.

① 옵션의 만기일 전에는 배당지급이 없다.
② 무위험이자율과 주식수익률의 분산은 일정(constant)하다.
③ 주가 움직임은 연속적(continuous)이다. 즉, 충격적 호재 또는 악재에 의해서 일어나는 주가의 갑작스러운 폭락이나 폭등(sudden big jumps)이 없다.

이들 가정하에서 블랙 · 숄즈는 다음의 OPM을 제시하고 있다.[4)]

$$C = S_0 \cdot N(d_1) - \frac{X}{e^{r_f t}} N(d_2) \tag{12.13}$$

$$d_1 = \frac{\ln(S_0/X) + \left(r_f + \frac{1}{2}\sigma^2\right)t}{\sigma\sqrt{t}}$$

$$d_2 = \frac{\ln(S_0/X) + \left(r_f - \frac{1}{2}\sigma^2\right)t}{\sigma\sqrt{t}} = d_1 - \sigma\sqrt{t}$$

단, C : 콜옵션의 현재가치
S_0 : 주식의 현재가격
X : 옵션의 행사가격
r_f : 연속적 복리 무위험이자율
e : 2.7183…(자연대수의 밑수)
t : 1년을 1로 하여 표시되는 만기일까지의 잔여시간
σ : 연속적 연복리주가수익률의 표준편차
$\ln(S/X)$: S/X의 자연로그
$N(d)$: d 에서의 누적정규분포의 값

4) 블랙 · 숄즈 OPM의 자세한 도출과정은 다음 문헌들을 참고할 것. F. Black & M. Scholes, "The Pricing of Options and Corporate Liabilities," *Journal of Political Economy* 81, No.3(May-June 1973), pp.637～654 ; J. Cox and S. Ross, "The Valuation of Options for Alternative Stochastic Process," *Journal of Financial Economics* 3, No.112(Jan.-Mar. 1976), pp.145～166.

블랙·숄즈 OPM에서 핵심이 되는 것은 $N(d)$의 값이다. 여기서 $N(d)$는 옵션이 만기까지 내가격(in the money) 옵션이 될 위험조정확률이라고 할 수 있다. 옵션행사의 가능성이 높아질수록 $N(d)$의 값은 1에 가까워지며, 이는 콜옵션가치가 $S_0 - X \cdot e^{-r_f t}$의 값(현가로 표시한 내재가치)에 근접해진다는 것을 의미한다. 반면에 옵션행사 가능성이 거의 없어서 $N(d) \approx 0$이면 옵션가치는 영(0)의 값에 근접한다.

내가격 옵션이 될 위험조정확률 $N(d)$의 값은 시장가격(S)이 행사가격(X)보다 큰 정도에 달려 있어서, 시장가격과 행사가격이 옵션가격에 영향을 미친다는 [그림 12-8]의 논리가 반영되어 있다. 또한 식을 보면 기초주식의 변동성(σ^2)이 크고 만기까지의 기간(t)이 길수록 옵션가치가 커지는 사실 역시 알 수 있다.

보기 3

지금 기초주식가격(S_0)=9,000원, 콜옵션 행사가격(X)=10,000원, 만기까지의 잔여기간(t)=0.5(6개월), 표준편차(σ)=0.5, 무위험이자율(r_f)=0.1(연 10%)이라고 하면 콜옵션의 가치는 얼마인가?

풀이 먼저 d_1과 d_2를 구하면 다음과 같다.

$$d_1 = \frac{\ln(9{,}000/10{,}000) + \left(0.1 + \frac{1}{2}(0.5)^2\right)(0.5)}{0.5\sqrt{0.5}} ≒ 0.02$$

$$d_2 = \frac{\ln(9{,}000/10{,}000) + \left(0.1 - \frac{1}{2}(0.5)^2\right)(0.5)}{0.5\sqrt{0.5}} ≒ -0.33$$

또는 $d_2 = d_1 - \sigma\sqrt{t} = 0.02 - 0.5\sqrt{0.5} ≒ -0.33$

누적정규분포표로부터 $N(d_1)$과 $N(d_2)$는 다음과 같다.

$N(d_1) = N(0.02) = 0.5080$

$N(d_2) = N(-0.33) = 0.3707$

그러므로 콜옵션가치는 다음과 같이 1,046원이 된다.

$$C = 9{,}000(0.5080) - \frac{10{,}000}{e^{(0.1)(0.5)}}(0.3707) = 1{,}046\text{원}$$

※ $N(d_1)$와 $N(d_2)$의 값을 본서 〈부록〉에 있는 표준정규분포표로부터 누적정규분포값을 구할 경우, 찾으려고 하는 값(Z값)이 양(+)일 때에는 표의 값에 0.5를 더하고 음(−)일 때에는 0.5에서 표의 값을 차감하여 구함.

현장에선 ▸▸▸ "왜 그랬을까"… 뒤늦게 엔비디아 주식 쓸어 담는 '큰손'들

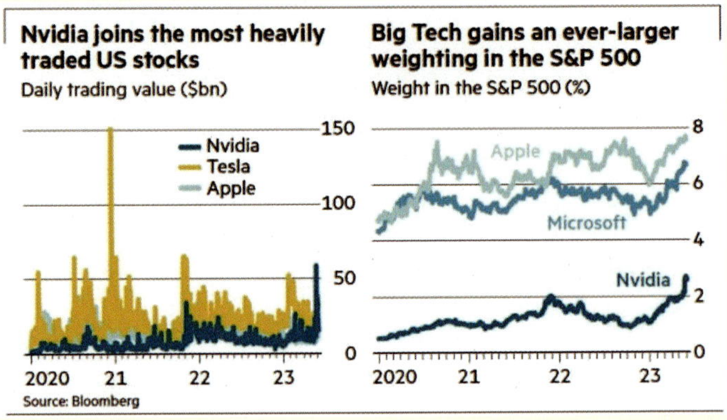

'엔비디아 랠리'에 올라타지 못했던 자산운용사들이 앞다퉈 엔비디아 주식을 대량 매집하고 있다고 파이낸셜타임스(FT)가 8일 보도했다. 연초까지만 해도 이들 운용사는 포트폴리오에서 엔비디아의 비중을 줄였지만, 인공지능(AI) 열풍이 불자 프로그램 매매 등을 동원해 비중 늘리기에 여념이 없는 모습이다.

연초 다수 운용사의 포트폴리오에서 엔비디아의 포지션은 '비중축소(underweight)'였다. 주가가 이미 지난해 말 대비 2배 수준으로 오른 상태였기 때문이다. 엔비디아는 포트폴리오 내 비중이 가장 작은 주식 중 하나였다. 투자자들은 엔비디아 주식에 대한 풋옵션도 대량으로 사들였다. 풋옵션은 주식을 특정시점에 미리 정한 가격으로 매도할 수 있는 권리로, 주가하락을 예상할 때 구매된다.

그러나 엔비디아의 1분기 실적이 공개되고 난 뒤 2주 동안 다수의 뮤추얼펀드와 헤지펀드들은 엔비디아를 비롯한 AI 관련주를 공격적으로 사들이기 시작했다. 이날 이후부터 풋옵션이 아닌 콜옵션(주식을 특정시점에 미리 정한 가격으로 매수할 수 있는 권리) 거래가 늘었다.

'AI 랠리'를 놓친 펀드들의 투자수익률이 형편없었기 때문이다. S&P 500지수 내 엔비디아의 비중은 지난해 말 1.1%에서 현재 2.7%까지 올랐는데, 대다수 뮤추얼펀드의 엔비디아에 대한 포지션은 이보다 낮은 수준이었다. 엔비디아 주식을 사려는 수요 대비 공급이 부족한 탓에 매매계약은 소규모로, 대신 자주 체결되고 있는 상황이다. 이 주식의 일일 거래량은 평균 320억달러(약 41조 6,000억원)로, 이전의 2배 이상으로 늘었다. 다수의 펀드들은 알고리즘을 활용한 프로그램 매매에 뛰어들었다. JP모간체이스, 뱅크오브아메리카(BoA), 모건스탠리 등 헤지펀드와 거래하는 3대 브로커들은 모두 지난 3월말 기준 엔비디아 투자 상위 10위권에 들었다.

글로벌 투자은행 바클레이즈의 미주 지역 주식 및 파생상품 부문 공동 책임자인 브라이언 보스트는 "2022년 이후 많은 사람이 성장 여력을 과소평가했다"며 "지금은 모두가 시장으로 내몰리고 있는 시점"이라고 말했다. 씨티그룹의 미국 주식 거래 전략 책임자인 스튜어트 카이저도 "기술주의 극적인 상승은 사람들을 다소 불편하게 만들었지만, 누구도 이를 놓치고 싶어 하진 않는다"고 했다. (한국경제, 2023.6.8)

보론 주요 옵션투자전략

1. 헤징전략

(1) 방어 풋 전략 : 주식매수+풋옵션 매수

주식투자시의 최대손실은 주가하락으로 투자원금을 모두 잃게 되는 경우이다. 옵션을 이용하면 주식투자를 하더라도 주가하락시에 일정수준 이상의 손실을 보지 않도록 하고, 주가상승시에는 주가상승만큼 이득을 얻게 하는 것이 가능하다. 이 투자전략의 하나가 방어 풋 전략이다.

방어 풋(protective put) 전략은 기초주식을 매수하는 동시에 풋옵션을 매수하는 포트폴리오 구성전략이다. 이 전략을 구사하면 다음에 보는 것처럼 주가가 하락하는 상황($S \le X$)에서는 손실을 일정수준으로 묶어 두고, 주가가 상승하는 상황($S > X$)에서는 주가상승만큼 이득이 증가하게 된다. 이러한 측면에서 포트폴리오 보험(portfolio insurance)의 한 형태라고 할 수 있다. 보험에 가입했을 경우 사전에 계약했던 사고나 재난이 발생하면 전액 혹은 일부를 변상받을 수 있지만, 사고가 발생하지 않으면 납부한 보험료만큼의 손해를 보는 것과 같은 구조이다. 방어 풋은 강세시장에 보험을 든 것과 같다.

[그림 12-보1] 방어 풋 전략의 손익구조

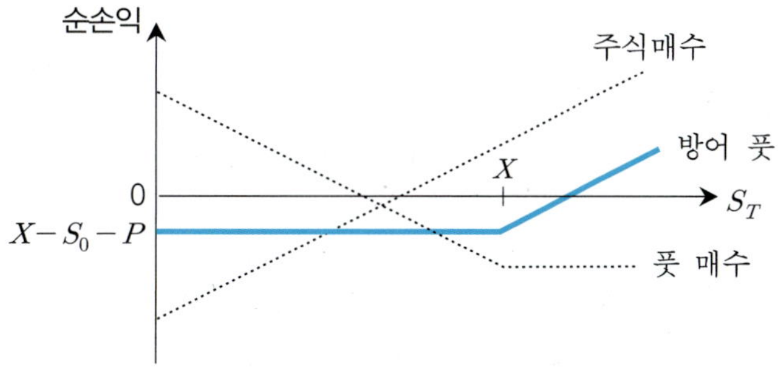

(2) 커버드 콜 전략 : 콜옵션 매도+주식매수

커버드 콜(covered calls)은 콜옵션 매도와 동시에 주식을 매수하는 포트폴리오 구성을 말하는데, 콜 매도·주식매수전략이라고도 한다.[5] 커버드 콜의 순이득은 최종적으로 콜 매도시의 C만큼의 수입이 가산되므로 [그림 12-보2]에서 실선으로 표시된 부분과 같게 된다.

이처럼 커버드 콜은 콜 매도, 주식매수 각각의 기본포지션(naked position)에 따른 손실을 헤징시켜 주는 장점 이외에도 투자전략적으로 볼 때 일정한 수준의 목표 매도가격을 설정해 놓고 자산운용을 하는 경우 적절하다. [그림 12-보2]에서 보는 것처럼 행사가격(X) 수준에서 자산매도를 계획하고 있으면 커버드 콜을 하는 것이 유리하다. 콜 프리미엄을 추가적인 수입으로 얻음으로써 고정적인 순이득을 확보할 수 있기 때문이다. 이러한 특징 때문에 기관투자자들 사이에서 많이 이용되는 옵션전략이 되고 있다.

[그림 12-보2] **커버드 콜의 손익구조**

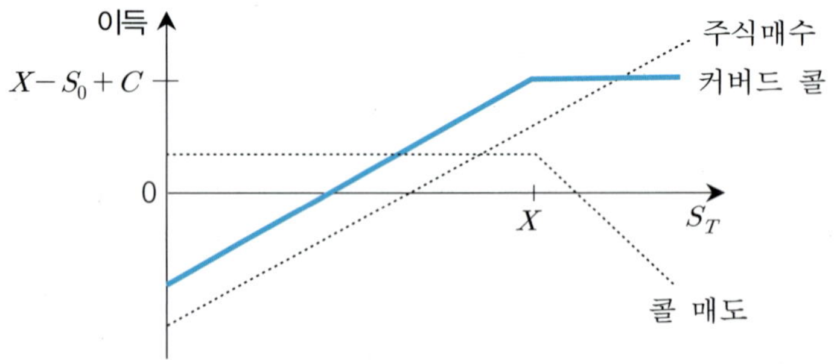

5) "커버드(covered)"라고 부르는 이유는 콜 매도의 경우 콜 매수자의 요구가 있을 때 기초주식을 인도해야 하는데, 이때 인도하게 될지 모르는 주식을 보유하고 있기 때문이다. 이와 대조적으로 전술한 것처럼 옵션을 발행하거나 매수하는 것과 같이 어느 한 포지션만을 유지하고 있는 경우를 **기본포지션**(naked position)이라 한다.

2. 스프레드 전략

스프레드(spread)는 동일한 형태의 두 개 이상의 옵션(즉, 한 개 이상의 콜옵션 혹은 한 개 이상의 풋옵션)에 대해 하나는 매수하고 다른 하나는 매도하는 포지션을 취하는 것을 말한다. 스프레드에는 수직 스프레드와 수평 스프레드가 있다. 수직 스프레드(vertical spread)는 한 옵션을 매수하는 동시에 만기일은 같지만 행사가격만 다른 옵션을 매도하는 전략이고, 수평 스프레드(horizontal spread)는 행사가격은 같으나 만기일만 서로 다른 옵션을 하나는 매수하고 다른 하나는 매도하는 전략이다.

(1) 강세시장 스프레드 : X_1의 콜 매수+X_2의 콜 매도($X_2 > X_1$)

강세시장 스프레드(bullish spread) 전략은 동일주식에 대해 행사가격 X_1인 콜옵션을 매수하고, 보다 높은 행사가격 X_2의 콜옵션을 매도하는 수직 스프레드의 일종이다. 행사가격이 높을수록 콜옵션 행사가 이루어질 확률이 줄어들므로 매도된 콜옵션가격을 매수된 콜옵션가격보다 낮게 설정한다. [그림 12-보3]에서 보듯이 잠재적인 이득 혹은 손실의 기회를 제한하여 이득과 손실을 고정시킨다는 특징이 있다. 시장가격이 행사가격 X_1에 못 미치면 고정적인

[그림 12-보3] 강세시장 스프레드 전략의 손익구조(콜옵션의 경우)

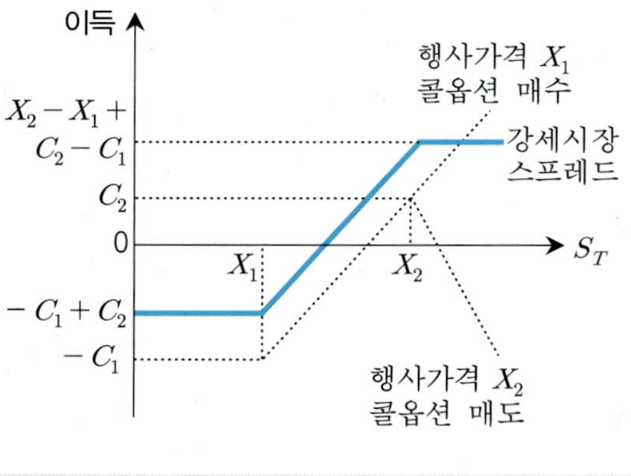

[그림 12-보4] 약세시장 스프레드 전략의 손익구조(콜옵션의 경우)

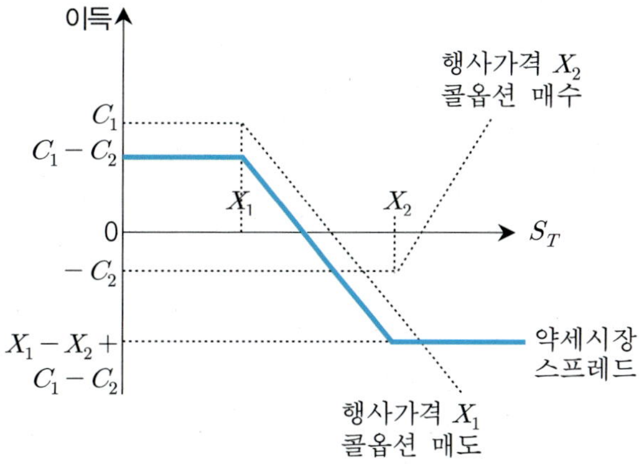

손실을 경험하게 되지만 시장가격이 행사가격 X_1과 X_2 사이에 있게 되면 점차 순이득이 증가된다. 그리고 시장가격이 행사가격 X_2를 상회하면 고정적인 이득을 얻게 된다. 강세시장 스프레드는 이런 특징으로 주가상승이 기대될 경우에 사용되는 전략이다.

풋옵션을 이용하여 강세시장 스프레드를 창출하기 위해서는 낮은 행사가격을 가진 풋옵션을 매수하고 높은 행사가격으로 풋옵션을 발행하면 된다.

(2) 약세시장 스프레드 : X_1의 콜 매도 + X_2의 콜 매수($X_2 > X_1$)

주가상승시에 강세시장 스프레드를 이용하는 것처럼 주가하락이 예상되면 약세시장 스프레드(bearish spread)를 이용할 수 있다. 강세시장 스프레드처럼 콜옵션 매수와 콜옵션 매도로 구성되는데, 전자와의 차이점은 매수한 콜옵션의 행사가격이 발행한 콜옵션의 행사가격보다 높다는 점(매수한 콜옵션의 가격이 발행한 콜옵션가격보다 크다는 점에 주의)에 있다. [그림 12-보4]는 약세시장 스프레드의 순이득 패턴을 나타내고 있다. 행사가격 X_1보다 주가 S_T가 낮으면 고정적인 이득을 얻고, 주가 S_T가 행사가격 X_1과 X_2 사이에 있으면 주가상승에 따라 손실을 경험하며, 행사가격 X_2보다 주가 S_T가 높으면 고정적인 손실을 얻게 된다.

풋옵션으로 약세시장 스프레드를 구성하려면 낮은 행사가격으로 풋옵션을 매도하고 높은 행사가격을 지닌 풋옵션을 매수하면 된다.

3. 컴비네이션 전략

컴비네이션(combination)이란 동일한 주식에 대해 콜옵션과 풋옵션을 동시에 매수 또는 매도하는 방식으로 포트폴리오를 구성하는 옵션투자전략이다. 본항에서는 스트래들, 스트립, 스트랩, 스트랭글 등의 전략을 설명한다.

(1) 스트래들 전략 : 콜옵션+풋옵션

스트래들(straddle)은 만기일과 행사가격이 같은 하나의 콜옵션과 하나의 풋옵션을 동시에 매수하거나 또는 동시에 매도하는 것이다. 따라서 각 상황에서의 스트래들 매수전략의 가치와 이득은 [그림 12-보5(a)]와 같다. 이 그림은 콜 매수와 풋 매수를 결합시킨 것인데, 주식가격이 미래에 큰 폭으로 변동(큰 폭 상승 또는 하락)하는 경우에는 이득이 크지만, 행사가격 수준에 머무르면 손실을 보게 된다. 그러나 주식가격이 어느 방향으로 움직이든지 관계없이 큰 폭으로 변동하게 되면 비례적으로 이득은 증가한다.

스트래들 매수전략은 기초자산의 가격 움직임의 방향성(상승 혹은 하락)에 관계없이 변동성이 매우 큰 위험주식에 대하여 구사해 볼 수 있는 옵션전략이다. 예컨대, 어느 회사가 소송에 연루되어 승소하면 주가의 큰 폭 상승이, 패소하면 주가의 큰 폭 하락이 예상될 때 매우 유효한 전략이 된다.

반면에 스트래들 매도전략은 콜과 풋을 동시에 매도하는 전략인데, 스트래들 매수전략과 정반대의 순이득 패턴을 보인다. [그림 12-보5(b)]에서 볼 수 있는 것처럼 스트래들 매도전략은 주식가격의 등락폭이 작을 때 순이득이 크고, 등락폭이 크면 큰 손실을 보게 되므로 변동성이 적은 주식에 대해 적절한 옵션전략이다.

[그림 12-보5] 스트래들의 손익구조

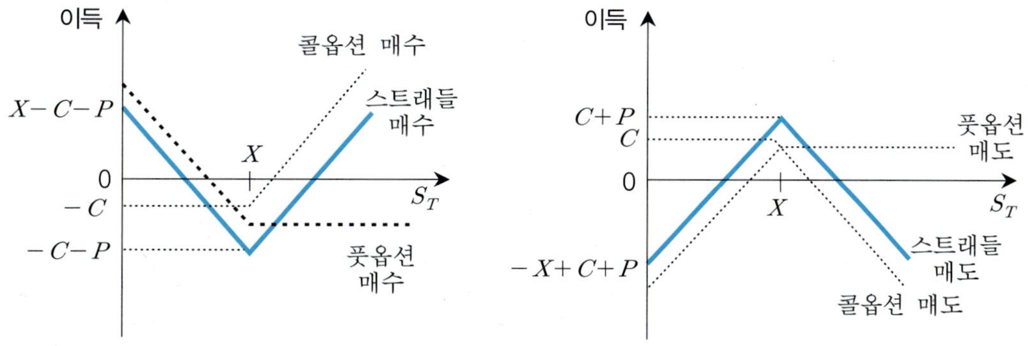

(a) 스트래들 매수 (b) 스트래들 매도

(2) 스트립과 스트랩 : 1(2)개의 콜옵션과 2(1)개의 풋옵션

스트립(strip)은 만기와 행사가격이 같은 한 개의 콜옵션과 두 개의 풋옵션을 조합하는 포트폴리오를 말한다. 미래에 주가변동이 매우 심하지만 주가하락의 가능성이 주가상승의 기회보다 더 크다고 예상될 때 주가하락에 더 많은 투자비중을 둘 경우 구사되는 전략이다.

반면 스트랩(strap)은 두 개의 콜옵션과 하나의 풋옵션을 조합하는 투자전략이다. 스트랩은 큰 폭의 주가변동이 예상되지만, 주가상승확률이 주가하락의 확률보다 크다고 여겨질 때 주가상승에 투자비중을 더 두는 투자전략이다.

[그림 12-보6] 스트립과 스트랩의 손익구조

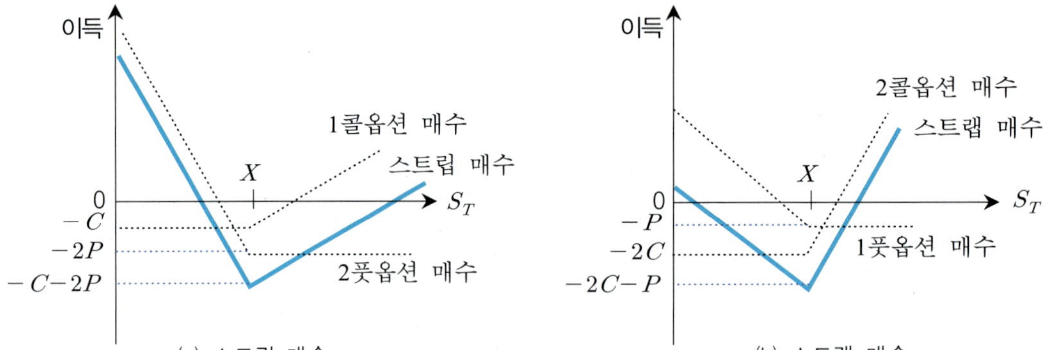

(a) 스트립 매수 (b) 스트랩 매수

(3) 스트랭글 : X_1의 콜 옵션과 X_2의 콜 옵션($X_2 > X_1$)

스트랭글(strangle) 전략은 만기는 같지만 행사가격이 상이한 콜옵션과 풋옵션을 각각 하나씩 매수하는 전략으로 수직 컴비네이션(vertical combination)이라고도 한다. 콜옵션의 행사가격(X_2)을 풋옵션의 행사가격(X_1)보다 크게 가져가야 하는데, 스트랭글 매수의 이득패턴은 [그림 12-보7(a)]에 나타나 있다.

스트랭글 매수 역시 주가변동의 폭은 크지만 변동방향을 판단하기 어려울 때 적용할 수 있는 전략이라는 점에서는 스트래들 매수와 같으나, 이익을 실현하는 만기의 주가(S_T)가 스트래들보다 더 크거나 작고, 손실의 정도는 스트래들 매수보다 작다는 차이가 있다. 스트랭글 매수의 이득패턴은 행사가격 X_1, X_2의 간격에 따라 달라진다. X_1과 X_2의 간격이 적을수록 최대손실액은 줄어드는 대신 이득을 달성할 수 있는 기회는 커진다.

한편 스트랭글 매도는 콜옵션과 풋옵션을 각각 하나씩 매도하는 전략이다. 스트랭글 매도 역시 매도된 콜옵션의 행사가격(X_2)은 풋옵션의 행사가격(X_1)보다 크다. 장차 주가가 극심한 변동을 보일 것 같지 않을 경우 고려되는 전략이라는 점에서 스트래들 매도와 비슷하다. 더욱이 스트랭글 매도는 스트래들 매도처럼 투자자의 잠재적 손실이 무한하다는 점에서 위험스런 투자전략이라 할 수 있다.

[그림 12-보7] 스트랭글의 손익구조

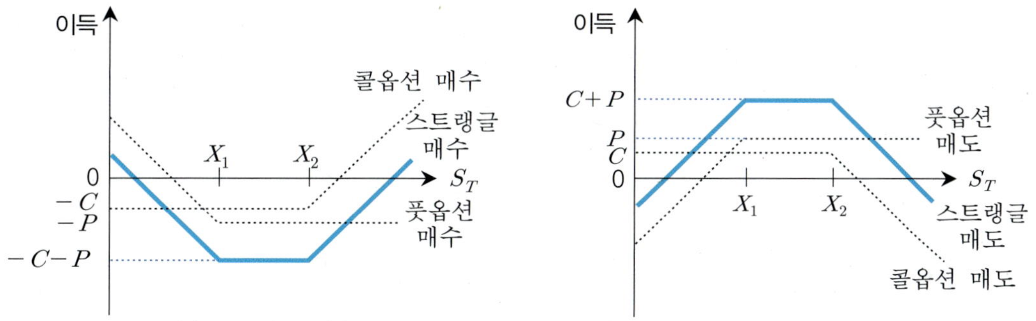

(a) 스트랭글 매수 (b) 스트랭글 매도

주요 용어

콜옵션
풋옵션
행사가격
만기일
기초자산
옵션가격(프리미엄)
파생증권
내가격, 외가격, 등가격
유러피언 옵션
아메리칸 옵션
옵션거래소
옵션청산소
옵션의 기능
옵션거래의 손익
옵션의 기본포지션
풋·콜 패리티
옵션의 내재가치
옵션의 시간가치
옵션가치의 결정요인
이항옵션가격결정모형
블랙·숄즈 옵션가격결정모형
옵션의 헤징전략

연습문제

1. 우리나라 KOSPI 200 옵션제도를 조사하고 주요 특징을 설명하시오.

2. 콜옵션과 풋옵션의 권리와 의무에 대해 설명하시오.

3. 콜옵션과 풋옵션 매수자의 순이득 패턴의 특징을 정리하시오.

4. 콜옵션과 풋옵션 매도자의 순이득 패턴의 특징을 정리하시오.

5. 풋·콜 패리티를 어떻게 활용할 수 있는가?

6. 옵션가치를 결정짓는 요인에 대해서 설명하시오.

7. (주)쪼이의 현재 주가가 20,000원이다. 이 회사에서는 만기가 1년이고, 행사가격이 20,000원인 콜옵션과 풋옵션을 발행하였다. 액면이 10,000원인 1년 만기 무위험채권의 가격은 9,000원이다. 현재 풋옵션가격이 4,000원이라면 콜옵션의 가격은 얼마인가? 풋·콜 패리티를 이용하시오.

8. 옵션에 관해 주어진 정보가 다음과 같다.

현재가격 : 34,000원	행사가격 : 34,000원
무위험이자율 : 5%	기초주식의 표준편차 : 4%
만기 : 6개월	

블랙·숄즈 OPM을 이용하여 콜옵션의 가격을 결정하시오.

PART

V

통합적 투자관리

제13장　투자관리와 투자성과평정

CHAPTER

13

투자관리와 투자성과평정

본장에서는 지금까지 배운 투자관리 문제를 통합적 관점에서 체계화하여 정리한다. 다음은 본장의 학습목표로서 이해해야 할 주요 사항들이다.

- 통합적 투자관리의 체계란 무엇인가?
- 투자계획에 포함되어야 할 사항들은 무엇인가?
- 소극적 투자관리방법에는 어떤 것이 있는가?
- 적극적 자산배분과 종목선정의 방법에는 어떤 것이 있는가?
- 포트폴리오 수정은 어떤 방법으로 이루어지는가?
- 투자성과평가지표에는 어떤 것이 있는가?

제1절 통합적 투자관리

생활속에서 ▸▸▸

금융투자업계에선 개인투자용 국채가 노후 자금이나 목돈 마련을 장기에 걸쳐서 투자할 만한 유인처가 될 수 있다고 평가하고 있다.

개인투자용 국채란, 일반 국고채와 달리 매입 자격이 개인으로 한정된 국채로 20~30년물 국채가 될 예정이다. 기획재정부는 매월 수십만원가량 국채 20년물을 산 개인투자자에게 원리금을 보장해 주고, 2억원까지 이자소득을 분리과세(14%)한다는 방침이다.

업계 반응은 좋다. KB국민은행 정성진 부센터장은 "중위험 중수익을 기대하는 투자자들이 채권투자를 고려해 볼 만한 요인은 있다"고 말했다. 신한은행 김대수 팀장은 "은행에서 판매하는 채권투자에 대한 메리트를 얻기 위해 최소 1억원 이상 채권에 투자해야 하는데 적은 돈으로 직접 국채를 매입해 장기적으로 목돈을 마련할 수 있을 것"이라고 설명했다.

하지만 관건은 '만기' 단서 조항이다. 20~30년까지 채권을 매월 매입하긴 어렵다는 것이다. 중도환매 없이 만기까지 채권을 보유했을 때 주는 과세 혜택도 투자 동기 요인이 적다는 지적도 나온다. 현행법상 채권 매매차익은 비과세인데, 이 상품은 비과세가 아니다. (지디넷, 2023.4.10 편집)

#노후자금 #중위험중수익 #장기투자 #만기 #장기투자 #과세혜택

1. 통합적 투자관리의 체계

[그림 13-1]은 본 책 제1장에서 다루었던 통합적 투자관리의 체계를 다시 제시한 것이다. 그림에서 보는 바와 같이 투자관리과정에서 핵심은 다음과 같이 요약할 수 있다.

첫째는 주식, 채권, 준현금, 부동산 등 투자수익과 위험이 질적으로 다른 각급자산에 어떻게 자금을 배분할 것인가, 어떤 방법으로 분산투자를 할 것인가라는 자산배분(asset allocation)의 과제이다.

둘째는 각급 투자자산(주식, 채권 등) 내에서 어떤 특정종목에 투자할 것인가라는 종목선정(security selection)의 과제이다.

[그림 13-1] 통합적 투자관리과정

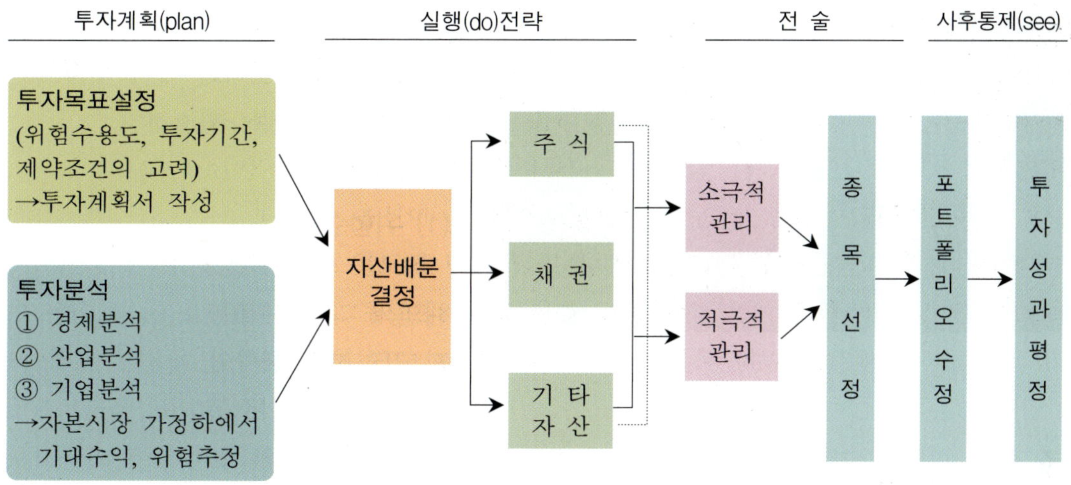

셋째는 투자성과를 더 높일 수 있는 투자시점을 언제로 할 것인가라는 투자시점포착(timing)의 과제이다.

넷째는 투자수익의 변동성을 어떻게 관리할 것인가라는 투자위험관리(risk management)의 과제이다.

제4~12장에서 배운 내용은 이러한 각 과제에 어떻게 대응할 것인가에 관한 것이었다.

2. 투자목표의 수립

이와 같은 일련의 투자관리과정에서 제일 중요한 것은 첫 단계인 투자계획 수립에서 투자목표의 설정이다. 투자목표가 어떻게 설정되느냐에 따라 투자관리의 핵심인 자산배분과 종목선정의 방향이 달라지기 때문이다.[1)]

투자목표(investment objectives)는 자산배분과 종목선정을 통하여 달성하고자 하는 목표치를 말한다. 이 달성 목표치는 투자수익(률)으로만 표현해서는

1) 제1장 제2절에서는 투자관리과정과 투자계획수립에 대하여 투자론 서론의 맥락에서 간단히 설명하였다. 본장에서는 종합적인 관점에서 고려할 내용들을 정리한다.

주택 구매 잔금을 지불하기 전에 그 돈으로 주식투자를 했다가 낭패본 사람이 있다. 투자목표를 고려했다면 하지 않았을 투자였다. (사진 : SW하우징)

안 된다. 투자목표는 투자수익과 투자위험이 모두 고려된 목표치로 표현되어야 한다. 그러기 위해서는 그 투자자의 위험수용도, 투자기간, 여러 가지 제약조건에 대한 면밀한 점검이 필요하다.

(1) 위험수용도

개인의 위험수용도(risk tolerance)는 그 개인의 심리적 산물이기 때문에 보험가입현황이나 순재산액, 소득수준, 현금보유액의 크기와 같은 개인의 현재 재무상태, 연령이나 자녀의 수와 같은 가족사항에 의해 영향을 받는다.

(2) 투자기간

투자기간(time horizon)을 얼마나 길게 잡을 것인가도 투자목표 설정에 중요한 요소이다. 더욱이 투자기간의 장·단기, 유동성 필요, 위험수용도는 상호간에 밀접한 관계를 갖는 경향이 있다. 투자기간을 길게 잡는 투자자는 중도유동성 필요가 덜하고 위험수용도가 높다. 설령 큰 손실이 발생하더라도 이를 만회할 시간적 여유가 있기 때문이다. 반면에 투자기간을 짧게 잡고 있는 투자자는 중도유동성 필요가 높고, 손실발생에 민감하며 위험수용도가 낮다.

(3) 기타 제약조건

위험수용도와 투자기간 이외에도 투자목표 설정에는 다음 사항들을 고려할 필요가 있다.

① 세금관계 : 면세, 종합금융소득세의 적용여부를 고려한다.
② 법적규제(제약) : 기관투자가의 경우 특정주식 또는 특정 금융자산에 대한 투자 제한, 특정주식에 대한 투자비율의 제한을 파악한다.

③ 투자자금의 성격 : 단기자금의 일시적 융통여부, 새로운 자금의 계속적 유입여부 등의 면에서 투자자금의 성격을 분명히 한다.

④ 유동성 필요(liquidity needs) : 빠른 기일 안에 쉽게 현금화시킬 수 있는 유동성이 높은 자산에 대한 요구는 투자자마다 다르다. 젊은 세대는 유동성 요구가 지극히 적은 반면에 퇴직이 임박한 투자자는 높다.

⑤ 고객의 특별한 요구사항 : 개인투자자의 개인적 선호도를 반영할 수 있다. 이를테면 사회적 책임수행이나 바람직한 지배구조의 구축 등의 관점에서 특정주식에 대한 선호 혹은 기피 의견이 있다면 이를 반영한다.

3. 투자계획서의 작성

투자계획서(IPS : investment policy statement)는 투자자의 투자목표, 자산배분, 포트폴리오 구성의 방향을 체계적으로 문서화한 것이다. 투자계획서는 투자관리의 핵심이 되는 자산배분과 종목선정이 투자목표와 일관성 있게 이루어지도록 도와주는 로드맵과 같다고 할 수 있다. 또 투자계획서는 투자성과를 평가할 기준으로 이용되기도 하고, 제3의 자금관리자에게 업무가 이관되더라도 오해 없이 일관성 있게 관리할 수 있게 해주는 역할을 한다. 이러한 이유로 투자자문업, 투자일임업, PB(private banking)업을 하는 금융회사에서는 투자제안서를 작성하여 투자방침을 명확히 하는 것이 필수적이다.

투자계획서(제안서)에는 최소한 다음과 같은 요소들이 포함될 필요가 있다.

(1) 투자목표

투자관리의 주체(본인, 투자관리를 위탁하는 위탁자)의 재산상황과 금융욕구, 투자기간과 위험성향 등 투자자의 투자성향에 대한 파악을 근간으로 하는, 목표 투자수익률과 위험관리의 기본방향을 제시한다. 투자목표의 제시는 투자수익률(%)로 표시하거나, 위험성향을 감안하여 다음과 같은 목표설정을 할 수 있다.

① 원금보존(capital preservation)목표 : 손실위험을 최소화하고자 하는 목표
② 시세차익(capital appreciation)목표 : 투자위험을 부담하더라도 투자수익을 높이고자 하는 목표
③ 경상수익(current income)목표 : 정액소득(이자나 배당)을 높이고자 하는 목표
④ 총투자수익(total return)목표 : 시세차익과 경상수익목표를 혼합한 목표

투자목표를 제시하는 다른 방법은 투자자의 투자위험 성향을 고수익 추구 위주의 주식형 자산 편입비율 확대 유형과 안정성 위주의 무위험자산에 대한 편입비율 확대 유형으로 나누고, 자산배분 방향의 설정을 포함하는 투자목표를 다음과 같이 제시하는 것이다.

① 이자소득형(income) : 정액소득(이자나 배당)을 높이는 방향에서 투자위험의 최소화를 목표로 함
② 안정형(moderate) : 정액소득의 확보에 주력하지만, 약간의 시세차익 확보도 목표로 함
③ 안정성장형(balanced) : 정액소득의 확보와 시세차익 획득 모두를 목표로 함
④ 성장형(growth) : 시세차익의 획득에 주력하지만, 약간의 정액소득 확보도 목표로 함
⑤ 공격형(aggressive) : 위험부담이 있더라도 투자수익 극대화를 목표로 함

(2) 투자분석 · 자본시장의 가정

경제분석과 전망에 기초하여, 계획하고 있는 투자기간 동안의 주요 투자자산의 기대수익률과 위험의 계량적 추정치를 도출하고, 이를 제시한다.

(3) 자산배분안

제시한 투자목표와 일치하는 자산배분안, 주식 대 채권에의 투자비율안(예를 들어 70 : 30 등)을 제시한다. 선행단계인 (2)에서 제시한 전망이 진행될 경우

의 자산배분안인 정상적 자산배분안 이외에 시장상황의 변화가 있을 경우 대처할 '상황적 시나리오의 자산배분안'을 제시한다. 또 자산투자비율에 대한 조정 검토가 정기적으로 이루어질 필요가 있는데, 이 기간과 재검토 프로세스를 명시한다.

(4) 투자관리방침

선행단계 (3)의 자산배분안의 방향에 맞는 구체적 종목선정, 전술적 투자관리 계획을 명시한다. 예를 들어 투자수익을 극대화시키는 목표의 자산배분안이라면, 이에 적합한 시세차익을 극대화시키는 종목선정의 방향을 제시한다. 성장주, 가치주, 고배당 주식, 특정섹터 주식 등에 대한 투자방침을 표현한다.

채권부분에 대해서는 앞으로의 이자율 전망과 함께 포함시킬 채권의 듀레이션, 채권의 신용등급에 대한 방침을 제시한다.

[그림 13-2]는 이상의 주요 내용을 문서화된 계획서로 작성하는 투자계획서(IPS)의 한 예이다. 이 예에서의 투자관리의 주체는 기업연금(이름은 "미래소망펀드")을 수탁 운용하는 ABC자산운용사이다.

숫자로 본 세계 ▸▸▸ 주요 기금 운용 수익률 비교(2022년 기준)

▷ 글로벌 5대 연기금의 평균 수익률 : －10.55%
▷ 주요 기금 : 미국 캘리포니아 공무원연금(CalPERS) －11.2%
일본 GPIF －4.8%
캐나다 CPPIB －5.0%
노르웨이 CPFG －14.1%
네덜란드 ABP －17.6%
▷ 우리나라 국민연금 : －8.28%

(자료 : 종합)

[그림 13-2] **기업연금운용 미래소망펀드에 대한 투자계획서(IPS)의 예시**

I. 투자목표

이 펀드의 수익자들은 퇴직 후 안정적 생활수입의 확보를 중시하는 직장인들이다. 5년 후부터 첫 번째 수혜자들이 나오고, 이후 매년 정기적으로 연금을 지급한다. 기금의 재원은 수익자 개인의 부담금률 최대 20%와 회사 기여금 최대 80%의 비율로 조성되므로, 투자위험을 최소화하면서, 경상수익과 시세차익 모두를 고려하는 총투자수익(total return)을 목표로 한다. 총투자수익률은 인플레이션을 보전하고 최소 연간 8%의 실질수익률을 목표수익률로 한다.

II. 투자분석/자본시장의 가정

본 ABC자산운용회사가 실시한 향후 운용기간에 걸친 경제전망에 기초하여, 주요 투자자산의 기대수익률과 위험은 다음과 같이 자산별 기대수익률과 위험 추정치의 가정하에서 포트폴리오안을 마련한다.

	연간 기대수익률	위험(표준편차)
주식	17.0%	28.0%
회사채	9.0	5.8
국공채	5.5	2.5
인플레이션	4.0	

III. 자산배분안

주식 대 채권에의 투자비율은 40 : 60의 비율을 정상적 자산배분안으로 한다. 단, 시장상황의 변화를 반영시켜야 하는 경우가 발생하면, 두 자산의 비율을 ±20% 안에서 조정할 수 있다. 자산투자비율에 대한 조정 검토는 6개월마다 당사 기구의 하나인 "자산운용협의회"에서 결정한다.

IV. 투자관리방침

본 펀드는 안정성을 기본적으로 추구하므로 이자수입과 배당수입을 높이는 종목선정에 초점을 맞춘다. 그러나 목표수익률을 달성하기 위하여 적정 수준의 시세차익확보가 가능한 주식종목도 편입시킨다. 두 가지 방향을 조화시키기 위하여 주식 부분은 과소평가된 것으로 평가되는 가치주 중심의 포트폴리오를 구성한다. 구체적으로 배당수익률이 높고, 주가순자산배율(PBR)과 주가수익비율(PER)이 산업평균보다 낮은 가치주 종목 중심으로 운용한다.

채권부분은 현재의 이자율 기간구조에서 급격한 변화가 없을 것을 가정하여, 듀레이션은 3~5년으로, 회사채는 신용등급이 A^- 이상인 채권으로 편입한다.

제2절 투자관리방법

투자관리방법(investment policy)은 시장의 효율성에 대한 전제 그리고 이와 관련하여 위험과 정보비용을 부담하면서 초과수익을 얻고자 하느냐에 따라서 소극적 투자관리방법과 적극적 투자관리방법으로 나누어 볼 수 있다.

1. 소극적 투자관리방법

소극적 투자관리(passive portfolio strategy)는 증권시장이 효율적인 것을 전제로 하여, 초과수익을 얻고자 하는 시도 대신에 시장 전체 평균수준의 투자수익을 얻거나 투자위험의 감소를 목표로 하는 투자관리방법이다. 또한 투자결정을 위하여 구체적 종목에 대한 증권분석이나 독자적 판단을 하지 않고, 시장 전체의 일반적 예측을 그대로 받아들여 정보비용을 극소화시킬 뿐 아니라 매수·매도 결정도 극소화시킴으로써 거래비용도 최소화시키는 투자관리방법이다. 이러한 방법으로는 단순 매수·보유전략, 인덱스(지수)펀드·채권펀드 투자전략, 평균투자법 등이 있다.

(1) 단순 매수·보유전략

단순 매수·보유전략(naive buy-and-hold strategy)은 특정 우량증권이나 포트폴리오를 선택하고자 하는 의도적인 노력 없이 단순히 무작위적으로 선택한 증권을 매수하여 보유하는 투자전략이다. 이 전략은 무작위적(random)으로 포트폴리오를 구성하고 분산투자 종목의 수를 증가시키면, 증권시장 전체의 평균적인 기대수익률을 얻을 수 있다는 포트폴리오 이론(본 책 제9장)에 근거를 두고 있다.

(2) 인덱스(지수)펀드 · 채권펀드 투자전략

가장 순수한 의미에서의 소극적 투자관리는 자산운용회사 등이 설정하고 있는 인덱스펀드와 채권펀드에 투자하는 것이다. 인덱스(시장 · 지수)펀드(market · index fund)는 주가지수 산정에 포함되는 대표적인 주식으로 구성하여 투자수익과 투자위험이 시장평균수준이 되게 하는 효과적인 방법이 된다. 수수료가 저렴한 상장지수펀드(ETF)에 투자하는 것이 조금 더 효율적일 수 있다. 이러한 펀드들은 제3장에서 배운 시장지수 수익률을 추종한다.

한편 주식시장펀드와 무위험의 투자수익을 얻게 해주는 국공채펀드(또는 CD, MMF)에 나누어 투자하는 것은 제10장에서 설명한 것처럼 효율적 포트폴리오의 한 구성방법이 된다. 채권포트폴리오 운용에서는 사다리형, 바벨형 등의 만기구성전략은 기계적인 운용전략이므로 정보비용이 발생하지 않지만, 이자율변동위험이 완전히 제거되지 않는다. 반면에 듀레이션을 이용하여 이자율변동위험을 제거시키는 채권면역전략(제8장 참조)은 이자율변동위험을 제거하는 데에는 유효하지만, 어느 정도의 정보분석비용이 발생하게 된다.

(3) 평균투자법

평균투자법(dollar cost averaging)은 주가의 등락에 관계없이 정기적으로 장기간 일정금액을 주식에 계속 투자하는, 정액 정기매입식(정기적립식)의 투자방법이다([그림 13-3] 참조). 펀드의 경우는 적립식 펀드에 투자하는 것이다. 주식(펀드)에 정기적으로 같은 금액을 투자하면, 일시적 주가(또는 펀드 가격)의 급등락에 노출되는 투자위험을 줄일 수 있다. 평균투자법을 적용할 경우, 주가가 하락하면 상대적으로 많은 수량을 살 수 있어 평균매입가격이 낮아지는 평균매입단가의 하락효과가 발생한다. 이 낮은 가격으로 매입한 주식(펀드)을 주가상승기에 매도하면 적지 않은 자본이득을 얻을 수 있다. 이 방법은 주가가 하향추세일 때에는 효과가 있으나, 상향추세일 때에는 전혀 그렇지 못하다.

[그림 13-3] 평균투자법의 평균매입단가 하락효과

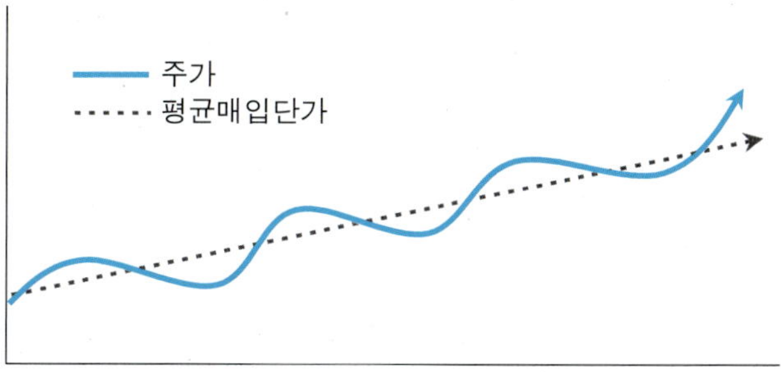

이상에서 요약한 소극적 투자관리방법은 기본적으로 정보비용과 거래비용을 최소화시킨다. 실제의 운용에 있어서는 시황변동에 대처하면서 자산배분이 탄력적으로 이루어지도록 하여 초과수익을 얻고자 하는 경향이 있으므로 점차 적극적 투자관리의 성향을 띠게 된다.

2. 적극적 투자관리방법

적극적 투자관리(active management)는 증시가 비효율적인 것을 전제로, 투자자의 독자적인 증권분석과 예측이 시장 전체의 대체적인 견해(예측)보다 우월하다는 전제하에 기대수익이 높은 증권을 선택하는 방법이다.

적극적 투자관리를 위해서 전통적으로 사용되어 온 투자분석방법은 기술적 분석과 기본적 분석이었다. 기술적 분석(제6장)은 시장동향의 예측이나 차트분석을 통하여 적절한 투자시점을 포착하고 자산배분결정에 활용하는 방법이다. 기본적 분석(제4, 5, 8장)은 증권의 내재가치를 평가하여 가격이 잘못 매겨진 종목을 선택하는 데 활용되는 방법이다. 수많은 종목에 분산투자하는 것보다 초과수익이 가능하다고 보는 소수종목, 특정산업에 집중투자하는 것도 이 방법의 특징이다. 결과적으로 정보비용과 거래비용이 많이 발생하게 된다는 단점을 지닌다.

(1) 자산배분결정

주식, 채권, 현금 등 각급 투자자산에의 투자비율을 얼마로 하는 것이 투자성과를 가장 좋게 할 것인가? 근래에는 운용수익률을 높이기 위해 주식, 채권과 같은 전통적 투자자산 이외에도 대체투자(alternative investment)(부동산, 인프라, 천연자원, 헤지펀드 등)에의 배분비율을 높이고 있는데, 대체투자에의 투자비율을 어느 정도로 할 것인가?

각급 투자자산에 대한 적절한 자산배분(asset allocation)을 통하여 초과수익을 얻는 전통적인 적극적 투자관리방법으로는 주식시장과 채권시장의 동향을 예측하여 자산배분시점을 포착하는 시장투자적기포착방법과 기계적인 배분방법인 포뮬러 플랜을 들 수 있다.

❑ 시장투자적기포착방법

현대 포트폴리오 이론(제10장)에 의하면 위험자산으로는 시장포트폴리오를 구성하여 일부 자금을 이에 투자하고 나머지 자금은 무위험증권(국공채, 정기예금 등)을 매수하면, 최상의 투자성과가 기대되는 효율적 포트폴리오를 구성할 수 있게 된다.

주식시장펀드와 무위험자산펀드에 대한 투자비율을 결정할 때 초과수익을 높이는 방법은 증권시장의 동향을 예측하여 자산배분의 유리한 시점을 포착하는 것이다. 이를테면 주식시장수익률이 무위험자산수익률을 상회할 것으로 예상되면 주식시장펀드에 대한 투자비율을 높이고, 반대로 하회할 것으로 예상되면 무위험자산펀드에의 투자비율을 높이는 방법이다. 이러한 방법을 시장투자적기포착방법(market timing)이라고 한다.

자산배분을 위한 투자적기를 포착하는 구체적 방법으로는 차트분석 중심의 기술적 분석기법(제6장)을 활용하거나, 경기순환·이자율동향, 기타 주요 거시경제변수의 움직임을 복합적으로 고려하는 증권분석기법(제4장)이 있다.

❑ 포뮬러 플랜

포뮬러 플랜(formula plan) 또는 비율계획법(ratio plan)은 일정한 규칙에 따라서 기계적으로 자산배분을 하는 방법이다. 여러 가지 포뮬러 플랜 중 변동비율법이 대표적인 적극적 투자관리방법이다.

[그림 13-4] **포뮬러 플랜에 의한 자산배분(변동비율법)**

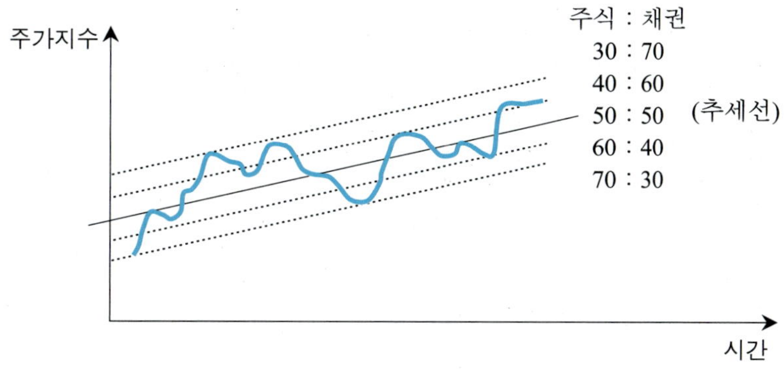

변동비율법(variable ratio plan)이란 주식과 채권에 대한 투자비율을 일정하게 두지 않고, 주가변화의 예측에 따라서 적절히 비율을 변동시켜 가면서 투자하는 방법이다. 주가가 높으면 앞으로 하락을 예상할 수 있으므로 주식에 대한 투자비율을 낮추고, 주가가 낮으면 앞으로 상승을 예상할 수 있으므로 주식에 대한 투자비율을 높이는 방법이다.

양자간의 투자비율을 언제, 어떻게 변동시킬 것인가를 알기 위해서는 일반적으로 대체적인 추세선(trend line)을 중심으로 몇 개의 범위를 설정하여 양자에 대한 투자비율을 변동시키는 방법을 사용한다.

이를테면 주가가 [그림 13-4]와 같은 추세선을 보인다면, 주가지수가 추세선의 중앙수준에 올 경우는 주식 대 채권의 비율을 50 : 50으로 하고, 주가지수가 추세선 위로 한 단계씩 상승하게 되면 40 : 60, 30 : 70의 비율로 주식에 대한 투자비율을 줄인다. 반대로 주가지수의 변화가 추세선 아래로 내려가게 되면 60 : 40, 70 : 30의 비율로 주식에 대한 투자비율을 증가시켜 나간다. 이 방법 또한 주가가 낮을 때 주식매수를 늘리고 주가가 높을 때 주식매도를 늘린다는 원리를 활용한 것이다.

(2) 종목선정

초과수익을 얻고자 하는 적극적 투자관리에서 자산배분 못지않게 중요한 것은 각급 투자자산(주식이나 채권 등) 안에서 초과수익의 여지가 높은 특정 개별종목을 선정(securities selection)하는 일이다.

❑ 기본적 분석에 의해 과소 또는 과대 평가된 증권의 발견

본서 제4~5장에서 설명한 기본적 분석방법이 적극적 종목선정에 가장 많이 이용된다. 이를 투자관리에 적용하는 가치투자방법에서처럼 개별종목의 내재가치를 추정하여 과소·과대평가된 증권, 시장가격이 잘못 형성된 증권들(mispriced securities)을 선정해내는 작업이 관건이 된다.

❑ 자본시장선 기울기 이용

포트폴리오 이론에 근거하여 초과수익이 클 것으로 보는 종목을 선정하는 한 방법은 자본시장선의 기울기를 활용하는 것이다. 증권분석에서 얻어진 정보를 이용하여 초과수익의 여지가 큰 소수종목으로 구성되는 포트폴리오 기대수익률 $E(R_p)$와 표준편차 σ_p를 추정한 다음, 제10장에서 설명한 자본시장선의 기울기(이것을 샤프의 총변동성보수율이라고 한다. 기울기는 $[E(R_p) - R_f]/\sigma_p$)를 크게 하는 포트폴리오를 구성하는 것이다.

❑ β계수의 이용

베타(β)계수의 추정치에 근거하여 강세시장이 예상될 때에는 위험(β계수)이 큰 종목을 선택하고, 약세시장이 예상될 때에는 β계수가 작은 종목을 선택하는 것도 적절한 투자시기(market timing)를 이용한 종목선택의 방법이 된다.

❑ 시장의 이례적 현상(market anomalies)을 이용한 투자전략

여러 가지 형태의 증권정보 혹은 특정 투자전략이 지니는 정보내용은 증권가격에 신속히 반영되므로 초과수익을 계속적으로 가능하게 하는 투자전략을 강구하는 것이 결코 쉽지 않다.

그동안 이루어진 대다수의 시장효율성에 대한 실증적 검증결과는 이와 같은 사실을 뒷받침하고 있다. 그러나 제7장에서 설명한 것처럼 다음의 현상은 초과수익의 가능성을 암시하는 시장의 이례적 현상(market anomalies)으로 받아들여지고 있다. 기업규모효과, 저PER효과, 소외기업효과, 1월효과 등 여러 이례적 현상에 대한 면밀한 분석과 민첩한 투자결정을 통하여 초과수익을 얻고자 하는 적극적 투자관리를 시도할 수 있다.

제3절 투자관리의 통제와 투자성과평정

생활속에서 ▸▸▸

개인투자자들은 자산관리에 당연하게도 늘 어려움을 겪는다. NH투자증권은 고객의 목표와 수요에 따라 맞춤형 포트폴리오를 제안하는 자산관리 서비스 'NH 크리에이터 어카운트'를 서비스하고 있다.

이 서비스는 고객에게 포트폴리오를 자문해 주는 상품으로, 이 상품에 가입하면 '고객 맞춤 포트폴리오 진단 설문지'를 통해 고객의 투자목표를 파악하는 과정을 거친다. 작성된 투자성향과 투자기간 등을 바탕으로 계량화된 프로그램을 활용해 고객 맞춤형 포트폴리오를 선정해 고객에게 전달한다. PB와 고객이 포트폴리오를 구성한 이후에는 '고객 맞춤형 포트폴리오 리밸런싱안'을 매달 제공한다.

자산관리전략부는 자체 프로그램을 통해 국내 상장된 2만1,000여 개의 펀드, 국내외 상장된 2,500여 개의 모든 상장지수펀드(ETF)를 분석한다. 과거 누적수익률, 샤프지수, 벤치마크와의 괴리율 등을 계산해 우수한 펀드와 ETF를 선별한다. 편입 대상 자산군은 국내주식, 해외주식, 펀드, 주가연계증권(ELS), 파생결합증권(DLS), 국내외 ETF, 국내채권, 해외채권 등으로 다양하다.

한편, NH투자증권의 모델 포트폴리오 브랜드인 'QV모델 포트폴리오'의 일임형 상품은 지난 8월말 기준 평균 누적수익률이 37.41%로, 코스피를 웃도는 위험조정수익률을 기록했다. (한국경제, 2021.11.2 편집)

#포트폴리오리밸런싱 #샤프지수 #벤치마크 #위험조정수익률

1. 투자관리의 통제과정

통합적 투자관리의 마지막 과정은 사후적으로 일정기간 포트폴리오 운용을 한 후 여건변화를 감안하여 포트폴리오를 수정하거나, 투자성과를 평가하는 두 가지 통제과정이다.

(1) 포트폴리오 수정

포트폴리오 수정(portfolio revision)이란 포트폴리오를 구성한 후 미래 예측이 잘못되었거나, 새로운 상황 전개로 인하여 기존 포트폴리오를 변경해야 하는 경우가 발생했을 때, 보다 바람직한 방향으로 포트폴리오를 개편하여 나가는 것을 말한다. 수정하는 방법에는 리밸런싱과 업그레이딩의 두 가지가 있다.

❑ 포트폴리오 리밸런싱(portfolio rebalancing)

상황변화가 있을 경우 포트폴리오가 갖는 원래의 특성을 그대로 유지하고자 하는 것이다. 주로 구성종목의 상대가격의 변동에 따른 투자비율의 변화를 원래대로의 비율로 환원시키는 방법을 사용한다.

❑ 포트폴리오 업그레이딩(portfolio upgrading)

여건변화에 대응하여 위험에 비해 상대적으로 높은 기대수익을 얻고자 하거나, 기대수익에 비해 상대적으로 낮은 위험을 부담하도록 포트폴리오의 구성을 수정하는 것이다. 많은 경우 높은 성과를 지닌 증권을 식별하는 것보다 큰 손실을 가져다주는 증권을 식별하여 그 증권을 포트폴리오에서 제거하는 방법을 사용하기도 한다.

(2) 투자성과평정

통합적 투자관리의 통제과정에서 또 하나의 중요한 작업은 일정기간 포트폴리오 운용을 한 후 사후적으로 투자목표의 달성 여부를 평가하는 투자성과 평가과정이다. 투자성과평정(performance evaluation)은 실제의 투자성과가 계획했던 목표나 시장평균 또는 기준성과지표의 투자성과와 어느 정도 차이가 있고, 왜 차이가 발생했는지를 평가하는 것이다. 여기에서 얻어진 결론은 다음 단계의 투자계획을 수립할 때 피드백되어 활용된다. 어느 펀드 또는 어느 포트폴리오 매니저의 투자성과가 우수한지를 평가하는 것은 매우 중요한 과제가 되고 있다.

2. 투자수익률의 측정

수익률의 측정방법과 특징에 대해서는 제1장에서 이미 설명한 바 있다. 그러나 투자성과를 평가하는 데 일정기간 동안에 걸친 투자수익률만을 단순히 비교하여 우열을 가리는 것은 적절한 평가방법이 되지 못한다. 왜냐하면 포트폴리오를 운용하면서 감수한 위험도 적절히 감안되어야 하기 때문이다.

예를 들어, A는 우량 안정주식들로 운용하여 20%의 투자수익률을 거두었고, B는 관리대상종목이나 주가변동이 매우 큰 투기종목들로 운용하여 25%의 투자수익률을 올렸다면 B의 운용성과가 결코 좋은 것이 아니다. 단지 운이 좋아서 투자수익률이 양호한 것이므로 운이 나쁘게 되었을 경우(위험)도 고려한 예상성과 기준으로 평가해야 한다. 결론적으로 성과평정시에는 위험이 조정된 성과척도(risk-adjusted performance measures)를 이용해야 한다.

3. 투자위험을 고려한 투자성과평가방법

위험이 조정된 성과척도로는 샤프지수, 트레이너지수, 젠센지수 등이 있다. 이들은 투자위험 중에서 어떤 성격의 위험을 기준으로 투자성과를 평가하느냐에 따라서 차이가 있다. 샤프지수는 총위험을 기준으로 자본시장선(CML)을 이용하여 평가하는 것이며, 트레이너지수와 젠센지수는 체계적 위험을 기준으로 증권시장선(SML)을 이용하여 평가하는 것이다.

(1) 샤프지수

자본시장선(CML)의 기울기를 이용하여 포트폴리오 운용성과를 평가하는 방법이다. 실제로 포트폴리오 p의 총위험 1단위당 무위험이자율을 초과한 실현수익률의 비율, 즉 1단위의 총위험을 감수한 것에 대한 초과수익률의 정도를 측정한 것이다.

$$\text{샤프지수}[RVAR] = \frac{\overline{R_p} - \overline{R_f}}{\sigma_p} \qquad (13.1)^{2)}$$

2) W.F. Sharpe, "Mutual Fund Performance," *Journal of Business*(Jan. 1966). 다음 식의 자본시장선에서 양변에 $\overline{R_f}$를 차감한 후 σ_p로 나누면 좌변은 샤프지수 식 (13.1)과 같이 표시된다.

$$\overline{R_p} = \overline{R_f} + \frac{(\overline{R_m} - \overline{R_f})}{\sigma_m} \cdot \sigma_p \qquad \text{단, } \overline{R_m} \text{ : 시장포트폴리오의 실현수익률}$$

단, $\overline{R}_p$: 포트폴리오 p의 실현수익률
$\overline{R}_f$: 무위험이자율의 평균
σ_p : 포트폴리오 p수익률의 표준편차

샤프 교수는 제10장에서 설명된 CAPM 등 현대 투자론의 기초를 제시하였다.

샤프(Sharpe)가 제시한 평가척도(식 (13.1)의 비율)는 곧 [그림 13-5]에 나타난 투자가능선들의 기울기로서 이를 총변동성보수율($RVAR$: reward-to-variability ratio)이라고 한다. 이제 [그림 13-5]에서 두 포트폴리오 운용성과 a, b를 평가해 보면, 포트폴리오 a는 포트폴리오 b보다 수익률과 위험이 모두 낮다. 그러나 a는 위험 대비 수익률의 크기가 더 크다. 이것은 기울기로 표시되어 있다. 즉 자본시장선의 기울기가 급해질수록 샤프지수는 더욱 커지며, 샤프지수가 커질수록 성과가 우수함을 의미한다.

[그림 13-5] 각 포트폴리오의 투자가능선과 샤프지수에 의한 성과평가

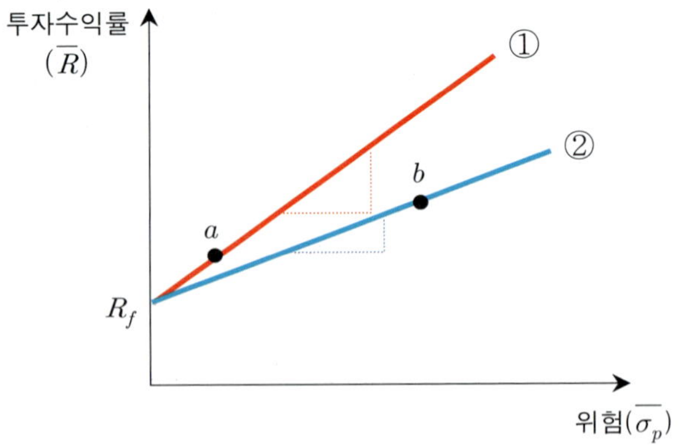

(2) 트레이너지수(Treynor's measure)

트레이너지수는 증권시장선(SML)에서 제시되고 있는 균형관계가 사후적으로도 성립된다는 전제하에, 식 (13.2)와 같이 위험의 측정치로서 분산불능위험인 체계적 위험을 사용하여, 1단위의 체계적 위험을 감수한 것에 대한 초과수익률의 정도를 비율로 측정하여 운용성과를 평가한다.[3)]

$$\text{트레이너지수}[RVOL] = \frac{\overline{R_p} - \overline{R_f}}{\beta_p} \tag{13.2}$$

이를 체계적위험보수율($RVOL$: reward to volatility)이라고도 한다. 위험의 측정치로서 샤프가 제시한 표준편차(총위험 기준)가 아닌 베타계수(체계적 위험 기준)를 이용하여 성과를 측정하는 지수라는 점에서 차이가 있다. 즉 이 지수값은 증권시장선의 기울기이다.

(3) 젠센지수

트레이너처럼 증권시장선(SML)을 이용하되, 1단위의 체계적 위험을 감수한 것에 대한 초과수익률의 상대적 비율로 측정하는 것이 아니라 식 (13.3)과 같이 실증적 증권시장선을 이용하여 [실제 부담한 체계적 위험수준에 상응하는 기대수익률]과 [실제의 실현수익률]의 절대차이 수익률로 포트폴리오의 성과를 측정한다. 이 절대차이 초과수익률을 알파(α_p) 또는 젠센지수(Jensen's measure)라고 부른다.

젠센지수 = 실현수익률 − 증권시장선으로 계산한 기대수익률

$$\alpha_p = \overline{R_p} - [\overline{R_f} + (\overline{R_m} - \overline{R_f})\beta_p] = [\overline{R_p} - \overline{R_f}] - [\overline{R_m} - \overline{R_f}]\beta_p \tag{13.3}$$ [4]

단, α_p : 젠센지수(알파)

트레이너지수와 젠센지수는 모두 체계적 위험을 고려한 증권시장선(SML)으로 평가하고 있으나, 전자는 SML의 기울기로서, 후자는 절대수익률의 차이로 성과를 비교한다는 점에서 차이가 있다.

---

3) J. Treynor, "How to Rate Management of Investment Funds," *Harvard Business Review*(Jan.~Feb. 1965). 다음의 증권시장선 식에서 양변을 $\overline{R}_f$만큼 차감하고, 이를 β_p로 나누면, 좌변은 식 (13.2)와 같이 포트폴리오 p의 체계적 위험 1단위당 무위험이자율을 초과하여 실현된 초과수익률의 비율이 된다.

$$\overline{R}_p = \overline{R}_f + [\overline{R}_m - \overline{R}_f] \cdot \beta_p$$

그림에서 갑은 이 $RVOL$이 0.667, 을은 0.643으로서 갑의 운용성과가 좋다.

4) M. Jensen, "The Performance of Mutual Funds in the Period 1945~1964," *Journal of Finance*(May 1968).

[그림 13-6] **트레이너지수와 젠센지수**

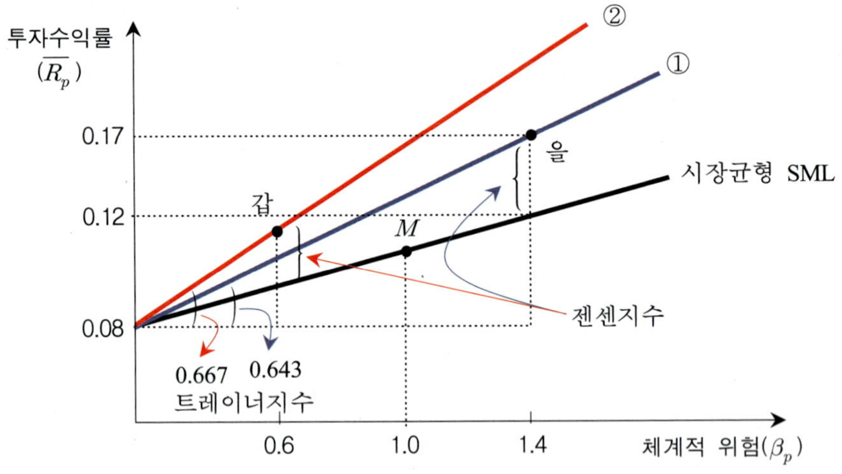

(4) 평가척도의 선택

이상의 설명과 다음 [보기]에서 보는 것처럼 투자성과척도에 따라 그 서열이 달라질 수 있다. 그렇다면 어떠한 성과척도를 이용할 것인가? 그것은 평가목적에 비추어 본 위험척도의 타당성과 포트폴리오 평정의 목적에 따라 결정할 수밖에 없다.

운용자산 전부가 위험자산으로 구성되어 있을 때에는 샤프지수가 성과평정에 적절하고, 많은 포트폴리오 중에서 어느 하나의 특정 포트폴리오 성과를 평가할 때에는 트레이너지수나 젠센지수가 유용한 면이 있는데, 트레이너지수는 상대적 비율로서 젠센지수는 절대적 차이로서 평가하는 데 차이가 있다.

보기

다음은 지난 1년간 펀드매니저 A와 B의 운영실적과 시장지수 관련 자료이다(무위험이자율 : 6%).

	평균투자수익률	베 타	표준편차	비체계적 위험($\sigma(\epsilon)$)
펀드매니저 A	35%	1.20	55%	18%
펀드매니저 B	20	0.80	25	10
시장지수	28	1.00	30	0

두 펀드매니저의 투자성과에 대하여 샤프지수, 트레이너지수, 젠센지수를 구하고 투자성과를 평가하시오.

풀이 1) 샤프지수$=(\overline{R_p}-\overline{R_f})/\sigma_p$

$RVAR$(A)=(35−6)/55=0.53　　　$RVAR$(B)=(20−6)/25=0.56

2) 트레이너지수$=(\overline{R_p}-\overline{R_f})/\beta$

$RVOL$(A)=(35−6) / 1.2=24.2　　　$RVOL$(B)=(20−6)/0.8=17.5

3) 젠센지수 $\alpha=\overline{R_p}-[\overline{R_f}+\beta(\overline{R_m}-\overline{R_f})]$

α(A)=35−[6+1.2(28−6)]=2.6　　　α(B)=20−[6+0.8(28−6)]=−3.6

⇒ 펀드매니저 B는 샤프지수 이외에는 모두 열등한 것으로 평가된다. 체계적 위험 대비 초과수익률을 기준으로 평가하면 펀드매니저 A가 우월하다.

현장에선 ▸▸▸ 지수ETF와 헤지펀드의 수익률 대결

투자자 중에는 상장지수펀드(ETF) 등 인덱스펀드 대신 직접 주식을 고르는 투자자가 많다. 자신이 선별한 주식의 수익률이 지수 수익률을 넘을 것을 기대하기 때문이다. 그러나 지수 수익률을 초과하는 것은 쉬운 일이 아니다. 상승장, 하락장에 관계없이 절대 수익을 추구한다는 헤지펀드 역시 마찬가지다.

2007년 워런 버핏(Warren Buffett)은 인덱스펀드와 헤지펀드의 수익률 내기를 롱벳(Longbet)에 올렸다. 롱벳은 한 예측가(predictor)가 최소 2년 이상의 기간에 사회적 또는 과학적으로 중요한 내기 주제를 제시하면 도전자(challenger)가 이에 맞서 도전하며 양측이 내기에 건 돈은 승자가 지정한 자선기관에 기부하는 시스템이다.

버핏이 건 내기는 다음과 같다.

"2008년 1월 1일부터 2017년 12월 31일까지 10년간 S&P 500지수는 수수료, 비용, 경비를 차감한 성과로 측정할 때 헤지펀드로 구성된 포트폴리오보다 더 나은 성과를 올릴 것이다."

버핏은 "수많은 사람들이 헤지펀드 운영에 몰두하고 있으나 투자자가 지불하는 수수료를 정당화할 만큼 높은 수익을 내지 못할 것이다. 투자자는 장기적으로 저비용 인덱스펀드를 통해서 더 높은 수익을 올릴 것"이라고 주장했다.

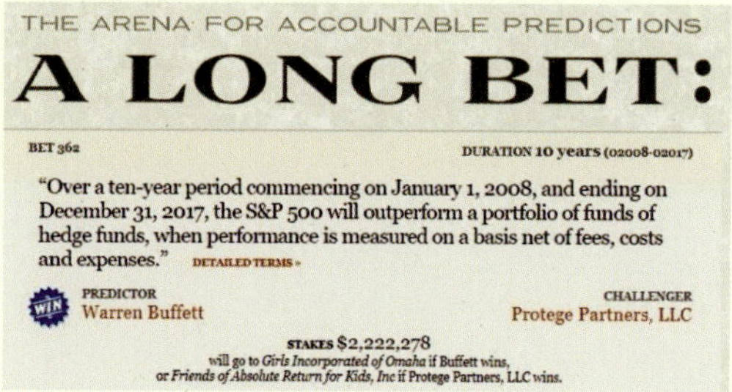

버핏이 롱벳에 올린 내기

버핏이 내기를 건 이유는 펀드매니저가 종목을 선정하는 액티브펀드보다 지수를 단순 추종하는 패시브펀드가 더 유리하다는 걸 입증하기 위해서였다. 버핏은 미국 투자자들이 매년 터무니없이 많은 보수(수수료)를 자산운용사에 내고 있지만, 과연 투자자들이 낸 돈이 값어치를 하는지에 대해 회의적이었다.

버핏에게 도전장을 내민 건 뉴욕의 헤지펀드 프로테제 파트너스(Protege Partners)였다. 버핏은 S&P 500 ETF를 골랐고, 프로테제 파트너스는 헤지펀드에 투자하는 재간접펀드 5개를 선정했다. 내기에 건 돈은 각각 32만달러로 이를 미국 국채에 투자해 10년 뒤 원리금을 합해 100만달러로 불어날 상금을 기부하기로 약속했다.

결과는? S&P 500 인덱스펀드의 10년 누적 수익률은 125.8%(연평균 약 7.1%, 복리계산), 5개 재간접펀드의 10년 누적 수익률 평균은 36.3%(연평균 약 2.2%)였다. 버핏의 승리였다. 상금도 당초 예상보다 많이 불어나서 222만달러가 되었고, 상금은 여성 청소년들의 교육과 재활을 돕는 비영리단체인 '걸스 오브 오마하(Grils Inc. of Omaha)'에 전달되었다.

2008~2017년
인덱스펀드와 헤지펀드 수익률 비교

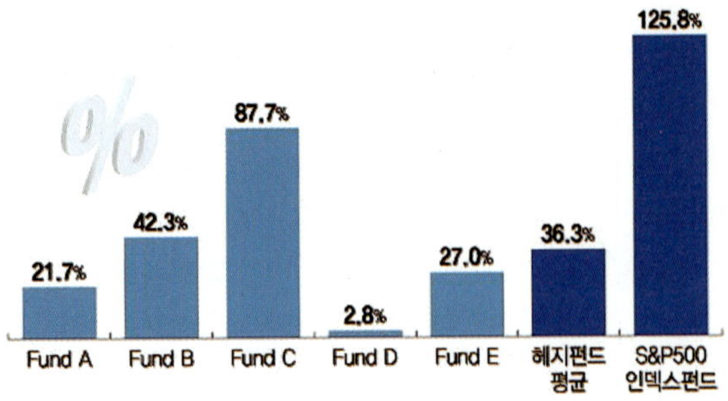

(자료 : 2017년 버크셔 해서웨이 주주서한)

승패를 결정한 건 수수료였다. S&P 500 ETF의 연간 수수료는 0.03%에 불과한 반면 헤지펀드 수수료는 매년 연간 2%의 운용수수료와 수익의 20%를 가져가는 성과수수료로 구성되기 때문이다. 운용수수료는 성과에 무관하게 가져간다. 버핏의 추정에 의하면 이 내기에서 헤지펀드 매니저가 가져간 수익은 전체 수익의 60%에 이른다.

버핏의 논리는 간단하다. 투자자 전체를 A그룹(적극적 투자자, 즉 펀드 투자자)과 B그룹(소극적 투자자, 인덱스펀드 투자자)으로 구분한다면 A와 B의 비용 차감 전 실적은 시장 평균이 될 수밖에 없고 A그룹에서 상당한 비용이 발생한다면 B그룹보다 실적이 뒤처질 수밖에 없다는 논리이다. 그리고 높은 수수료를 받고 좋은 실적을 내는 펀드 매니저도 가끔 있지만, 이들도 대개 개인투자자와 마찬가지로 단기간 운이 좋을 뿐이라고 본다.

마지막으로 버핏은 세 가지 현실적인 문제 때문에 성공했던 펀드도 실패로 끝나기 쉽다고 주장한다. 첫째, 실적이 좋은 펀드에는 막대한 자금이 몰려든다. 둘째, 운용자산이 커지면 수익률을 높이기가 어려워진다. 셋째, 그럼에도 불구하고 대부분의 펀드 매니저는 신규 자금을 계속 끌어모은다. 운용자산이 늘어날수록 펀드 매니저의 수입도 증가하기 때문이다. 그러다보면 결국 펀드 수익률도 하락할 수밖에 없다.

이러한 구조로 인하여 높은 보수가 적용되는 수조 달러 규모의 펀드가 월가에서 운용되고 있지만, 막대한 이익을 얻는 사람은 투자자가 아니라 펀드 매니저들이라는 것이다. 그래서 버핏은 큰손이든 개미든 모두 저비용 인덱스로 갈아타라고 권한다.

본인도 자신의 사후 아내에게 남겨진 유산 중 90%를 S&P 500 ETF에 투자하라고 권한다고 한다.

(머니투데이, 2023.5.27 외 종합)

주요 용어

통합적 투자관리	소극적 투자관리	인덱스펀드 투자전략
평균투자법	적극적 투자관리	대체투자
시장투자적기포착	포뮬러 플랜	시장의 이례적 현상
포트폴리오 수정	포트폴리오 리밸런싱	포트폴리오 업그레이딩
투자성과평정	위험이 조정된 성과척도	샤프지수
트레이너지수	젠센지수	

연습문제

1. 통합적 투자관리의 체계에서 투자계획을 수립할 때의 고려사항은 무엇인가?

2. 소극적 투자관리에 사용될 수 있는 방법들을 제시하고, 이의 장단점을 설명하시오.

3. 적극적 투자관리에서 포뮬러 플랜이란 무엇인가?

4. 종목을 선정하는 구체적인 방법을 설명하시오.

5. 투자관리의 통제과정을 설명하시오.

6. 투자위험을 고려한 투자성과평가방법을 비교 정리하시오.

부 록

1. 현재 · 미래가치계산표
2. 표준정규분포표

1. 현재 · 미래가치계산표

〈표 A-1〉 단일금액 1원의 미래가치 $F_n = (1+r)^n$ 기간이자율(r)

기간수 (n)	1%	2%	3%	4%	5%	6%	7%	8%	9%	10%
1	1.0100	1.0200	1.0300	1.0400	1.0500	1.0600	1.0700	1.0800	1.0900	1.1000
2	1.0201	1.0404	1.0609	1.0816	1.1025	1.1236	1.1449	1.1664	1.1881	1.2100
3	1.0303	1.0612	1.0927	1.1249	1.1576	1.1910	1.2250	1.2597	1.2950	1.3310
4	1.0406	1.0824	1.1255	1.1699	1.2155	1.2625	1.3108	1.3605	1.4116	1.4641
5	1.0510	1.1041	1.1593	1.2167	1.2763	1.3382	1.4026	1.4693	1.5386	1.6105
6	1.0615	1.1262	1.1941	1.2653	1.3401	1.4185	1.5007	1.5869	1.6771	1.7716
7	1.0721	1.1487	1.2299	1.3159	1.4071	1.5036	1.6058	1.7138	1.8280	1.9487
8	1.0829	1.1717	1.2668	1.3686	1.4775	1.5938	1.7182	1.8509	1.9926	2.1436
9	1.0937	1.1951	1.3048	1.4233	1.5513	1.6895	1.8385	1.9990	2.1719	2.3579
10	1.1046	1.2190	1.3439	1.4802	1.6289	1.7908	1.9672	2.1589	2.3674	2.5937
11	1.1157	1.2434	1.3842	1.5395	1.7103	1.8983	2.1049	2.3316	2.5804	2.8531
12	1.1268	1.2682	1.4258	1.6010	1.7959	2.0122	2.2522	2.5182	2.8127	3.1384
13	1.1381	1.2936	1.4685	1.6651	1.8856	2.1329	2.4098	2.7196	3.0658	3.4523
14	1.1495	1.3195	1.5126	1.7317	1.9799	2.2609	2.5785	2.9372	3.3417	3.7975
15	1.1610	1.3459	1.5580	1.8009	2.0789	2.3966	2.7590	3.1722	3.6425	4.1772
16	1.1726	1.3728	1.6047	1.8730	2.1829	2.5404	2.9522	3.4259	3.9703	4.5950
17	1.1843	1.4002	1.6528	1.9479	2.2920	2.6928	3.1588	3.7000	4.3276	5.0545
18	1.1961	1.4282	1.7024	2.0258	2.4066	2.8543	3.3799	3.9960	4.7171	5.5599
19	1.2081	1.4568	1.7535	2.1068	2.5270	3.0256	3.6165	4.3157	5.1417	6.1159
20	1.2202	1.4859	1.8061	2.1911	2.6533	3.2071	3.8697	4.6610	5.6044	6.7275
21	1.2324	1.5157	1.8603	2.2788	2.7860	3.3996	4.1406	5.0338	6.1088	7.4002
22	1.2447	1.5460	1.9161	2.3699	2.9253	3.6035	4.4304	5.4365	6.6586	8.1403
23	1.2572	1.5769	1.9736	2.4647	3.0715	3.8197	4.7405	5.8715	7.2579	8.9543
24	1.2697	1.6084	2.0328	2.5633	3.2251	4.0489	5.0724	6.3412	7.9111	9.8497
25	1.2824	1.6406	2.0938	2.6658	3.3864	4.2919	5.4274	6.8485	8.6231	10.8347
26	1.2953	1.6734	2.1566	2.7725	3.5557	4.5494	5.8074	7.3964	9.3992	11.9182
27	1.3082	1.7069	2.2213	2.8834	3.7335	4.8223	6.2139	7.9881	10.2451	13.1100
28	1.3213	1.7410	2.2879	2.9987	3.9201	5.1117	6.6488	8.6271	11.1671	14.4210
29	1.3345	1.7758	2.3566	3.1187	4.1161	5.4184	7.1143	9.3173	12.1722	15.8631
30	1.3478	1.8114	2.4273	3.2434	4.3219	5.7435	7.6123	10.0627	13.2677	17.4494
35	1.4166	1.9999	2.8139	3.9461	5.5160	7.6861	10.6766	14.7853	20.4140	28.1024
40	1.4889	2.2080	3.2620	4.8010	7.0400	10.2857	14.9745	21.7245	31.4094	45.2593
45	1.5648	2.4379	3.7816	5.8412	8.9850	13.7646	21.0025	31.9204	48.3273	72.8905
50	1.6446	2.6916	4.3839	7.1067	11.4674	18.4202	29.4570	46.9016	74.3575	117.3909
60	1.8167	3.2810	5.8916	10.5196	18.6792	32.9877	57.9464	101.2571	176.0313	304.4816
70	2.0068	3.9996	7.9178	15.5716	30.4264	59.0759	113.9894	218.6064	416.7301	789.7470
80	2.2167	4.8754	10.6409	23.0498	49.5614	105.7960	224.2344	471.9548	986.5517	2048.4002

기간이자율(r)

기간수 (n)	11%	12%	13%	14%	15%	16%	17%	18%	19%	20%
1	1.1100	1.1200	1.1300	1.1400	1.1500	1.1600	1.1700	1.1800	1.1900	1.2000
2	1.2321	1.2544	1.2769	1.2996	1.3225	1.3456	1.3689	1.3924	1.4161	1.4400
3	1.3676	1.4049	1.4429	1.4815	1.5209	1.5609	1.6016	1.6430	1.6852	1.7280
4	1.5181	1.5735	1.6305	1.6890	1.7490	1.8106	1.8739	1.9388	2.0053	2.0736
5	1.6851	1.7623	1.8424	1.9254	2.0114	2.1003	2.1924	2.2878	2.3864	2.4883
6	1.8704	1.9738	2.0820	2.1950	2.3131	2.4364	2.5652	2.6996	2.8398	2.9860
7	2.0762	2.2107	2.3526	2.5023	2.6600	2.8262	3.0012	3.1855	3.3793	3.5832
8	2.3045	2.4760	2.6584	2.8526	3.0590	3.2784	3.5115	3.7589	4.0214	4.2998
9	2.5580	2.7731	3.0040	3.2519	3.5179	3.8030	4.1084	4.4355	4.7854	5.1598
10	2.8394	3.1058	3.3946	3.7072	4.0456	4.4114	4.8068	5.2338	5.6947	6.1917
11	3.1518	3.4785	3.8359	4.2262	4.6524	5.1173	5.6240	6.1759	6.7767	7.4301
12	3.4985	3.8960	4.3345	4.8179	5.3503	5.9360	6.5801	7.2876	8.0642	8.9161
13	3.8833	4.3635	4.8980	5.4924	6.1528	6.8858	7.6987	8.5994	9.5964	10.6993
14	4.3104	4.8871	5.5348	6.2613	7.0757	7.9875	9.0075	10.1472	11.4198	12.8392
15	4.7846	5.4736	6.2543	7.1379	8.1371	9.2655	10.5387	11.9737	13.5895	15.4070
16	5.3109	6.1304	7.0673	8.1372	9.3576	10.7480	12.3303	14.1290	16.1715	18.4884
17	5.8951	6.8660	7.9861	9.2765	10.7613	12.4677	14.4265	16.6722	19.2441	22.1861
18	6.5436	7.6900	9.0243	10.5752	12.3755	14.4625	16.8790	19.6733	22.9005	26.6233
19	7.2633	8.6128	10.1974	12.0557	14.2318	16.7765	19.7484	23.2144	27.2516	31.9480
20	8.0623	9.6463	11.5231	13.7435	16.3665	19.4608	23.1056	27.3930	32.4294	38.3376
21	8.9492	10.8038	13.0211	15.6676	18.8215	22.5745	27.0336	32.3238	38.5910	46.0051
22	9.9336	12.1003	14.7138	17.8610	21.6447	26.1864	31.6293	38.1421	45.9233	55.2061
23	11.0263	13.5523	16.6266	20.3616	24.8915	30.3762	37.0062	45.0076	54.6487	66.2474
24	12.2392	15.1786	18.7881	23.2122	28.6252	35.2364	43.2973	53.1090	65.0320	79.4968
25	13.5855	17.0001	21.2305	26.4619	32.9190	40.8742	50.6578	62.6686	77.3881	95.3962
26	15.0799	19.0401	23.9905	30.1666	37.8568	47.4141	59.2697	73.9490	92.0918	114.4755
27	16.7386	21.3249	27.1093	34.3899	43.5353	55.0004	69.3455	87.2598	109.5893	137.3706
28	18.5799	23.8839	30.6335	39.2045	50.0656	63.8004	81.1342	102.9666	130.4112	164.8447
29	20.6237	26.7499	34.6158	44.6931	57.5755	74.0085	94.9271	121.5005	155.1893	197.8136
30	22.8923	29.9599	39.1159	50.9502	66.2118	85.8499	111.0647	143.3706	184.6753	237.3763
35	38.5749	52.7996	72.0685	98.1002	133.1755	180.3141	243.5035	327.9973	440.7006	590.6682
40	65.0009	93.0510	132.7816	188.8835	267.8635	378.7212	533.8687	750.3783	1051.6675	1469.7716
45	109.5302	163.9876	244.6414	363.6791	538.7693	795.4438	1170.4794	1716.6839	2509.6506	3657.2620
50	184.5648	289.0022	450.7359	700.2330	1083.6574	1670.7038	2566.2153	3927.3569	5988.9139	9100.4382
60	524.0572	897.5969	1530.0535	2595.9187	4383.9987	7370.2014	12335.3565	20555.1400	34104.9709	56347.5144
70	1488.0191	2787.7998	5193.8696	9623.6450	17735.720	32513.165	59293.942	107582.22	194217.03	348888.96
80	4225.1128	8658.4831	17630.941	35676.982	71750.879	143429.72	285015.80	563067.66	1106004.5	2160228.5

〈표 A-2〉 단일금액 1원의 현재가치 $P_n = \frac{1}{(1+r)^n}$ 기간이자율(r)

기간수 (n)	1%	2%	3%	4%	5%	6%	7%	8%	9%	10%
1	0.9901	0.9804	0.9709	0.9615	0.9524	0.9434	0.9346	0.9259	0.9174	0.9091
2	0.9803	0.9612	0.9426	0.9246	0.9070	0.8900	0.8734	0.8573	0.8417	0.8264
3	0.9706	0.9423	0.9151	0.8890	0.8638	0.8396	0.8163	0.7938	0.7722	0.7513
4	0.9610	0.9238	0.8885	0.8548	0.8227	0.7921	0.7629	0.7350	0.7084	0.6830
5	0.9515	0.9057	0.8626	0.8219	0.7835	0.7473	0.7130	0.6806	0.6499	0.6209
6	0.9420	0.8880	0.8375	0.7903	0.7462	0.7050	0.6663	0.6302	0.5963	0.5645
7	0.9327	0.8706	0.8131	0.7599	0.7107	0.6651	0.6227	0.5835	0.5470	0.5132
8	0.9235	0.8535	0.7894	0.7307	0.6768	0.6274	0.5820	0.5403	0.5019	0.4665
9	0.9143	0.8368	0.7664	0.7026	0.6446	0.5919	0.5439	0.5002	0.4604	0.4241
10	0.9053	0.8203	0.7441	0.6756	0.6139	0.5584	0.5083	0.4632	0.4224	0.3855
11	0.8963	0.8043	0.7224	0.6496	0.5847	0.5268	0.4751	0.4289	0.3875	0.3505
12	0.8874	0.7885	0.7014	0.6246	0.5568	0.4970	0.4440	0.3971	0.3555	0.3186
13	0.8787	0.7730	0.6810	0.6006	0.5303	0.4688	0.4150	0.3677	0.3262	0.2897
14	0.8700	0.7579	0.6611	0.5775	0.5051	0.4423	0.3878	0.3405	0.2992	0.2633
15	0.8613	0.7430	0.6419	0.5553	0.4810	0.4173	0.3624	0.3152	0.2745	0.2394
16	0.8528	0.7284	0.6232	0.5339	0.4581	0.3936	0.3387	0.2919	0.2519	0.2176
17	0.8444	0.7142	0.6050	0.5134	0.4363	0.3714	0.3166	0.2703	0.2311	0.1978
18	0.8360	0.7002	0.5874	0.4936	0.4155	0.3503	0.2959	0.2502	0.2120	0.1799
19	0.8277	0.6864	0.5703	0.4746	0.3957	0.3305	0.2765	0.2317	0.1945	0.1635
20	0.8195	0.6730	0.5537	0.4564	0.3769	0.3118	0.2584	0.2145	0.1784	0.1486
21	0.8114	0.6598	0.5375	0.4388	0.3589	0.2942	0.2415	0.1987	0.1637	0.1351
22	0.8034	0.6468	0.5219	0.4220	0.3418	0.2775	0.2257	0.1839	0.1502	0.1228
23	0.7954	0.6342	0.5067	0.4057	0.3256	0.2618	0.2109	0.1703	0.1378	0.1117
24	0.7876	0.6217	0.4919	0.3901	0.3101	0.2470	0.1971	0.1577	0.1264	0.1015
25	0.7798	0.6095	0.4776	0.3751	0.2953	0.2330	0.1842	0.1460	0.1160	0.0923
26	0.7720	0.5976	0.4637	0.3607	0.2812	0.2198	0.1722	0.1352	0.1064	0.0839
27	0.7644	0.5859	0.4502	0.3468	0.2678	0.2074	0.1609	0.1252	0.0976	0.0763
28	0.7568	0.5744	0.4371	0.3335	0.2551	0.1956	0.1504	0.1159	0.0895	0.0693
29	0.7493	0.5631	0.4243	0.3207	0.2429	0.1846	0.1406	0.1073	0.0822	0.0630
30	0.7419	0.5521	0.4120	0.3083	0.2314	0.1741	0.1314	0.0994	0.0754	0.0573
35	0.7059	0.5000	0.3554	0.2534	0.1813	0.1301	0.0937	0.0676	0.0490	0.0356
40	0.6717	0.4529	0.3066	0.2083	0.1420	0.0972	0.0668	0.0460	0.0318	0.0221
45	0.6391	0.4102	0.2644	0.1712	0.1113	0.0727	0.0476	0.0313	0.0207	0.0137
50	0.6080	0.3715	0.2281	0.1407	0.0872	0.0543	0.0339	0.0213	0.0134	0.0085
60	0.5504	0.3048	0.1697	0.0951	0.0535	0.0303	0.0173	0.0099	0.0057	0.0033
70	0.4983	0.2500	0.1263	0.0642	0.0329	0.0169	0.0088	0.0046	0.0024	0.0013
80	0.4511	0.2051	0.0940	0.0434	0.0202	0.0095	0.0045	0.0021	0.0010	0.0005

기간이자율(r)

기간수 (n)	11%	12%	13%	14%	15%	16%	17%	18%	19%	20%
1	0.9009	0.8929	0.8850	0.8772	0.8696	0.8621	0.8547	0.8475	0.8403	0.8333
2	0.8116	0.7972	0.7831	0.7695	0.7561	0.7432	0.7305	0.7182	0.7062	0.6944
3	0.7312	0.7118	0.6931	0.6750	0.6575	0.6407	0.6244	0.6086	0.5934	0.5787
4	0.6587	0.6355	0.6133	0.5921	0.5718	0.5523	0.5337	0.5158	0.4987	0.4823
5	0.5935	0.5674	0.5428	0.5194	0.4972	0.4761	0.4561	0.4371	0.4190	0.4019
6	0.5346	0.5066	0.4803	0.4556	0.4323	0.4104	0.3898	0.3704	0.3521	0.3349
7	0.4817	0.4523	0.4251	0.3996	0.3759	0.3538	0.3332	0.3139	0.2959	0.2791
8	0.4339	0.4039	0.3762	0.3506	0.3269	0.3050	0.2848	0.2660	0.2487	0.2326
9	0.3909	0.3606	0.3329	0.3075	0.2843	0.2630	0.2434	0.2255	0.2090	0.1938
10	0.3522	0.3220	0.2946	0.2697	0.2472	0.2267	0.2080	0.1911	0.1756	0.1615
11	0.3173	0.2875	0.2607	0.2366	0.2149	0.1954	0.1778	0.1619	0.1476	0.1346
12	0.2858	0.2567	0.2307	0.2076	0.1869	0.1685	0.1520	0.1372	0.1240	0.1122
13	0.2575	0.2292	0.2042	0.1821	0.1625	0.1452	0.1299	0.1163	0.1042	0.0935
14	0.2320	0.2046	0.1807	0.1597	0.1413	0.1252	0.1110	0.0985	0.0876	0.0779
15	0.2090	0.1827	0.1599	0.1401	0.1229	0.1079	0.0949	0.0835	0.0736	0.0649
16	0.1883	0.1631	0.1415	0.1229	0.1069	0.0930	0.0811	0.0708	0.0618	0.0541
17	0.1696	0.1456	0.1252	0.1078	0.0929	0.0802	0.0693	0.0600	0.0520	0.0451
18	0.1528	0.1300	0.1108	0.0946	0.0808	0.0691	0.0592	0.0508	0.0437	0.0376
19	0.1377	0.1161	0.0981	0.0829	0.0703	0.0596	0.0506	0.0431	0.0367	0.0313
20	0.1240	0.1037	0.0868	0.0728	0.0611	0.0514	0.0433	0.0365	0.0308	0.0261
21	0.1117	0.0926	0.0768	0.0638	0.0531	0.0443	0.0370	0.0309	0.0259	0.0217
22	0.1007	0.0826	0.0680	0.0560	0.0462	0.0382	0.0316	0.0262	0.0218	0.0181
23	0.0907	0.0738	0.0601	0.0491	0.0402	0.0329	0.0270	0.0222	0.0183	0.0151
24	0.0817	0.0659	0.0532	0.0431	0.0349	0.0284	0.0231	0.0188	0.0154	0.0126
25	0.0736	0.0588	0.0471	0.0378	0.0304	0.0245	0.0197	0.0160	0.0129	0.0105
26	0.0663	0.0525	0.0417	0.0331	0.0264	0.0211	0.0169	0.0135	0.0109	0.0087
27	0.0597	0.0469	0.0369	0.0291	0.0230	0.0182	0.0144	0.0115	0.0091	0.0073
28	0.0538	0.0419	0.0326	0.0255	0.0200	0.0157	0.0123	0.0097	0.0077	0.0061
29	0.0485	0.0374	0.0289	0.0224	0.0174	0.0135	0.0105	0.0082	0.0064	0.0051
30	0.0437	0.0334	0.0256	0.0196	0.0151	0.0116	0.0090	0.0070	0.0054	0.0042
35	0.0259	0.0189	0.0139	0.0102	0.0075	0.0055	0.0041	0.0030	0.0023	0.0017
40	0.0154	0.0107	0.0075	0.0053	0.0037	0.0026	0.0019	0.0013	0.0010	0.0007
45	0.0091	0.0061	0.0041	0.0027	0.0019	0.0013	0.0009	0.0006	0.0004	0.0003
50	0.0054	0.0035	0.0022	0.0014	0.0009	0.0006	0.0004	0.0003	0.0002	0.0001
60	0.0019	0.0011	0.0007	0.0004	0.0002	0.0001	0.0001	0.0000	0.0000	0.0000
70	0.0007	0.0004	0.0002	0.0001	0.0001	0.0000	0.0000	0.0000	0.0000	0.0000
80	0.0002	0.0001	0.0001	0.0000	0.0000	0.0000	0.0000	0.0000	0.0000	0.0000

〈표 A-3〉 정상연금 1원의 미래가치 $FA_n = \sum_{t=1}^{n}(1+r)^{n-t} = \frac{(1+r)^n - 1}{r}$ 기간이자율(r)

기간수 (n)	1%	2%	3%	4%	5%	6%	7%	8%	9%	10%
1	1.0000	1.0000	1.0000	1.0000	1.0000	1.0000	1.0000	1.0000	1.0000	1.0000
2	2.0100	2.0200	2.0300	2.0400	2.0500	2.0600	2.0700	2.0800	2.0900	2.1000
3	3.0301	3.0604	3.0909	3.1216	3.1525	3.1836	3.2149	3.2464	3.2781	3.3100
4	4.0604	4.1216	4.1836	4.2465	4.3101	4.3746	4.4399	4.5061	4.5731	4.6410
5	5.1010	5.2040	5.3091	5.4163	5.5256	5.6371	5.7507	5.8666	5.9847	6.1051
6	6.1520	6.3081	6.4684	6.6330	6.8019	6.9753	7.1533	7.3359	7.5233	7.7156
7	7.2135	7.4343	7.6625	7.8983	8.1420	8.3938	8.6540	8.9228	9.2004	9.4872
8	8.2857	8.5830	8.8923	9.2142	9.5491	9.8975	10.2598	10.6366	11.0285	11.4359
9	9.3685	9.7546	10.1591	10.5828	11.0266	11.4913	11.9780	12.4876	13.0210	13.5795
10	10.4622	10.9497	11.4639	12.0061	12.5779	13.1808	13.8164	14.4866	15.1929	15.9374
11	11.5668	12.1687	12.8078	13.4864	14.2068	14.9716	15.7836	16.6455	17.5603	18.5312
12	12.6825	13.4121	14.1920	15.0258	15.9171	16.8699	17.8885	18.9771	20.1407	21.3843
13	13.8093	14.6803	15.6178	16.6268	17.7130	18.8821	20.1406	21.4953	22.9534	24.5227
14	14.9474	15.9739	17.0863	18.2919	19.5986	21.0151	22.5505	24.2149	26.0192	27.9750
15	16.0969	17.2934	18.5989	20.0236	21.5786	23.2760	25.1290	27.1521	29.3609	31.7725
16	17.2579	18.6393	20.1569	21.8245	23.6575	25.6725	27.8881	30.3243	33.0034	35.9497
17	18.4304	20.0121	21.7616	23.6975	25.8404	28.2129	30.8402	33.7502	36.9737	40.5447
18	19.6147	21.4123	23.4144	25.6454	28.1324	30.9057	33.9990	37.4502	41.3013	45.5992
19	20.8109	22.8406	25.1169	27.6712	30.5390	33.7600	37.3790	41.4463	46.0185	51.1591
20	22.0190	24.2974	26.8704	29.7781	33.0660	36.7856	40.9955	45.7620	51.1601	57.2750
21	23.2392	25.7833	28.6765	31.9692	35.7193	39.9927	44.8652	50.4229	56.7645	64.0025
22	24.4716	27.2990	30.5368	34.2480	38.5052	43.3923	49.0057	55.4568	62.8733	71.4027
23	25.7163	28.8450	32.4529	36.6179	41.4305	46.9958	53.4361	60.8933	69.5319	79.5430
24	26.9735	30.4219	34.4265	39.0826	44.5020	50.8156	58.1767	66.7648	76.7898	88.4973
25	28.2432	32.0303	36.4593	41.6459	47.7271	54.8645	63.2490	73.1059	84.7009	98.3471
26	29.5256	33.6709	38.5530	44.3117	51.1135	59.1564	68.6765	79.9544	93.3240	109.1818
27	30.8209	35.3443	40.7096	47.0842	54.6691	63.7058	74.4838	87.3508	102.7231	121.0999
28	32.1291	37.0512	42.9309	49.9676	58.4026	68.5281	80.6977	95.3388	112.9682	134.2099
29	33.4504	38.7922	45.2189	52.9663	62.3227	73.6398	87.3465	103.9659	124.1354	148.6309
30	34.7849	40.5681	47.5754	56.0849	66.4388	79.0582	94.4608	113.2832	136.3075	164.4940
35	41.6603	49.9945	60.4621	73.6522	90.3203	111.4348	138.2369	172.3168	215.7108	271.0244
40	48.8864	60.4020	75.4013	95.0255	120.7998	154.7620	199.6351	259.0565	337.8824	442.5926
45	56.4811	71.8927	92.7199	121.0294	159.7002	212.7435	285.7493	386.5056	525.8587	718.9048
50	64.4632	84.5794	112.7969	152.6671	209.3480	290.3359	406.5289	573.7702	815.0836	1163.9085
60	81.6697	114.0515	163.0534	237.9907	353.5837	533.1282	813.5204	1253.2133	1944.7921	3034.8164
70	100.6763	149.9779	230.5941	364.2905	588.5285	967.9322	1614.1342	2720.0801	4619.2232	7887.4696
80	121.6715	193.7720	321.3630	551.2450	971.2288	1746.5999	3189.0627	5886.9354	10950.574	20474.002

기간이자율(r)

기간수 (n)	11%	12%	13%	14%	15%	16%	17%	18%	19%	20%
1	1.0000	1.0000	1.0000	1.0000	1.0000	1.0000	1.0000	1.0000	1.0000	1.0000
2	2.1100	2.1200	2.1300	2.1400	2.1500	2.1600	2.1700	2.1800	2.1900	2.2000
3	3.3421	3.3744	3.4069	3.4396	3.4725	3.5056	3.5389	3.5724	3.6061	3.6400
4	4.7097	4.7793	4.8498	4.9211	4.9934	5.0665	5.1405	5.2154	5.2913	5.3680
5	6.2278	6.3528	6.4803	6.6101	6.7424	6.8771	7.0144	7.1542	7.2966	7.4416
6	7.9129	8.1152	8.3227	8.5355	8.7537	8.9775	9.2068	9.4420	9.6830	9.9299
7	9.7833	10.0890	10.4047	10.7305	11.0668	11.4139	11.7720	12.1415	12.5227	12.9159
8	11.8594	12.2997	12.7573	13.2328	13.7268	14.2401	14.7733	15.3270	15.9020	16.4991
9	14.1640	14.7757	15.4157	16.0853	16.7858	17.5185	18.2847	19.0859	19.9234	20.7989
10	16.7220	17.5487	18.4197	19.3373	20.3037	21.3215	22.3931	23.5213	24.7089	25.9587
11	19.5614	20.6546	21.8143	23.0445	24.3493	25.7329	27.1999	28.7551	30.4035	32.1504
12	22.7132	24.1331	25.6502	27.2707	29.0017	30.8502	32.8239	34.9311	37.1802	39.5805
13	26.2116	28.0291	29.9847	32.0887	34.3519	36.7862	39.4040	42.2187	45.2445	48.4966
14	30.0949	32.3926	34.8827	37.5811	40.5047	43.6720	47.1027	50.8180	54.8409	59.1959
15	34.4054	37.2797	40.4175	43.8424	47.5804	51.6595	56.1101	60.9653	66.2607	72.0351
16	39.1899	42.7533	46.6717	50.9804	55.7175	60.9250	66.6488	72.9390	79.8502	87.4421
17	44.5008	48.8837	53.7391	59.1176	65.0751	71.6730	78.9792	87.0680	96.0218	105.9306
18	50.3959	55.7497	61.7251	68.3941	75.8364	84.1407	93.4056	103.7403	115.2659	128.1167
19	56.9395	63.4397	70.7494	78.9692	88.2118	98.6032	110.2846	123.4135	138.1664	154.7400
20	64.2028	72.0524	80.9468	91.0249	102.4436	115.3797	130.0329	146.6280	165.4180	186.6880
21	72.2651	81.6987	92.4699	104.7684	118.8101	134.8405	153.1385	174.0210	197.8474	225.0256
22	81.2143	92.5026	105.4910	120.4360	137.6316	157.4150	180.1721	206.3448	236.4385	271.0307
23	91.1479	104.6029	120.2048	138.2970	159.2764	183.6014	211.8013	244.4868	282.3618	326.2369
24	102.1742	118.1552	136.8315	158.6586	184.1678	213.9776	248.8076	289.4945	337.0105	392.4842
25	114.4133	133.3339	155.6196	181.8708	212.7930	249.2140	292.1049	342.6035	402.0425	471.9811
26	127.9988	150.3339	176.8501	208.3327	245.7120	290.0883	342.7627	405.2721	479.4306	567.3773
27	143.0786	169.3740	200.8406	238.4993	283.5688	337.5024	402.0323	479.2211	571.5224	681.8528
28	159.8173	190.6989	227.9499	272.8892	327.1041	392.5028	471.3778	566.4809	681.1116	819.2233
29	178.3972	214.5828	258.5834	312.0937	377.1697	456.3032	552.5121	669.4475	811.5228	984.0680
30	199.0209	241.3327	293.1992	356.7868	434.7451	530.3117	647.4391	790.9480	966.7122	1181.8816
35	341.5896	431.6635	546.6808	693.5727	881.1702	1120.7130	1426.4910	1816.6516	2314.2137	2948.3411
40	581.8261	767.0914	1013.7042	1342.0251	1779.0903	2360.7572	3134.5218	4163.2130	5529.8290	7343.8578
45	986.6386	1358.2300	1874.1646	2590.5648	3585.1285	4965.2739	6879.2907	9531.5771	13203.424	18281.310
50	1668.7712	2400.0182	3459.5071	4994.5213	7217.7163	10435.649	15089.502	21813.094	31515.336	45497.191
60	4755.0658	7471.6411	11761.950	18535.133	29219.992	46057.509	72555.039	114189.67	179494.58	281732.57
70	13518.356	23223.332	39945.151	68733.179	118231.47	203201.03	348782.01	597673.46	1022189.6	1744439.8
80	38401.025	72145.696	135614.93	254828.44	478332.53	896429.47	1676557.7	3128148.1	5821071.3	10801137.

〈표 A-4〉 **정상연금 1원의 현재가치**

$$PA_n = \sum_{t=1}^{n} \frac{1}{(1+r)^t} = \frac{1-(1+r)^{-n}}{r}$$

기간이자율(r)

기간수 (n)	1%	2%	3%	4%	5%	6%	7%	8%	9%	10%
1	0.9901	0.9804	0.9709	0.9615	0.9524	0.9434	0.9346	0.9259	0.9174	0.9091
2	1.9704	1.9416	1.9135	1.8861	1.8594	1.8334	1.8080	1.7833	1.7591	1.7355
3	2.9410	2.8839	2.8286	2.7751	2.7232	2.6730	2.6243	2.5771	2.5313	2.4868
4	3.9020	3.8077	3.7171	3.6299	3.5460	3.4651	3.3872	3.3121	3.2397	3.1699
5	4.8534	4.7135	4.5797	4.4518	4.3295	4.2124	4.1002	3.9927	3.8897	3.7908
6	5.7955	5.6014	5.4172	5.2421	5.0757	4.9173	4.7665	4.6229	4.4859	4.3553
7	6.7282	6.4720	6.2303	6.0021	5.7864	5.5824	5.3893	5.2064	5.0330	4.8684
8	7.6517	7.3255	7.0197	6.7327	6.4632	6.2098	5.9713	5.7466	5.5348	5.3349
9	8.5660	8.1622	7.7861	7.4353	7.1078	6.8017	6.5152	6.2469	5.9952	5.7590
10	9.4713	8.9826	8.5302	8.1109	7.7217	7.3601	7.0236	6.7101	6.4177	6.1446
11	10.3676	9.7868	9.2526	8.7605	8.3064	7.8869	7.4987	7.1390	6.8052	6.4951
12	11.2551	10.5753	9.9540	9.3851	8.8633	8.3838	7.9427	7.5361	7.1607	6.8137
13	12.1337	11.3484	10.6350	9.9856	9.3936	8.8527	8.3577	7.9038	7.4869	7.1034
14	13.0037	12.1062	11.2961	10.5631	9.8986	9.2950	8.7455	8.2442	7.7862	7.3667
15	13.8651	12.8493	11.9379	11.1184	10.3797	9.7122	9.1079	8.5595	8.0607	7.6061
16	14.7179	13.5777	12.5611	11.6523	10.8378	10.1059	9.4466	8.8514	8.3126	7.8237
17	15.5623	14.2919	13.1661	12.1657	11.2741	10.4773	9.7632	9.1216	8.5436	8.0216
18	16.3983	14.9920	13.7535	12.6593	11.6896	10.8276	10.0591	9.3719	8.7556	8.2014
19	17.2260	15.6785	14.3238	13.1339	12.0853	11.1581	10.3356	9.6036	8.9501	8.3649
20	18.0456	16.3514	14.8775	13.5903	12.4622	11.4699	10.5940	9.8181	9.1285	8.5136
21	18.8570	17.0112	15.4150	14.0292	12.8212	11.7641	10.8355	10.0168	9.2922	8.6487
22	19.6604	17.6580	15.9369	14.4511	13.1630	12.0416	11.0612	10.2007	9.4424	8.7715
23	20.4558	18.2922	16.4436	14.8568	13.4886	12.3034	11.2722	10.3711	9.5802	8.8832
24	21.2434	18.9139	16.9355	15.2470	13.7986	12.5504	11.4693	10.5288	9.7066	8.9847
25	22.0232	19.5235	17.4131	15.6221	14.0939	12.7834	11.6536	10.6748	9.8226	9.0770
26	22.7952	20.1210	17.8768	15.9828	14.3752	13.0032	11.8258	10.8100	9.9290	9.1609
27	23.5596	20.7069	18.3270	16.3296	14.6430	13.2105	11.9867	10.9352	10.0266	9.2372
28	24.3164	21.2813	18.7641	16.6631	14.8981	13.4062	12.1371	11.0511	10.1161	9.3066
29	25.0658	21.8444	19.1885	16.9837	15.1411	13.5907	12.2777	11.1584	10.1983	9.3696
30	25.8077	22.3965	19.6004	17.2920	15.3725	13.7648	12.4090	11.2578	10.2737	9.4269
35	29.4086	24.9986	21.4872	18.6646	16.3742	14.4982	12.9477	11.6546	10.5668	9.6442
40	32.8347	27.3555	23.1148	19.7928	17.1591	15.0463	13.3317	11.9246	10.7574	9.7791
45	36.0945	29.4902	24.5187	20.7200	17.7741	15.4558	13.6055	12.1084	10.8812	9.8628
50	39.1961	31.4236	25.7298	21.4822	18.2559	15.7619	13.8007	12.2335	10.9617	9.9148
60	44.9550	34.7609	27.6756	22.6235	18.9293	16.1614	14.0392	12.3766	11.0480	9.9672
70	50.1685	37.4986	29.1234	23.3945	19.3427	16.3845	14.1604	12.4428	11.0844	9.9873
80	54.8882	39.7445	30.2008	23.9154	19.5965	16.5091	14.2220	12.4735	11.0998	9.9951

기간이자율(r)

기간수 (n)	11%	12%	13%	14%	15%	16%	17%	18%	19%	20%
1	0.9009	0.8929	0.8850	0.8772	0.8696	0.8621	0.8547	0.8475	0.8403	0.8333
2	1.7125	1.6901	1.6681	1.6467	1.6257	1.6052	1.5852	1.5656	1.5465	1.5278
3	2.4437	2.4018	2.3612	2.3216	2.2832	2.2459	2.2096	2.1743	2.1399	2.1065
4	3.1024	3.0373	2.9745	2.9137	2.8550	2.7982	2.7432	2.6901	2.6386	2.5887
5	3.6959	3.6048	3.5172	3.4331	3.3522	3.2743	3.1993	3.1272	3.0576	2.9906
6	4.2305	4.1114	3.9975	3.8887	3.7845	3.6847	3.5892	3.4976	3.4098	3.3255
7	4.7122	4.5638	4.4226	4.2883	4.1604	4.0386	3.9224	3.8115	3.7057	3.6046
8	5.1461	4.9676	4.7988	4.6389	4.4873	4.3436	4.2072	4.0776	3.9544	3.8372
9	5.5370	5.3282	5.1317	4.9464	4.7716	4.6065	4.4506	4.3030	4.1633	4.0310
10	5.8892	5.6502	5.4262	5.2161	5.0188	4.8332	4.6586	4.4941	4.3389	4.1925
11	6.2065	5.9377	5.6869	5.4527	5.2337	5.0286	4.8364	4.6560	4.4865	4.3271
12	6.4924	6.1944	5.9176	5.6603	5.4206	5.1971	4.9884	4.7932	4.6105	4.4392
13	6.7499	6.4235	6.1218	5.8424	5.5831	5.3423	5.1183	4.9095	4.7147	4.5327
14	6.9819	6.6282	6.3025	6.0021	5.7245	5.4675	5.2293	5.0081	4.8023	4.6106
15	7.1909	6.8109	6.4624	6.1422	5.8474	5.5755	5.3242	5.0916	4.8759	4.6755
16	7.3792	6.9740	6.6039	6.2651	5.9542	5.6685	5.4053	5.1624	4.9377	4.7296
17	7.5488	7.1196	6.7291	6.3729	6.0472	5.7487	5.4746	5.2223	4.9897	4.7746
18	7.7016	7.2497	6.8399	6.4674	6.1280	5.8178	5.5339	5.2732	5.0333	4.8122
19	7.8393	7.3658	6.9380	6.5504	6.1982	5.8775	5.5845	5.3162	5.0700	4.8435
20	7.9633	7.4694	7.0248	6.6231	6.2593	5.9288	5.6278	5.3527	5.1009	4.8696
21	8.0751	7.5620	7.1016	6.6870	6.3125	5.9731	5.6648	5.3837	5.1268	4.8913
22	8.1757	7.6446	7.1695	6.7429	6.3587	6.0113	5.6964	5.4099	5.1486	4.9094
23	8.2664	7.7184	7.2297	6.7921	6.3988	6.0442	5.7234	5.4321	5.1668	4.9245
24	8.3481	7.7843	7.2829	6.8351	6.4338	6.0726	5.7465	5.4509	5.1822	4.9371
25	8.4217	7.8431	7.3300	6.8729	6.4641	6.0971	5.7662	5.4669	5.1951	4.9476
26	8.4881	7.8957	7.3717	6.9061	6.4906	6.1182	5.7831	5.4804	5.2060	4.9563
27	8.5478	7.9426	7.4086	6.9352	6.5135	6.1364	5.7975	5.4919	5.2151	4.9636
28	8.6016	7.9844	7.4412	6.9607	6.5335	6.1520	5.8099	5.5016	5.2228	4.9697
29	8.6501	8.0218	7.4701	6.9830	6.5509	6.1656	5.8204	5.5098	5.2292	4.9747
30	8.6938	8.0552	7.4957	7.0027	6.5660	6.1772	5.8294	5.5168	5.2347	4.9789
35	8.8552	8.1755	7.5856	7.0700	6.6166	6.2153	5.8582	5.5386	5.2512	4.9915
40	8.9511	8.2438	7.6344	7.1050	6.6418	6.2335	5.8713	5.5482	5.2582	4.9966
45	9.0079	8.2825	7.6609	7.1232	6.6543	6.2421	5.8773	5.5523	5.2611	4.9986
50	9.0417	8.3045	7.6752	7.1327	6.6605	6.2463	5.8801	5.5541	5.2623	4.9995
60	9.0736	8.3240	7.6873	7.1401	6.6651	6.2492	5.8819	5.5553	5.2630	4.9999
70	9.0848	8.3303	7.6908	7.1421	6.6663	6.2498	5.8823	5.5555	5.2631	5.0000
80	9.0888	8.3324	7.6919	7.1427	6.6666	6.2500	5.8823	5.5555	5.2632	5.0000

〈표 A-5〉 선불연금 1원의 미래가치

기간이자율(r)

기간수 (n)	1%	2%	3%	4%	5%	6%	7%	8%	9%	10%
1	1.0100	1.0200	1.0300	1.0400	1.0500	1.0600	1.0700	1.0800	1.0900	1.1000
2	2.0301	2.0604	2.0909	2.1216	2.1525	2.1836	2.2149	2.2464	2.2781	2.3100
3	3.0604	3.1216	3.1836	3.2465	3.3101	3.3746	3.4399	3.5061	3.5731	3.6410
4	4.1010	4.2040	4.3091	4.4163	4.5256	4.6371	4.7507	4.8666	4.9847	5.1051
5	5.1520	5.3081	5.4684	5.6330	5.8019	5.9753	6.1533	6.3359	6.5233	6.7156
6	6.2135	6.4343	6.6625	6.8983	7.1420	7.3938	7.6540	7.9228	8.2004	8.4872
7	7.2857	7.5830	7.8923	8.2142	8.5491	8.8975	9.2598	9.6366	10.0285	10.4359
8	8.3685	8.7546	9.1591	9.5828	10.0266	10.4913	10.9780	11.4876	12.0210	12.5795
9	9.4622	9.9497	10.4639	11.0061	11.5779	12.1808	12.8164	13.4866	14.1929	14.9374
10	10.5668	11.1687	11.8078	12.4864	13.2068	13.9716	14.7836	15.6455	16.5603	17.5312
11	11.6825	12.4121	13.1920	14.0258	14.9171	15.8699	16.8885	17.9771	19.1407	20.3843
12	12.8093	13.6803	14.6178	15.6268	16.7130	17.8821	19.1406	20.4953	21.9534	23.5227
13	13.9474	14.9739	16.0863	17.2919	18.5986	20.0151	21.5505	23.2149	25.0192	26.9750
14	15.0969	16.2934	17.5989	19.0236	20.5786	22.2760	24.1290	26.1521	28.3609	30.7725
15	16.2579	17.6393	19.1569	20.8245	22.6575	24.6725	26.8881	29.3243	32.0034	34.9497
16	17.4304	19.0121	20.7616	22.6975	24.8404	27.2129	29.8402	32.7502	35.9737	39.5447
17	18.6147	20.4123	22.4144	24.6454	27.1324	29.9057	32.9990	36.4502	40.3013	44.5992
18	19.8109	21.8406	24.1169	26.6712	29.5390	32.7600	36.3790	40.4463	45.0185	50.1591
19	21.0190	23.2974	25.8704	28.7781	32.0660	35.7856	39.9955	44.7620	50.1601	56.2750
20	22.2392	24.7833	27.6765	30.9692	34.7193	38.9927	43.8652	49.4229	55.7645	63.0025
21	23.4716	26.2990	29.5368	33.2480	37.5052	42.3923	48.0057	54.4568	61.8733	70.4027
22	24.7163	27.8450	31.4529	35.6179	40.4305	45.9958	52.4361	59.8933	68.5319	78.5430
23	25.9735	29.4219	33.4265	38.0826	43.5020	49.8156	57.1767	65.7648	75.7898	87.4973
24	27.2432	31.0303	35.4593	40.6459	46.7271	53.8645	62.2490	72.1059	83.7009	97.3471
25	28.5256	32.6709	37.5530	43.3117	50.1135	58.1564	67.6765	78.9544	92.3240	108.1818
26	29.8209	34.3443	39.7096	46.0842	53.6691	62.7058	73.4838	86.3508	101.7231	120.0999
27	31.1291	36.0512	41.9309	48.9676	57.4026	67.5281	79.6977	94.3388	111.9682	133.2099
28	32.4504	37.7922	44.2189	51.9663	61.3227	72.6398	86.3465	102.9659	123.1354	147.6309
29	33.7849	39.5681	46.5754	55.0849	65.4388	78.0582	93.4608	112.2832	135.3075	163.4940
30	35.1327	41.3794	49.0027	58.3283	69.7608	83.8017	101.0730	122.3459	148.5752	180.9434
35	42.0769	50.9944	62.2759	76.5983	94.8363	118.1209	147.9135	186.1021	235.1247	298.1268
40	49.3752	61.6100	77.6633	98.8265	126.8398	164.0477	213.6096	279.7810	368.2919	486.8518
45	57.0459	73.3306	95.5015	125.8706	167.6852	225.5081	305.7518	417.4261	573.1860	790.7953
50	65.1078	86.2710	116.1808	158.7738	219.8154	307.7561	434.9860	619.6718	888.4411	1280.2994
60	82.4864	116.3326	167.9450	247.5103	371.2629	565.1159	870.4668	1353.4704	2119.8234	3338.2980
70	101.6831	152.9775	237.5119	378.8621	617.9549	1026.0081	1727.1236	2937.6865	5034.9533	8676.2165
80	122.8882	197.6474	331.0039	573.2948	1019.7903	1851.3959	3412.2971	6357.8903	11936.126	22521.402

〈표 A-6〉 선불연금 1원의 현재가치

기간이자율(r)

기간수 (n)	1%	2%	3%	4%	5%	6%	7%	8%	9%	10%
1	1.0000	1.0000	1.0000	1.0000	1.0000	1.0000	1.0000	1.0000	1.0000	1.0000
2	1.9901	1.9804	1.9709	1.9615	1.9524	1.9434	1.9346	1.9259	1.9174	1.9091
3	2.9704	2.9416	2.9135	2.8861	2.8594	2.8334	2.8080	2.7833	2.7591	2.7355
4	3.9410	3.8839	3.8286	3.7751	3.7232	3.6730	3.6243	3.5771	3.5313	3.4869
5	4.9020	4.8077	4.7171	4.6299	4.5460	4.4651	4.3872	4.3121	4.2397	4.1699
6	5.8534	5.7135	5.5797	5.4518	5.3295	5.2124	5.1002	4.9927	4.8897	4.7908
7	6.7955	6.6014	6.4172	6.2421	6.0757	5.9173	5.7665	5.6229	5.4859	5.3553
8	7.7282	7.4720	7.2303	7.0021	6.7864	6.5824	6.3893	6.2064	6.0330	5.8684
9	8.6517	8.3255	8.0197	7.7327	7.4632	7.2098	6.9713	6.7466	6.5348	6.3349
10	9.5660	9.1622	8.7861	8.4353	8.1078	7.8017	7.5152	7.2469	6.9952	6.7590
11	10.4713	9.9826	9.5302	9.1109	8.7217	8.3601	8.0236	7.7101	7.4177	7.1446
12	11.3676	10.7868	10.2526	9.7605	9.3064	8.8869	8.4987	8.1390	7.8052	7.4951
13	12.2551	11.5753	10.9540	10.3851	9.8633	9.3838	8.9427	8.5361	8.1607	7.8137
14	13.1337	12.3484	11.6350	10.9856	10.3936	9.8527	9.3577	8.9038	8.4869	8.1034
15	14.0037	13.1062	12.2961	11.5631	10.8986	10.2950	9.7455	9.2442	8.7862	8.3667
16	14.8651	13.8493	12.9379	12.1184	11.3797	10.7122	10.1079	9.5595	9.0607	8.6061
17	15.7179	14.5777	13.5611	12.6523	11.8378	11.1059	10.4466	9.8514	9.3126	8.8237
18	16.5623	15.2919	14.1661	13.1657	12.2741	11.4773	10.7632	10.1216	9.5436	9.0216
19	17.3983	15.9920	14.7535	13.6593	12.6896	11.8276	11.0591	10.3719	9.7556	9.2014
20	18.2260	16.6785	15.3238	14.1339	13.0853	12.1581	11.3356	10.6036	9.9501	9.3649
21	19.0456	17.3514	15.8775	14.5903	13.4622	12.4699	11.5940	10.8181	10.1285	9.5136
22	19.8570	18.0112	16.4150	15.0292	13.8212	12.7641	11.8355	11.0168	10.2922	9.6487
23	20.6604	18.6580	16.9369	15.4511	14.1630	13.0416	12.0612	11.2007	10.4424	9.7715
24	21.4558	19.2922	17.4436	15.8568	14.4886	13.3034	12.2722	11.3711	10.5802	9.8832
25	22.2434	19.9139	17.9355	16.2470	14.7986	13.5504	12.4693	11.5288	10.7066	9.9847
26	23.0232	20.5235	18.4131	16.6221	15.0939	13.7834	12.6536	11.6748	10.8226	10.0770
27	23.7952	21.1210	18.8768	16.9828	15.3752	14.0032	12.8258	11.8100	10.9290	10.1609
28	24.5596	21.7069	19.3270	17.3296	15.6430	14.2105	12.9867	11.9352	11.0266	10.2372
29	25.3164	22.2813	19.7641	17.6631	15.8981	14.4062	13.1371	12.0511	11.1161	10.3066
30	26.0658	22.8444	20.1885	17.9837	16.1411	14.5907	13.2777	12.1584	11.1983	10.3696
35	29.7027	25.4986	22.1318	19.4112	17.1929	15.3681	13.8540	12.5869	11.5178	10.6086
40	33.1630	27.9026	23.8082	20.5845	18.0170	15.9491	14.2649	12.8786	11.7255	10.7570
45	36.4555	30.0800	25.2543	21.5488	18.6628	16.3832	14.5579	13.0771	11.8605	10.8491
50	39.5881	32.0521	26.5017	22.3415	19.1687	16.7076	14.7668	13.2122	11.9482	10.9063
60	45.4046	35.4561	28.5058	23.5284	19.8758	17.1311	15.0219	13.3667	12.0423	10.9639
70	50.6702	38.2486	29.9971	24.3303	20.3098	17.3676	15.1516	13.4382	12.0820	10.9861
80	55.4371	40.5394	31.1068	24.8720	20.5763	17.4997	15.2175	13.4714	12.0988	10.9946

2. 표준정규분포표

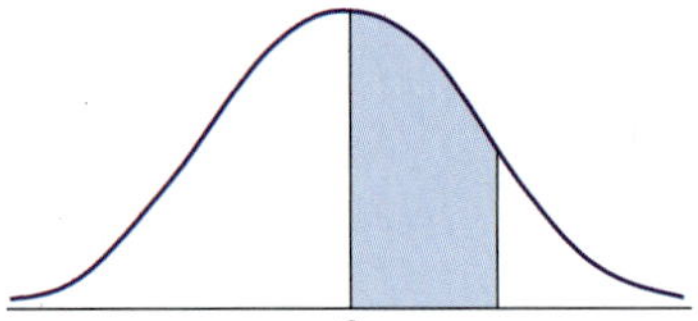

z	.00	.01	.02	.03	.04	.05	.06	.07	.08	.09
0.0	.0000	.0040	.0080	.0120	.0160	.0199	.0239	.0279	.0319	.0359
0.1	.0398	.0438	.0478	.0517	.0557	.0596	.0636	.0675	.0714	.0753
0.2	.0793	.0832	.0871	.0910	.0948	.0987	.1026	.1064	.1103	.1141
0.3	.1179	.1217	.1255	.1293	.1331	.1368	.1406	.1443	.1480	.1517
0.4	.1554	.1591	.1628	.1664	.1700	.1736	.1772	.1808	.1844	.1879
0.5	.1915	.1950	.1985	.2019	.2054	.2088	.2123	.2157	.2190	.2224
0.6	.2257	.2291	.2324	.2357	.2389	.2422	.2454	.2486	.2518	.2549
0.7	.2580	.2612	.2642	.2673	.2704	.2734	.2764	.2794	.2823	.2852
0.8	.2881	.2910	.2939	.2967	.2995	.3023	.3051	.3078	.3106	.3133
0.9	.3159	.3186	.3212	.3238	.3264	.3289	.3315	.3340	.3365	.3389
1.0	.3413	.3438	.3461	.3485	.3508	.3531	.3554	.3577	.3599	.3621
1.1	.3643	.3665	.3686	.3708	.3729	.3749	.3770	.3790	.3810	.3830
1.2	.3849	.3869	.3888	.3907	.3925	.3944	.3962	.3980	.3997	.4015
1.3	.4032	.4049	.4066	.4082	.4099	.4115	.4131	.4147	.4162	.4177
1.4	.4192	.4207	.4222	.4236	.4251	.4265	.4279	.4292	.4306	.4319
1.5	.4332	.4345	.4357	.4370	.4382	.4394	.4406	.4418	.4429	.4441
1.6	.4452	.4463	.4474	.4484	.4495	.4505	.4515	.4525	.4535	.4545
1.7	.4554	.4564	.4573	.4582	.4591	.4599	.4608	.4616	.4625	.4633
1.8	.4641	.4649	.4656	.4664	.4671	.4678	.4686	.4693	.4699	.4706
1.9	.4713	.4719	.4726	.4732	.4738	.4744	.4750	.4756	.4761	.4767
2.0	.4772	.4778	.4783	.4788	.4793	.4798	.4803	.4808	.4812	.4817
2.1	.4821	.4826	.4830	.4834	.4838	.4842	.4846	.4850	.4854	.4857
2.2	.4861	.4864	.4868	.4871	.4875	.4878	.4881	.4884	.4887	.4890
2.3	.4893	.4896	.4898	.4901	.4904	.4906	.4909	.4911	.4913	.4916
2.4	.4918	.4920	.4922	.4925	.4927	.4929	.4931	.4932	.4934	.4936
2.5	.4938	.4940	.4941	.4943	.4945	.4946	.4948	.4949	.4951	.4952
2.6	.4953	.4955	.4956	.4957	.4959	.4960	.4961	.4962	.4963	.4964
2.7	.4965	.4966	.4967	.4968	.4969	.4970	.4971	.4972	.4973	.4974
2.8	.4974	.4975	.4976	.4977	.4977	.4978	.4979	.4979	.4980	.4981
2.9	.4981	.4982	.4982	.4983	.4984	.4984	.4985	.4985	.4986	.4986
3.0	.4987	.4987	.4987	.4988	.4988	.4989	.4989	.4989	.4990	.4990
4.0	.4999685									

(예 : z=1.96일 때 색깔부분의 확률은 0.4750임.)

찾아보기

ㄱ

ㄴ

ㄷ

ㄹ

ㅁ

ㅂ

ㅅ

ㅈ

ㅍ

ㅎ

기타

장 영 광

성균관대학교 경영학과 졸업 | University of Michigan(경영학석사) | 고려대학교 대학원(경영학박사) | 한양대학교 상경대학 조교수 | University of Wisconsin 연구교수 | University of Washington 연구교수 | 정부투자기관 경영평가위원 | 공인회계사 시험출제위원 | 성균관대학교 경영대학원장 | 성균관대학교 경영대학장 겸 경영전문대학원장 | 한국증권학회 회장

현, 성균관대학교 경영학부 명예교수 (e-mail : chang446@skku.ac.kr)

주요 저서 및 논문 경영분석(무역경영사, 2022) | 생활속의 경영학(신영사, 2021) | 현대경영학의 이해(신영사, 2020) | EXCEL 활용 투자관리(신영사, 2020) | 증권투자론(신영사, 2019) | 20대의 재테크와 전략적 자산관리(신영사, 2018) | 현대투자론(신영사, 2017) | 현대재무관리(신영사, 2014) | 상호저축은행 경영실태평가지표 타당성분석 및 도난예측(2004) | 한국주식시장에서 가치투자전략의 성과와 원천(2003) | 단기간 증권수익률 구성요소의 상대적 비중 측정(1999) | 매매거래제도의 변경과 증권시장의 운영효율성(1998) | 한국증권시장의 미시구조와 주가변동성의 원천에 관한 연구(1997) 외

정 기 만

성균관대학교 경영학과 졸업 | 성균관대학교 대학원(경영학 석사 · 박사) | Univ. of Illinois 연구교수 | 정부 공공기관사업 심사위원 | 국세청 국세심사위원 | 조달청 기술평가위원 | 국가자격(경영지도사) 시험출제/채점위원 | 취업전문기관 및 주요 대기업 입사/승진시험 출제 | 한국교통대학교 평생교육원장, 인문사회대학장, 기획처장, 교무처장 | 한국기업경영학회 편집위원장 · 회장 | 대한경영학회 편집위원장 · 부회장

현, 한국교통대학교 융합경영학과 교수 (e-mail : kmjeong@ut.ac.kr)

주요 저서 및 논문 MZ의 재테크와 자산관리(신영사, 2023) | 생활속의 경영학(신영사, 2021) | 현대경영학의 이해(신영사, 2020) | 표준재무관리에센스(신영북스, 2014) | 정보화사회와 기업경영(신영사, 2007) | 경영자의 경기전망에 대한 인식이 투자의사 결정에 대한 방식과 조직에 미치는 영향(2015) | 국내 외국교육기관 회계기준의 특성에 관한 연구(2015) | Kirkpatrick 등의 경영자 특성은 우리나라에서도 유효한가?(2014) | 교수학습 방법에 따른 학습효과 분석 : 경영정보학 교과에 대한 PBL 효과를 중심으로(2013) | 지방 이전 기업의 재무적 성과 비교에 관한 연구(2012) 외

[제2판] 생활속의 **증권투자론**

2018년 8월 30일 제1판 1쇄 발행
2023년 8월 25일 제2판 1쇄 인쇄
2023년 8월 30일 제2판 1쇄 발행

저 자 장영광 · 정기만
발 행 인 권 영 섭
발 행 처 (주) **신 영 사**
경기도 파주시 심학산로 12(서패동)
등 록 : 1988. 5. 2 / 제406-1988-000020호
전 화 : 031-946-2894(代)
F A X : 031-946-0799
e - mail : sys28945@naver.com
홈페이지 : http://www.shinyoungsa.co.kr

정가 **29,000**원 ISBN 978-89-5501-845-5